高等学校"十二五"教师教育专业规划教材

现代中小学管理新编

主编 张继华 何 杰

南京大学出版社

图书在版编目(CIP)数据

现代中小学管理新编 / 张继华,何杰主编. — 南京:
南京大学出版社,2015.9
高等学校"十二五"教师教育专业规划教材
ISBN 978-7-305-15873-5

Ⅰ. ①现… Ⅱ. ①张… ②何… Ⅲ. ①中小学一学校
管理一高等学校一教材 Ⅳ. ①G637

中国版本图书馆 CIP 数据核字(2015)第 215967 号

出版发行	南京大学出版社
社　　址	南京市汉口路 22 号　　邮编　210093
出 版 人	金鑫荣
丛 书 名	高等学校"十二五"教师教育专业规划教材
书　　名	**现代中小学管理新编**
主　编	张继华　何杰
责任编辑	钱梦菊　王抗战　　编辑热线　025-83596997
照　　排	南京南琳图文制作有限公司
印　　刷	南京新洲印刷有限公司
开　　本	787×960　1/16　印张 22.75　字数 421 千
版　　次	2015 年 9 月第 1 版　2015 年 9 月第 1 次印刷
ISBN	978-7-305-15873-5
定　　价	45.00 元

网址:http://www.njupco.com
官方微博:http://weibo.com/njupco
官方微信号:njupress
销售咨询热线:(025) 83594756

* 版权所有,侵权必究
* 凡购买南大版图书,如有印装质量问题,请与所购
　图书销售部门联系调换

前言

当代教师教育与中小学学校教育正处于深度的变革与转型之中，它强烈地呼唤着教师的专业化和学校管理者的专业化，呼唤着科学的学校管理理论。"学校管理学"作为一门课程来说，既是教师教育类本科生的必修课程之一，也是学校管理者走向专业化的培训课程之一。中小学管理作为教育管理的一个特殊的领域，既有教育管理的共性特征，又有自身独特的个性。《现代中小学管理新编》作为二者兼用的教科书，既能满足学校管理者在教育管理理论学习上的需求，又能弥补在校师范专业本科生在学校与班级管理实践上的欠缺。

因此，在本书的编写过程中，我们力求在阐明其共性的基础上，揭示其个性特征；在注重理论探讨的同时，也适当补充了相关案例；在继承传统教育管理理论与方法的同时，又结合基础教育改革的新任务，探究了现代中小学管理的新理念、新特点和新方法。本书主要在以下三个方面做出了积极的探索：

第一，在体例上，本书一是采取总分的结构体系。首先从总的方面，介绍学校管理的共性知识，即学校管理的基本职能、基本原则与方法。其次，在阐明其共性知识的基础上，揭示现代中小学管理的新任务、新特点和新方法。二是增加了相关的阅读材料，为不同的学习者拓展知识、深入领会相关理论提供了帮助。三是设置了相关的学校管理案例，为学习者提供了真实的问题情境，有助于提高他们解决实际

问题的能力;同时,为学校管理者反思自身的工作,并从理论的高度总结工作经验给予了积极的引导。

第二,在内容上,本书一是把管理的内容从人、财、物扩大到学校文化网络建设及时间和信息。二是在继承传统的管理理念和方法的同时,引入"人本主义"、"学习型组织"和现代学生观、教师观等最新的管理理念,分析了中小学校管理面临的新形势、新任务,努力探讨了基础教育改革背景下现代校长的新角色、现代中小学教师的新角色和开放的班级管理观等,从理论层面到操作层面都有新突破。

第三,在观念上,本书努力突破传统管理的"约束"、"管辖"观,把学校管理定义在"通过系统的管理组织和程序,运用先进的管理思想作指导,以科学的方法和手段,依靠和引导师生员工,最大限度地挖潜校内外的各种资源,高效率地实现学校工作目标的过程"上,丰富了学校管理的内涵,即学校管理不仅包含着管理者的科学引导,同时也包含着管理者和被管理者的自我管理,突出了管理是"引导和自我管理"的理念。

总之,本书努力追求新体例、拓展新内容、探索新观念,期望能为现代中小学教师以及学校管理者的专业化发展做出积极而有益的贡献。

编　者
2015 年 5 月

目 录

第一章　绪　论 … 1
第一节　管理概述 … 1
第二节　学校管理概述 … 8
第三节　学校管理的历史发展 … 13
第四节　学校管理研究的对象和方法 … 20

第二章　现代中小学领导体制 … 23
第一节　我国中小学领导体制的演进过程 … 23
第二节　现代中小学的领导体制——校长负责制 … 27
第三节　现代中小学管理组织机构 … 32
第四节　现代中小学的管理规章制度 … 37

第三章　现代中小学管理规律与过程 … 42
第一节　现代中小学管理的基本规律 … 43
第二节　现代中小学管理过程 … 46
第三节　现代中小学管理过程中常见的问题 … 68

第四章　学校管理原理、原则与方法 … 71
第一节　学校管理的系统原理与原则 … 71
第二节　学校管理的人本原理与原则 … 77
第三节　学校管理的责任原理与原则 … 84
第四节　学校管理的效益原理与原则 … 87
第五节　学校管理的常用方法 … 91

第五章　现代中小学校长 … 102
第一节　中小学校长的任职条件和职责 … 103
第二节　现代中小学校长的素质 … 107

第三节　现代中小学校长的新角色 ………………………………………… 122
　　第四节　现代中小学校长的领导艺术 ……………………………………… 127
第六章　现代中小学教师管理 …………………………………………………… 132
　　第一节　教师职业性质、特点与社会地位 ………………………………… 133
　　第二节　新课程背景下的中小学教师角色与素质要求 …………………… 137
　　第三节　现代中小学教师管理的基本内容与方法 ………………………… 144
第七章　现代中小学生管理 ……………………………………………………… 154
　　第一节　现代中小学生的特点 ……………………………………………… 155
　　第二节　树立现代学生观 …………………………………………………… 163
　　第三节　现代中小学生的常规管理和常能训练 …………………………… 168
　　第四节　现代中小学生管理的方法和艺术 ………………………………… 172
　　第五节　学生成长的"重要他人" ………………………………………… 182
第八章　现代中小学教学管理 …………………………………………………… 188
　　第一节　现代中小学教学管理概述 ………………………………………… 188
　　第二节　现代中小学教学管理内容 ………………………………………… 193
　　第三节　现代中小学教学资源管理 ………………………………………… 202
　　第四节　现代中小学科研工作管理 ………………………………………… 204
第九章　现代中小学课程管理 …………………………………………………… 207
　　第一节　现代中小学课程管理内容 ………………………………………… 208
　　第二节　现代中小学课程管理性质与原则 ………………………………… 213
　　第三节　现代中小学校本课程的开发与管理 ……………………………… 215
第十章　现代中小学德育管理 …………………………………………………… 222
　　第一节　现代中小学德育管理概述 ………………………………………… 222
　　第二节　现代中小学德育管理内容 ………………………………………… 224
　　第三节　现代中小学德育管理原则 ………………………………………… 229
　　第四节　现代中小学德育管理机制与方法 ………………………………… 231
第十一章　现代中小学文化建设与管理 ………………………………………… 237
　　第一节　学校文化概述 ……………………………………………………… 237
　　第二节　现代中小学文化建设与管理路径和方法 ………………………… 244

第十二章　现代中小学健康与后勤服务管理 ……………………… 257
第一节　学校体育工作管理的任务、内容与方法 ………… 257
第二节　学校卫生工作管理的任务、内容与方法 ………… 263
第三节　学校心理健康工作管理的内容与方法 …………… 268
第四节　学校后勤服务管理 ………………………………… 273

第十三章　现代中小学班级管理概述 …………………………… 278
第一节　班级管理的产生、构成及其特点 ………………… 279
第二节　班级管理的功能及意义 …………………………… 288
第三节　班级管理新理念及发展趋势 ……………………… 291

第十四章　现代中小学班集体的建设与管理 …………………… 298
第一节　班集体概述 ………………………………………… 298
第二节　班集体的建设 ……………………………………… 303

第十五章　现代中小学班主任工作与队伍建设 ………………… 317
第一节　班主任概述 ………………………………………… 318
第二节　班主任如何了解和研究学生 ……………………… 321
第三节　班主任素质 ………………………………………… 333
第四节　班主任的选用与培养 ……………………………… 340
第五节　班主任工作的评价 ………………………………… 343

参考文献 …………………………………………………………… 351
后　记 ……………………………………………………………… 355

第一章 绪 论

内容提要

本章主要阐述管理的本质、对象、意义和作用;学校管理的产生和发展过程;现代中小学管理的特性与发展趋势;学校管理的研究对象与研究方法。

学习目标

1. 正确解读管理的本质及现代管理的主要特征。
2. 正确解读学校管理的概念、研究对象与研究内容。
3. 联系实际解读现代中小学管理的特性与发展趋势。
4. 了解学校管理的产生和发展过程。
5. 掌握学校管理的研究对象与方法。

现代中小学管理是一个特殊的管理领域。为了更好地学习和研究现代中小学管理,本章在概要介绍管理的本质、对象和意义的基础上,讨论学校管理的研究对象与研究内容;回顾学校管理的产生和发展过程,界定学校管理与学校经营的概念,探讨学校管理的特点及发展趋势;明确学校管理的研究对象和基本的研究方法。

第一节 管理概述

一、管理的本质

要科学地界定管理概念,准确地把握管理本质,应从以下三个方面进行研

究、探讨。

（一）从管理的现象上分析

管理是一种古老的社会现象。当人类的祖先在共同劳动和集体生活的时候，为了实现某种目标，依靠个人的力量又无法实现时，他们就从人群中推选一个领袖人物，负责组织、指挥和协调的工作，以便大家统一行动，这就是最早的管理现象。一个交响乐团，有上百个演员、上百件乐器，要演奏出一首首美妙的乐曲，必须要有一个"指挥"，"指挥"就是履行管理的职能；主妇们做家务井井有条；孩子们有计划地使用着他们的零用钱；我们所有的人都有计划地安排着自己每天的工作、生活及一生的奋斗目标。这一切都体现着管理。由此可见，从远古到现代，从个人到国家，从日常生活小事的料理到国家大政方针的制定，都离不开管理。

（二）从管理的词义上分析

在汉语中，"管"有"管辖"、"负责"、"照管"、"约束"之意，"理"有"整治"、"处理"、"协调"、"办理"之意。《现代汉语词典》把"管理"解释为"负责某项工作使顺利进行"。在英语中，"管理"有两种表达方式：一种是指管理活动，译为"administration"，它由前缀"ad"和词根"ministration"两部分组成，前缀表示"添加"，主要是对词根进行强调，词根"ministration"在《韦伯斯特大词典》中解释为"照顾某人或某事的过程"。另一种译为"management"，它也有"管理"的意思，而且这个词最早作为商业和企业的用语，现在正逐渐被教育界所接受并频繁使用。

（三）从管理学家对管理概念的不同界说上分析

管理是一种古老的社会现象和社会实践活动，它是随着人类集体活动的出现而产生的。然而，把管理活动作为一门独立的科学进行研究，只是近百年的事，因此，它还是一门比较年轻的学科。从目前的研究状况来看，中外管理学家对"管理"概念的界说各种各样，可谓仁者见仁、智者见智。从管理理论发展的轨迹看，以下几种观点是颇具代表性的：

1. 管理职能说

这是古典管理学派的观点。管理职能说是从管理人员的职能方面给管理下定义的。其研究的着眼点主要是放在工作、组织及人事的指挥、控制上，认为管理就是一种职能的运转，强调管理人员的职能发挥。如法约尔就认为，"管理就是实行计划、组织、指挥、协调和控制"，它是"一种分配于领导人与整个组织成员之间的职能"[①]

---

① 法约尔著．工业管理与一般管理[M]．中国社会科学出版社，1982年版，第5页．

2. 管理人本说

这是行为科学学派的观点。管理人本说是以人本理论为基础的。其研究的着眼点不是工作或生产指标，而是从事生产的人，认为管理主要是人事管理。管理就是研究如何了解人、指导别人、激励人的技巧。

3. 管理系统说

这是系统科学学派的观点。管理系统说是以系统科学理论为基础的。系统科学理论认为，任何一个组织（管理对象），都是一个系统，它本身包含着很多的子系统，同时又包括于更大的系统之中。他们认为对组织的管理就是一种系统的优化，就是充分优化组织内外的诸要素，使之与环境相适应，从而高效实现组织目标的过程。如苏联管理学者弗·格·阿法纳西耶夫就认为，"管理就是根据一个系统所固有的客观规律，施加影响于这个系统，使这个系统呈现一种新状态的过程"[①]。

4. 管理决策说

这是决策理论学派的观点。决策理论学派的学者认为，每个企业处于复杂的、时刻在变化的内外环境中，其经营成败不完全取决于作业效率，而首先取决于投资、计划、销售等各方面的决策。西蒙就认为"管理就是决策"。

以上对管理概念的各种界说，是不同时代的管理学站在不同的角度，以不同的理论为基础，分别从不同的方面论述了管理的某些内容和特点，对管理形成了各种不同的认识和观点。但是，从各种不同的观点中，可以发现有几点是共识的：

（1）管理是一种社会活动，起源于人类群体的协作劳动；是进行社会生产所必需的。管理能够创造一个大于个人活动力量总和的集体力量，即：$1+1>2$。

（2）管理是一个动态的协调过程，它运用一定的职能和手段，对人、事、物等进行不断的协调。

（3）管理是一种有目的、功利性的活动，它追求的是最大限度地挖掘各种资源的潜能以实现预期目标。

综合上述对三方面共识的分析，认为管理就是管理者根据一定的目标，运用一定的职能和手段，对管理对象进行不断的协调，最大限度地挖掘各种资源的潜能以实现预期目标的过程。

---

① 弗·格·阿法纳西耶夫著.社会主义生产管理理论与实践问题[M].北京出版社，1981年版，第20页.

二、管理的对象

管理的对象主要包括以下几个方面：

（一）对人力资源的管理

人力资源是指在经济上可供利用的最高人口数量，它包括现实的社会劳动力和潜在的社会劳动力两个部分。江泽民同志指出："人才竞争，是我国面临的一个十分严峻的挑战。人是社会生产力中最活跃的因素，人力资源是第一资源。"社会的一切活动都要通过人来进行，社会的一切活动也都是为了人的生存与发展，人是社会活动的核心要素。人的素质的高低、潜能的发挥，以及人与人之间的关系都直接影响到工作的成败与质量的高低，影响到国家的竞争力。因此，加强对人力资源的管理是管理的首要和核心问题。对人力资源的管理，不仅是合理安排现实社会劳动力，发挥现实社会劳动力的积极性和创造性，更重要的是提高人力资源的素质、挖掘人的潜能，调动人的积极性、主动性和创造性，使人力资源得到充分的开发和利用。

（二）对财力资源的管理

对财力资源的管理至少应该包括以下三个方面：一是挖掘财源；二是广聚财力；三是科学用财。经济是社会发展的基础，财力是事业成功的根基。挖掘财源要根据市场经济运行规律和自身的经营特点，做到生财有道；广聚财力要依据财力运行规律，走进市场，做到科学地组织一切可以利用的财力；科学用财是指根据轻重缓急的原则，合理地分配财力和节约用财，努力提高财力的使用效率。

（三）对物力资源的管理

对物力资源的管理主要包括以下四个方面：一是开发自然资源；二是计划使用物力资源；三是合理分配和协调物力资源；四是有效利用物力资源。

（四）对时间资源的管理

"一寸光阴一寸金，寸金难买寸光阴"这句古语形象地道出了时间的宝贵和不可逆性。美国著名的管理学家德鲁克把时间视为一种最稀有的、最特殊的资源。在管理活动的诸要素中时间与人、财、物相比，具有其特殊性。它不像财、物一样可以转借，也不像信息一样能够贮存。因此，科学地管理时间就是要充分地利用时间，用有限的时间创造较多的价值。

（五）对信息资源的管理

随着信息化社会的到来，对信息的管理日益成为管理工作的一项重要内容。反映事物活动特征及其发展变化情况的各种消息、情报和资料等，通过网络及时地接收、传递、处理、反馈，使管理者能够及时地发现问题、调整策略，减少工作的失误；同时也使管理者能够及时地发现机遇、抢抓机遇，开拓更多的发展空间。

总之，人力资源、财力资源、物力资源是最基本的管理对象，时间资源和信息资源是信息化社会重要的管理内容，当今空间管理也受到了管理者的重视。其中，人力资源是管理的核心。因此，在管理过程中要坚持"以人为本"，把提高人的素质、调动和发挥人的潜能作为管理的首要任务抓好，以此影响和带动其他方面的管理。

三、管理的意义和作用

首先，管理是保证社会协调发展的根本。随着社会的不断进步，社会系统越来越复杂、社会分工也越来越精细，这客观上要求社会各部门之间、各组织之间必须加强协调与合作，同时需要加强管理，发挥管理的组织、协调功能。面对这个高度社会化的庞杂的系统，如果没有管理，各自为政，组织之间就会矛盾叠起、冲突不断，社会生产将陷入一片混乱，社会和组织的稳定也就得到无法保证。

其次，有效的管理是提高生产效率的最主要手段。人力资源的合理使用与充分挖掘，将会为社会生产发展提供更多高素质的劳动者，从而提高社会的劳动生产率；无论是对物质资源的合理分配，还是对时间资源的科学运用，都是促进社会生产发展的重要手段。

再次，通过有效管理能够保证社会劳动者的基本权益，提高群体的凝聚力和士气，这对维护组织生存至关重要。制定科学的管理制度，能够保证组织成员职责分明，减少扯皮和推诿；实施科学的管理，奖优罚劣，将会鼓舞士气。总之，在现代社会，管理是社会稳定、经济发展的前提。因此，在社会生产和生活中处处需要管理，时时且事事都离不开管理。

【阅读资料1－1】[①]

现代管理的主要特征

现代管理的主要特征有以下四个方面：

（一）以人为本是现代管理的中心思想

在20世纪30年代以前，土地、机械设备和资金被看作管理的中心，人被看作同工具、机器一样，只具有使用的价值。人际关系运动使组织中人的因素受到重视，人际关系理论认为，生产效率的高低、组织目标的实现与否主要取决于组织成员的士气和态度，高昂的士气和良好的工作态度是通过关心人和尊重人来实现的。

---

① 黄志成，程晋宽编著.教育管理论[M].上海教育出版社，2001年版.

20世纪50年代中期,美国诺贝尔经济学奖得主舒尔茨提出的人力资本理论将人力资源研究推向更深层次,认为人是唯一能够增长和发展的资源,而其他所有资源都是受机械的法则支配的,只有人才能使产出大于投入,才能创造出完整的有机整体。20世纪五六十年代兴起的目标管理法、参与管理、Y理论等充分运用了人力资源的现代管理思想。

20世纪80年代兴起的"公司文化"和"追求卓越"等热潮也大肆宣扬"以人促产"、"一切着眼于人"等人本管理思想,认为"人就是人,并不是什么人员,人是不会由他人真正激励起来的,因为那扇门是从里面锁上的,他们应当在一种有助于自我激励、自我评价、自我信任的气氛中工作"。

现代管理理论已认识到,管理要以人为本,人创造组织整体,人创造组织的绩效,人支配和控制其他资源,一切管理工作都应以调动人的主动性、积极性和创造性为出发点,人是管理的中心。

(二)系统和权变是现代管理的基本思维方式

系统理论产生于生物学的研究,它一产生就被管理理论借鉴和吸收,福莱特、巴纳德、西蒙等著名管理学家都曾用系统思想或系统方法来研究组织与管理,卡斯特和罗森茨韦格合著的《组织与管理》一书则是运用系统的观点和方法研究组织与管理的代表作。可以认为,现代管理是以系统思维方法运作的,它要求从整个组织及其与环境的相互作用的角度看待组织,既要看到各子系统的独立作用,又要看到整体和全局,还要看到组织与外界环境的联系和作用。

权变理论产生于20世纪70年代,代表人物有劳伦斯、洛希、菲德勒和莫尔斯等。权变思维方法为将管理理论和方法运用于现代管理实践指明了方向,它要求在管理中具体情况具体分析,灵活处理各种问题,认为不存在什么普遍适用的"放之四海而皆准"的最好的管理理论和方法。

(三)创新管理是现代管理的灵魂

创新是组织活力的源泉,是组织生存和发展的基本因素。美国管理学家戴尔(Emest Dale)在《管理的理论和实践》一书中指出:"如果管理人员只限于继续做那些过去已经做过的事情,那么,即使外部条件和各种资源都得到充分的利用,他的组织充其量也不过是一个墨守成规的组织。这样下去,很有可能会造成衰退,而不仅是停滞不前的问题,在竞争的情况下,尤其是这样。"现代成功的管理无不是以创新为突破口的:美国贝尔电话公司的研究与开发目标——"摧毁今天的产品和技术"是目标创新的例证;兰德公司创立的德尔菲法属于决策方法创新;通用汽车公司总裁斯隆采用的事业部制的组织管理属于组织结构创新;德国创立的弹性工作时间制度属于制度创新;德鲁克提出的目标管理法是管理方法创新;"麦当劳"公司创始人柯格克的"用生不用熟"的用人法是人事政策的创新,等等。进入20世纪80年代,创新及创新管理成为新的时尚,美国学者平肖第三(Gifford Pinchot Ⅲ)在1985年出版的著作《创新者与企业革命——2000年的总经理与企业家》中断言,在80年代后半期及以后的时间里将迎来创新的时代。他说:"我们生活在这样一个时代,即进行有效创新的能力已经成为事业成功的基本决定因素的时代。如果竞争就是创新,就是创造和改进产品、服务和加工过程,那么,不创新就是死亡。"

(四)管理人员专业化是现代管理的基础

管理能否成为一门专业,它是科学还是艺术,历来为学术界所争论。美国管理学家德鲁克认为:"管理是实践,而不是科学,也不是专业,虽然它里面包含着科学和专业的因素,但要把管理工作'专业化',给经理人员发'执照',那就会给我们的经济和社会造成莫大的损失。"执照、文凭、资格证书不能保证管理的必然成功,但现代管理的实践表明,许多成功的管理者都接受过正规的管理教育。据调查,1977年美国最大的1 000家公司的经理中,有88%的经理拥有工商管理学位(MBA)。管理人员的专业化已成为现代管理的必要基础。美国管理学家艾伯斯在《现代管理原理》一书中认为,成为专业职业必须有两个基本条件:其一是要有系统的整体知识的学问及应用这些学问的必要技能;其二是要遵守为指导职业和个人行为而制定的一套规范。事实证明,管理已具备系统化的整体知识和技能,通过培训,管理人员可以获得管理的知识和技能,同时,管理职业的行为规范也已形成,管理可以成为一种专业。

目前国外管理人员的培训主要有以下几方面内容:

(1)核心课程,包括管理的运行机制、基本原则和方法等;

(2)对某个现实问题进行全面模拟研究;

(3)以解决组织管理问题为主,重点培养处理组织内外各种关系的能力;

(4)管理能力与管理艺术的训练;

(5)进行特定项目的具体管理,通过管理实践提高管理能力;

(6)实行"实例教育",分析实际案例。

通过实施管理专业教育,管理人员开阔了眼界,增长了知识,提高了管理能力,一个职业化的管理阶层形成了。专业化的管理人员为现代管理奠定了基础。

第二节 学校管理概述

一、学校管理与学校经营的内涵

（一）学校管理的内涵

1. 我国学者对学校管理内涵的界定

对于学校管理的内涵，我国学者有着不同的见解：

张济正在其主编的《学校管理学导论》（修订本）一书中认为："学校管理是学校管理者通过一定的机构和制度，采用一定的手段和方法，带领和引导师生员工，充分利用校内外资源和条件，有效实现学校工作目标的组织活动。"[①]

孙灿成在其主编的《学校管理学概论》一书中认为："学校管理是按照一定的原则，运用一定的手段和方法，建立起一定的制度，极大地发挥校内人、财、物诸因素的作用，充分地利用校外多种有利条件，组织和领导学校全体成员协调一致地、有效地实现预定工作目标的一种有程序的活动过程。"[②]

闫德明在其主编的《现代学校管理学》中提出："学校管理就是用好教职工以完成教书育人的一种活动。"[③]

袁振国在其主编的《当代教育学》中提出："学校管理是根据一定的教育目的、教育目标和管理目标，通过决策、计划、组织、指导和控制，有效地利用学校的各种要素，以实现培育人的组织活动。"[④]

归纳上述学者对学校管理内涵的界定，学校管理主要包括以下几个要素：学校管理是以育人为主要目标的；学校管理是需要遵循一定的原则，运用一定的手段和方法的；学校管理是通过决策、计划、组织、指导和控制等职能实现的。

2. 本书对学校管理内涵的界定

随着社会的发展，学校管理对象的主体意识不断增强，学校管理模式不断变革，新的管理理念不断涌现、质量效益理念成为学校管理的指导理念。从上述学

---

① 张济正主编.学校管理学导论（修订本）[M].华东师范大学出版社,1990年版,第22页.
② 孙灿成主编.学校管理学概论（修订本）[M].人民教育出版社,1999年版.
③ 闫德明主编.现代学校管理学[M].人民教育出版社,1999年版,第6页.
④ 袁振国主编.当代教育学（修订版）[M].教育科学出版社,1999年版,第299页.

校管理诸因素的变化出发,本书认为:学校管理是学校管理者依据国家教育目的,运用先进的管理思想作指导,制定和规划学校工作目标,以科学的方法和手段,营造开拓进取的学校文化,依靠和引导师生员工,最大限度地挖潜校内外的各种资源,高质量、高效率地实现学校工作目标的创新过程。

本书对学校管理概念的界定,主要包括以下几点内涵:

一是学校管理必须依据国家教育目的;

二是学校管理必须从经验走向科学。发展规划的制定要适应社会发展对学校管理的要求;管理方法的选择要适应不断变化的对象。

三是开拓进取的学校文化是学校管理的核心价值取向。

四是依靠和引导师生员工参与管理。这是现代学校管理的主要形式。

五是强调对校内外各种资源的挖潜。

六是强调实现学校工作目标的过程是一个不断创新的过程。

(二) 学校经营的涵义

随着市场经济体制的建立和运行,以民办学校为先导的学校经营实践引发了学校管理理念的变化,即学校不仅有管理问题,而且还有经营的问题。那么,什么是学校经营?学校经营什么?要准确地把握和回答上述问题,首先要考察"经营"概念的来源和涵义。

"经营"一词源于企业的组织活动。通常情况下"经营"专指"企业经营"。近年来,"经营"概念的外延逐渐地扩大到非企业组织,例如经营城市、经营人生、经营学校等。从汉语的角度考察"经营",按《现代汉语词典》的解释,有两层涵义:一是"筹划并管理(企业等)",另一层是"计划和组织"。

在企业经营概念中,理论研究者对"经营"有着不同的解释。陈家贵认为,企业的经营是指企业为了生存、发展和实现战略目标所进行的决策,以及为实现这种决策而从各方面所做的努力。

厉无畏认为,现阶段经营有着广泛的含义,它既包括了商品经营,又包括了资产经营;不仅是对企业拥有的资产进行经营,也应是对社会上一切可利用的资源进行经营;不仅包括对物质资源的经营,也包括对人力资源、知识信息资源的经营。

分析"经营"的词义和理论研究者对"经营"的不同解释,本书对"经营"的特点做如下的归纳:

(1) 经营的本质属性是对可利用的资源进行优化配置,以提高资源的使用效率;以较少的投入获得较多的利润。企业经营的目的就是获利。

(2) 经营是组织为实现其根本目的而实施的一系列的筹划、营谋活动。它包括经营环境的分析、经营思想的确立、经营目标的确定、经营策略的选择和经

营操作方式的确定等。

（3）经营范围的延展性。由于在组织的经营活动中,既有属于组织自身的资源,又有非组织所属但又可利用的其他社会资源;既有现实存在的物的资源,又有可不断挖掘的人的资源,这就决定了经营在范围上具有一定的延展性。

（4）经营活动具有类别性。由于经营组织的类别不同,必然导致经营活动的形式不同。

根据企业经营的特征,分析学校经营的实践,本书认为学校经营是经营理念在学校经营领域中的具体体现;是学校管理者为提高办学效益,对校内资源和校外可利用资源进行优化配置的一系列的筹划、营谋及管理的活动。

(三) 现代中小学经营的范围

中小学教育是基础教育,它不仅担负着为高校输送优质生源的任务,同时肩负着提高民族素质的重任。对于中小学教育,我国已实现了九年义务教育。那么,作为以国家投资为主体的免费性的义务教育应该经营什么呢?

义务教育对于受教育者来说是免费的教育,但是对于国家来说是需要投入大量资金的。因此,中小学的义务教育同样存在着教育的投入与产出、成本与效益的问题,同样需要经营。从民办学校成功的经营实践和教育经济学家的理论论证中,我们认为现代中小学经营大致包括以下三个方面:一是学校品牌的经营;二是学校资产的经营;三是学校资本的经营。

二、学校管理的特性

学校管理与企业等其他行业的管理相比,有其自身的特性。特别是随着教育体制的改革和管理理念的更新,学校管理正在由传统的经验管理走向现代的科学管理,其特性主要表现在以下四个方面:

(一) 学校管理的教育性

学校管理的教育性是自古至今存在着的,它是由学校工作的特性所决定的。学校工作是育人的工作,学校管理是对育人的管理。学校管理目标、管理原则、管理方法的确定都应把育人放在第一位,使育人体现在学校管理的各个方面,贯穿于学校管理的整个过程。偏离育人这个中心,学校管理就失去了它应有的意义。

(二) 学校管理的创新性

学校管理虽然涉及人、财、物等方方面面,但是最根本的是人的管理。而人生活在不断变化的社会环境中,无论是教师还是学生,来自环境的影响因素必然会使其思想观念产生相应的变化,这在客观上就要求学校管理者必须走出经验的思维定势,树立创新意识,以创新性的思维对不断变化的情况做出科学性的决策。

（三）学校管理的多维性

随着社会的开放程度、政治的民主程度和现代科技水平的提高，现代学校的管理呈现出多维性。它不仅要求对师生进行管理，而且更要求对管理者自身的管理；它不仅要求对学校仪器、设备等"硬件"进行管理，而且更要求对师生思想观念、价值取向和校园文化氛围等"软件"进行管理；它不仅要求对现实的常规工作进行管理，而且更要求对学校长远规划的管理。

（四）学校管理的服务性

学校工作的目标是使教师和学生的潜能都得到充分的发挥，使每一个人都获得成功、得到发展。学校管理就是要服从、服务于教师和学生的发展，使学校在教师和学生的发展中获得发展。学校管理不是目的，它不过是一种手段，其功效必须通过师生的发展结果来衡量，所以学校的管理者必须同时具备双重身份：既是管理者又是服务者。

三、学校管理的发展趋势

未来社会科学技术的迅猛发展，各种文化进一步的碰撞和融合，将极大地改变人类自身及其周围的一切。随着教育改革的深化，现代学校管理逐步形成自身运行特色和整体功能价值，呈现出以下几个方面的趋势：

（一）学校管理校本化

校本管理是近年来世界教育改革运动中出现的一种新的学校管理模式。校本管理的基本含义是：教育行政部门给予学校更大的办学自主权，学校可以结合自己的情况制订资源配置、财政预算、课程设置、教科书选择、人事决策等方面的实施方案，其目的是改革学校的管理系统，优化教育资源，提高教育质量和办学效益。校本管理采取的是集体管理的方式，学校的领导集体由校务委员会、学校督导、校长、教师、社区及学生组成。校本管理的产生是一种管理哲学的改变，是使教育管理哲学从"外控形态"到"内控形态"的改变。这种管理方式的优越性在于：

（1）由于决策是以集体而不是个人的形式做出的，它给予教师、家长和学生更多的参与学校决策的机会，从而保证了决策的民主性，提高了决策的质量。

（2）可以使学校能够在一种宽松的氛围中对各个教育项目进行规划、评价，使学校有更清晰的目标，学校的教育活动有更加明确的方向性。

（3）学校的校长、行政人员和教师之间既分工明确，又能相互沟通，提高教育资源运用的效率和效能，同时也可减少人际间的矛盾。

（4）校本管理模式有利于建立对学生全方位服务的管理机制，有利于"德育

工作"的创新,有利于全面提高学生的素质。

(二)学校管理开放化

现代学校管理系统只有与外部环境实现充分的能量变换,才能有效地作用于社会,否则就会停滞、缺乏生机和活力。教育系统的开放化大大拓宽了学校管理的内涵,放大了学校管理的功能,同时使学校管理自身也成为一个开放系统。一些国家一方面吸收社会力量参与管理、决策;另一方面,直接由社会办学,如英国近年来成立的"社区学校"。学校管理已不仅仅是学校的事,而初步成为社会共同参与的事。学校管理开放系统建立的标志主要有以下四个方面:

(1)树立现代大教育管理观,改变"就教育论教育的"观念;
(2)建立比较稳定的与社区联系的网络基地;
(3)建立一定的信息反馈系统;
(4)在学校内部,信息沟通的渠道畅通。

(三)学校管理民主化

实现教育民主化,必须走学校管理民主化的道路,这是教育社会化的必然趋势。没有学校管理民主化,教育民主化的目标将难以实现。从未来发展的角度分析,学校管理民主化的趋向主要表现在以下三个方面:

(1)从学校自己管理转向社会参与管理;
(2)从少数教育行政人员的管理向全员管理的方向发展;
(3)从学校管理学生转向在教师指导下的学生自我管理。

(四)学校管理手段现代化

学校管理手段现代化是管理科学化的标志之一。随着现代科学技术的进步和信息工业的发展及社会现代化程度的提高,现代科学技术将广泛进入学校大门,被越来越广泛地应用于学校管理,教育管理手段日益现代化,主要表现在以下两个方面:

(1)建立现代化的学校管理信息系统;
(2)计算机在学校管理中的广泛应用。

与此同时,学校管理手段又表现出非理性化倾向。它是指在学校管理活动中,除了发挥严密的组织机构和计划及严密的规章制度等的管理作用外,特别重视人的非理性因素,突出意志、感情、情绪、心态、形象等在管理中的作用;最大限度地调动师生潜在的自尊、自信、自控、自强的意识,通过群体的共感与共识,为学校发展提供内在的动力。它是被管理者的主体意识在现代社会中不断觉醒的结果,也是由非理性因素对人的行为的特别影响作用所决定的。

(五)学校管理精致化

学校管理精致化是台湾学者提出的观点,他们认为精致化是学校管理的目标,即"追求卓越,提升品质"。精致化是追求学校管理最理想的目标,学校要有一流的办学思想、一流的校长和教师队伍、一流的教学设备和条件,把学校办成精品化学校;追求学校管理的最优化的状态,投入最少的人力、物力和财力,发挥学校组织的整体功能,以获得最大可能的效果;追求学校管理最佳化的效果,让学生得到合理、科学的教育和管理,在原有基础上获得最好的发挥,也就是讲求学校管理的高水平质量。

(六)学校管理模式个性化

"个性"是指事物的特征,即一种事物区别于另一种事物的集中反映。学校管理模式个性化的含义是指一所学校有别于其他学校管理模式的特色。具体内容包括:办学目标、办学体制、领导体制、管理组织机构、规章制度、学校文化等方面。这些方面的有机结合,体现出鲜明的个性,为实现培养目标个性化服务。它是未来社会影响学校管理的因素多元化、复杂化的必然结果,也是未来学校发展的内在需要。

(七)学校管理价值取向人本化

学校管理确立以人为本的价值取向意味着一切管理工作都以人为出发点和归宿,体现尊重人、依靠人、发展人和为了人的指导思想。对学生来说,要创造条件使他们获得最好的发展,同时满足社会需要;对教职工来说,要满足他们多层次的需求,特别是满足实现自身价值的愿望。它体现了教育的根本利益,也是学校不断提高办学效益的需要。

(八)学校管理组织和管理人员的专业化

学校管理组织和人员专业化是指学校更多由独立于学校所有者以外的专业机构进行管理,同时,校长和教师直接对学校实施管理,减少学校管理运作过程中不必要的外来干预。其目的是使学校发展更好地遵从教育教学规律,提高办学的水平和效益。

总之,现代学校管理呈现出校本化、开放化、民主化、现代化、精致化、个性化、人本化和专业化等发展的取向。这些取向反映了现代学校管理的特质,展现了学校管理发展的美好前景。

第三节 学校管理的历史发展

人类自从有了学校,就产生了学校管理活动。学校管理活动促生了学校管

理思想和管理制度，为学校管理理论的形成奠定了理论基础。学校管理理论的系统化发展促使学校管理成为一门独立的科学——学校管理学。下面从中西方学校管理发展的历史过程，考察学校管理活动的产生和发展、学校管理思想的提出，以及学校管理制度的建立。

一、我国学校管理发展的历史过程

学校管理活动是伴随学校产生的，它的出现促生了学校管理思想和管理制度。

我国是世界上最早产生学校的国家之一。史载五帝时期有"成均"之学，虞舜时有"庠"，这是我国最早的学校名称。到夏朝时学校由"庠"发展出现了"序"和"校"的施教机构。《礼记·王制》记载"夏后氏养国老于东序，养庶老于西序"这段文字的注释指出："东序，大学，在国中王宫之东；西序，小学，在西郊"。"校"是夏朝创立的另一种学校，一般认为"校"设在"乡"里，主要承担对乡民教化的任务。

西周时期，我国已经形成了比较完备的学校系统。西周学校分为国学和乡学两类、大学和小学两级；形成了以"六艺"为主的教育内容；建立了视学考试制度，周天子一年视学三次，视学考试通常隔年一次。但是，由于夏、商和西周时期教育管理体制的共同特点是"学在官府"，教育机构与行政管理机构不分，即"官师不分"，因此没有专门从事学校管理的人员和专门的学校管理活动。

春秋战国时期，随着社会政治、经济的变革，官学衰败引发了私学的兴起。私学的兴起带来了教育管理制度的重大变革，它打破了"学在官府"的教育管理体制，使教育从政事中分离出来，从此，学校教育和学校管理成为了独立的活动。以孔子为代表的儒家私学，其弟子达 3 000 人之多，不仅规模较大，而且提出了许多颇有价值的教育管理思想。例如，孔子提倡"有教无类"的办学思想，即不分贵贱贫富和种族，人人都可以入学受教育。"有教无类"反映了孔子追求把受教育的范围扩大到平民的理念，进而影响了学生的入学条件。随着战国时期养士之风盛行，出现了百家争鸣的局面，私学进一步发展。

在教育管理实践和教育思想的发展过程中，我国古代出现了最早的专门论述教育教学问题的论著《学记》，其中包括了对学校管理的论述。例如，《学记》主张从中央到地方按行政建制办学，即"家有塾、党有庠、术有序、国有学"，这一主张成为以后历代政府进行重大教育改革和规划的蓝图。关于年级制的设想，《学记》中有关于学制的论述："比年入学，中年考校。一年视离经辨志，三年视敬业乐群，五年视博习亲师，七年视论学取友，谓之小成。九年知类通达，强立而不反，谓之大成。"《学记》把学校学习年限定为两段五级九年，前一段为七年四级，完成后谓之"小成"。后一段为二年一级,完成后谓之"大成"。(学校要年年招生,隔年进行一次考察。第一年考查学生的阅读能力和学习志向;第三年考查学生能否专心学业、与同学和谐相处;第五年考查学生能否广泛地涉猎知识、尊师重道;第七年考查学生学术研究能力和识别、选择良友的能力,如果均合乎标准,就可谓小有所成了;第九年考查学生对知识的学习和掌握是否达到了触类旁通,是否对所学之道坚信不疑,如果能够达到这样一个标准,就可谓大器已成。)从这些分类中,可以领略到最早的关于年级制的设想。关于教学管理的主张,《学记》要求将开学的入学教育作为主要教学管理环节来抓,开学这天,要举行隆重典礼,君主率百官亲临学校,与师生共同祭奠先圣先师。在教师管理方面,《学记》注重尊师,认为"师尊然后道尊,道尊然后民知敬学"。

春秋战国时期,稷下学宫的《弟子职》对学生在学习、生活中应遵守的行为做了详细的规定。例如在学习上规定:"先生施教,弟子是则。温恭自虚,所受是极。见善从之,闻义则服。"对如何服侍教师的饮食起居规定得更细,如"先生将食,弟子馔馈。摄衽盥漱,跪坐而馈";"师出皆起"。

秦代统一文字,严禁私学,教育出现倒退。

汉代实行"独尊儒术"的政策,教育发展出现转机,官学和私学都得到了发展。从学校教育制度来看,官学分为中央官学和地方官学。中央官学最重要的是以传授儒家经典为主的太学,由九卿之一的太常(礼官)掌管。在东汉还设有鸿都门学、宫邸学等特殊性质的学校。地方官学主要指郡国学。私学分为书馆和经馆两类。此外,汉代的太学有着严格的管理制度。从太学师资(博士)的选任、待遇、职责与升迁到太学生的来源、学籍、出路,直至教学内容、考试形式等都严加管理。地方官学的管理也有专门的人员。

魏晋南北朝时期政局混乱,官学衰落。

自隋唐起从中央到地方普遍建立了学校。学校的外部管理主要由礼部兼管,在礼部的统管下,中央官学由国子监具体管辖,地方官学则由地方政府设长史具体主持。隋唐官学的管理已臻于完备,主要表现在:一是设置了国子监这一学校管理机构,明确了祭酒、司业、监丞、主簿等职的职责;二是对教师、学生的管理有明确规定,如入学资格、教学计划、考试制度、假期、待遇和奖惩制度都有了较为细致的规定。

宋代坚持振兴官学、发展私学,鼓励书院等教育管理政策,官学和私学都有了较大的发展。在学校管理上,各级各类学校中都设有作为管理人员或教学人员的学官。关于学官的管理制度,即教师的管理制度进一步加强:太学每一课程由两人学官讲授"以较优略善否";地方官学教师则实行考试选差,形成一种新的"考选教官"制度。同时,对学官实行定期考核,三年一任制度,满一年一考,根据

三考结果,决定其升迁或贬斥。学官考核纳入全国官吏考核体系。同时,学生管理制度也获得了发展,太学和州县学校都制定了严格的学规。例如:元丰元年(1078年)颁布的《太学令》140条。规定太学生升舍必须参考行(操行)、艺(学业成绩)。同时,设学正执行学规,有犯学规者,除以"五等之罚":轻者关暇数月,不许出入;重者前廊关暇;再重则迁斋;再重则下自讼斋,自宿自省;又重则罚以夏楚,屏斥终身不耻。州县学校也定有学规,如《京兆府小学规》。教学管理实行分斋制(经义、治事)和三舍法(外舍、内舍、上舍)。分斋制是人才培养专业化的制度,三舍法是考查学生的升级制度。在课程设置上以儒学为主。同时宋代还创行"学田制",从此,学校开始设置长官地租钱粮的管理机构。

  辽金元时期,学校管理具有相应的制度。例如,元朝中央官学的学生入学资格和名额要根据学生的民族、出身来确定,具有鲜明的等级性。学生入学后,学校通过《学规》对其进行管理。学生毕业,国子生成绩优异、品行操守无瑕可击者,可以参加科举以取得功名。教师的录用要具有学术标准和道德标准,任免权在政府。

  明、清时期的教育系统和教育管理体制更为完善。官学仍由中央官学和地方官学组成,大致有国子监,地方府,州、县学和社学,清代还有义学。此外,还设武学、医学、阴阳学等专科学校。学校的外部管理还是由礼部主管。中央官学的行政机构仍然是国子监。地方官学的管理,由中央任命各省提学官(清朝称提督学政、学政)全权负责领导。

  对教师的管理进一步加强,对教师道德、学问和言行的要求很高。如国子监祭酒必须遴选博学通经、德高望重、闻名遐迩的大儒。即所谓"务选天下学明行修望重,海内所向慕,士大夫所依归,足以师表一代,名盖一时者"(《明会典》卷二百二十)。

  对学生的管理也尤其严格。如国子监设有"绳愆厅"专门纠察学生的言行,惩治违反学规者。地方官学也有严厉的学规。如洪武十五年(1382年)颁布《学校禁例十二条》于全国学校。

  在教学管理上,国子监教学有坐监制度和监生历事制度。

  晚清时期,清政府在北京设立京师同文馆,这是我国政府创建的第一所近代新式学堂,它标志着近代学校的产生。此后,除去洋务派创办的技术学堂和实业学堂外,维新派还创办、改建了新式学堂,如康有为创办的万木草堂、京师大学堂等。维新派在创办新式学堂的同时,改革科举,废除了八股文考试,推动了近代教育的发展。鸦片战争以后,许多有识之士纷纷提出向西方学习,包括学习西方的教育制度。例如1884年,洋务派新式企业家郑观应撰写的《盛世危言》中指出,"学校者造就人才之地,治天下之大本也",并详细介绍了西方国家的学校制度,特别是德国的学制,进而提出变革学制的意见,将原来州、县、省会、京师的官学和书院改为小学、中学、大学;1898年,康有为的《请开学校折》中,也提出改革封建教育、建立近代学制的主张和设想;梁启超1902年发表了《教育期区分表》和《教育制度表》。以上建议和改革措施的提出,为清末建立近代学制奠定了思想基础和理论基础。

1904年,清政府颁行了《奏定学堂章程》,即《癸卯学制》,这是中国第一个颁行全国的近代学制。《癸卯学制》在建立、修订的过程中,不仅规定了各级各类学堂的组织机构和领导体制,而且在各级各类学校章程中,对各学堂具体的办学宗旨、教师管理、学生管理和教学管理都做了明确规定。如1904年颁行的《奏定任用教员章程》,规定取得学堂正副教员的职位,必须具备相应的学历和资格。即初等小学堂正教员由初级师范毕业,成绩中等者充任;高等小学堂正教员由初级师范毕业,成绩优等以上,及游学外洋寻常师范毕业成绩中等以上者充任。在学生管理上,在《癸卯学制》的基础上,又制定了《学堂管理通则》;在教学管理上,从课程设置到教材管理都有专门的规定。如1904年颁布的《大学堂编书处章程》。

民国初年,蔡元培就任教育总长后,对封建教育进行了全面的改革。1912年9月3日,教育部公布《学校系统令》,即《壬子学制》。自该学制公布到1913年8月,教育部又颁布了《小学校令》、《中学校令》、《大学令》、《专门学校令》、《中学校课程标准》等学校规程,对各级、各类学校的目的、任务、课程设置等做了具体安排,对只有做补充和修改,综合起来构成一个更加完整的学校系统,即《壬子—癸丑学制》。

纵观我国学校管理发展的历史过程,学校管理体制经历了由从属到独立的过程;政府和学校对教师、学生以及教学的管理制度建设经历了由比较单一走向全面而严格的过程;学校管理思想经历了由简单的经验积累到较为系统建构的过程。总之,我国学校管理活动在漫长的实践过程中,不断地丰富着学校管理思想和理论,为现代学校管理积累了丰富的经验,为学校管理学的形成奠定了坚实的实践基础和理论基础。

二、国外学校管理发展的历史过程

在西方,古老的苏美尔人创建了神庙学校,也叫寺庙学校。在寺庙学校的基础上,古埃及在公元前2500年左右出现了专为王宫培养王子王孙的宫廷学校,以及后来出现的职官学校和书吏学校。西方古代的学校是由教师和学生组成的教育组织,教师负责收取学费、安排学期、决定学生升留级、选定课程教材等管理事宜,以后出现了专职的学校管理人员,有了管理学校的法规和制度。例如,公元2世纪在古印度出现的教育法规中就详细规定了古印度婆罗门学校的管理制

度及管理原则和方法,规定了师生的义务和职责,规定了教学内容和教学方法。古代西方的学校管理以古希腊的斯巴达和雅典最为典型,形成了有目的、有计划、有组织的正规教育组织形式,学校类型多样化,教育与国家政治生活联系密切。例如,斯巴达实行军事共产主义制度及体育训练制度;学校教育与社会教育合为一体;学校教育分为几个阶段,用军队管理的方法强调学生对教师的绝对服从。据考证,雅典在公元前 7 世纪就出现了学校,其类型主要有角力学校、音乐学校和体育馆等。其中,体育馆由国家创办,由体育馆员负责管理。教仆在学生 18 岁以前,负责训练他们的举止行为和德行,并负责督促检查他们的学业。学校每周七天均上课,只有国家休假日例外。

  16 世纪以后,随着资本主义发展,入学人数增多,学校规模扩大,教学内容增多,学校结构日趋复杂,学校管理也开始引起人们的重视,关于学校管理的思想和理论开始出现。例如,17 世纪捷克著名的教育家夸美纽斯(1592—1670)就创立了一套完整的教育理论。他在 1632 年著的《大教学论》中,提出了年龄分期、班级教学制度、普及教育等学校管理制度和思想;在 1657 年出版的《组织良好的学校条例》中,提出了学校制度的正确组织、教师职责、学生知识考查,以及学生操行等学校管理方面的问题。近代社会,学校管理进一步发展,在班级授课制、学科制、升留级制、考试制度、学校纪律、领导体制等方面都表现出了一定的特点。

  夸美纽斯的教育理论促进了西方学校管理水平的提高。例如,在管理机构方面,英国的学校董事会和校长是学校管理体制中最主要的成分。由地方教育当局、家长、教师、社区代表组成的校董会是学校的决策机构,其主要职责是审议并通过年度预算与年度支出,参与学校课程的安排与各科时间的分配,参与对校内教职工的晋级以及大的人事变动,接受来自家长的上诉,评估学校场地、建筑及其他设备等。校长是学校的第一行政长官,向董事会负责,下设副校长协助校长工作。校长的任命由校董事会讨论决定、地方教育当局认可。校长要从有教学工作经历、专门学科知识与管理才能的优秀教师中选拔。在这一时期,各国加强了教育立法,以法管理学校也是当时的一大特点。例如,英国 1870 年颁发《初等教育法》,将全国划分为数千个学区,设立学校委员会管理地方教育。法国 1833 年颁布《基佐法》,规定初等学校正式由国家管理,实行 6~13 岁儿童的义务教育制度。校长对于学校的管理通过审议会、教师委员会、教学委员会和班级委员会来实现;校长是审议会主席,主要负责审议学校预算、审定学校规章制度,保证学校教学工作的顺利进行。按年级组织的教师委员会指导学生的升学和就业,按学科组织的教学委员会负责教学上的问题。班级委员会由教师、家长和学生代表组成。德国 1763 年颁布《普通学校规程》,规定 5~14 岁为义务教育年龄。从1871年开始,在每所独立的学校设董事会,负责管理学校事务。①

三、学校管理学的历史发展

学校管理学的产生与发展是在学校管理活动不断深化、学校管理经验不断积累和学校管理思想不断系统化的基础上产生和发展起来的。关于学校管理学成为一门独立学科的具体产生的时间及其创始人,国内外专家和学者各有不同的说法。

日本学者久下荣志郎认为,德国的施泰因(L. V. Stein)是现代教育行政学理论的创始人。原因在于施泰因于1965—1968年出版了七卷本的鸿篇巨著《行政学》,系统地阐述了他的行政学理论,并以其理想化的社会理论和国家理论为基础,阐述了教育行政学理论。由此推断,学校管理作为一门学科的形成时间大致在19世纪后期。

在我国,教育学术界普遍认为,学校管理形成一门独立的学科,是20世纪初的事情。其代表人物是美国学者达顿(T. Dutton),1903年他出版了《学校管理》一书,强调了教师了解工业、商业和社会生活的必然性,希望教师热诚参加一切争取进步的活动。1908年达顿又与其学生斯耐登(Snedden)合作,出版了《美国公共教育行政》。② 因此,有些人将这一年视为学校管理作为一门独立学科的开始。

1951年美国出版了《教育管理和视导》专业杂志,同年教育管理学被世界公认为一门独立的学科。与此同时,学校管理学著作的内容已经比较系统地涉及学校管理活动的方方面面。例如,日本学者安藤尧雄的《学校管理》一书,从1953年出版到1964年修改,涵盖了学校管理的职能、校长工作、学校组织、教育目标的确定与管理,教学计划、课程计划、方法指导、学校例行教学活动、学生、学校环境、教职员、学校与社会、学校评价等多方面的管理内容。研究内容的系统性充分反映了学校管理学科的发展正走向成熟。

在社会主义国家,学校管理学创立时间较短。20世纪40年代苏联出版了一些学校管理的专门著作,但它们却是作为教育学的补充读物,偏重经验措施,理论上探讨较少。在我国,1898年光绪下诏变法,将"书院"一律改为"学堂",并要求兼习中西学术。在这个阶段,我国翻译出版了较多学校管理方面的著作。1904年,清政府颁布《奏定学堂章程》,规定在师范学堂中设教育原理、教育史和学校管理法等课程,之后我国一批教育学者相继出版了学校管理方面的著作。

---

① 曾天山主编. 外国教育发展史略[M]. 教育科学出版社,1955年版,第176-224页。
② 吴志宏,冯大鸣,周嘉方主编. 新编教育管理学[M]. 华东师范大学出版社,2000年版,第21页。

如1935年出版的杜佐周的《教育与学校行政原理》、1948年出版的罗廷光的《教育行政》等。党的十一届三中全会以后,学校管理学的研究呈现出蓬勃发展的趋势。1979年以后,各地师范院校教育系和各级教育学院干训班先后开设了学校管理学课程。1981年在福州举办的全国教育学研讨会第二届年会上成立了学校管理研究会筹备组(后更名为全国教育管理研究会)。1983年正式成立了全国学校管理学会。至此,学校管理学学科进入了快速发展时期。尽管,学校管理学学科在近年来获得了很大的发展,但是要建立具有中国特色的学校管理学学科,还需要广大学校管理工作者继续努力。

第四节 学校管理研究的对象和方法

一、学校管理研究的对象

世界上任何一门独立的学科都有自己特有的研究对象。关于学校管理的研究对象,在我国近30年来出版的学校管理学著作中,有不同的表述,

1980年北京教育行政学院编著的《学校管理》认为,学校管理作为一门独立的学科,它是以管理学校的原则、制度和方法为自己的研究对象。

1986年中南工业大学出版社出版的盛绍宽主编的《学校管理学》认为,学校管理学就是研究学校内部管理的现象及其规律的科学,它以学校管理的目标、过程、方法、体制、机构、制度,以及各项具体工作的管理和领导班子的建设等为研究对象。

1999年人民教育出版社出版的萧宗六的《学校管理学》认为,学校管理研究的内容,则只限学校管理体制、学校管理原则、学校管理方法、学校内部各项工作的管理等,主要探讨学校内部的管理规律。

中小学管理学从属于学校管理学范围,但是它与高等学校管理学相比既有共性,又有其个性。在办学体制、培养目标、机构设置、学生素质,以及管理方法等方面都有所不同。因此,现代中小学管理是学校管理学的一个重要组成部分和特殊的研究领域。它是根据中小学的自身特点,运用现代管理理论,对学校管理的基本职能、领导体制、管理过程、管理原则和方法,管理者和被管理者,以及各项具体工作的管理进行研究,从而发现规律,运用规律,有效地实现学校教育目标的科学。

二、学校管理学研究的方法

学校管理学是教育科学的组成部分。教育科学的研究方法，也适用于学校管理学。教育科学的研究方法有十几种之多，一般认为，比较适合学校管理学这门学科特点的研究方法主要有以下几种：

(一) 观察法

观察法就是在被研究的对象出于自然的情况下，研究者对其管理过程和管理现象，有计划、有目的地进行观察、分析的一种研究方法。观察法的基本步骤如下：

(1) 根据研究题目，选择和确定观察对象。

(2) 制订观察计划，明确观察目的、观察范围、观察时间和次数，以及观察的重点等。

(3) 根据计划准时进行观察。

(4) 做好观察纪录的分类、整理。

使用观察法要注意观察对象的典型性、观察时间的准确性、观察纪录的全面性，以保证观察结果的真实与客观。

(二) 调查法

调查法是通过问卷、访问、座谈等形式，搜集资料、了解情况，进而认识管理现状、探求管理规律、预测管理趋势的一种研究方法。调查法的基本步骤如下：

(1) 制订调查计划。计划要明确调查目的，选择调查对象和调查内容，确定调查方式、调查人员及调查所需的各种条件。

(2) 搜集资料。搜集资料要注意材料来源的广泛性和材料选择的代表性。

(3) 整理调查材料。即对搜集到的材料进行分类整理，把通过座谈和访问获得的叙述性的材料和通过问卷获得的数据材料分别进行整理。

(4) 分析论证。即对调查材料进行科学的分析，找出问题的症结、归纳事物发展的规律，为结论提出可靠的依据。

(5) 提出建议或做出结论。根据对调查结果的分析，对所存在的问题提出解决的建议和意见，做出符合事物发展的客观规律的结论，给人们以参考。

(三) 经验总结法

经验总结法是研究学校管理很重要的一种方法。它是在不受控制的自然状态下，根据管理实践提供的事实分析概括管理现象，使之上升到理论高度的一种教育研究普遍采用的方法。经验总结包括自我经验总结和他人经验总结，也包括对某校、某地区、某部门组织管理经验的总结。经验总结法的步骤如下：

(1) 确定总结的主题和对象。

（2）广泛搜集与总结的主题和对象相关的背景材料。

（3）制订总结计划，明确总结步骤。

（4）搜集具体事实。

（5）对搜集到的事实材料进行分析、综合，并抽象、概括，上升到理论。

（6）组织论证，总结结果。

使用经验总结法应与调查、观察、试验等方法结合起来使用，从而使研究更加完善、结果更趋科学。

（四）历史法

历史法，即在总结历史经验的基础上，继承优秀管理遗产，预测管理发展的未来趋势。任何事情的发生都有其历史的渊源，将要发生的事情是从过去和现在引申出来的。要预见未来，就必须了解它的过去和现在。历史阶段不是人们随意可以超越的。这类方法十分重视对大量的历史资料、文献、数据的手迹，以及对学校管理的历史经验的总结。

（五）比较借鉴法

比较借鉴法一般是指与国外进行比较。国外研究学校管理的历史比我国早，有些先进经验和科学理论，都值得学习和借鉴，不能采取排外主义的态度。科学是没有国界的，是人类的共同财富。管理方法和管理经验等也如此，运用比较借鉴法的目的在于学习、借鉴外国长处，为我所用。从学校管理理论形成的过程中，可以发现很多先进的学校管理理论源自企业管理，因此研究学校管理，不仅要注意与国外的学校管理相比较，而且还要注意与企业管理相区别。必须充分认识：企业管理与学校管理有很大不同，外国的学校管理与我国的学校管理也有一定区别。因此，在向国外学习、向企业学习管理的时候，要注意从自己的实际出发，不能照搬、照抄。只有这样，才能建设出具有中国特色的学校管理学。

思考与练习

1. 结合实际谈谈对"学校管理"概念的理解。
2. 结合实际谈谈学校管理的特性及意义。
3. 谈谈当代学校管理的发展趋势在中小学管理中的具体表现。

第二章 现代中小学领导体制

内容提要

本章主要阐述学校领导体制的含义;简要介绍新中国成立以来我国中小学领导体制的演进过程;现代中小学的领导体制——校长负责制的内涵、校长负责制的实施要求;现代中小学管理组织机构及设置原则;现代中小学管理制度及制定管理制度应遵循的原则。

学习目标

1. 准确阐述学校领导体制的含义。
2. 了解新中国成立以来我国中小学领导体制的演进过程。
3. 正确解读现代中小学校长负责制的内涵及其实施要求。
4. 准确阐述实行校长负责制的学校设置管理机构的原则。
5. 准确阐述制定学校规章制度的基本要求,并能制定简单的学校规章制度。

第一节 我国中小学领导体制的演进过程

一、学校领导体制的含义

学校领导体制是指学校的领导制度,机构设置、管理权责等根本性的组织制度。它主要包含四个方面的内容:① 学校领导体制的结构——学校领导体制内部组织机构及上下左右的相互关系;② 学校领导的幅度——学校领导者所管辖

的下属机构的层次与部分的限度；③ 学校领导者的职责与权限的划分；④ 学校领导者的管理制度——学校领导者的选择、培养、使用和职务任期的规定及行为准则与条例等。

二、新中国成立以来我国学校领导体制的演进过程

学校的领导体制总是随着国家的政治、经济形势的变化而变化的。自新中国成立以来至1985年，由于我国政治、经济发展的需要，我国中小学学校的领导体制围绕着学校的党政关系，集中在两条主线，经过多次变革，曾实行过以下六种领导体制：

（一）校务委员会制

解放初期，教育战线的主要任务是从帝国主义手中收回教育主权，取消国民党反动派对学校的法西斯统治，使学校掌握在人民的手里。因此，当时的中小学经历了短暂的校务委员会制。校务委员会由思想进步的教职员和学生代表组成，校长由政府委派。这种体制对当时旧学校的改造、维护学校秩序、发扬民主，对学校的初步改革起到了积极的作用。但这种体制容易产生极端民主和工作无人负责的现象。

（二）校长责任制

1952年，党的工作重点开始由急风骤雨式的革命战争转入大规模的经济建设，党制定了过渡时期的总路线，我国面临实行第一个五年计划。在当时的情况下，国家急需大量的经济建设人才，要求学校加大人才培养的规模，加快人才培养速度，这就提出了教育工作规模化、正规化和提高教育质量的任务。

同年3月，经政务院批准，由中央教育部颁布《中学暂行规程（草案）》和《小学暂行规程（草案）》，这两个规程对中小学管理体制做出了比较完整的规定：中小学实行"校长责任制，设校长一人，负责领导全校工作"。校长由政府委派，直接对人民政府负责。学校一切问题，校长有最后决定权。这种体制在贯彻党的教育方针政策、加强学校的行政领导、提高教育教学质量等方面起到了积极的作用，改变了以往学校工作无人负责的现状。但是，这种体制在加强党的领导和发扬民主方面重视不够，且没有建立相应的监督机构和制度，容易滋长个人骄傲自满情绪，形成校长个人独断专行的弊端。

（三）党支部领导下的校长负责制

1957年整风"反右"后，在"左"的思想影响下，以"不能摆脱党的领导"一类说法为依据，对校长责任制采取了全盘否定的态度。由此，1958年9月，国务院颁布了《关于教育工作的指示》，指出："一长制容易脱离党的领导，所以是不妥的"，"一切中等学校和初等学校也应放在党委领导之下"。此后，中小学普遍设

立了党支部,实行党支部领导下的校长负责制。党支部代替校长包揽了学校的行政工作事务,实际上形成了党支部领导一切、书记说了算的学校工作局面。这种领导体制对于加强学校的思想政治工作确实起到了一定的作用,但是由于党政职责不清,以至出现了党政不分、以党代政的现象,且行政机构和行政负责人的作用没有得到充分发挥。

(四)当地党委和主管的教育行政部门领导下的校长负责制

1960年,为了纠正"左"的错误,实行"调整、巩固、充实、提高"的方针,对前一阶段的学校教育工作进行调整。1963年3月,教育部在总结新中国成立以来的经验教训的基础上,制定了全日制中小学暂行工作条例(草案),规定"校长是学校行政负责人,在当地党委和主管的教育行政部门领导下,负责领导全校的工作,团结全体教职工完成教学计划"。同时提出"建立校长领导下的校务会议",讨论学校的重大问题,学校"党支部对学校行政工作负有保证和监督的责任"。如此就形成了在当地党委和主管的教育行政部门领导下的校长负责制。

实行这种管理体制以后,学校党政干部之间有了较为明确的分工,职责分明,矛盾较少,学校行政组织的作用得到了较好的发挥。同时,学校突出了教学的中心地位,建立了正常的教育教学秩序,教育教学质量有了很大提高。但是,这种管理体制在发扬民主方面重视不够,以至在"文化大革命"中因被指责为"削弱党的领导",是"修正主义教育路线的产物",而受到批判。

(五)"革命委员会"制

在1966年以后的10年,是"文化大革命"阶段。由于"文化大革命"的影响,我国原先已逐步完善起来的中小学领导和管理体制遭到极大破坏,全国基础教育管理体制处于混乱状态,这对我国教育事业的发展不啻是一场灾难。在"文化大革命"中,学校领导体制混乱不堪,先是群众组织夺权,接着是工宣队、军宣队和贫宣队管理学校,后来又成立了以造反派组织头头为主的"革命委员会"。学校里连校长的名称也被取消了,正常的教育教学秩序难以建立,对我国的教育事业无疑造成了极大的损失。

(六)党支部领导下的校长分工负责制

1978年全国教育工作会议以后,中央教育部重新颁发《全日制中学暂行工作条例(草案)》、《全日制小学暂行工作条例(草案)》,规定:全日制中小学"实行党支部领导下的校长分工负责制。学校的一切重大问题,必须经过党支部讨论决定"。这一学校管理体制对于拨乱反正,改变"文化大革命"时期的不正常现象,恢复整顿学校的正常教学秩序,提高教育质量起到了非常重要的作用。经过多年的实践证明,这种领导体制把"领导"和"负责"分开,职权和责任不统一,不符合学校教育的客观规律和管理原理,而且在校长上面增加了一个管理层次,不

可避免地存在着党政不分的问题，容易产生以党代政的弊端，必须进一步改革。

三、我国中小学领导体制的主要类型

以上六种学校领导体制，可分为以下三种类型：

第一种类型是委员会制。这种体制强调集体领导，强调发扬民主。解放初期实行的校务委员会制、"文化大革命"期间实行的"革命委员会"都属于这一类。1957年反右以后和1978年全国教育工作会议以后实行的党委（总支、支部）领导制，是另一种形式的委员会制，它强调党对学校的具体领导。委员会制的优点是：发扬民主，集思广益，考虑问题比较周详，可避免个人专权。缺点是：权力分散，责任不明，行动迟缓，效率较低，有时因意见分歧，往往使问题一拖再拖，也会贻误工作。

第二种类型是一长制。这种体制强调发挥行政作用，强调责任制。1953年至1957年实行的校长责任制、1963年至"文化大革命"前实行的校长负责制都属于这一类。一长制的优点是：权力集中，责任明确，行动迅速，效率较高，强调责任制和内行领导。缺点是：个人的智慧、才能和经验毕竟有限，考虑问题难免不周；如果主要决策人选择不当，且缺乏相应的监督机构和制度，就有可能导致滥用职权，贻误工作。

第三种类型是党委领导制。这种体制强调党对学校的具体领导。1957年反右以后和1978年全国教育工作会议以后实行的领导体制，属于这一类。

中小学的工作，大都属行政性的、执行性的、事务性的，许多事情需要"速决"，所以适宜采用一长制即校长负责制。1985年5月29日颁布的《中共中央关于教育体制改革的决定》里明确提出："学校逐步实行校长负责制。有条件的学校要设立由校长主持的人数不多的、有威信的校务委员会，作为审议机构。"中共中央、国务院1993年2月13日印发的《中国教育改革和发展纲要》又重申："中等及中等以下各类学校实行校长负责制。校长要全面贯彻国家的教育方针和政策，依靠教职员办好学校。"这是新时期我国在学校管理体制改革上的重要举措。此后，校长负责制成为我国中小学的学校领导体制。

第二节 现代中小学的领导体制——校长负责制

一、校长负责制的含义

校长负责制是学校内部的一种领导体制。校长负责制是指由校长统一领导和全面负责学校工作,党在学校的基层组织党支部(规模较大的学校可设党委、党总支,规模较小的学校可设联合支部)保证监督,教职工民主参与学校管理三个部分有机组成的相互联系和统一的学校管理体制。这种表述包含了学校工作中党、政、群三方面的作用和权限。

(一)校长全面负责

校长对学校工作统一领导、全面负责是校长负责制的核心。它主要包含以下三个层面的含义:

1. 校长的职位内涵

校长是由上级政府或教育行政部门任命的,是学校行政系统的最高领导者,是学校的法人代表,在学校领导关系中处于中心地位。目前我国中小学校长的任命一般有上级主管部门任命、学校公开招聘或教代会民主推选、上级主管部门聘任等几种方式。校长一般都采取任期制,任期为3至5年,可以连任。校长对外代表学校,向上级党委和教育行政部门负责,对内按有关规定行使职权、履行职责,并代表政府全面领导和管理学校的各项工作,对学校、教职工、学生和学生家长责任。

2. 校长的职责内涵

校长的职责:一是指校长的工作任务;二是指校长的工作责任。

校长的工作任务是全面贯彻党和国家制定的教育方针,认真执行上级教育行政部门和上级党委的指示、决定,努力按照教育规律办学;制定并组织实施学校的发展规划和学年、学期计划;全面负责教学、科研、行政管理等各项行政工作;配合学校党组织支持和指导共青团、少先队和其他师生群众、社团组织;管理教师的聘任、考核、培训,奖惩与职称晋升工作;负责学校各项行政规章制度的建设与实施工作。

校长的工作责任可归纳为四个方面:一是政治责任;二是行政责任;三是经济责任;四是法律责任。如学校偏离社会主义办学方向,校长就应承担政治责

任；校长违反政策，玩忽职守，使学校工作蒙受严重损失，则应承担行政责任；校长对学校的公有财产负有不受侵犯的职责，如因校长失职而使学校蒙受经济损失的，上级有关主管部门将给予校长经济制裁，严重的将追究校长的法律责任，由司法机关依法惩处。

3. 校长的职权内涵

实行校长负责制，就是职务、权力、责任三者的统一。为了使校长尽职尽责，必须赋予校长应有的权力。校长拥有的四大职权是：决策权、指挥权、人事权和财经权。

（1）决策权。学校行政工作的重大问题，校长有最后决定权。校长在决策之前，也许要召开各种会议，听取各方面的意见，但最后拍板的是校长，不是集体领导，不是少数服从多数。校长与副校长之间，是领导与被领导的关系。学校党组织不再对行政工作行使决策权。

（2）指挥权。校长对外代表学校，对内统一领导、统一指挥全校的行政工作。校长接受上级教育行政部门的领导，学校各管理机构接受校长的领导，这样可以避免政出多门。但是，集权与分权要结合起来，统一领导与分层管理要结合起来。各级有各级的职权，各级要干各级的事，要建立严格的岗位责任制。

（3）人事权。校长有权提名任免副校长和其他行政干部；对于教职工的使用、考核、奖惩，校长有权做出决定。当然，对副校长的任免，对教职工的重大奖惩，要报上级批准。

（4）财经权。上级的拨款、学杂费留成、勤工俭学，以及社会赞助等各种收入，校长有权按财经制度的规定自行安排使用。

（二）党支部保证监督

党支部保证监督，即监督保证党的路线、方针、政策在学校的贯彻落实，保证办学的社会主义方向，保证学校的各项任务能够顺利完成。这样，党组织就从学校的日常行政事务中摆脱出来，反而更有利于抓好自身建设，发挥其政治核心作用和保证监督作用。

实践表明，实行校长负责制，党支部起保证监督作用，校长和党支部各自发挥自己的职能，不仅不会削弱党对学校的领导，而且能够加强和改善党对学校的领导。党对学校的领导的主要含义有：

（1）党的领导是政治领导，是路线、方针、政策的领导，不是行政领导。

（2）党的领导是通过党员的模范行动体现的。党员的先锋模范作用，是实现党对群众的政治领导的重要条件。党支部应该用主要力量抓好党员的教育，发挥党员的先锋模范作用。而如果党支部不抓党员的教育，包揽行政工作，就是放弃了自己的主要职责，则会削弱党的政治领导。

（3）党的领导要靠说服教育，不能采取行政命令方式。党只能说服群众自愿按党的路线、方针、政策行事，不能像行政那样命令，必要时可以采取强制措施。党支部的决议，只对党员有约束力，不能要求非党员无条件执行。有的学校以党支部名义就学校行政事务在全校出布告、发通知、下指示，这是不符合党的领导原则的。

（4）党的领导是通过多种渠道实现的。党对中小学的领导是通过教育方针、教育体制、知识分子政策来实现的；学制、课程计划、课程标准、教材，以及各种重要的规章制度、工作条例等，也是上级教育行政部门在党的领导下制定的，这些都充分体现党对学校的领导。

（三）教职工民主管理

教职工民主管理是校长负责制的重要组成部分，其主要形式是实行教职工代表大会制度。教职工代表大会的职责是代表全体教职员工对学校各项决策提出意见和建议，对学校工作实行民主管理、民主监督，发挥教职工主人翁作用。

【阅读资料2-1】[①]

曹校长的管理实践

有一位老校长，姓曹，是民主党派人士，主持一所重点中学的行政工作。近几年来，在社会上兼职较多，经常参加校外活动，不可能每天从早到晚深入到学校各项工作中去。于是，他同校党支部书记、副校长、教导主任和总务主任等人商议，作了明确的分工，要求各司其职。曹校长不顾年老事多，总还是尽可能地到各教研组走走，同教师谈心，了解情况，听取意见；有时，也到课堂听课，接触一些学生。但是，他对教师、学生、职工向他提出的具体意见和问题，却很少直接表态。他认为：有的事是有章可循的，只要按章办事，不管是校长或是副校长，谁说了都算数；不按章办事，校长说了也不能算。校长负责制，不能是按校长个人意志办事。他认为：有的事是无章可循的，那就要集体研究，特别是有关改革的事，更不能由校长个人决定。有的事，可能还得向上级请示汇报，不能校长一个人说了算。他认为：学校中大大小小的事，都由校长决定，都要通过校长，这不叫有职有权，而是个人专权，越级用权，滥用职权。集体讨论决定的事，校长随意变更，或者对那些由其他干部分管的事，校长出面表态处理，都不是善于用权的表现。曹校长的看法，得到学校领导班子的赞同。但有些教职工仍向他提出问题："这样的话，校长不是'无为而治'了吗？""各人分管一个方面，校长的权不就落空了

---

① 吴志宏，冯大鸣，周嘉方主编.新编教育管理学[M].华东师范大学出版社，2000年版，第85页。

吗?"对于这些问题的回答,我们不仅要从领导方式上加以寻找,更要从实行校长负责制这个方面去寻找正确的答案。

从上面的案例中,可以很生动地看到实行校长负责制后,在学校管理层面发生的变化,同时它也能加深对校长负责制内涵的理解。几十年的改革实践表明,中等及中等以下各类学校实行校长负责制的领导体制是成功的。它理顺了学校里的党政关系,既保证了党的路线、方针、政策在学校的贯彻落实,又使校长及其他行政领导的作用得到充分发挥,同时也调动了教职工参与学校管理工作的积极性,提高了学校的办学效益和水平。

二、校长负责制的实施要求

校长负责制是一种科学、合理、高效、符合中小学学校特点、符合现代科学管理要求的学校管理体制。校长负责制有效实施的要求有以下几个方面:

(一)校长必须正确处理几种关系

1. 要正确处理同上级教育行政主管部门的关系

无论校长是怎么产生的,都必须接受上级机关的领导,执行上级的指示。当然,上级领导机关要注意简政放权,不可统得太死,要尊重校长的权限。

2. 要正确处理同学校党组织的关系

不论校长是党员或非党员,他在思想作风、道德品质、执行制度、遵守法纪、联系群众等方面,都必须接受学校党组织的监督,认真考虑党组织的意见和建议,这样才能鞭策校长尽职尽责,保证学校不致偏离社会主义方向,使学校成为建设社会主义精神文明的坚强阵地。

3. 要正确处理同教职工代表大会的关系

教职工代表大会是学校实行民主管理的一种重要形式,校长应该定期向教职工代表大会报告工作,倾听代表的呼声,听取代表的意见和建议。这样做是为了发挥教职工的集体智慧,有助于校长实行科学管理,减少决策中的失误。

4. 要正确处理同校务委员会的关系

《中共中央关于教育体制改革的决定》(简称《决定》)中指出:"有条件的学校要设立由校长主持的、人数不多的、有威信的校务委员会,作为审议机构。"《决定》中所说的校务委员会,不是权力机构,也不是单纯的咨询机构,而是"审议机构"。校务委员会通过对学校发展中的重大问题的"审议",在某种程度上影响校长的决策,发挥智囊团的作用,有利于完善校长负责制。

5. 要正确处理同其他行政人员的关系

校长与学校其他行政人员的关系是领导与被领导的关系,校长有决策、指挥的权力,其他行政人员要执行校长的决策,听从校长的指挥。但这并不意味着学校什么事情都由校长说了算。校长应处理同学校其他行政人员的关系,应将集权与分权相结合,统一领导与分级管理相结合,尊重信任与规范管理相结合。为此,校长要进行合理的分工,充分发挥学校各级行政人员的作用,做到职、责、权一致。各级行政人员也应尊重校长的决策,支持校长的工作,各方互相信任尊重,互相支持配合,从而实行学校管理工作的高效益。

(二) 充分发挥党支部的保证监督作用

为了尽可能避免产生党政不分、以党代政的现象,提高工作效率,充分发挥党支部的保证监督作用,应注意以下两点:

1. 党支部要充分发挥行政部门的作用

凡属行政工作,不要干预,不要插手,更不要包揽一切,要放手让校长去处理。一般行政会议,书记不一定参加。即使参加,也不要以党支部名义对行政工作作指示。这样,既能发挥行政的作用,党支部又可腾出手来抓好党的思想建设和组织建设,抓好党员的先锋模范作用。

2. 校长要尊重党支部的领导,主动争取党支部的支持

凡属重大问题,应举行党政联席会议,共同商量解决,以减少工作中的失误。例如学校的工作计划,学校在教育、教学工作中要采取的重大措施,教职工的调动和评薪定级,师生的奖励和处分等,应该征求党支部的意见。但是校长要有敢于负责的精神,不要什么事都找党支部汇报,更不要什么事都推给党支部。校长与书记之间,要互通声气,互相尊重,互相体谅,共同把学校办好。

(三) 依法保障校长负责制的实施

实行校长负责制必须有相应的法律、法规做保障,否则就会产生各级人员的主观随意性,校长的职权、党组织的保证监督、教职工的民主管理等都难以明确,也难以被公认,各方行使权力就难以得到保障。因此,要对校长的选拔任命、职权范围、学校民主管理的组织形式、活动方式,以及党的基层组织的职责等做出法律性的规定。

(四) 不断提高管理人员的素质

实行校长负责制,校长要对学校的工作全面负责,可以说是任务重,权力大、责任也大,因此校长的职位对校长的素质要求比较高,校长需要不断加强自身学习,以适应学校管理工作的需要。党支部通过保证监督体现党对学校的领导,这就要求党支部书记在工作作风、工作方法、工作态度等方面体现党对学校领导的精神与要求,它对支部书记的素质要求也很高。同时,学校其他各级管理人员的素质也需要不断提高,否则,校长的本领再大,书记的水平再高,也是难以做好学校的管理工作的。

第三节　现代中小学管理组织机构

一、我国中小学管理组织机构设置的历史与现状

管理工作的正常运转，既要通过管理人员和管理法规，还要通过管理组织机构。研究各种管理组织机构的功能、设置原则等能提高学校管理的效率。中小学管理组织机构的设置与学校领导管理体制有着密切关系。

建国初期，取消了国民党时期设立的训导处，一般只设教务处和总务处。或学习苏联经验，将教务处改为教导处，增加了管理任务，除了管教学行政事务，还要管班主任工作和课外校外活动等。1957年之后，学校领导体制由校长负责制改为党支部领导下的校长负责制，在机构设置上，增设了政教处，将班主任工作、共青团和少先队工作统一起来进行领导管理。而先前的教导处则又改为教务处。1962年后，学校领导管理体制改为上级党政领导下的校长负责制。以前设置的政教处大多取消，而改设教导处，一般学生思想教育工作归教导处管，教师思想工作由党支部管理。"文化大革命"中设立三组，即教育革命组、政工组和后勤组。教育革命组有的负责学生思想教育工作，也有的负责校办工厂和农场。政工组负责学生和教师的思想教育工作，还管人事、保卫工作。1978年后，学校领导管理体制改为党支部领导下的校长负责制。"文化大革命"期间设立的三组改为教导处和总务处两处。同时，恢复了"文化大革命"期间取消的教研组。一些规模较大的中学，设立了校长办公室，分管人事、保卫、文书、档案工作。

近年来，中小学都实行了校长负责制。这些学校大多设立了教学研究室，有的设立了教育信息资料室，归校长领导。也有的学校设立了两个委员会，即思想教育委员会和教学委员会，校长是委员会主席。也有的学校实行党支部领导下的校长负责制，党支部主任是思想教育委员会的主席。也有的学校取消教导处和总务处，成立校长办公室。校长办公室设主任1～2名，负责原先教导处所管的教务行政工作，并负责人事、保卫、文书和档案工作等。设立三位副校长，分管教学、思想政治教育和总务等工作。对于教育教学中层组织，有的学校设立了教学教研室，下设年级组，有的只设立教学教研室。

我国学校管理组织机构的设置存在很大差异性。中学和小学的情况不一样，农村和城市的情况也不一样。就小学教育而言，农村情况是很复杂的，年级

和教学班设置都不一样。有全日制小学,有半日制小学,有设立四个年级的,有设立六个年级的。教学班有单一的,有复式的。就中学教育而言,城市的规模大,农村的规模小。农村规模小的只设教导处,而无总务处,只设事务员。甚至有不设教务处的,校长直接负责教务行政工作,也负责事务工作,学校中也无单独的党支部。

二、现代中小学管理组织机构设置应遵循的原则

现代中小学管理组织机构设置应根据学校的领导体制,从学校的实际需要出发,根据党的教育方针和学校的培养目标来确定。现代中小学的领导体制是校长负责制,因此,在设置学校组织机构时,应遵循以下基本原则。

1. 党政分开原则

长期以来形成的党政不分、以党代政的弊端,与党政机构不分有关,与党政干部互相兼职有关。要彻底改变这一现象,不仅党政职责要明确,从职能上分开,精简和合并机构;还要从党政干部的职务上分开,即正副书记不兼校级行政职务,正副校长不兼党内职务,这样,党政干部可以减少许多不必要的会议,摆脱与本职工作无关的事务,专心致志地搞好本职工作。

2. 差异性原则

差异性原则或因校制宜原则指的是学校的机构设置要从本学校的实际需要出发,学校的具体任务和目的不同、规模大小不同、学校所处城市和农村不同,学校机构设置与人员配备的数量就会有所不同。

首先,要分清中小学的具体任务和目的的不同。在中学,初中与高中的具体任务和目的也不同。学校管理机构设置不能随心所欲,要根据各自学校的具体任务和培养目标进行精心研究,做出决策。其次,要分清规模大小的不同。规模较大的学校管理工作量加大,就适当地增加组织机构和管理人员,细化组织的岗位职责;规模较小的学校管理工作量小,组织机构也相应地减少,其职责范围相应地增大。例如农村规模较小的小学只设教务处,校长配备一个办事员,后勤工作也由办事员负责。而城镇规模较大的小学,不仅设校长办公室、教导处、后勤处,还设教学科研处。第三,要分清学校管理机构设置的地区差异,即城市和农村不同。城市之间存在不同,农村之间存在不同。总之,无论学校实行什么样的领导管理体制,学校管理机构的设置在程序上应由教职工代表大会进行讨论,或由校务委员会进行审议,再由校长做出最后决定。

3. 精干效率原则

学校管理机构的设置,应以力求精简、讲求效益为原则。机构设置不要太多,但也不是越少越好,有些机构和人员的设置是必需的,不设置这些机构和人

员,则会影响学校工作的正常运转机制。所以,在贯彻这一原则时,可以考虑取消或减少某些不必要的管理机构和人员,也可以增加一些有教育意义的机构和人员。

4. 分工协作原则

学校管理的各个机构之间,既要有合理的分工,又要积极协作,建立良好的横向联系。但分工不是越细越好,在一定意义上来说,协作比分工更重要。因为教育事业的发展很快,新问题、新事物不断出现,有些问题不是一个或几个机构就能解决的,这就特别需要机构之间的协作精神。

5. 渠道畅通原则

学校工作范围很广,要对这些工作进行有效管理,决策和指令必须能准确、迅速地下达到执行人员;执行情况和效果又能及时地反映上去,做到上情下达、下情上达、左右通气,这不仅与管理机构的设置有关,还与管理方式的运用有关。

6. 权责对等原则

该原则见第四章学校管理原理、原则与方法。综上所述,学校管理机构的设置应从学校的实际出发,多角度、多方位进行研究考虑,遵循多种原则,决定机构的设置与取舍。

三、现代中小学管理组织机构的类别及其职责

目前,我国中小学管理机构的具体设置主要分为两类:一类是行政性组织机构,即校长领导下的行政及教学组织机构。包括校务委员会、教导处(有的学校把教导处分为教务处、政治教育处)、总务处、校长办公室;校长、教导主任领导下的教学组织机构,包括各科教学研究组织、教育科学研究室和年级、班级。一类是非行政性组织机构,即党支部领导下的党组织及群众组织,包括教育工会、教工代表大会、共青团、学生会。行政性组织机构承担学校的具体管理职能,非行政性组织机构起保证、配合、监督和制约的作用,这些作用是有效的管理活动不可缺少的组成部分。

(一) 行政性组织机构及其职责

1. 校长办公室

校长办公室是直属校长领导下,处理日常校、务工作的办事机构。

校长办公室的主要职责:文件、印章、人事档案的管理;统计报表、教职工考勤考核;节、假日值班保卫的安排和检查;信访接待和一般纠纷处理;校长交办的通知、信件、上级文件等;办理和管理教职工离、退休;抓好计划生育工作,做好职工福利工作。办公室可设主任和干事1~2人。规模较小的学校,也可不设办公室,只设专职秘书处理其业务工作。

2. 教导处（教务处或教务办）

教导处是协助校长组织领导学校教学业务和学生思想政治教育工作的机构。

教导处的主要职责：具体领导各科教学研究组和学年组，负责班主任工作；领导体育室、卫生室、图书室、实验室、电化教研组工作；掌管学籍、教学档案、成绩统计；安排作息时间、编制课程表、组织学生课外活动等教务行政工作。教导处可设主任一人，副主任及职能人员1～3人，主任统筹教导处全面工作，检查协调教导处掌管范围内的工作。副主任可按照具体情况分工，分别管理教学工作以及教学辅助工作，如图书室、实验室等。规模较小的学校可不设副主任，只设教导主任和教导员。有些较大的学校将教导处分设为教务处和政治思想教育处，分管教学和政治思想教育工作。还有些较大的学校分设教务处、政治思想教育处和教育研究处（室）。

3. 政教处

政教处是负责管理学生思想工作、组织学校各种德育活动的机构。

政教处的主要职责：负责对各年级组的德育工作的领导、管理和协调责任。有时候，规模较小的学校把该机构的职能归入教导处，其德育活动的管理由教导处统一协调。通常设主任、副主任若干人。

4. 总务处

总务处是协助校长组织领导后勤事务工作的职能机构。

总务处的主要职责：学校财产的管理和设备的维修；学校环境绿化、美化；卫生保健管理；学校食堂及生活福利工作管理；处理日常总务行政工作。总务处可设主任一人，可设会计、出纳等人员，必要时设副主任。规模较小的学校只设总务主任或专职事务员，不设总务处。

5. 教研组

教研组即各科教学研究组，教研组是学校的基层教学活动单位之一。它虽然不是一级行政组织，但是行使一定的行政职能，发挥一定的行政作用。

教研组的主要职责：负责组织教育方针、课程计划、课程标准的学习和本学科的教学研究，也要检查本学科的教学进度，组织本学科教师的进修，帮助教师提高业务水平与教学能力；组织与检查和本学科有关的学生课外活动；了解本学科备课、布置作业、命题考试的情况；对本学科的教学质量负有了解和反映情况、评价和研究提高的责任。教研组由同一学科的教师组成。规模较小的学校或同一学科教师不足时，可与邻近学科合成教研组。规模较大的教研组还分设若干备课组，通常设教研组组长一人。有的学校为了加强教育教学科研，设置教科室，专门负责指导教师的教科研及其管理工作。

6. 年级组

年级组是由同一年级的班主任和任课教师组成的集体组织。

年级组的主要职责：了解同年级学生的德、智、体发展的实际，沟通班主任与班主任、班主任与任课教师之间的关系，统一认识，统一步调；提高教育质量。年级组长对本年级的教学工作、思想教育工作、体育卫生、课外活动、生产劳动进行组织安排，落实各项活动，评估活动效果。一般学校是教研组和年级组并存，平行班级较多的宜以年级组为主，但要保证教研组活动的时间，注意发挥教研组的作用。规模较小、平行班级较少的学校，可以教研组为主，但要定期开展年级组活动，研究学生思想教育工作，加强与任课教师的联系。

（二）非行政性组织机构及其职责

1. 党支部

党支部是中国共产党在学校的基层组织。

党支部的主要职责：保证学校的社会主义办学方向，保证党的方针、政策和上级党委的决议的贯彻，保证党对学校的政治、思想、组织领导，保证学校各项任务的完成；具体抓好学校师生的思想政治工作，并对学校的教学、人事、财务管理等工作进行监督和保证，同时处理学校发展中的重大问题的决策。中小学一般规模较小，不设党委而设党支部或党总支，书记、副书记的配备人数视学校规模而定，通常设书记、副书记各1人。

2. 各种群众团体组织

学校的群众团体组织包括教育工会、共青团和少先队组织，是党和行政联系群众、发动群众、组织群众的纽带和桥梁。

各种群众团体组织的主要职责：主要围绕党支部和学校工作的中心任务，根据青年教师、青少年学生的特点开展思想教育，组织文体活动、社会活动等，促进学校教育目标和管理目标的实现。共青团由青年教师和符合年龄要求的学生组成，参加者须具备一定的条件。少先队一般由符合入队要求的小学生组成。学生会由学生组成，一般没有严格的加入要求。

3. 教代会

学校教职工（代表）大会（以下简称教代会）是在学校党总支的领导下，广大教职工民主管理学校的一种组织形式。

教代会的主要职责：参与学校的民主管理、对学校工作开展情况以及发展中的重大问题进行审议、依据相关法律维护教师群体的权益等。教职工（代表）大会的代表由教职工群众民主选举，报学校党总支审查批准产生，本校享有公民权的教职工均有选举权和被选举权，代表名额可根据学校教职工总数确定合理比例。代表应包括学校党政工团在内的各类人员，代表名额视学校规模可占全校教职工总人数的 1/4 到 1/3，其分配体现了以教师为主，具有群众性和代表性。一般情况下，教职工（代表）大会每五年一届，每学年召开一次。每次会议必须有三分之二以上代表出席，遇有重大事项，应三分之一以上代表要求，可以召开临时会议。教职工（代表）大会委托学校工会委员会作为其闭会期间的常设工作机构。学校工会委员会要会同有关部门负责做好教职工（代表）大会的组织筹备工作、会议期间的会务工作。

中小学的组织机构，并非一成不变的，它也处在不断的变革之中。如在一所九年一贯制学校里，对学校组织机构进行变革，实行分部分段式管理模式，设立由校长、副校长组成的校长室，校长全面主持学校的工作，副校长分别兼管中学部、小学部的工作。同时设置校务部主任，主管学校的人力资源培训、宣传策划、总务后勤等日常管理工作。这样的学校组织机构的改革形式是颇有新意的，可以有力地推进学校教育教学工作的展开。总之，总体稳定和局部变革相结合的学校组织机构建设格局，将会在我国中小学教育领域中长期存在。

第四节　现代中小学的管理规章制度

学校管理活动要有序化、规范化并卓有成效地开展，不仅需要通过管理人员和管理机构去组织实施，还要通过管理规章制度予以保证。因此，在学校管理中，不仅需要高效、合理的领导体制和管理机构，还需要一套严密的管理规章制度。

一、学校规章制度的含义及其制定的意义

（一）学校规章制度的含义

从广义来说，学校的规章制度，不仅包括一个国家对各级各类学校及其他教育机构所颁发的法律、法规、规章及政策等规范性文件的总称，如《中华人民共和国义务教育法》《中华人民共和国教师法》等；而且包括教育行政部门和学校依据教育法规等法律条文的精神从学校自身的情况出发而制定的一系列规章、规定、条例及其实施细则的总称。后者则指狭义上的学校规章制度，这里讨论的是狭义上的学校规章制度。

（二）学校规章制度制定的意义

学校管理活动离不开一定的规章制度。没有规章制度的学校管理，就不可

能有正常的教学秩序,就不可能培养良好的教风和学风,就不可能培养学生的自觉纪律和行为规范。没有规矩,不成方圆。所以,学校的规章制度的建设,对学校教育教学质量的提高意义十分重大。

1. 学校规章制度是学校规范化管理的基本保证

学校是一个多层次、多结构、多系列、多因素构成的复杂的系统。各层次、各系列、各结构、各因素之间,都有着错综复杂的联系。

因此,学校的管理也就比较复杂,必须借助一定的规章制度,规范人与人之间、各组织之间的行为,调节好各方面的工作关系、利益关系等,才能做到步调一致。俗话说:"不以规矩,不能成方圆。""规矩"对学校工作而言,就是学校的管理制度。要办好一所学校,必须有章可循。否则,学校的人、财、物、事、信息的管理,以及时间、空间的安排便会混乱无序,所以,学校规章制度是学校进行有序管理的基本保证,是协调并有效发挥学校管理各要素的作用,确保学校工作规范运行、顺利实施的基础。

2. 学校规章制度也是重要的教育手段

从教育意义上看,学校规章制度有助于培养师生员工高尚的道德品质和良好的学习、工作习惯。学校规章制度是党的优良传统和社会主义的道德观念、行为规范、是非标准,是在学校日常工作、学习和生活中的具体体现。它是师生员工必须遵守的行为准则,是培养自觉纪律、培养高尚道德品质和形成优良校风的重要手段。贯彻执行学校的各项规章制度,对提高师生遵纪守法的自觉性,培养高尚的道德品质和良好的行为习惯,以及培育良好的校风,都有着重大的现实意义。学校规章制度的建立和实施,也是学校教育的成果。如果不做大量艰苦细致的思想教育工作,规章制度是难以建立的,即使建立了,也难以得到贯彻执行。所以,从规章制度的建立到贯彻执行,都应重视深入细致的教育工作,并通过反复训练,才能使师生员工逐步养成高尚的思想品德、团结合作的精神、良好的行为习惯,成为有理想、有道德、有文化和守纪律的社会主义建设者和接班人。

二、现代中小学规章制度的主要内容及其制定应遵循的原则

(一) 现代中小学规章制度的主要内容

学校的规章制度内容丰富,有来自上级教育行政部门颁布执行的和学校自行制定的两大类。如学校自行制定的会议制度、请假制度、岗位责任制度、人员聘任制、目标考核制度、奖惩制度、作息制度,等等。

1. 上级教育行政部门颁布执行的学校规章制度

上级教育行政部门颁布执行的学校规章制度主要包括:校长负责制;学校管理规程;课程标准;教师职务评审与晋级制度等。

2. 学校自行制定的规章制度

学校自行制定的制度有针对教职工的，也有针对学生的。主要包括会议制度、请假制度、岗位责任制度、考核制度、奖惩制度、作息制度、值日制度，以及教学、总务方面的备课制度、考试制度、课堂规则、升留级制度、学籍管理制度、财务管理制度、校产管理制度、清洁卫生制度、绿化校园制度、图书阅览规则、实验规则、学校的会议制度、岗位责任制和人员聘任制、校内结构工资制等一些主要的规章制度。本节仅就校级层面的主要会议制度和管理制度进行讨论。

（1）会议制度。学校的各种会议，是实行民主管理的主要手段。学校的许多工作，都需要通过会议来布置、检查、控制和总结，不少问题也要通过会议来协商解决。中小学的会议主要有以下几种：

① 学校领导班子会议。学校领导班子会议由校长主持，校长、党支部书记、副校长等领导班子成员参加会议。会议的主要任务：一是传达上级指示精神，研究上级指示精神在学校的落实措施；研究学校发展规划、中心任务、人员聘任和其他重要党政工作并做出决策。二是研究学校教育、教学、科研、后勤等工作中的重要问题，并做出相应决策。三是听取各行政职能部门的工作汇报，分析学校形势，检查总结工作。

② 学校校务委员会会议。校务委员会会议是学校行政领导的经常性工作会议，会议的任务是讨论、研究和决定学校行政工作的重要问题。校务委员会研究重大问题主要是指：办学方针、学校发展规划；学校重大改革措施以及学校规章制度；师资队伍建设及实施方案；年度经费预决算报告；学校内部机构的增设或撤并；学校内部的奖惩工作和教职工福利待遇等。校务委员会会议对学校重大问题进行讨论，校长负责决策。校务委员会由学校正副校长、学校党支部书记和学校工会主席等组成。校务委员会会议由校长主持召开；参加人员主要是学校校务委员会组成人员，也可视会议内容扩大会议参加人员。校务委员会会议一般每月举行一次，必要时可临时召开。

③ 行政工作会议。学校行政工作会议是在校长主持下召开的处理学校的日常工作和行政事务的会议。参加会议人员包括校级领导和中层以上领导，如会议内容涉及某一方面的工作，需其他有关同志参加时，可临时通知有关人员列席会议。学校行政工作会议每周召开一次，必要时可随时召开。会议主要内容一般是各处室负责人对一周工作进行汇总小结，并对下周本处室工作安排进行汇报；校长就处室负责人员提到的问题进行回复；传达贯彻上级指示精神，听取工作汇报，交流工作经验，安排部署有关行政工作，讨论研究行政方面的重大问题。

④ 教职工代表会议。教职工代表大会作为学校教职工民主管理的基本形

式,在组织教职工对学校事务实行民主管理和民主监督中发挥了重要作用,得到了学校教职工的重视、肯定。代表的构成要考虑学校各方面人员的结构,充分体现学校以教学为主的精神;要考虑女教职工和青年教职工比例。教代会一般每三年为一届,教职工代表由教职工直接选举产生,代表实行常任制,任期三年,可以连选连任。教代会一般每学期召开一次,每次会议须有三分之二以上代表出席。大会表决采用举手或无记名投票方式的选举和表决,需要代表总数半数以上同意方可有效。

（2）管理制度。包括人、财和物的管理制度。有关人的管理制度,主要有教师和学生的考勤制度;学籍管理制度;奖惩制度、岗位责任制和人员聘用制等。有关财的管理制度,主要有会计人员岗位职责、财务收支稽核制度等。有关物的管理制度,主要有教学仪器设备的购置、保管制度;图书资料和档案管理制度,等等。

(二) 制定中小学规章制度应遵循的基本原则

要使学校规章制度在学校管理中发挥作用,制定规章制度时应注意遵循以下基本原则:

1. 合目的性原则

学校各项规章制度是用来保障学校各项工作有序、规范和高效运行的,是实现学校工作总目标的制度保障。因此,在制定规章制度时,要从学校工作的总目标出发,以提高育人质量为价值追求,以促进师生员工工作、学习的积极性为目的,而不是以约束人甚至整治人为目的。

2. 合法性原则

学校各项规章制度要依法制定,要符合国家的教育法规、教育方针、政策的精神,符合学校管理的基本原理。有的学校对违反课堂纪律的学生处以罚款,有的学校制定了严格的校纪校规,对不遵守校纪校规的学生采取停学、强制劳动、开除等办法。这些做法显然是违背了国家的教育法规、教育方针、政策的精神和要求,也违反了学校管理的有关原则。

3. 从实际出发原则

尽管中小学教育目标和工作任务相同,但是学校所处区域不同,环境条件不同,制定规章要从学校的实际情况出发,因校制宜地制定一些规章制度,从而提高规章制度执行的效果。

4. 相对稳定原则

稳定是学校发展的基础。制度的建立使师生员工有了行为的准则。一味地朝令夕改,就会使大家无所适从,难以保证制度的贯彻执行。另外,学校的规章制度与师生员工的工作和切身利益紧密相连,规章制度的变化必然引起师生员工的工作、切身利益和情绪的波动,进而影响工作的稳定性和积极性。因此,学校的规章制度不要朝令夕改,要根据学校发展目标与阶段,采取渐进式变革,要给师生员工留出适应制度变革的空间和时间。

5. 大多数群众认同的原则

学校的规章制度要得到大多数群众的认同,使执行规章制度成为一种自觉行为。规章制度的制定,不可采取简单的行政命令的方式,而应经过群众的酝酿、讨论,使大家认识到规章制度虽然是一种束缚和约束,但是它对维护学校利益是必不可少的,是学校发展和教职工自身发展的主要保障。只有学校的规章制度从一种外显的条文内化为师生的自觉行为,进而成为学校的一种制度文化,才能对师生的行为产生持久有效的影响。

6. 完整简约原则

所谓完整是指从学校整体上说,各项规章制度要相互配套,奖励与惩罚制度应相配套、相互照应,协调一致。所谓简约是指规章制度所用文字要简明扼要,用语规范,合乎逻辑,便于记忆,避免由于含糊不清和语言歧义引发执行混乱。

思考与练习

1. 准确阐述建立合理、有效的学校领导体制的意义。
2. 准确解读校长负责制的内涵与结构。
3. 准确阐述中小学管理机构设置的原则。
4. 根据制定学校规章制度的原则,试制定一份中小学课堂管理制度。

第三章 现代中小学管理规律与过程

内容提要

本章主要阐述现代中小学管理的基本规律；现代中小学管理过程的六个环节：计划、决策、组织执行、检查、控制和总结评价，以及其各环节的操作程序与注意的问题；归纳现代中小学管理过程中常见的问题。

学习目标

1. 联系实际解读现代中小学管理的基本规律。
2. 准确把握现代中小学管理过程六个环节的操作程序与注意的问题。
3. 能运用所学理论，提出解决中小学管理过程存在问题的思路和建议。

学校管理，从宏观的角度说，是指国家教育行政部门对学校的管理；从微观的角度说，是指学校管理者对学校自身的管理。从系统论的角度分析，教育是社会大系统中的一个子系统，学校是教育系统中的一个施教机构。无论是整个教育系统，还是各级各类学校，都与社会大系统有着千丝万缕的联系，社会系统中的政治、经济、文化等诸要素都影响着学校的教育与管理。因此，对于学校管理，既要研究学校内部管理活动的一般规律和过程，同时也要研究学校内部诸因素与教育系统乃至整个社会大系统中诸因素的相互作用及其规律。

第一节 现代中小学管理的基本规律

一、学校管理规律的概念

学校管理同其他社会活动一样,有其自身内在的规定性,即规律。探索和发现学校管理工作规律,是学校管理者的重要任务,遵循并能动地运用学校管理工作规律,是提高管理效益的重要保障。

所谓学校管理规律,就是学校管理过程中的本质特征。它反映了学校管理的目标与社会发展要求、管理者与管理对象、规模与质量、局部与全局、重点与非重点,以及各个管理环节之间的内在的本质关系,这些关系反映出学校管理工作的内在规定性和本质要求。

二、现代中小学学校管理的基本规律

学校管理中存在着哪些基本规律呢？从学校管理过程和管理诸要素之间的关系分析,学校管理工作中存在着诸多的关系,这些关系反映出学校管理工作必须遵循以下一些基本规律。

(一) 学校管理与社会的政治、经济、文化发展相一致的规律

学校作为教育系统中的子系统,教育又作为社会大系统中的子系统,与社会的政治、经济、文化发展紧密相连。社会的发展方向、国家的总体目标,决定着教育目的、学校的培养目标和管理目标。教育目的和学校的培养目标只有和社会的政治、经济、文化发展的要求相一致,才能实现教育的社会功能,获得自身的发展。学校教育工作和学校管理工作与社会发展的关系,揭示了学校管理与社会的政治、经济、文化发展相一致的规律。例如：社会发展需要创新型人才,于是我们国家的教育目就增加了"具有创新精神与实践能力"的内容。在确立学校教育目标时,为适应社会的要求,增加了相关的教学内容,以此来培养学生的创新精神与实践能力。在新一轮基础教育课程改革中,增加了综合实践活动课程,就是培养学生实践能力和创新精神的突出体现。

(二) 学校管理各职能之间环环相扣、相互促进的规律

以美国哈罗德·孔茨(Harold Koontz)为代表的管理程序学派认为：管理是一种程序并包含着许多相关联着的职能,尽管对管理职能分类的数量不同,但都

具有计划、组织、决策和控制职能。从管理的程序来看,管理的各个职能都是相互关联的。计划在管理职能中处于首要地位,计划工作是管理工作的起点,是管理者进行管理的依据和进行控制的标准,而组织是计划得以实施的保证。从管理过程中各个职能的关系分析,学校管理过程中的各个职能之间存在着相互依存、相互促进的关系,这种关系反映出学校管理各职能之间环环相扣、相互促进的规律。

（三）学校管理封闭与开放相统一的规律

从系统论原理分析,系统不是孤立存在的,任何系统都与外部环境相联系,系统与外部环境只有不断地进行人才、物质和信息的交流,才能维持其生存。学校管理工作系统,一方面它作为社会大系统中的一个组成部分,必须保持对外部环境的开放性,与外部环境之间进行人员、物质和信息的流通。另一方面它作为一个相对独立、相对封闭的系统,必须与外部环境之间建立某种特定的边界,对外部环境进入学校的因素和学校输入外部的因素进行过滤和筛选,以保证学校系统的有序和稳定。在学校管理工作中,如果只有开放而无封闭,学校管理就会出现失控现象;如果只有封闭而无开放,学校系统长期处于封闭状态,得不到外界的人才、物质、能量和信息等方面的补充和支援,学校工作就会萎缩、退化,培养出来的学生就无法适应社会发展的要求,最终将被社会的发展所淘汰。封闭与开放是学校管理过程中的一对相互联系又相互依存的矛盾,这一矛盾揭示了学校管理工作封闭与开放相统一的规律。

（四）学校管理民主与集中相统一的规律

教育的民主化除去教育机会的平等、缩小教育差距以外,还包括教育自身的民主。教育的民主化要求学校管理的民主化,学校要成为一个良性循环的系统,必须是开放的、民主的。学校民主管理对外而言,就是要从学校的自我管理转向社会参与管理,注意广泛地听取社会和学生家长对学校的办学意见和建议,接受社会和学生家长的监督。学校民主管理对内而言,就是从传统的少数学校管理人员的管理转到师生员工的全员管理,从学校的管理者管理学生走向管理人员指导下的学生自我管理。

在学校管理中,提倡民主管理,师生员工参与决策,但这并不意味着学校管理者可以放弃权利与责任。因为,学校管理中需要决策的问题,有些是属于师生员工认可范围外的问题,师生员工有能力参与决策;有些是属于师生员工认可范围内的问题,虽然与当事人有直接的利害关系,但是他们受个人的经验、能力等问题的限制,或是不参与意见,或即使参与意见,但意见和建议常常带有片面性和错误。对此,作为学校的管理者要在做出最终决策时,善于集中正确的意见和建议,做出科学的决策,同时要敢于对决策的执行结果负责。只有经过广泛征求意见,集中正确的意见,处理好民主与集中的关系,才能保证决策的科学性和民主性,才能充分地调动全校师生员工管理的积极性和主动性,为实现学校的教育目标和管理目标提供支持。

(五)管理人员的主导性与师生员工积极性、主动性和创造性相统一的规律

学校管理目标涉及学校工作的方方面面,关系到从管理层到操作层的每一位师生员工。因此,在学校目标的实施过程中,整个学校系统中的任何一个人都是不可或缺的力量。如果只有管理人员的组织与指导,没有具体操作人员的主动参与和积极创新,那么管理目标也只是停留在管理者计划里的一幅蓝图。因此,学校管理目标的实现,需要学校领导、管理人员的组织、指导与师生员工之间的积极性、主动性和创造性的统一,从而才能形成合力。

(六)开源与节流相统一的规律

办学资金是扩大办学规模、改善办学条件、提高办学质量的经济基础。办学资金短缺是各级各类学校普遍存在的共性问题。但是,义务教育和非义务教育解决这一问题的方法和途径不尽相同。义务教育是依靠国家财政拨款,非义务教育要从依赖国家财政拨款这一渠道中走出来,想方设法拓展筹资渠道,利用市场机制增加办学资金。尽管义务教育和非义务教育开源的途径不相同,但是都存在着广开财源、勤俭办学的问题。只有把开源与节流统一起来,才能使有限的资金发挥较大的效益。

(七)全面安排与突出教学重点相统一的规律

学校作为一个相对独立的系统,各个部门是学校系统中的子系统。学校管理的总目标,逐层分解到各个部门,构成了各个部门的管理目标。部门与部门之间的管理目标既相互区别又相互联系。各个部门的工作各有侧重,但是在学校整体工作中又缺一不可。因此,在管理过程中,既要全面考虑整体工作安排,又要注意突出重点,保证学校工作以教学为中心,其他各项工作服从和服务于教学。如果不能妥善安排学校的学生管理、后勤服务等其他管理工作,突出教学重点就失去了起码的保证,成了无本之木。

因此,在学校管理中,既要充分认识各个部门的工作在整体工作中不可或缺的作用,予以全面安排;又要高度重视教学工作在学校工作中的核心地位。把全面安排与突出教学重点协调统一起来,保证学校各个部门相互支持、互相配合,围绕一个中心,群策群力地实现总体目标。

学校管理随着管理工作任务的变化、管理理念的更新,还有许多新特点、新规律需要管理者不断地学习和探索。但是,不管学校管理发生怎样的变化,上述基本规律都将反映着学校管理工作的本质,都将在学校的管理中发挥积极的作用。因此,这些都是管理者必须遵循的基本规律。

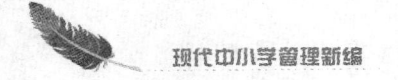

第二节 现代中小学管理过程

学校管理过程是学校管理者根据教育原理及管理规律,组织和指挥学校师生员工为达成学校的教育、教学和管理目标而进行活动的过程,它是学校总体目标从建立到达成的完整的运动过程。这个过程包含计划、决策、组织执行、检查、控制和总结评价六个基本的环节。对于这个过程,有的学校管理论著把它称为学校管理程序或学校管理的基本职能。本节从学校管理过程的基本环节入手,对学校管理过程的基本环节逐一进行分析。

一、计划

(一)学校计划的种类

按照不同的划分标准,学校计划可以划分为多种类型:

1. 按计划的表现形式分类

主要有:目的或任务、目标、战略、政策、程序、规则、规划、预算。

2. 按计划所涉及的范围分类

可分为整体计划和局部计划。全校性的学年计划、学期计划,属整体计划;教导处工作计划;总务处工作计划;教研组工作计划;班主任工作计划;共青团、少先队工作计划,属局部计划。局部计划既要服从整体计划,又要注意发挥其独创性。

3. 按计划的内容分类

可分为专项计划和综合计划。专项计划又称专题计划,是指为完成某一特定任务而拟定的计划;综合计划是指对组织活动所做出的整体安排。综合计划与专项计划的关系是整体与局部的关系,专项计划必须以综合计划作指导。例如:新生军训活动计划属于专项计划,而学校的年度计划则属于综合计划。

4. 按计划所涉及的时间分类

可分为长期、中期和短期计划。长期计划是指学校在较长时期内需要实现的战略性计划。短期计划通常是指年度计划,是根据中长期计划规定的目标和当前的实际情况,对计划年度的各项活动所做出的总体安排。中期计划则介于长期和短期计划之间。这三种计划相互衔接,反映事物发展在时间上的连续性。例如:学校发展规划属于长期计划;学年计划和学期计划属于中期计划;月计划和周计划则属于短期计划。

没有计划就没有管理,计划在决策和管理中起着承前启后的作用。具体而言,计划是决策目标的具体化,是组织实施的纲领。计划能够协调各种组织活动,合理利用一切资源,使管理活动取得最佳效益,同时,计划为控制提供标准。

【阅读资料3-1】

计划的表现形式

(1)目的或任务。组织的目的或任务,是社会赋予它们的基本职能,用以回答组织是干什么的以及应该干什么这类问题。(2)目标。目标是在目的或任务指导下,提出整个组织所要达到的具体目标。目标不仅仅是计划工作的终点,而且也是组织工作、人员配备、指导与领导以及控制等活动所要达到的结果。(3)战略。战略是一个组织为全面实现目标而对主攻方面以及资源进行布置的总纲。(4)政策。政策是指组织在决策时或处理问题时指导及沟通思想活动的方针和一般规定。在制定和执行政策时,必须具有一贯性和完整性。(5)程序。程序规定了处理问题的例行方法、步骤,即办事手续。程序详细地说明完成某种活动的准确方式,是为确保政策的落实而制定的。(6)规则。规则是根据具体情况采取或不采取某个特殊的或特定的行动。在通常的情况下,一系列规则的总和构成程序。(7)规划。规划是为实现既定方针所必需的目标、政策、程序、规则、任务分配、执行步骤、使用资源以及其他要素的复合体。(8)预算。预算是数字化了的计划。预算是控制组织经营活动不可缺少的内容,是使组织的各级计划协调统一的重要手段。计划的形式是多种多样的,但作为计划,有一个共同的特征:那就是一种关于未来的蓝图和一定行动的建议、说明和框架,因而是导向目标的积极方案。总之,计划的作用和原则是一致的,但计划的形式可以是丰富多彩的,只要科学地、灵活地运用各种计划形式,就会使计划职能得到更好的发挥。

(二)为什么要制订计划

凡事预则立,不预则废。学校管理是一种有目的、有意识的、能动的活动,在活动之前,管理者所要达到的目标,已经以观念的形式存在于管理者的头脑中了。学校管理者从事管理活动,首先要制订好计划,做到心中有数。计划的重要作用主要体现在以下方面:

1. 计划是管理者指挥的依据

管理者在计划制订之后工作并没有结束,他们还要根据计划进行指挥。他们要分派任务,要根据任务确定下级的权力和责任,要促使组织中的全体人员的

活动方向趋于一致而形成一种复合的、巨大的组织化行为,以保证达到计划所设定的目标。管理者正是基于计划来进行有效的组织和指挥。

2. 计划是降低风险、掌握主动的手段

未来的情况是变化的。计划正是预期这种变化并且设法消除变化对组织造成不良影响的一种有效的手段。如果没有预先估计到这些变化,就可能导致组织的失败。计划是针对未来的,这就使计划制订者不得不对未来的变化进行预测,根据过去的和现在的信息来推测将来可能出现哪种变化,这些变化将对达成组织目标产生何种影响,在变化确实发生的时候应该采取什么对策,并制订出一系列备选方案。一旦出现变化,就可以及时采取措施,不至于无所适从。的确,有些变化是无法事先预知的,而且随着计划期的延长,这种不确定性也就相应增大。这种情况的出现部分是由于人们所掌握的与将来有关信息的有限性,部分是由于未来的某种变化可能完全因某种偶然因素引起,但这并没有否认计划的作用。通过计划工作,进行科学的预测可以掌握发展的主动权,把将来的风险减少到最低限度。

3. 计划是减少浪费、提高效益的方法

计划工作的一项重要任务就是要使未来的组织活动均衡发展。预先对此进行认真的研究能够消除不必要活动所带来的浪费,能够避免在今后的活动中由于缺乏依据而进行轻率决策所造成的损失。计划工作要对各种方案进行技术分析,选择最适当、最有效的方案来达到组织目标。此外,由于有了计划,组织中各成员的努力将合成一种组织效应,这将大大提高工作效率,从而带来经济效益。计划工作还有助于用最短的时间完成工作,减少迟滞和等待时间,减少盲目性所造成的浪费,促使各项工作能够均衡稳定地发展。计划工作对现有资源的使用可以经过充分的分析研究,各部门都明确整个组织的现状,减少闭门造车的工作方式,使组织的可用资源充分发挥作用,并降低成本。

4. 计划是管理者进行督导、检查、控制的标准

计划工作包括建立目标和一些指标,这是一份好的计划必须包括的内容。这些目标和指标将是组织进行督导、检查、控制的一种标准。控制的所有标准几乎都源于计划。计划与督导、检查、控制具有不可分离的联系。计划的实施需要督导、检查、控制活动给予保证。在督导、检查、控制中发现的偏差,又促使管理者修订计划,建立新的目标。可以这样说,没有计划的管理,是盲目的管理。计划是执行的纲领,按计划行事,才能使学校工作有条不紊地进行,才能做到忙而不乱,提高效益。因此,学校管理过程的首要环节是制订计划。计划是学校管理实践活动的出发点和归宿,计划是进行管理活动的重要依据。通过计划进行管理,是科学管理的重要内容。

(三) 怎样制订计划

制订计划,要遵循一定的程序,不能闭门造车,要有根有据。一个科学的计划,不仅需要对内部条件、外部环境进行科学的预测,还需要科学评估所选方案的可行性。这样制订出来的计划,才能具有科学性和可行性,才能在工作中起到指导作用。

1. 制订学校计划的程序

制订计划是管理过程的起点环节。由于管理环境是动态的,管理活动是发展变化的,因此,决定了管理是一种发展的、连续不断的循环过程。管理的每一完整的循环过程,都以制订计划为起点环节。而任何计划环节,大致都包括以下几个阶段:

(1) 准备阶段。在这一阶段,计划制订者要做好以下几方面的准备:① 时间准备。计划的超前性,决定了学校的管理者要为制订计划留出充分的时间。一般情况下,学校学年计划或学期计划必须在开学前制订出,开学的第一周向全校公布。这样可保证新学期的工作任务明确,目标分解及时,人员迅速到位,从而保证正常的教育教学管理秩序、提高教育教学管理效率。② 科学预测,吃透两头。科学预测是指对学校计划实施可能具有的环境、条件等有利因素和不利因素的分析、预测,以保证计划的可行性。吃透两头,一头是指管理者在制订计划之前,要认真学习上级有关文件、指示,领会文件精神,以保证学校工作正确的方向;一头是指管理者在制订计划之前,要认真分析校情,前段工作总结出来的成绩、缺点、经验、教训,要和新计划的制订有机地联系起来,特别要认真分析当前的实际。吃透两头的目的是为了使计划更切合实际,更具有可行性。③ 明确目标。学校工作目标就是根据学校决策方案,在工作计划的时间范围内工作任务应达成的标准。这个目标应在充分调研的基础上确定。学校的发展与每一位师生员工的发展紧密相连,并且有着直接的利益关系。因此,在制定工作目标时,必须发扬民主,广泛听取师生员工的意见和建议,集思广益,为工作目标的实施奠定坚实的群众基础。④ 研讨措施。措施是目标实施的保障。一个切实可行的计划,需要科学可行的措施支持。措施的可行性需要满足三个基本条件:一是符合国家的教育方针政策和上级教育主管部门的指示精神;二是符合教育教学与管理的规律;三是符合本校的实际情况。

(2) 形成计划草案阶段。计划草案是形成一个计划的重要基础。学校管理者在形成计划草案时要注意以下几个问题:① 保证计划具有较强的目的性、可行性、科学性。计划必须是能够依据现有条件或创造的条件实现的。② 考虑资源利用效益的最大化问题。考虑在一定的投入前提下,实现效益的最大化。③ 注意计划的连续性。一方面,制订计划时要注意保持计划的连续性,以保证

工作前后连贯、首尾呼应。另一方面,制订计划时,必须预见未来的发展,这就要求制订计划时应站在未来发展的高度,由近及远,由远促近,远近结合。

(3) 确定计划阶段。为确保计划的科学性、可行性,对于计划草案还需要通过多种途径进行研讨与论证,广泛征求意见。作为学校的主要工作计划应该通过三个方面的研讨后再确定:一是学校校务委员会成员进行研讨。校务委员会是教职工民主管理的重要形式。校务委员会成员是学校的一些主要管理者、计划实施的主要执行人,所以,计划的确定必须通过校务委员会的研讨。二是学校教职工代表大会研讨通过。教职工是学校的主人,学校的重大决策都要经过教职工代表大会讨论通过方可实施,这是由学校管理体制决定的。教职工代表有参与学校管理的权利,在制订学校主要计划时,一定要充分征求教职工代表大会的意见,争取教职工代表大会的支持。三是学校上级教育主管部门的支持。当学校主要工作计划涉及学校办学方向、涉及有关教育政策时,还需要向学校上级教育主管部门领导汇报以争取支持。

2. 制订学校计划的依据

制订计划要有根有据。就学校而言,制订计划的依据主要有以下几个方面:

(1) 国家教育方针政策。一所学校的根本任务就是要落实国家的教育方针,为国家培养合格人才。这是保证学校管理的社会主义方向的重要方面。

(2) 上级教育主管部门的要求。我国是大国办教育,地区与地区之间存在很大差异。就教育管理而言,怎样执行国家的教育方针、政策,有效地实施教育教学管理,学校上级教育主管部门都有明确的要求,应对各地具体工作有不同的要求,这也是在制订学校计划时必须充分考虑的。

(3) 教育理论与管理理论。学校管理计划的制订要按照教育规律、管理规律办事。要使学校的计划既符合国家的方针政策和上级教育主管部门的要求,又符合学校实际,并且能够达到优化学校管理、促进学校发展的目的,就需要有科学理论作指导。这些理论包括马克思主义的认识论、方法论,教育科学理论和管理科学理论等。管理科学理论是计划具有科学性的理论基础,现代的人力资本理论、激励理论、传播理论和战略管理理论等都是制订计划必不可少的理论依据。

(4) 学校实际情况。《中国教育改革和发展纲要》中明确提出了中小学校要"办出各自的特色"的要求。在逐步实现教育现代化的今天,各校的情况不同,办学条件不同,管理更是不同,所以在制订学校计划时,必须从学校实际情况出发,突出自身的特色与特点。

3. 制订计划的基本要求

计划是未来的行动纲领,对于一所中小学来说,计划通常需要回答以下六个问题:

- 为什么做(Why):学校管理的原因和目的是什么;
- 做什么(What):为实施目的在学校安排哪些活动和内容;
- 谁去做(Who):为落实活动配备哪些教学和后勤人员;
- 在什么地方做(Where):为活动提供哪些必要的设施和场地;
- 在什么时候做(When):有关的教育教学活动安排在什么时候进行;
- 怎样做(How):为达到最佳的活动效果采取哪些手段和措施。①

因此,学校计划的制订必须满足以下几点要求:

(1) 目标明确。所谓目标,是指一定时期内要完成的任务。全校有全校的任务,各教研组、各年级、各班乃至每个教工都有自己的任务。全校性的任务必须非常明确,然后逐级具体化,这样才能增强每个成员的责任感,鼓舞和激励群众前进。

(2) 针对性强。计划要有的放矢,体现特色,体现在原有基础上的进步。

(3) 切实可行。计划中提出的任务、要实现的目标,必须是经过努力可以达到的。

(4) 便于检查。计划不仅要执行,还要检查。从制订计划的时候起,就要考虑到计划的执行和检查。因此计划的内容,既要具体,又要简明扼要,切忌说空话、套话。因为计划不需要讲很多大道理,不需要做理论上的阐述。一般说来,计划应包括的主要项目有:任务要求、完成措施、完成时间、执行人等。

(5) 富有弹性。制订出的计划,应具有相当的弹性,或预先拟订出处理不同问题的多种工作方案,以备将来适应形势的变化和发展。

4. 现代中小学常用的计划管理方法

计划管理的方法很多,其中比较适用于学校管理的方法,主要有目标管理法和滚动计划法。

(1) 目标管理法。学校目标管理法的关键是制订学校管理目标的体系。学校的目标体系一般包括总体目标和分类目标。总体目标是管理活动的指针,是对目标的高度概括。它规定了学校在一定时期内总的发展方向、发展战略、发展规模和要求达到的水平。总体目标一经确定,就贯穿于管理活动的始终,对管理活动有着全局性的重大影响,它的正确与否,决定着管理活动的成败。所以制订总体目标要十分严肃、谨慎。

总体目标的结构常见的有三种类型:第一种是以工作质量为主的结构,如坚持团结进取、坚持改革开放、实行五个结合,力争在五年内把学校办成具有特色的、国内一流的学校;第二种是以提高学生素质为主的结构,如培养有远大理想抱负、有高尚的道德品质、有扎实的"双基"和较好能力的品学兼优的人才,把学

---

① 吴志宏主编.学校管理理论与实践[M].北京师范大学出版社,2003年5月版,第96—97页.

校办成国内一流的学校;第三种是综合型结构,如建立以课堂教学为主、课外教学为辅,内外相结合的新教育体系,力争在三年内做到学校管理科学化,思想教育整体化,学科改革同步化,教学改革系列化,使学校各项工作协调发展,把学校办成学园、乐园、花园式的文明学校,培养学生成为具有"基础牢、职能高、素质优"的合格毕业生。

分类目标是按各部门工作系列划分的目标。主要包括:组织人事管理目标,如机构建设、领导班子建设、教职员工队伍建设等方面的内容和要求;德育管理目标,如贯彻德育大纲、学生守则、日常行为规范、校园文化建设、校容校貌、班主任团队等方面的内容和要求;教学工作管理目标,如课堂教学、课外学习、教学改革、教学质量等方面的内容和要求;体育卫生管理目标,如学生的体质状况、体育课、课外体育活动、达标、卫生工作方面的内容和要求;总务后勤工作管理目标,如经费的筹集和使用、物资设备的建设和供应、校办工厂的管理、教职工生活福利等方面的内容和要求等。

(2)滚动计划法。滚动计划法是根据管理的动态原理提出来的一种计划管理方法,是一种编制具有灵活性、能够适应环境变化的中长期计划方法。其原则是遵循近细远粗的原则,不断地滚动式调整、修改计划,以保证计划的准确性和连续性。其方法是在已编制的计划的基础上,每经过一段固定的时期(即滚动期),便根据变化的环境条件和计划的执行情况,对原计划进行调整,确保计划的实现。每次调整时,保持原计划期限不变,而将计划期限顺序向前推进一个滚动期。其编制过程如图3-1所示:

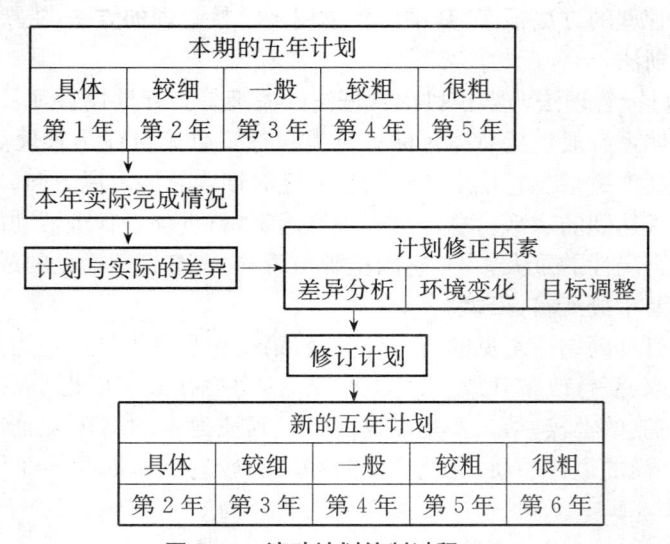

本期的五年计划				
具体	较细	一般	较粗	很粗
第1年	第2年	第3年	第4年	第5年

本年实际完成情况

计划与实际的差异

计划修正因素		
差异分析	环境变化	目标调整

修订计划

新的五年计划				
具体	较细	一般	较粗	很粗
第2年	第3年	第4年	第5年	第6年

图3-1 滚动计划编制过程

这种计划方法的特点是：边调整边更新；近具体远粗略。即执行一个阶段计划后同时考虑后一个阶段计划，而且还要考虑第三步如何走。其优点是：可将短期计划与长期计划相结合，使各时期计划相互衔接；可根据环境变化和实际完成情况，定期对计划进行修订，使学校有一个较为切合实际的长期计划作指导，避免短期计划的盲目性。在计算机广泛运用的今天，滚动计划法日益显示出其优越性。

二、决策

(一) 决策概述

1. 决策的概念与特征

管理学所讲的决策，是指管理者为了实现一定的目标和在处理管理中的实际问题时，从各种备选方案中做出选择的活动。决策是指向未来的，而未来对于任何人来说都是一个未知的领域。

决策具有三个主要特征：首先，决策是为了实现特定目标的活动，没有目标就无从决策，目标已经实现，也就无需决策；其次，决策的目的在于付诸实施，不准备实施的决策是多余的；再次，决策具有选择性，只有一个方案，就无从优化，而不追求优化的决策是无价值的。

2. 决策的类型

由于决策贯穿于一切管理活动之中，是管理的基本职能，因而决策具有丰富的内容和多种多样的形式。据此，可以把决策划分为许多种类型。根据决策对管理系统和管理过程的影响程度，可以分为战略决策和战术决策；根据决策问题的重复程度，可以分为程序化决策和非程序化决策；根据决策问题的环境可控程度，可以分为确定型决策、风险型决策和不确定型决策；根据参与决策的人数的多寡，可以分为个人决策和集体决策；根据决策影响的时间长短，可以分为长期决策和短期决策；根据决策者在管理系统中所处的层级的高低，可分为高层决策、中层决策和基层决策；根据决策者追求目标的多寡，又可分为单目标决策和多目标综合决策；根据后一个决策是否保持前一个决策的大致方向和目标，还可以分为突破型决策和保守型决策。

(二) 决策在现代中小学管理中的地位和作用

1. 决策是学校管理的基础

决策是从各个抉择方案中选择一个方案作为未来行为的指南。而在决策以前，只是对计划工作进行了研究和分析，没有决策就没有合乎理性的行动，因而决策是学校计划工作的核心。而计划工作的特点之一是计划工作的主导性，它是进行组织工作、人员配备、指导与领导、控制工作等的基础。因此，从这种意义

上说,决策是学校管理的基础。

2. 决策是各级、各类主管人员的首要工作

决策不仅仅是"上层主管人员的事"。上至国家的高级领导者,下到基层的班组长,均要做出决策,只是决策的重要程度和影响的范围不同而已。在实际管理工作中,决策作为主管人员的首要工作已得到普遍验证。西蒙曾说过,"管理就是决策"。

决策是行为的选择,行为是决策的执行,正确的行为来源于正确的决策。对于每个主管人员来说,不是有无必要做出决策的问题,而是如何做出更好、更合理、更有效的决策的问题。不同管理层次上的决策,其影响不同。因而,改进管理决策、提高决策水平,应当成为各级主管人员需要经常注意的重要问题之一。

(三) 决策的程序

一切决策过程都大致包括以下三个阶段:确定决策目标,拟定备选方案;评价备选方案;选择方案。

1. 确定决策目标,拟定备选方案

计划工作的目标,也就是决策的目标。决策目标明确以后,就应拟定能够达到目标的各种备选方案。备选方案是指可供进一步选择的可能方案。备选方案不可能是一个,但也不需要太多。因此,备选方案是带有概括性、典型性和代表性的几个可能的方案。概括性是指所拟定的备选方案包括了所有可能的方案,典型性和代表性是指各方案之间互相排斥。在拟定备选方案的过程中,一个很重要的问题就是尽量找出限制性因素,遵循限定因素原理,对一些抉择方案进行选择。

2. 评价备选方案

评价标准是看哪一个方案最有利于达到决策目标。评价的依据有三:经验、实验、分析与研究。可分为两大类评价(或决策)方法:主观决策方法和计量决策方法。为了系统地进行评价,可在评价时确立两个尺度:一个是"必须达到的目标",另一个是"希望达到的目标",这种评价的结果有助于决策者对各项方案进行判断决策。在评价时,要注意重视质与量的因素,二者必须兼顾。

3. 选择方案

对各种备选方案进行总体权衡后,由组织决策者挑选一个最好的方案。

【阅读资料3－2】[①]

西蒙的决策理论

曾获诺贝尔经济学奖金的赫伯特·西蒙(Herbert Simon)是决策理论的主要代表人物。这一学派是在社会系统学派的基础上发展起来的,他们把第二次世界大战以后发展起来的系统理论、运筹学、计算机科学等综合运用于管理决策问题,形成了一门有关决策过程、准则、类型及方法的较完整的理论体系。理论要点如下:(1)决策贯穿于管理的全过程,管理就是决策。(2)决策过程包括四个阶段:① 搜集情况阶段,即搜集组织所处环境中有关经济、技术、社会各方面的信息以及组织内部的有关情况。② 拟定计划阶段,即在确定目标的基础上,依据所搜集到的信息,编制可能采取的行动方案。③ 选定计划阶段,即从可供选用的方案中选定一个行动方案。④ 评价计划阶段,即在决策执行过程中,对过去所做的抉择进行评价。这四个阶段中的每一个阶段本身都是一个复杂的决策过程。(3)在决策标准上,用"令人满意"的准则代替"最优化"准则。以往的管理学家往往把人看成是以"绝对的理性"为指导,按最优化准则行动的理性人。西蒙认为事实上这是做不到的,应该用"管理人"假设代替"理性人"假设。这种"管理人"不考虑一切可能的复杂情况,只考虑与问题有关的情况,采用"令人满意"的决策准则,从而可以做出令人满意的决策。(4)一个组织的决策根据其活动是否反复出现可分为程序化决策和非程序决策。此外,根据决策条件,决策还可以分为肯定型决策、风险型决策和非肯定型决策,每一种决策所采用的方法和技术都是不同的。(5)一个组织中集权和分权的问题是和决策过程联系在一起的,有关整个组织的决策必须是集权的,而由于组织内决策过程本身的性质及个人认识能力的有限,分权是必需的。

(四) 现代中小学管理常用的决策方法与决策内容

1. 现代中小学管理常用的决策方法

在管理学上,决策的方法有两大类:计量决策方法和主观决策方法。但是,没有一种方法是万能的,因此,需要根据具体决策问题的性质和特点灵活运用。

(1) 计量决策方法。亦指决策的"硬技术",是建立在数学工具基础上的决策方法,其核心是把决策的变量与变量、变量与目标之间的关系用数学式表示出来(即建立数学模型),然后根据决策条件,通过计算求得答案。这种方法可以适用于决策过程中的任何一步,特别适用于方案的比较和评价。在决策时要运用

[①] 朱国云著.公共组织理论[M].南京大学出版社,2003年版,第60－63页。

复杂程度不同的数学工具：① 边际分析法。评价抉择方案可使用边际分析法，即把追加的支出与追加的收入相比较，以二者相等时为临界点。若组织的目标是取得最大利润，则当追加的收入与追加的支出相等时，这一目标就能达到。② 费用效果分析法。当各个选择方案的数量、目标远不像利润、生产率、费用等所表示的那样具体明确时，费用效果分析法是一种选择方案的好方法。它是传统的边际分析法的进一步完善和变种。其主要特点是：把注意力集中在一个方案或系统的最终效果上，即根据每个方案在为目标服务时的效果，来权衡它们的优缺点。同时还要从效果着眼，比较每个方案的费用。费用效果分析法是解决综合性、非常规决策问题的效益成本分析。③ 概率方法。它分为两个学派：一个是客观派；另一个是主观派。主观概率以经验推理为基础，推论事情发生的可能性。一般地，主观概率适合于非常规的、不重复的决策，而客观概率却可用于常规的、重复的决策。④ 效用方法。主要以决策者要求的最大值为根据。效用的最大值的含义，就是决策者所要选择的目标在于获得最大量的满足。⑤ 期望值方法。决策者对一个方案可能出现的正反两种结果，分别估计其得失数值，再以其可能实现的概率加权，求得两项乘积的正或负的差额，再把各个方案的这个差额加以比较而做出决定。决策树法是其中的一种，因直观、易懂而得到普遍接受和广泛使用。决策树法使我们有可能从各种行为的决策点和与将来行为有关的决策点中，看清行为的发展方向。决策树指明了未来的决策点和可能发生的偶然事件，还常用记号表明各种不肯定性事件可能发生的概率，为精确分析提供了基础。⑥ 博弈论方法。博弈含有冲突的因素。这种决策不能单顾自己一方，还要估计到对手一方，犹如两人对弈，是一个胜负问题。其理论基础是数学。⑦ 线性规划方法。线性规划是解决多变量最优决策的方法。它是在各种相互关联的多变量的约束条件下，去解决或规划一个对象的线性目标函数最优的问题。其中目标函数是指决策者要求达到目标的数学表达式，用一个极大或极小值表示；约束条件是指实现目标的能力资源和内部条件的限制因素，用一组等式或不等式来表示。

这些决策方法都被称作决策的"硬"方法。其优点是：第一，提高了决策的准确性、最优性和可靠性；第二，可使领导者、决策者从常规的决策中解脱出来，把注意力专门集中在关键性、全局性的重大复杂的战略决策方面，这又帮助了领导者提高重大战略决策的正确性和可靠性。其局限性表现为：一是对于许多复杂的决策来说，仍未见可以运用的简便可行的数学手段，在许多决策问题中，有些变量是根本无法定量的；二是数学手段本身也太深奥难懂，很多决策人员并不熟悉它，掌握起来也不容易；三是采用数学手段或计算机，花钱多，一般只用在重大项目或具有全局意义的决策问题上，而不直接用于一般决策问题。

（2）主观决策方法。也称决策的"软"方法，是指用心理学、社会心理学的成就，采取有效的组织形式，在决策过程中，直接利用专家们的知识和经验，根据已掌握的情况和资料，提出决策目标及实现目标的方法，并做出评价和选择。主观决策法的具体形式很多，主要有：经验判断法、专业人员判断法与专家判断法。其中专家判断法又可分为：个别专家判断法、专家会议判断法、专家函询法。其优点是：决策效率高、速度快、保密性强，能较好地体现决策者的主观意志，容易被一般管理者接受，同时还有利于调动专家的积极性，提高他们的工作能力，特别适合于非常规决策。其局限性表现为：由于它是建立在专家个人直观的基础上，缺乏严格论证，易受决策组织者个人倾向的影响，往往造成决策的错误。

在现代中小学管理过程中，上述两种决策方法都有采用。由于学校常规性工作较多，学校管理人员的流动性也比较小，管理者对学校决策的问题积累的经验也比较多，所以，在一般问题的决策上通常采用主观决策法。另外，在学校管理过程中，不同的决策问题，可以采取不同的决策方法。有些关于学校发展大局的问题决策，质量要求很高，学校管理者通常需要集体决策方法，请一些专家来进行咨询和指导。例如，学校五年发展规划的制订，为确保学校发展规划的科学性和合理性，学校可以从校外聘请一些专家，共同制订并最终选择最优的规划方案。

当然，学校中并非所有的问题都要先设计几个解决方案，然后从中挑选出最佳和最优的，因为对于一所中学或小学来说，通常面对的是常规性的问题，对于常规性的问题学校有明确的规章制度。因此，在管理工作中对于常规性的问题，一般采取非程序化的决策，真正全局性的或是战略性的决策很少。在通常情况下，学校管理者只要按照常规，寻求能够解决问题的方案即可，这在管理学中称为"满意决策"。国外有的学者把学校的这样一种决策过程称为"按常规办事—出现问题—选择时机—解决问题"的过程[①]。在教育改革方兴未艾的今天，学校管理者面临的问题常常具有不确定性，在这种情况下应当采用权变模式进行决策。例如，学校要尝试实行学分制，但对于学分制改革的结果并无多大把握，这时宜采用权变模式中的探试策略，即只确定一个笼统的目标，提出初步的行动方案，然后在实施过程中不断明确目标，修订和完善方案，直到决策目标实现为止。

2. 现代中小学管理常见的决策内容

在学校组织管理者每天的工作中，每天都有大量的问题需要研究和决策，特别是程序性的决策。归纳现代中小学常见的决策内容大致包括以下几个方面：

（1）政策决策：学校发展目标；学校特色创建；学校教育科研方向。

---

① 吴志宏著.教育行政学[M].人民教育出版社,2000年版,第115页.

（2）经费决策：全校性预算；具体部门的开支；教学设备的购置；校舍修建。
（3）人员决策：干部的选拔与配备；教师的任用与考核；后勤人员的工作安排。
（4）教学决策：教学改革问题；校本课程设计；教学评价；学生考试问题。
（5）安全决策：校园纪律；设备安全问题；门卫、食堂、宿舍等后勤管理制度。
（6）其他决策：学校与社区的关系；家长问题；学生辍学问题；学校突发事件的处理。[①]

三、组织执行

（一）组织执行的内涵及其意义

1. 组织执行的内涵

所谓组织执行就是计划的实施，就是把群众组织起来，落实学校的计划和目标。

2. 组织执行在学校管理过程中的意义

组织执行环节是管理过程的中心环节，也是达成学校目标的基本手段。组织执行比计划、检查、总结的工作量更大、花的时间更长，领导者投入的时间和精力更多。计划在执行之前只是一种设想，组织执行这一环节的任务，就是使计划变为行动，使设想成为现实。要想完成任务，取得成绩，达到目标，主要是通过组织执行这个环节来实现。

（二）组织执行环节的任务构成

组织执行环节的任务就是组织和领导广大师生员工执行计划。在这个基本环节中，大致包括了以下一系列的任务：

1. 组织

组织包括两层含义：其一是指由若干因素构成的有序的结构系统；其二是指一种根据一定的目的、按照一定的程序，对一些事物进行安排和处理的活动或行为。组织是分工的前提，又是协作的基础。在管理活动中，组织是一种管理主体，同时又是管理客体、管理对象。执行阶段的组织职能：一是要健全和不断变革作为管理主体的组织机构，发挥组织作用，建立必要的规章制度，以确保目标的实现。二是组织全校的人力、物力、财力，为完成计划任务而人尽其才、物尽其用。这是管理者带领群众执行计划的第一步。

2. 指导

学校管理者不仅是学校工作的组织者，而且是学校工作的指挥者和指导者。

[①] 吴志宏主编.学校管理理论与实践[M].北京师范大学出版社,2003年版,第99页.

在学校计划的执行过程中,会遇到一些预想不到的问题和困难,管理者就要承担起出主意、想办法、鼓舞士气、克服困难的任务,并能及时地给下属部门或工作人员以方法指导,帮助他们改进方法、树立信心、推进工作。

3. 协调

由于计划在执行过程中往往会遇到各种各样的复杂情况,干扰预定计划的执行,打乱预定的人力、物力、财力资源的配置。因此,这就需要根据情况的变化,及时协调人力、物力、财力资源的配置。协调的目的,就是把各种关系处理好,使机构与机构之间相互配合,人与人之间通力合作,以保证计划目标的实现。可见,协调是贯穿于执行过程始终的一项任务,是学校管理者在执行阶段中的重要职责。

4. 激励

激励就是调动下属部门、全体师生员工为实现计划目标而积极工作的主动性和创造性。激励的方式有正向激励和负向激励。在使用激励时要注意以正向激励为主,慎用负向激励;要坚持以精神激励为主,物质激励为辅的原则。

由此可见,管理者的职责,不是埋头执行计划,更重要的是做好组织、指导、协调、激励等工作。这是学校管理者在执行阶段自始至终都要重视的管理活动。这些活动是互相联系、互相配合、交叉进行的,是不可分割的整体。

四、检查

(一)检查的意义和作用

检查是管理过程的重要环节,也是执行计划的一种保证措施。检查的意义和作用主要有四个方面:第一,学校管理者通过督促检查,全面了解一定阶段计划的执行情况,以便发现问题、及时纠正,使工作避免或减少损失。第二,通过督促检查,全面地了解下属部门和人员的工作情况,以便为他们的工作提供及时的指导和支持,同时也是实事求是地考核下属部门和人员必不可少的一项工作。第三,通过检查,管理者可以发现自身的管理方法和水平存在的缺欠,从而改进自己的工作方法,提高自己的管理水平。第四,通过检查,管理者可以发现原定计划任务与执行计划的环境、条件的变化,并能够根据变化了的环境、条件调整计划或调整、改善相应的条件,确保计划任务的完成。

(二)检查的类型和方法

1. 检查的类型

从不同的分类角度,检查可以分为不同的类型:

(1)从检查时间来分,有平时检查和阶段检查(或叫经常性检查和定期检查)。平时检查,就是管理者在日常工作中,经常深入基层,直接参与教育、教学

和管理等活动,对获得的第一手资料进行分析、研究,发现问题,及时纠正。平时检查应是管理者对工作进行检查的最基本的方法。平时检查如能持之以恒,就能防患未然,避免工作失误。阶段检查,是指计划或一项工作进行到一定阶段,管理者所进行的一种检查。阶段检查是平时检查的深化,它可以帮助管理者发现原定计划任务的具体执行情况和影响计划执行的环境、条件的变化,促使管理者根据环境、条件的变化调整计划实施的思路,改善计划实施相应的条件,确保计划任务的完成。

(2)从检查范围来分,有全面检查和专题检查。全面检查包括德、智、体诸目标的实现情况,也包括办学思想与理念、办学条件与设备、师资队伍与学科建设、教学质量与科研成果等诸方面的检查。全面检查的目的在于了解和掌握工作的全面情况,对计划执行的程度做到心中有数。专题检查是就计划执行的某一项任务而进行的检查。这种检查与全面检查相比,检查面小,针对性强,它需要组织专门人员,集中一段时间,由学校领导人亲自主持,才能有效。

(3)从检查方式来分,有上级主管部门的检查和管理者的自查。上级主管部门的检查,即领导者对下属的检查。这种检查有监督、考核的作用。上述的平时检查、阶段检查;全面检查、专题检查均属于这一类,都是领导者对下属的检查。管理者的自查是通过管理者经常性地对执行计划的情况进行反思,发现自己在管理方法、协调能力和激励措施上存在的不足,及时改正、及时调整。通过管理者的自查,可以不断培养管理者个人自查意识和自查能力,增强其管理的责任感,不断提高其管理水平。

2. 检查的方法

由于检查的类型不同,所采用检查的方法也有所区别。一般说来,常用的检查方法大致有以下几种:

(1)观察法。观察法既是科学研究的一个重要方法,也是进行工作检查的一个重要方法。它是通过观察对象自然行为的反应与表现,从事物现场获得鲜活的第一手材料,进而了解现实情境中事物的发展进程的一种检查方法。观察法大多用于平时检查。

(2)调查法。调查法是一种在自然条件下,借助于对原始资料的观察,有目的、有计划、系统地通过各种方式、方法,搜集所调查对象的资料,从而形成一种客观、真实情况的检查方法。

调查法主要包括个别访谈、集体座谈会、书面材料分析法和问卷法等方法。不同类型的检查采用的方法也会有所不同。平时检查即经常性的检查,多采用个别访谈的方法;阶段检查或全面检查多采用集体座谈会的方法;而全面性的学校工作检查如学校办学水平评估则多采用书面材料分析法、问卷法和集体座谈会的方法,以保证信息来源的全面性、准确性。

(3) 实地勘察法。实地勘察法是一种到现场进行调查研究的方法。例如管理者就某一专项工作,实行现场办公,就是运用了实地勘察法。

(4) 自我评估法。自我评估法是一种基于自我反思的工作检查方法,它强调个人执行计划的自觉意识和责任感。

(三) 检查的基本要求

要使检查工作真正起到发现问题、解决问题、鼓舞士气、促进发展的作用,必须注意以下几点:一要注意一切从实际出发。进行客观的评价,要注意被检查者的主观努力、工作成绩,以及存在的问题程度和检查对象的客观条件限制,不要凭主观臆想,先入为主。二要深入基层,调查了解,不要单凭听汇报,还要注意实地考察。三要以改进工作为目的,不要以检查结果论优劣,施奖惩。四是对于检查中发现的问题,要有改进措施,不要坐而论道。

五、控制

(一) 控制的概念与类型

1. 控制的概念

在管理活动中,控制是一项重要的管理职能。控制是管理者为保证实际工作与计划相一致而采取的管理活动。它是指由管理人员对当前的实际工作是否符合计划进行测定,并促使组织目标实现的过程。控制主要体现在计划的执行过程中,其具体工作就是通过对照原定计划和预期目标,来监督、检查现有的行动和实际结果,发现偏差,分析原因,及时采取补救措施,进行调整和改进,并防止问题的再度发生。这样不仅可以使人们的行为和计划经常保持一致,还能够使整个管理系统始终处于最优化的动态平衡之中。控制作为一种管理职能,可以分为常规控制和非常规控制。学校工作是由各种要素构成的有机整体,是一个发展变化着的动态系统,有着复杂的内部联系与外部联系。即使计划制定得非常全面,组织工作做得十分严谨,也还是会出现一些预料之外的情况和无法把握的随机变化,产生一些和计划与要求不相符合的偏差。如果缺乏相应的管理措施,计划和目标就不能顺利实现。那么,如何才能纠正偏差,克服失误,杜绝损耗和浪费,不断引导和规范人们的行为,使之在计划的轨道上运行,从而及时准确地实现管理目标呢?这就需要对组织执行过程实施控制。控制是实现计划和目标的切实保证,是管理过程的重要环节。

2. 控制的类型

控制的类型是多种多样的,从不同的角度可以对控制做出不同的分类:

(1) 根据控制对象的不同,现代管理学将控制分为两个部分:对工作的控制

与对人的控制。对工作的控制就是根据工作计划中规定的各项目标与标准，对工作进行检查、核实、修正，以确保任务的完成。对人的控制就是借工作表现来考察、督导，使教职员工遵守各项规章制度，严格规范自己的行为，尽忠职守，执行任务。

（2）按业务范围，可以分出生产控制、质量控制、成本控制和资金控制等。

（3）按控制对象的全面性，可以分为局部控制和全面控制。

（4）按照主管人员与控制对象的关系，可以分为间接控制和直接控制。

（5）按照管理者的控制方式，可以分为集中控制、分散控制和分层控制。

（6）按照控制发生在一个管理过程中的阶段性，又可以分为前馈控制、现场控制和反馈控制等。前馈控制又叫预先控制，是为保证实际结果和计划目标相一致，而在计划实施之前所进行的各项准备工作。也就是根据计划中的预测结果，针对可能出现的偏差，采取预防措施，做到"防患于未然"。现场控制，又叫过程控制，是对计划的实施过程进行监督、检查，发现问题，及时采取措施加以解决。其方法一般是由管理者对学校各个部门，对工作的各个方面与环节，进行现场的观察（如听课）、检查（如检查教师教案、学生作业、班级纪律）、监督，指导教职工按规定的程序和标准工作。反馈控制，又叫成果控制，就是将实际结果与计划标准进行对比，找出偏差，分析原因，实施控制。换言之，成果控制就是用已有的结果指导将来的行动。学校成果控制所依据的资料是计划执行情况总结、教育教学质量报告分析、各项工作成果报告分析等。

（二）控制在现代中小学管理中的作用

控制是学校管理的一个基本职能，是学校管理活动过程中的一个重要阶段和不可缺少的管理环节。其作用主要表现在以下三个方面：

1. 控制是完成学校计划的重要保证

"由于计划是主管人员设计控制工作的准绳，所以从逻辑上说，控制过程的第一步总是制定计划。"[①]没有计划，控制工作就没有标准，没有方向，任何工作都只能听天由命，放任自流，因而管理首先要有计划。同样，计划离不开控制，如果没有控制，各方面工作与活动失去了监督与约束，一切计划都有可能落空。只有实行有效控制，计划的实现才有切实保证。

学校管理工作从对象上来说，主要是面对活生生的人，从范围上涉及校内与校外、课内与课外，因而学校的计划制定得再全面、再具体，对一些预料不到的、无法把握的变化难免估计不足，在实施计划过程中也难免出现一些偏差。这就决定了控制是必不可少的工作。计划是控制的依据，控制是计划得以完成、目标

---

① ［美］海因茨·韦里克,哈罗德·孔茨著.管理学（第十一版）[M].经济科学出版社,2004年版.

得以实现的保证。这种保证作用:首先表现在通过控制将计划的执行结果与标准进行比较,以便及时采取纠正措施;其次,通过控制工作,保证计划的正确性和合理性。如果计划正确,控制就要使组织过程符合计划;如果计划不完善或有误,控制就要认识错误及原因,修改计划,使之更加科学合理。

2. 控制是调节管理活动的有效手段

学校管理过程中出现的与学校计划不符的偏差,有时应服从计划,纠正工作偏差;有时则应服从实际情况,纠正计划偏差。因此,控制必须围绕学校工作目标,不断调节管理活动,使学校系统处于正常稳定的、有序的状态,有效实现预定目标。控制者通过信息反馈,发现指令执行困难,要多加指导和帮助;产生矛盾,要多做协调和化解;执行不力,要批评教育和惩罚。这些帮助、指导、协调、教育、惩罚都是控制过程中的调节活动,也是控制的最重要的职能所在。

3. 控制是优化学校系统的重要工具

学校系统中,要素的组合关系多种多样,随机因素多。处在这样一个系统中,要想实现目标,执行为此而制定的计划,求得学校在竞争中的生存和发展,不进行控制是不可想象的。控制的目的是使学校管理系统处于一种优化状态,即表现在一项管理目标的实现,在相同条件下做到人力最少、物力和财力最省、时间最短、质量最高、效益最好。需要指出的是,像学校系统这种随机性、偶然性、模糊性较强的"人—人"系统,这种优化状态是指达到满意的优化程度。

(三) 现代中小学管理有效控制的实施

1. 现代中小学管理有效控制的实施要求

要使学校管理工作得到有效的控制,发挥控制的功能,学校管理者应注意以下几点要求:

(1) 控制工作要突出控制关键点。为了进行有效的控制,要特别注意在根据学校计划来衡量成效时有关键意义的那些因素。事实上,控制住了关键点,也就控制了全局。从学校具体的管理实践看,受学校管理人员的能力、精力限制,随时注视计划执行情况的每一个细节是不可能的,事无巨细、事必躬亲反而控制不住学校全局。一般地,控制关键点并非一成不变的。不同的单位,关键点可能不同;不同的时间和条件,关键点也是不一样的。但是,有些关键点是比较固定的,如办好学校,人的控制就是一个关键点,钱是否用在刀刃上,也是一个控制关键点。在学校管理中,管理者对关键点的有效控制反映了学校管理者的水平、能力和经验。如何选择关键点,并没有一个简易的标准,需在实践中摸索。但有一般的指导原则:① 关键点的建立是为了突出学校主要工作和中心工作;② 关键点的选择能及时反映并发现偏差;③ 关键点应能全面反映并说明绩效的水平;④ 关键点的选择应考虑经济实用,避免追多求全;⑤ 关键点的选择应注意学校各方平衡,防止产生负面影响。

(2) 控制工作要诱发人们的积极态度。常常会听人们说:"这儿工作倒是不错,就是讨厌那些鬼控制。"其主要原因是什么? 一是他们对完成控制目标没有真正的兴趣;二是认为控制的标准不合理;三是评价不恰当;四是与学校相抵触的社会压力。针对这些问题,在诱发对控制的积极反应中,学校管理者可尝试以下有益措施:① 保持一种不带偏见的控制观。学校管理者必须采取一种客观的方法寻找控制所发生的问题的产生原因和解决方案,不应仅凭主观意愿来决定。② 鼓励教职工参与制定目标。当一个人真正参与了筹划计划和制定标准时,他会在心理上有种认同感而变得愿意承担责任、主动实现学校目标。③ 自觉运用实情控制。与参与有关联的一个概念是实情控制。它强调任何纠偏行动应是根据某一环境中的事实提出的,而不应是根据来自某位领导人的压力而提出的。例如,一位双手抱满图书的同学在走廊里掉下一本书,你会毫不犹豫地捡起书交给他,但是一位领导人在走廊里要求你从地上捡起一张纸递给他,你可能会觉得他在强迫你做事情。④ 使控制工作具有灵活性。学校管理者在控制过程中,要随时把握环境变化,正确地处理原则性和灵活性的关系。有原则性而无灵活性,会使学校系统控制得过死,缺乏适应性;有灵活性而无原则性,会使控制偏离学校目标轨道,成为任意行为。⑤ 实施控制中对个人需求和社会压力具有敏感性。在实施控制中,如果觉得控制是不公正或不适宜的,人们将产生抵制和怨恨情绪,特别是当这种抵制得到社会压力的"支持"时,它能在很大程度上使控制所取得的成果成为泡影。因而,不能忽视人们对控制的反应。

(3) 控制工作要建立健全控制机构。根据学校管理系统的特点和复杂性,为了实施有效的控制,其相应机构的设置和联系要满足学校管理系统的基本封闭回路,即学校决策机构(控制主体)依据方针政策、上级指令、学校实际加工而成的控制信息的指令,通过执行机构(控制手段)作用于接受单位(控制对象),并以管理结果和绩效的形式向社会输出。在这个运行过程中,监督机构和反馈机构分别履行执行情况的监督职能和其作用结果的回授职能。

(4) 控制工作要充分发挥信息作用。从控制的主要工作看,其实就是了解情况,研究问题,纠正偏差,这三项内容都是通过信息进行的。了解情况,就是分析情报信息;研究问题,实际上就是研究信息;纠正偏差,也是通过信息制订方案和改进措施。所有这些,离开信息是不能存在的。控制工作主要是通过及时的、可靠的、有效的信息反馈而实现的。因此,学校管理者要重视获取信息,畅通信息渠道,充分发挥信息作用,提高学校管理水平。

2. 现代中小学管理控制的程序

学校管理控制程序涉及三个基本步骤:确定标准、衡量成效和纠正偏差。

（1）确定标准。从根本上讲，标准来自于学校管理系统的目标，但不等于学校目标；标准依据学校计划，但不同于学校计划。学校管理控制工作只要抓住关键点即学校管理系统的目标，管理活动就可以得到控制。标准，可能是原计划中已明确规定的，也可能是原计划的细分化。常用的标准有以下四种：

① 时间标准，反映工作时间进度，如完成工作任务的日期。

② 成本标准，反映工作中所支出的费用，如教育成本、管理费用等。

③ 数量标准，从量的方面反映工作应达到的水平，如适龄儿童入学率、工作量要求等。

④ 质量标准，反映工作的水平和质量要求，如学生合格率、优秀率等。

确定标准时，一要注意标准的可行性，即标准能够被人们接受，并通过一定努力有实现的可能；二要注意标准的简明性，便于人们理解和运用；三要注意标准的参与性，让教职工参与标准的制定，有利于调动他们的积极性和创造性。

（2）衡量成效。从学校管理控制过程看，衡量学校管理活动和预定目标的偏差，实际上就是获取、处理、解释学校管理信息，以便决定如何采取纠偏措施的过程。事实上，如何衡量管理活动成效的问题，在确定标准时就已经部分地得到解决，剩下的主要问题是如何及时地收集有效的、可靠的信息，并将其传递到对某项工作负责而且有权采取纠正措施的管理者手中。在这个过程中，应注意以下三点：

① 信息的及时性。学校管理者要利用各种情报资料，采用抽样调查、会议询问、访问观察等形式，发现早期苗头，并在此基础上做认真的思考，以便防患于未然。

② 信息的可靠性。学校管理者要善于从各种各样的信息中，选出与问题有关的可靠信息。

③ 信息的有效性。学校管理者在处理所获取的有关学校管理信息时，要特别重视并擅于进行有效性分析。

（3）纠正偏差。在衡量成效之后，如果没有偏差发生或者偏差在规定的"容限"之内，则该控制过程只需前两个步骤就算基本完成。但是，对于学校管理者来说，要想取得理想的管理效果，就不可能忽视采取相应的纠偏措施，否则将前功尽弃，致使目标的制定、方案的实施、各种努力都因偏差和失误得不到纠正而成为泡影，给学校教育和管理工作带来不可弥补的损失。在采取纠正偏差前，学校管理者必须记住偏差可能是由复杂的原因引起的，通常有以下四种情况：

① 因标准本身是基于错误的假设和预测之上，从而使该标准无法达成。

② 从事该项工作的教职工不能胜任此项工作，或是没有给予适当的指令。

③ 和该项工作相关的其他工作发生了问题。

④ 从事该项工作的教职工责任感差、玩忽职守。

因此,必须花大力气分析事实,找出造成偏差的真正原因,而不能仅仅是头痛医头、脚痛医脚。查明原因后,通常采用的措施有两种:一是临时措施。这是一种应急措施,主要是对于那些直接影响学校正常秩序和学校形象的突发性问题,要迅速采取措施,以防后患。包括可能利用的组织手段对机构进行调整、撤换责任人等。二是根治措施。这是一种永久性措施,即分析问题是如何发生的?为什么会发生?为了避免重蹈覆辙,应采取什么预防措施?通过改善管理方式来纠正偏差。不少学校管理者在控制工作中常常充当"救火员"的角色,而不认真探究"失火"的原因。比如,有的教育行政部门和学校领导常常为教师的流失和"跳槽"而操心,他们到处物色合适的人选,但很少考虑教师不安于位的真正原因,人才要引进,但引进的人才留不住却是徒劳的。

确定标准、衡量成效和纠正偏差三大步骤既相互区别,又相互联系。一个既定目标实现后,其相应的控制进程也就随之终结。但学校管理系统是复杂的,它会不断地朝新的目标运动,控制过程也会随之开始新的循环。一般来说,必须经过多次反复的控制过程才能逐步实现目标。所以,学校整个控制过程总是以学校的总目标为中心,由许多不同的控制阶段相互连接、相互递进、相互转化而成的。

六、总结评价

总结评价是管理过程一个周期的终结环节,说明一个管理周期告一段落。总结评价是对前面管理过程几个基本环节——计划、决策、组织执行、检查和控制的分析总结和总体评价。

(一) 总结评价的意义和作用

总结的重要意义和作用在于:总结不仅能够把在实践中的大量素材加以概括、提炼,从中找出规律性的东西,使今后的管理活动减少盲目性,更重要的是总结能够帮助管理者为下一阶段或下一周期的工作提供依据和经验参考。同时,总结的过程,又是管理者提高认识的过程,是管理者提高管理水平的过程。

评价的重要意义和作用在于:通过评价,分清优劣,对成绩卓著者给予奖励,不合格者给予相应处罚,从而激励先进,鞭策后进,树立竞争意识,提高办学水平。同时,通过评价,人们可以看到他人的长处,认识到自己的不足,有利于各学校之间、学校各部门之间、每个人之间取长补短,交流经验,互相学习,共同进步。通过评价,正确了解学校工作的实际情况,可以为各项管理活动(计划、组织、决策、控制等)提供客观依据。通过评价,衡量了各方面工作成效的高低,不仅看到了需要保持与发扬的优势,更找到了工作中的漏洞与不足,从而为进一步改进工作提供可靠的依据。评价的真正目的不在于证明,而在于改进,这是现代教育评价指导思想的真正体现。评价对学校工作目标的实现,对国家教育方针、政策的贯彻和教学计划、教学大纲、学生守则等的具体实施起到保证监督作用,促使全体教职工全面完成对青少年的教育任务。总之,评价不仅是对各种教育活动的效果和各项工作的成绩做出价值判断,为下一周期的管理工作提供价值导向,而且评价增加了管理的科学性,减少了管理的盲目性。

(二) 总结评价应注意的问题

为了使总结评价真正起到积累经验、探索规律,促进学校管理科学化,提高学校管理者的领导水平的积极作用,总结评价时应注意以下问题:

1. 在总结阶段应注意的问题

(1) 注意总结要与计划相对照。总结就是把计划与最后的工作结局进行对照比较,从中肯定成绩,寻找问题,通过深入分析和思考,总结经验和教训。因此,总结必须以检查为基础,没有有效的检查,没有资料的积累,就不可能有有效的总结。在对照、总结的过程中,必须强调求实精神,让事实讲话,切不可乱下断语。应根据目标的标准和尺度,进行实事求是的分析,做出比较真实可靠的评价,防止主观随意性。

(2) 注意肯定成绩与总结教训相结合。总结,首先是对所取得的成绩进行肯定。成绩不仅标志着人们的智慧、贡献,给人们以成就感,更重要的是成绩能帮助人们积累工作经验和成就未来的勇气和信心。另外,总结对于管理者来说,是一项创造性的工作。管理者要运用马克思主义观点,以教育科学、管理科学理论作为指导,总结经验教训,并使其上升到理论的高度。

(3) 注意突出重点与照顾全面相结合。教学工作是学校工作的重点,学校的总结要注意突出教学这个重点。但是,行政管理工作、学生工作和后勤服务工作都是学校工作必不可少的内容,都是教学工作得以顺利进行的保障条件。因此,总结既要考虑突出重点,又要照顾到其他部门为学校整体工作所做出的贡献。这样总结,一方面可以使其他部门充分认识各自在学校发展中的地位与作用,另一方面又可以促进部门之间的合作。

2. 在评价过程中应注意的问题

当前学校管理评价还存在着很多的不合理因素,学校领导在进行评价时应注意以下问题:

(1) 注意尽可能全面地收集信息。价值判断是建立在事实描述基础之上的,如果收集的信息不全面,事实描述就会出现偏差,并最终造成价值判断的错误。一次考试不能说明学生的学习状况,一堂课也不足以反映教师的教学水平。因此,学校管理者要多渠道、全方位地收集信息,以保证信息的真实、可靠、系统。

（2）注意建立科学的评价标准。从本质上讲，评价是一种价值判断，评价标准是评价者价值观念的外化。面对同样的事实，评价者所依据的标准不同会导致迥异的结论。比如，有的学校管理者认为中小学教师的本职工作就是教学，教育科研是研究机构的事情，因而在评价教师时就会只看教学而忽视科研；而有的学校领导认为教育科研能够提高中小学教师的理论素养，为个人和学校的发展注入强大的后劲，因而在评价中会兼顾教学与科研。当对这类问题产生不同的看法时，科学的评价标准就显得尤为重要。

（3）注意做好评价后的改进工作。当一项工作完成时，对其成果做出鉴定是有必要的，因为这样能够有效地防止形式主义和不讲求实效。但是，评价不能止步于分等鉴定，在完成这一功能之后，还应进一步提出改进工作的建议。这样，前一个管理周期暴露出来的问题便能在下一个管理周期得到解决，从而使学校管理水平不断登上新台阶。

综上所述，学校管理过程是学校管理者为实现预定目标而开展各种管理活动的运行过程，计划、决策、组织执行、检查、控制和总结评价这几个基本环节的有机结合，构成了学校管理的完整过程。每一完整的管理过程构成一个循环，也就是一个管理周期。管理过程的几个基本环节是互相关联、互相促进、互相依存的。计划统帅着整个管理过程；组织执行是为了实现计划；检查是对计划的检验、对执行的监督；总结是对计划、执行、检查的总评价。此外，这几个基本环节不是简单地重复，而是递进式地螺旋上升的过程。

第三节 现代中小学管理过程中常见的问题

现代中小学管理过程中，存在着管理过程残缺或某一环节薄弱等问题，常见的主要有以下问题：

一、没有科学、可行的计划

可行性是制订计划的一个最基本的要求。现实中，制订计划存在着一些弊端，如有些计划脱离实际，目标描述概念化，没有明确的数量和质量标准，执行很难把握；有些计划目标定得太高，执行无法达到要求；有些实施计划的方法、措施照搬他人，失去了具体环境下的可操作性，等等。产生这些弊端的原因是学校高层管理者对制订计划不重视，把制订计划看成是走过场、应付上级的差事，不是自己动手,而是委托给中层干部去办。克服这个弊端的办法是,学校高层管理者要充分认识制订计划的重要性,对计划的制订要予以充分的重视。

二、组织执行与计划脱节

所谓组织执行,就是实施计划,把计划变为现实。可是,有的学校常常在管理中出现这样的情况:计划送给上级领导交差,装进档案备查,执行则按学校常规运转。显然,这种管理计划是一套,执行的是另一套。出现这种弊端的主要原因是学校管理者计划观念不强,没有养成按计划办事的习惯,也是其责任感不强的一种表现。克服这个弊端的办法是,在执行中常常想到计划,用计划指导行动;管理者不仅自己要养成按计划办事的习惯,还要教育下属也要养成按计划办事的好习惯。

三、有计划,无检查

有计划,无检查,这是管理过程中最常见的弊端。所谓检查,主要是针对计划而言的。计划是否订得符合实际?计划执行得怎么样?能否按时完成?这些问题都要通过检查才能发现。有计划、无检查,计划就将失去作用。出现这一弊端的原因之一是学校管理者对检查在管理活动中的重要性认识不足;另一原因是计划订得不具体,无法检查。克服这种弊端的办法除了管理者深刻认识检查的重要性以外,还必须注意把计划订得简明而又具体,便于检查。另外,管理者应将计划公之于众,让教职工都来督促检查。

四、有检查、无总结评价,或总结评价不及时,不深入

检查和总结评价,是两个紧密相连的环节。检查是总结评价的基础,检查的结果有很大一部分应体现在总结上。检查重在发现问题,总结评价重在寻找规律,明确工作价值、最终解决问题。有检查、无总结评价,实际上是只发现问题而不解决问题,这是管理过程的一大弊端。产生这一弊端的原因,是管理者在检查阶段目的不明确,为检查而检查,以致在总结评价阶段,觉得没有什么可总结的,或者总结不及时、不深入,这也是常见的现象。

五、总结内容与计划内容不对应

从管理的整个环节看,有的看起来环节齐全、过程完整,但稍加分析就会发现,总结内容与计划内容相差很远,计划是一套,总结是另一套。这样的总结对于总结工作经验、归纳管理规律、促进工作的递进发展没有丝毫裨益。

从以上管理过程中的种种弊端可以看出,现代中小学管理过程,不是几个基

本环节的简单循环问题,它涉及管理者的工作作风和管理水平问题,涉及管理工作和学校全局工作能否实现一步一台阶、一年一跨越的递进发展问题。因此,学校的管理者特别是高层管理者仅仅把握学校管理过程的基本环节是远远不够的。一个合格的学校管理者不仅应具有坚实的教育理论和管理理论基础,还应该具有求实、扎实、严谨的科学精神和工作作风,从而才能克服管理过程中的种种弊端,提高管理的效益。

思考与练习

1. 联系实际谈谈学校管理的基本规律。
2. 正确解读制订学校计划的依据和程序。
3. 正确把握学校管理工作控制的关键点。
4. 了解总结评价应注意的问题。
5. 联系实际谈谈学校管理过程中常见的问题并提出解决的方法。

第四章 学校管理原理、原则与方法

内容提要

本章主要阐述学校管理的四个基本原理：系统原理、人本原理、责任原理和效益原理及其各原理相对应的原则；中小学管理的常用方法。

学习目标

1. 准确阐述学校管理的四个基本原理内涵、要点。
2. 准确阐述学校管理的四个基本原理相对应的原则。
3. 准确阐述学校管理原则的运用要求，能运用学校管理的基本原则解决具体问题。

原理是指某种客观事物的实质及其运动的规律，或某一学科领域中具有普遍意义的根本规律。管理原理是对管理工作的实质内容进行科学分析总结形成的基本原理，它是现实管理现象的抽象。学校管理的基本原理是管理原理在学校管理工作中的具体体现。原则是指观察问题、处理问题的准则。原理是原则制定的依据，原则是原理的具体体现。由于管理活动普遍存在于社会的各个领域中，尽管社会各个领域的管理活动的管理内容不同，管理任务、目标各异，但是管理的基本原理和原则是相同的，因此管理原理对一切管理活动都具有普遍的指导意义。

第一节 学校管理的系统原理与原则

系统原理是现代管理科学的四大原理中一个最基本的原理。它是指人们在从事管理工作时,运用系统的观点、理论和方法对管理活动的各要素进行充分的系统分析,以达到管理的优化目标,即从系统论的角度来认识和处理管理中出现的问题。

一、系统原理概念与要点

(一)系统原理概念

学校管理的系统原理就是要求学校管理者把自己管理的对象看作一个开放的、动态的系统,而不是一个孤立分割的部分,要从整体看待部分并使部分服从整体。要把自己的管理系统看作更大系统的一个组成部分,并使自己的管理服从更大的全局利益。

(二)系统原理要点

系统原理包括四个要点,即四个次级原理:整体性原理、动态性原理、开放性原理和环境适应性原理。

1. 整体性原理

整体性原理指要素之间的相互关系及其要素与系统之间的关系是以整体为主进行协调,局部服从整体,保证整体效果最优。因为系统整体的功能等于各个孤立部分功能的总合与各个部分相互联系构成的结构的功能之和。而各个部分相互联系构成的结构的功能总是大于零或是小于零的。所以,系统的要素功能必须服从系统的整体功能,否则,就会削弱系统的整体功能。

根据整体性的这一特点,在研究任何一个管理对象的时候,不能仅研究宏观上的整体,也不能仅研究各个孤立的要素,而是应该了解整体是由那些要素组成的以及在宏观上构成整体的功能。这就是说,人们在认识和改造系统时,必须从整体出发,从组成系统的各要素间的相互关系中探求系统整体的本质和规律,把握住系统的整体效应。

首先,从学校教育与社会的政治、经济、文化发展的关系分析。在社会大系统中,教育是社会的子系统,学校教育又是教育系统中的子系统。社会的发展方向、国家的总体目标,决定着教育目的、学校的培养目标和管理目标。教育目的和学校的培养目标只有和社会的政治、经济、文化发展的要求相一致,才能实现教育的社会功能,获得自身的发展。学校教育工作、学校管理工作与社会发展的关系是整体性原理在学校管理过程中的具体体现,它揭示了学校管理与社会的政治、经济、文化发展相一致的规律。

其次,从学校的内部管理组织职能与过程分析。从管理的程序来看,管理的各个职能都是相互关联的。从管理过程中各个职能的关系分析,学校管理过程中的各个职能之间存在着相互依存、相互促进的整体性关系,这种关系反映出学校管理各职能之间环环相扣、相互促进的规律。

第三,从全局与重点关系分析。学校作为一个相对独立的系统,各个部门是学校系统中的子系统。学校管理的总目标,逐层分解到各个部门,构成了各个部门的管理目标。部门与部门之间的管理目标既相互区别又相互联系。各个部门的工作各有侧重,但是在学校整体工作中又缺一不可。

因此,在学校管理中,既要充分认识各个部门的工作在整体工作中不可或缺的作用,予以全面安排;又要高度重视教学工作在学校工作中的核心地位。把全面安排与突出教学重点协调统一起来,保证学校各个部门相互支持、互相配合,群策群力地实现总体目标。

2. 动态性原理

所谓动态原理是指管理者在管理活动中,树立动态观念,把握管理对象运动、变化情况,不断调节各个环节和管理行为以实现预定的整体目标。动态原理认为管理是一个动态过程,是管理人员与被管理人员共同达到既定目标的活动过程。管理的要素如人、财、物、时间和信息等,都处在一定的时间和空间之中,并随着时空的运动而发展、变化。管理的动态原理体现在管理的主体、对象、手段和方法的动态变化上,同时,组织的目标以至管理的目标也是处于动态变化之中。因此,有效的管理是一种随机制宜,因情况而调整的管理。动态管理原理要求管理者应不断更新观念,避免僵化的、一成不变的思想和方法,不能凭主观臆断行事。

系统作为一个运动着的有机体,其稳定状态是相对的,运动状态是绝对的。从运动形式分析,系统内部各要素之间的联系是一种运动;从系统的外部看,系统与外部环境的相互作用也是一种运动。因此,任何系统的功能和状态都是时间的函数,随时间的推移而不断变化着。学校管理系统也不例外。从运动的过程分析,运动存在无序与有序之分、平衡与非平衡之分、量变到质变之分,所以,任何系统都要经历一个系统的发生、系统的维持、系统的消亡的不可逆的演化过程。

首先,从学校系统内部各要素之间的联系分析,组织之间的合作就是一种运动。

其次,从学校系统与外部环境的相互作用分析,随着社会政治、经济和文化的发展变化,学校的教育教学和管理理念都发生相应的变化。从新中国成立至今,我国教育追随社会发展对人才素质的需求,对教育目的进行了十一次变动;随着国家教育目的对人才品德培养要求的不断提升,学校的管理也在不断的变革中,中学开始增设主管德育的副校长和学生处。

3. 开放性原理

开放性原理认为,任何系统必须保持与外部环境相联系,保持系统的适度开放。系统与外部环境只有不断地进行人员的流动、物质的流动和信息的流动,才能维持其生存,促进其发展。学校管理工作系统,一方面它作为社会大系统中的一个组成部分,必须保持对外部环境的开放性,与外部环境之间进行人员、物质和信息的流通。另一方面它作为一个相对独立、相对封闭的系统,必须与外部环境之间建立某种特定的边界,对外部环境进入学校的因素和学校输入外部的因素进行过滤和筛选,以保证学校系统的有序和稳定。在学校管理工作中,如果只有开放而无封闭,学校管理就会出现失控现象;如果只有封闭而无开放,学校系统长期处于封闭状态,得不到外界的人才、物质、能量和信息等方面的补充和支援,学校工作就会萎缩、退化,培养出来的学生就无法适应社会发展的要求,最终被社会的发展所淘汰。封闭与开放是学校管理过程中的一对相互联系又相互依存的矛盾,这一矛盾的存在同时也揭示了学校管理工作的开放性原理。

4. 环境适应性原理

任何系统都存在于一定的环境之中,都要和环境有现实的联系。所谓适应性,就是指系统随环境的改变而改变其结构和功能的能力。系统在适应性方面涉及三种不同的情况:第一,系统原有稳定状态被破坏后,逐渐过渡到一个新的稳定状态,即依靠系统本身的稳定性来适应环境的改变。如:当计划经济体制向市场经济体制转变时,无论是营利性组织,还是非营利性组织,都必须从"大而全"的封闭状态中走出来,以适应新的经济环境。第二,当系统稳定状态被破坏后,靠系统内部或人为提供的一个特殊机制,抗拒环境的干扰,修补被破坏的因素,致使系统回到原来的稳定状态。因此,环境适应性原理,一是指人们要为系统创造良好的环境,尽可能减少作为约束条件的环境对系统的干扰,在系统与环境进行相互作用中充分发挥其功能。二是指系统应具有一种根据环境变化不断调整自身、保持稳定的能力。

二、系统原理相对应的原则及其在中小学管理中的应用

在总结学校管理者对学校管理实践的基础上,参考学校管理研究的成果,我们将系统原理相对应的原则归纳如下:

(一) 整、分、合原则及其在中小学管理中的应用

1. 整、分、合原则的内涵

整:整体规划、整体把握;分:科学分解、合理分工;合:综合和协调。要提高工作效益,管理者必须明确以下几点:

首先,整体是基础。管理者必须从整体出发,对如何完成组织的整体工作有一个充分细致的了解,即:在认识组织系统与内、外部环境关系的基础上,制定出

适合于组织系统长远发展的整体目标,并找到实现该目标的重要途径和主要条件。而要做到这些,则有赖于管理者树立全局的观念。在现代社会,组织系统的规模越大,关系越来越复杂,整体的联系起来越密切,管理者要在各种错综复杂的关系中处理矛盾问题,就要用整体意识、全局观念来支配行动,以有效地把握工作的规律性。

其次,分工是关键。没有分工的整体是构不成现代有序的系统的。怎样实行分工呢?根据系统原理,在把握组织系统整体的前提下,把组织的整体科学地分解为若干个组成部分或基本要素,其主要内容是:建立合理的组织结构,确定适当的管理层次和管理幅度,规定各子系统的目标和功能,以及实现这些目标和功能所必需的权力、职责、利益。只有这样进行科学分解,才能做到合理分工,促使组织工作的程序和规范更加明确化,让管理者能够从容地应对各种"例外"事件。也只有这样,才能为各个分系统和子系统的具体目标的实现创造条件,从而最终促成组织整体目标的完成。

第三,有分有合,先分后合。有了整体观念,实行了合理的分工,这是不够的,必须实行有分有合,先分后合,在科学分工的基础上实行组织严密有效的协作。这是因为:虽然分工在社会化的大生产中,能够提高劳动生产率,但分工不是万能的。分工会带来许多新的问题,如:分工的各个环节,特别容易在相互联系方面产生新的脱节,在相互影响方面产生新的问题。因此,为了避免这些矛盾和问题对组织整体产生不良的影响,就必须对分工以后的各种管理工作进行综合和协调。其基本要求是:经过分解后的系统在运行过程中必须回到整体上来,不能各行其是。而要做到这一点,就必须以共同的目标来统一各部门、各单位的思想和行动。可见,综合协调是实现组织管理整体目标的基本条件。

2. 整、分、合原则在中小学管理中的应用

整、分、合原则在学校管理中应用,首先是指学校管理者把学校看作一个系统,对于内部而言,各组织是为了一个共同的目的而形成的有机整体,它包含若干子系统,各子系统相互作用、相互影响、相互联系;对于外部而言,学校又从属于整个教育系统和社会系统。正确处理学校内部各方面之间、学校和其他单位之间的关系,对学校内外的各种力量进行优化组合,以取得最好的管理效果。学校管理者只有具有系统的观念,从整体出发,在校内,处理好局部与全局的关系,使局部工作与全局工作保持一致。当局部利益与全局利益发生冲突时,要保证局部服从全局;在学校外部要处理好上下级关系和相关部门之间的关系。其次,是指学校管理者把学校目标进行逐层分解,使各个部门岗位职责清晰,目标明确,各司其职,各负其责。第三,组成学校管理系统的若干子系统之间是相互作用、相互影响、相互联系的,因此,学校管理者不仅要做好系统的综合协调工作,

而且要求各个子系统之间要相互配合,提升整体实力。学校管理贯彻整、分、合原则,要做好以下几个方面的工作:

(1) 做好教育工作,树立整体观念,处理好学校内外各种关系。贯彻整体性原则,首先要做好教育工作,使所有的管理者都能够正确认识学校工作的整体性,把学校视为系统,树立整体观念。学校管理活动要面向全局,着眼于各个部门、各类成员、各项工作以及各种因素的关联性,从总体上进行综合部署,从具体上进行科学分解,以求最优地实现预定的学校工作目标。

(2) 学校管理工作要主次分明、职责分明。学校工作千头万绪,但各项工作都必须围绕教学这个中心工作而展开,确保学校管理者和教师能把主要精力投入到教学中去。"教学为主"并不意味着教学是唯一的工作,离开其他工作,教学工作也做不好,其中心地位也无从保障。学校工作必须主次分明,妥善处理好教学与其他工作之间的关系。职责分明是保证学校管理的子系统工作目标实现的基础。

(3) 进行开放式管理,主动做好内外各方面工作的协调。在学校管理工作中,要主动研究社会的政治、经济、文化等领域的发展状况和改革趋势,不能就教育论教育;要主动分析学校内外之间的动态矛盾,采取相应对策,不能只是期望社会或社会某一方面去解决矛盾;要主动发现学校自身工作的不适应之处,有一种知足而求改的精神,不能满足于已有的工作成绩,故步自封;要积极向社会做宣传,使社会多了解学校工作,从而提高社会有关人员和部门的认识,取得他们的谅解和支持;同时,要自觉参加社会服务活动,为社会做有益的事。最后,最主要的是做好育人工作,培养出高质量的人才,取得社会的认可。

(4) 处理好当前利益和长远利益的关系。避免只顾眼前利益忽视长远利益,甚至为了眼前利益牺牲长远利益的短期行为,应该在着眼长远利益的同时保障当前的利益。

(二) 开放与封闭相结合原则及其在中小学管理中的应用

1. 开放与封闭的内涵

开放是指学校作为社会大系统中的一个组成部分,必须保持对外部环境的开放性,并与外部环境之间保持各种资源的不断流通。封闭是指学校作为一个相对独立、相对封闭的系统,与外部环境之间建立某种特定的边界,对外部环境进入学校的因素和学校输入外部的因素进行过滤和筛选,以保证学校系统的有序和稳定。

2. 开放与封闭相结合原则在中小学管理中的应用

学校管理贯彻开放与封闭相结合原则,必须努力做好以下几方面的工作:

(1) 科学界定学校开放领域与边界,在开放中求发展。对于内部而言,学校科学界定学校开放领域,以保持学校工作的相对独立性,维护学校正常的教学管理工作秩序。对于外部而言,学校又从属于整个教育系统和社会系统。正确处理学校内部各方面之间、学校和其他单位之间的关系,能够获得更多的社会支持。

(2)建立健全的、相应的管理机构和管理措施。学校开放领域的划定与维护,需要相应的管理机构操作和健全的管理制度保障。因此,建立健全的、相应的管理机构和管理措施,是学校开放的前提条件。

(3)适度封闭,确保各项工作稳步发展。在学校管理中,开放是为了更多地获得社会教育资源,但是学校工作的相对独立性又要求在开放的同时保持和维护适度的封闭,为学校教育教学和管理提供一个相对稳定的环境,确保学校各项工作在稳定中求发展。

第二节 学校管理的人本原理与原则

一、人本原理概念与要点

(一)人本原理概念

人本原理是管理学的四大原理之一,顾名思义就是以人为本的原理。人本原理要求人们在管理活动中要坚持一切以人为核心,以人的权利为根本,强调人的主观能动性,力求实现人的全面、自由发展。其实质就是充分肯定人在管理活动中的主体地位和作用。同时,通过激励、调动和发挥员工的积极性和创造性,引导员工去实现预定的目标。

(二)人本原理要点

人本原理包括四个基本观点:即人是管理的主体;保障和维护人的基本权利是根本;民主参与是有效管理的关键;实现人的全面、自由发展是人本管理的最终目的。

1. 人是管理的主体

人本原理特别强调人在管理中的主体地位,它不是把人看成是脱离其他管理对象的要素而孤立存在的人,而是强调在作为管理对象的整体系统中,人是其他构成要素的主宰,财、物、时间、信息等只有在为人所掌握,为人所利用时,才有管理的价值。具体地说,管理的核心和动力都来自于人的作用。管理活动的目标、组织任务的制订和完成主要取决于人的作用及人的积极性、主动性和创造性的调动和发挥。没有人在组织中起作用,组织将不能成为组织,各种资本物质也会因没有人去组织和使用而成为一堆无用之物。因此,管理主要是人的管理和对人的管理。管理活动必须以人及人的积极性、主动性和创造性为核心来展开,管理工作的中心任务就在于调动人的积极性、发挥人的主动性、激发人的创造性。因此,人本原理讲求和解决的核心问题是积极性问题。

2. 保障和维护人的基本权利是根本

所谓人的基本权利是指宪法赋予的、表明权利主体在权利体系中重要地位的权利。基本权利作为宪法调整的权利形态,在整个权利体系中处于核心与基础地位。公民的基本权利与义务是一对相互依存的关系,正如马克思主义认为:"没有无义务的权利,也没有无权利的义务。"这个一般原理,为现代人权观念所公认。正如《世界人权宣言》所强调的,"人人对社会负有义务"。人人在行使他的权利和自由的时候,只受法律所确定的限制,而确定该限制的唯一目的就在于保证对他人的权利和自由给予应有的承认和尊重。权利和义务的统一性,由公民基本权利的社会属性所决定。因为人的权利只能在人与人的社会关系中存在。在个人与个人、群体与群体、个人与群体及社会之间的相互关系之中,某一主体享有某项权利,就意味着要求其他主体有尊重并不得侵犯这项权利的义务。否则,任何人的权利都无法实现和得到保障。因此,管理者要获得人的尊重和支持,必须首先履行保障和维护人的基本权利的义务。

3. 民主参与是有效管理的关键

民主一词源于希腊字"demos",意为人民。民主的含义则是指一种国家制度,是指一定阶级范围内,按照平等的原则和少数服从多数的原则来共同管理国有事物的国家制度。民主是以多数决定、同时尊重个人与少数人的权利为原则。所有民主国家都在尊重多数人意愿的同时,极力保护个人与少数群体的基本权利。民主的含义包括三个方面:第一,民主是一种国家制度(国体意义上和政体意义上);第二,民主是同专制制度相对立的,实行平等和少数服从多数的原则;第三,民主总是一定阶级范围内的民主。本书所论及的民主是指实行平等和少数服从多数的原则。

4. 实现人的全面、自由发展是目的

人的全面、自由的发展作为一种观念包括如下内容:

第一,"每个人"全面而自由的发展。人的发展是社会历史进步的尺度,但每个人的全面而自由发展是整个人类全面而自由发展的前提。只有每个人都得到了全面而自由的发展,才能形成一切人全面自由发展的条件。重视每个人的全面发展,体现了历史、现实和逻辑的高度统一。马克思强调每个人的全面而自由

的发展,不仅仅是一种要求平等发展的观念,更是体现了马克思关于彻底解放全人类思想的主旨。

第二,社会关系的丰富和发展。马克思在《关于费尔巴哈的提纲》中曾提出:"人的本质并不是单个人所固有的抽象物,在其现实性上,他是一切社会关系的总和。"因而,人就不可能脱离一定社会历史条件而独立发展,必须投入到整个社会历史的实践中来,只有人的方方面面的具体发展才能够构成真正的全面发展。因此,对人的全面发展的理解应该放在具体的社会背景中去,而不应该抽象地谈论人的全面发展,人的全面发展是在一定社会关系中的具体的、实际的、个人的全面发展。因为,人的全面发展不仅包括单个个人的全面而自由的发展,也包括人作为类的全面而自由发展。一个人的发展取决于与他人普遍的交往和全面的关系,只有进行普遍的交往才能扩大人的视野。社会关系实际上决定一个人能够发展到什么程度,人的社会关系既是社会进步的尺度也是人自身发展的表征。

第三,人的活动及其能力的全面发展。将人的丰富的能力(包括体力和智力、自然力和社会力、个体能力和集体能力、现实能力与潜在能力以及知情意等)最大限度地发挥出来,任何人的职责、使命、任务就是全面地发展自己的一切能力,从而为社会的发展做出贡献。人的能力是表现和确证自己的社会本质的内在力量,是主客体对象关系得以建立的必要条件之一,是人的本质力量的公开展示。1845年恩格斯《在爱北斐特的演说》中曾经提出,人的全面发展就是要使社会全体成员的才能得到全面发展,使每个人都无可争辩的有权全面发展自己的才能。因此,发展人必须发展人的各种能力,人的能力的全面发展是人的全面而自由发展的重要内容。要达到全面发展能力的目标,一方面需要社会给每一个人提供全面发展和表现自己全部的体力、脑力和能力的机会。另一方面还需要个人的主观努力和社会的系统教育,因为教育可使年轻人很快熟悉整个生产系统,可使他们根据社会的需要或者自己的爱好,轮流从一个生产部门转到另一个生产部门。因此,教育就会使人们摆脱现在这种分工给每个人造成的片面性。正是在这个意义上,教育才是造就全面发展的人的重要方法。

最后,人的个性的自由而全面发展。马克思指出,个性的全面自由发展是指人的个性即人的生理的、心理的和社会特性等在各个方面最大限度地发展,即在发展过程中个人能够按照自己的意愿、兴趣和社会的需要相对地发展自己,而不受任何强制,并能相对自由地发挥其独特个性和创造性活动,这是人的全面发展的综合表现和最高标准。人的个性发展得越充分,社会化程度就越高,人逐步实现了自己的独立自主性、自由自觉性和积极创造性,就能更自由地参与社会各个领域、各个层次的交往,广泛地发展社会联系,掌握更多的社会经验,就更能形成更高、更全面的能力。积极发挥自身的潜能,在社会中展示自己,实现自己的个

性的自由而全面的发展,是人的全面发展的最根本的内涵。

二、人本原理相对应的原则及其在中小学管理中的应用

依据人本原理的基本观点,在中小学管理中应遵循以下几条基本原则:

(一)民主性原则及其在中小学管理中的应用

1. 民主性原则的内涵

民主性原则就是在学校管理中实行民主管理,使教职工充分行使民主权利并直接参与学校的管理活动。这一原则是学校领导管理人员的主导性与全体成员的主动性、积极性、创造性相统一这一规律的客观反映。

学校实行民主管理,是由学校的社会性质决定的,也是为提高管理效率所必须采用的。实践证明只有少数几个领导说了算的管理方式,只能挫伤全体教职工的积极性和主动性,没有很高的管理效率。在学校内部,领导者只有充分调动、保护全体教职工参与、监督学校管理的积极性和主动性,才能使全体教职工真正成为学校的主人,才能积极主动地参与、配合学校的各项工作,使学校管理效率得以提高。

学校实行民主管理的形式很多,教职工代表大会是目前采用最多、效果最好的一种形式。教职工代表大会可以行使以下权利:听取和审议校长的工作报告;对学校领导人提出建议和进行监督、批评、评议干部和推荐干部;在学校的权限和上级规定的范围内,对教工的切身利益问题做出决策;审议学校的发展规划、预决算和重要的规章制度;审议教工的提案,把教工的提案提交有关部门办理,做到条条有落实、有交代。实践证明教职工代表大会起了很大的作用。

2. 民主性原则在中小学管理中的应用

学校管理贯彻民主性原则,要做好以下几个方面的工作:

(1)办学一定要依靠教师。办学要依靠全体成员,提高每一个人的积极性。依靠教师是其中重要的一环。要依靠教师就必须正确认识和实际承认教师的崇高地位。一所学校的好坏,很大程度上取决于教师的素质和业务水平的高低;学生质量的高低也受教师工作质量的制约。学校的培养目标、教学计划、教学大纲都要依靠教师的教学实践去实现。在学校教育和教学的过程中,教师起着主导作用。要依靠教师就必须正确认识和研究教师劳动的特点,同时还应探讨学习管理的相应措施。要依靠教师,逐步改善和不断创造教师工作、学习和生活是必要条件。

(2)坚持民主集中制,把民主和集中统一起来。坚持民主集中制有两层含义:一是领导和全体教职工之间的民主与集中。学校领导要依靠群众,同时领导群众,把听取群众意见、向群众学习和教育群众结合起来。二是领导班子的个人

负责和集体研究。学校实行"校长负责制"的管理体制,由校长全面负责,但决不意味着一切由校长一个人决断。除了依靠群众,还要有学校领导班子的集体研究。领导班子的主要领导人,要充分发挥每一个班子成员的作用,真诚地交换意见;既不主观硬性决断,又能集中和坚持正确的方面,做到统一看法和做法;要各有分工,各司其职,共同对学校管理工负责。只有这样,才能不断提高学校管理工作的效率。

(3) 建立健全学校教职工参与学校管理的制度,使群众参与管理制度化、经常化。教职工代表大会制度是学校教职工参与学校管理的基本制度。它是教职工参与学校管理的最有效的途径,是学校实行民主管理的一个行之有效的做法。为使教职工代表大会制度不流于形式,就要认真研究开好教职工代表大会的问题。领导要做到:消除疑虑,如怕打乱教学秩序、怕群众意见多不好收场等;要有章法,如明确教职工代表大会筹备工作的负责人及产生办法、任期和权限等;要从学校实际出发,抓中心工作;要充分发挥代表的作用等。

(4) 加强学生的自我管理,培养其民主意识。学校管理中,学生是管理的对象,也是管理的主体,要注意组织扩大学生实行自治自理,开展各种各样的自我教育和民主管理活动,也要听取学生的意见,改进工作。

(二)激励原则及其在中小学管理中的应用

1. 激励的内涵

激励是指组织通过设计适当的外部奖酬形式和工作环境,以一定的行为规范和惩罚性措施,借助信息沟通来激发、引导、保持和归化组织成员的行为,以有效地实现组织及其成员个人目标的系统性活动。

2. 激励原则在中小学管理中的应用

学校管理贯彻激励原则,要做好以下几个方面的工作:

(1) 正确地认识师生员工。一是正确地认识师生员工的共性;二是正确地认识师生员工的个性。在学校管理的内容中,人是学校管理中的第一要素和基本要素。而且学校管理的人与其他行政事业单位、企业管理的人还存在着一定的差异。学校管理的人包括两个层次:一是成年人即教职工;二是未成年人即学生。这两种人在地位、权力、追求、理解能力、交往能力等各个方面都存在着很大的差异,而且需要也不同。因此,在学校的管理中,要充分认识和把握这两种人在地位、权力、需要、追求、理解能力、交往能力等各个方面的共同特点和共性要求。既要针对他们的共同特点开展工作,满足他们共同的要求;同时,也要努力照顾和解决他们不同时期的个性特点和个性化要求,以调动师生员工的全员积极性。

(2) 尊重和维护师生员工的基本权利,把师生员工当作学校管理的主体。

师生员工都是权利主体,他们拥有各自不同的权利和义务。要对师生员工实施人本的管理,一个重要的前提条件就是正确地认识和对待他们所拥有的权利,不仅不能出现侵权的情况,而且还要努力维护他们的权益。同时,要支持和帮助他们履行自己的义务和职责,从而为实现学校的总目标而尽职尽责。学校维护和尊重师生员工的权利,必须做到以下几点:一是要尊重师生的人格,尊重师生的观点。对于教师,校长要支持他们的业务学习、教学改革试验等教学研究活动;积极听取他们对学校管理的意见和建议。对于学生,校长要注意教育教师,不体罚学生、不歧视差异生,因为尊重学生的关键是承认差异。二是要努力满足师生员工的发展权,例如:教师继续学习的权利、教师参与学校管理的权利等。三是维护和尊重师生的个人隐私权。四是对具有不同兴趣爱好、不同智力水平、不同思维方式的师生施以切合实际的教育和支持,使每一位师生员工都有所进步,有所收获,最终获得成功。五是保护师生的人身安全,促进学生的身体健康和精神健康。

(3) 满足师生员工的需要,激发他们的潜能。美国的行为科学家弗雷德里克·赫茨伯格(Fredrick Herzberg)提出的双因素理论,是激励原则的理论根源。该理论表明,满足人类各种需求产生的效果通常是不一样的。物质需求的满足是必要的,没有它会导致不满,但是仅仅满足物质需求又是远远不够的,即使获得满足,它的作用往往是很有限的,不能持久。要调动人的积极性,不仅要注意物质利益和工作条件等外部因素,更重要的是要从精神上给予鼓励,使员工从内心情感上真正得到满足。因此,学校管理必须把满足师生员工的需要放在首位,分析和研究师生不同层次的需要,不断地满足他们的需要,从而激发他们的潜能。

(4) 创造奋发有为、团结互助、合作共赢的人际文化和工作环境。人际文化和工作环境是影响人工作发展方向和努力程度的重要环境因素。奋发有为、团结互助、合作共赢的人际文化和工作环境能够使人学习有榜样,奋斗有方向;不仅密切了师生员工的人际关系,增强了师生员工的归属感,更重要的是能促进集体智慧和力量的凝聚,提高组织攻坚克难的整体实力。

(三) 能级层序原则及其在中小学管理中的应用

1. 能级层序的内涵

所谓能级层序也称人岗匹配原则,它是指根据人的能力大小,赋予相应的权力和责任,使组织的每一个人都各司其职,以此来保持和发挥组织的整体效用。同时,人岗匹配配置员工追求的目标,为了实现人适其岗,需要对员工和岗位进行分析。每个人的能力和性格不同,每个岗位的要求和环境也不同,只有事先分析、合理匹配,才能充分发挥人才的作用,才能保证工作顺利完成。另外,一个组织应该有不同层次的能级,只有这样才能构成一个相互配合、有效的系统整体。能级原则也是实现资源优化配置的重要原则。

2. 能级层序原则在中小学管理中的应用

学校管理贯彻能级层序原则的具体措施与要求在第六章教师管理中论述。

(四)动力原则及其在中小学管理中的应用

1. 动力原则的内涵

没有动力,事物不会运动,组织不会向前发展。在组织中只有强大的动力,才能使管理系统得以持续、有效地运行。因此,管理必须有强大的动力,正确地运用动力,使管理持续而有效地进行下去,这就是动力原则。动力不仅是管理的能源,而且是一种制约因素,没有它,管理就不能有序地运动。现代化管理中有三种基本动力:① 物质动力。物质动力不仅是指对个人的物质鼓励,而且也是指社会经济效益,必须使两者有机地结合起来;② 精神动力。包括信仰(革命理想、爱国主义等)、精神鼓励(奖状、先进称号等),也包括事业的追求、高尚的情操、理论或学术研究、科技或目标成果的实现等,特别是人生观、道德观的动力作用,能够影响人的终生;还包括日常的思想工作。精神动力是客观的存在,与物质利益正确结合,将具有巨大的威力;③ 信息动力。在现代社会化大生产的情况下,没有信息传递的科学管理是不能设想的。对于个人来讲,掌握信息愈多就愈有生活的动力。科技工作者的求知欲望就是一种信息动力。对一个国家、一个企业来讲,如果没有对外界的信息交流,就不能有前进的动力。

2. 动力原则在中小学管理中的应用

对于任何一个管理系统,三种动力都是存在的。在运用动力原则的时候,要注意以下几点:

(1)三种动力综合协调地运用。物质动力、精神动力和信息动力,三者既有相对的独立性,又互为辅佐,各有利弊。因此,在学校管理的实践中,将这三类动力有机结合、协调运用就显得更为必要。一般来讲,管理行为在取向系统整体目标过程中,物质动力是其基础和前提条件;精神动力是其核心和灵魂,信息动力是其不可缺少的调节杠杆。因此,在学校管理工作中,首先要创造良好的工作环境,提高现代信息网络建设层次,提高教职员工的物质待遇。同时,加大精神动力方面的工作。加强教职员工思想政治教育,引导全体教职员工形成勤奋开拓、勇于进取、无私奉献、忠诚人民的教育事业,并为之奋斗终生的崇高精神境界;加强学生的思想政治教育,培养学生勤奋刻苦、积极向上、为中华民族繁荣昌盛而努力学习的精神。如果师生员工志在高远,一定会产生强大的动力,定会满腔热情地投入工作、学习,那么学校管理自可出现生机勃发、催人奋进、成效斐然的局面。由于三种动力在管理中的地位和作用存在差异,在运用动力原则时,要注意洞察各种变化,适时、适度调整,不可千篇一律、一成不变或等量齐观,应有所侧重又互补互促,发挥综合效益。

(2) 正确处理个体与集体、眼前与长远动力的关系。在学校各种管理活动中,必须以学校集体目标作为自己管理的前提。学校集体是由个体成员组成,而学校中每一个个体又有自己的目标。这就是说,个体和集体都有它们各自的物质动力、精神动力和信息动力,它们之间并不完全一样,特别是在市场经济条件下尤其如此。这就要求学校管理者必须在个体和集体动力的矛盾之间,综合权衡,坚持真理,因势利导;追求高校管理系统个体和集体动力和谐,取得最佳的管理效率和效益。同时,学校管理者还要正确认识和处理眼前动力和长远动力的关系,将学校组织的眼前利益和长远利益有机地结合起来。

(3) 科学把握物质动力的刺激量。一般地说,管理动力刺激有两种:正刺激和负刺激。从一定意义上讲,管理系统动力状态的优劣,主要取决于正负刺激量的正确运用和比例是否恰当。因此,高校管理活动要想取得良好的效果,就必须正确运用管理的正、负刺激和把握其比例量。这要遵循如下原则:第一,要以达到学校管理整体目标来确定合理的刺激量。对那些不仅能完成本职工作,而且对高校整体和长远目标有较大贡献的人员,要给予正刺激且物质刺激量要适度加大;那些对高校目标实现功效较小的人员,则适度减少物质刺激量;而对学校有害的行为,要予以负刺激。

第三节 学校管理的责任原理与原则

一、责任原理概念与要点

(一) 责任原理的概念

责任原理是指在合理分工的基础上明确各部门与个人必须完成的工作任务和必须承担的相应责任,从而提高人的潜能的有效办法。责任原理的本质是保证及提高组织的效益和效率。

(二) 责任原理的要点

责任原理主要包括以下几个观点:

1. 明确每个人的职责

在合理分工的基础上确定每个人的职位,明确规定各职位应担负的任务,就是职责。职责是在数量、质量、时间、效益等方面有严格规定的行为规范,表达职责的形式主要有各种规格、条例、范围、目标、计划等。

2. 职位设计和权限委授要合理

职责和权限、利益、能力的关系遵守等边三角形定理,职责、权限、利益是三角形的三个边,它们是相等的,能力是等边三角形的高。明确了职责,就要授予相应的权利;权限的委授只是完全负责所需的必要条件之一。完全负责就意味着责任者要承担全部风险,而任何管理者在承担风险时都会对风险与收益进行权衡,然后才决定是否值得去承担风险。因此,对于管理者要将风险与收益相对称。能力是完全负责的关键因素。管理者既要有专业知识还要具备广博的科学知识,同时还要具备处理人际关系的组织能力,还要有一定的实践经验。科学知识、组织能力和实践经验这三者构成了管理能力。

3. 奖罚要分明、公正而及时

公正的奖罚要以准确的考核为前提,有成绩、有贡献的要及时给予肯定和奖励。惩罚要及时而公正。

二、责任原理相对应的原则及其在中小学管理中的应用

(一) 权责对等原则及其在中小学管理中的应用

1. 权责对等原则的内涵

所谓权责对等原则也就是权责一致原则,是指管理者在一个组织中所拥有的权力应当与其所承担的责任相适应的准则。权责对等原则的内涵应包括如下几方面:

(1) 管理者拥有的权力与其承担的责任应该对等。所谓"对等"就是相互一致。不能拥有权力,而不履行其职责;也不能只要求管理者承担责任而不予以授权。

(2) 向管理者授权是为其履行职责所提供的必要条件。合理授权是贯彻权责对等原则的一个重要方面,必须根据管理者所承担的责任大小授足其相应权力。管理者完成任务的好坏,不仅取决于主观努力和其具有的素质,而且与上级的合理授权有密切的关系。

(3) 正确地选人、用人。上级必须委派恰当的人去担任某个职务和某项工作。人和职位一定要相称。应根据管理者的素质和过去的表现,尤其是责任感的强弱,授予他适合的管理职位和权力。

(4) 严格监督、检查。上级对管理者运用权力和履行职责的情况必须有严格的监督、检查,以便掌握管理者在任职期间的真实情况。监督、检查主要由授权者履行。管理者渎职,上级应当承担两方面的责任:一是选人用人不当;二是

监督检查不力。引咎辞职制度值得在我国推行。

2. 权责对等原则在中小学管理中的应用

对中小学的管理者而言，贯彻权责对等原则为做好管理工作提供了必要条件，同时也对管理者从两个方面进行约束：一是不能滥用权力；二是强调了管理者的责任，在其位要担其责。但是，这类约束是自我约束，它要靠管理者高度的自觉性才能起作用。

对上级而言，这条原则的贯彻和落实，必须做好以下五个方面的工作：正确选人，并对选定的人予以授权；明确管理者的责任和要求；确定目标和目标值；合理地确定管理者的报酬；监督和检查执行情况，出现问题要及时处理。在中小学的管理中落实权责对等原则必须抓好以下工作：

（1）开展普遍教育，增强管理者的责任意识。教育的根本在于教师。教师的责任在于对教育事业负责，对教学工作负责，对学生负责。教师如果没有责任意识，教育教学质量就无从保障。因此，学校管理的责任原理，首先要求深化教师教书育人的责任意识。

（2）落实权责对等原则，选人、用人是关键。如果管理者是一位素质较高、责任感强、过去实绩卓越的人，那么在正常情况下，他就会正确地使用授予的权力，很好地履行其职责，反之则不然。

（3）责任要明确，应尽可能予以量化。明确管理者的责任，有利于工作任务全面完成，有利于正确地评价管理的绩效，也可以防止推卸责任和减少投机升职的可能性。我国在企业中已普遍推行了岗位责任制度，但多数是对基层管理者，中高层管理者的岗位责任并不是很明确。

（4）建立有效的监督机制。管理者的工作必须接受各方面的监督，包括上级监督、同级监督、群众监督、社会监督、新闻监督等，但应该以上级监督为主。

（5）实行责任追究制度。它是对管理者的重大失误进行追查的一种制度。管理者没有尽责必须追查原因，并按其情况分别予以处罚；上级用人不当，造成重大损失，同样也是失职，也必须追究其责任。只要各级管理部门和管理者重视权责对等原则，并认真贯彻执行，学校的管理水平就会明显地提高。

（二）能职相称原则

详细内容见第六章教师管理。

（三）奖罚分明的原则

详细内容见本章学校管理的经济方法。

第四节 学校管理的效益原理与原则

一、效益原理概念与要点

效益即人们活动带来的效果和产生的利益。效益原理是指现代科学管理要最大限度地放大管理系统的功能,以尽可能少的投入或资源消耗,创造出尽可能大的价值,获取尽可能高的效益,从而实现管理目标的管理原理。它表明现代社会中任何一种有目的的活动,都存在着效益问题,它是组织活动的一个综合体现。管理的最终目的是追求资源利用效率的最大化。其实学校管理的根本目的也是在追求管理效益的最优化和最大化。

二、效益原理相对应原则及其在中小学管理中的应用

1. 效益原理相对应的原则

效益原理相对应的原则主要包括:

(1) 价值原则。效益的核心是价值,必须通过科学而有效的管理,对人、对组织、对社会有价值的追求,实现经济效益和社会效益的最大化。

(2) 投入产出原则。效益是一个对比概念,通过以尽可能小的投入来取得尽可能大的产出的途径来实现效益的最大化。

(3) 边际分析原则。在许多情况下,通过对投入产出微小增量的比较分析来考察实际效益的大小,以做出科学决策。

2. 效益原理相对应的原则在中小学管理中的应用

效益原理相对应的原则在中小学管理中的应用,主要是指学校管理工作要合理利用学校的人力、物力、财力、时间和空间等资源,使有限的资源充分发挥作用,以最少的投入,获得最大的产出,高质高效地实现学校培养目标。

学校工作的效益问题,包括两个方面,即社会效益和经济效益。学校工作的社会效益是通过一系列教育活动和管理活动,使学生学成毕业,进入社会。他们对社会有用与否,作用多大,这就是社会效益问题。在学校管理活动中是否贯彻这一原则,从根本上说,是看学校为社会育人的质量和数量状况如何。育人的质量高,数量多,社会效益自然是很高的。学校办学的经济效益,就应从人力的使用、财力物力的消耗与育人的数量和质量的关系方面去分析。在学校工作中,社

会效益和经济效益不是一回事,但两者有联系。衡量学校工作的根本标准是育人的数量和质量,而在育人的过程中则要考虑经济效益。对那种人员大量超编、物财使用率极低、财物挥霍浪费等现象无动于衷,以为只要育人质量过关就好的观念和态度,也是同效益性原则的精神相悖的。

在学校管理中自觉考虑效益问题,会使人力、物力、财力、时间和空间等教育资源得到更有效的使用,学校中有限的教育资源将会发挥更大的效能。同时,只有讲究效益,才能更全面地提高学校的管理水平。目前,我国教育事业的效率、效益不高的现象很多,强调从效益原理出发,贯彻效益原理相应的原则很有现实意义。因此,学校管理贯彻上述原则要做好以下几个方面工作:

(1) 要全面提高教育质量。衡量学校效益的根本标准,是育人的质量和数量。数量的发展是很好控制的,一定要把提高教育质量放在学校管理的首要位置,为社会培养出合格的社会劳动力,为高一级学校输送合格的新生。培养的学生质量不高,不受社会欢迎,就根本谈不上什么效益,只有培养出数量足够、质量合格的学生,才能提高学校教育的社会效益。

(2) 提高人、财、时间、空间和信息等资源的利用效率,促进办学资源效益的最大化。一是提高用人的效益。首先,要科学安排干部,知人善任,用人之长,要尊重信任人才,用人不疑。把目标、职务、权利和责任四位一体地分派给合适的干部。同时,要注意不断提高领导者的素质。其次,在教职工人力资源方面,既要克服和消除人浮于事的现象,又要合理定编,按岗定人,合理安排每一个教职工的工作,充分发挥人的作用。二是提高财物的效益。对财物的利用要厉行节俭,反对浪费;应尽力做到物尽其用,财尽其利;管好各种物资设备,提高校舍建筑的质量和利用率;精打细算,把钱用到最需要的地方;逐步运用经济核算制,以考核教育经费使用效果和学校管理水平。三是提高时间的效益。合理有效地利用时间,就是要增强时间观念,加强工作的计划性,科学利用时间,避免无谓的浪费。领导者要学会把最重要、最困难的事放在功效最高的时间去做;把主要的时间花在最主要的事情上,要有勇气并果断地拒绝不必要办的事。

(3) 发扬勤俭办学的优良传统,增加学校收入。勤俭办学一直是我国学校办学的优良传统,应继续发扬。勤俭办学不仅具有经济功效,增加学校的收入,还对学生具有积极的教育作用。贯彻勤俭办学的精神,对于领导者来说,要在加强思想教育的前提下,做好"节流"和"开源"工作。学校为贯彻勤俭办学的精神,还要明确指导思想,加强队伍建设,完善规章制度;同时,社会各个方面和教育行政部门要给予支持,创设一个有利于学校开展勤俭办学的外部环境。

上述三条原则是互相联系的,学校管理者应善于将它们结合起来全面加以贯彻,以取得最佳的管理效益。

【阅读资料】①

国内外一些重要的管理原则

新中国成立以来,国内最早的一本学校管理方面的书,是华中师范大学教育系 1962 年编的一本《学校管理与领导》(讨论稿)。这本书中提到的"领导学校工作的基本原则"有以下六条:一、保证党对学校工作的全面领导,坚持政治挂帅;二、贯彻执行党的教育为无产阶级政治服务、教育与生产劳动相结合的方针;三、正确贯彻执行党的群众路线;四、正确执行党的团结、教育、改造知识分子的政策;五、领导学校工作要根据勤俭建国的方针,坚持勤俭办学的原则;六、关心群众生活,坚持劳逸结合的原则。

上述说法,现在看来,有的已经过时,有的只反映当时的政治形势,有的是一般的工作方法。

近几年来,学校管理方面的书籍相继问世,对学校管理原则有专门论述。但名称各异,数目也不少。把各家加起来,达四十多种。现把几种有代表性的提法开列于此,供读者比较。

其一:

(一)坚持党的领导;(二)德、智、体全面发展;(三)教学为主;(四)民主管理;(五)科学管理;(六)勤俭办学;(七)依靠教师办学。

其二:

(一)方向性原则;(二)群众性原则;(三)科学性原则;(四)常规性原则;(五)程序性原则;(六)教育性原则。

其三:

(一)集体目标和个人目标统一的原则;(二)参与和认同的原则;(三)把客观要求转化为心理推动力的原则;(四)心理平衡原则。

其四:

(一)思想领先,学校工作方向性原则;(二)教学为主,学校工作整体性原则;(三)依靠教师,学校全员积极性原则;(四)勤俭办学,经济效果最优化原则;(五)稳定秩序,学校工作计划性原则;(六)提高功效,学校组织合理性原则;(七)内外协调,学校工作社会性原则。

其五:

(一)方向性原则;(二)整体性原则;(三)民主性原则;(四)社会性原则;(五)经济性原则;(六)规范性原则;

---

① 萧宗六著.学校管理学[M].人民教育出版社,2000 年版.

其六：

（一）整体最优化；（二）合理组合；（三）封闭与开放关系；（四）动态平衡；（五）信息反馈。

其七：

（一）系统原则；（二）整分合原则；（三）反馈原则；（四）封闭原则；（五）能级原则；（六）动力原则；（七）经济原则。

此外有些书上还提到目的性原则、有效性原则、适应性原则、面向全体和照顾特殊、适应师生心理性原则等。

国外学校管理原则提法也很不一致，现把苏联、美国、日本几位学者提到的学校管理原则开列于此，供读者参考。

其一：

（一）民主集中制原则；（二）科学性原则；（三）一切工作都按计划进行的原则。

其二：

（一）共产主义思想性原则；（二）党性原则；（三）明确目的性原则；（四）计划性原则；（五）预见性原则；（六）专业化原则；（七）求实原则；（八）一长制、集体负责和个人负责制相结合的原则；（九）检查工作实际完成情况的原则；（十）学校同生活、同共产主义建设密切联系的原则；（十一）实行集体主义原则；（十二）发挥学校教师和学校全体工作人员主动性与积极性的原则；（十三）人道主义原则；（十四）最优化原则；（十五）实行精简节约原则。

其三：

（一）一个组织的行政效果由于一位单一的行政首脑而提高；

（二）一个组织的效果由于目的和意图的明确和统一而提高；

（三）一个组织的效果是随组织内的每一个人都知道他对谁负责和为什么负责而提高，组织应对每一个人的职责指派明确；

（四）一个组织的效果由于上级授予下级工作权威而提高；

（五）一个组织的效果由于合理的劳动分工和任务的专门化而提高；

（六）一个组织的效果的提高是由于日常行政工作的标准化、程序化的制订和发展；

（七）一个组织的效果的提高是由于对每一个行政人员分配给他的人数不要超过他能直接监督的人数；

（八）一个组织的效果的提高是由于继续不断的政策和程序，一直稳定到能够评价结果；

（九）一个组织的效果的提高是在它对革新和变化提供准备时机，稳定性和机动性要适当结合；

（十）一个组织的效果的提高是在它这个组织对他的成员提供安全措施时；

（十一）一个组织的效果的提高是由于人事政策的正确,包括选用有能力的人,培训没有经验的人,并且对组织的所有成员提供工作机会；

（十二）一个组织的效果的提高是在为了不仅评价组织的产品,而且评价组织本身提供的措施时。

其四：

（一）适合本校实际的原则。（二）不断改善的原则。（三）简便的原则。（四）民主化原则。（五）目的性原则。（六）灵活性原则。

第五节 学校管理的常用方法

一、学校管理方法概述

学校管理方法是学校管理者为了实现学校工作目标,开展管理活动而采取的手段和措施的总称。

学校管理方法是学校管理理论、管理原则的自然延伸和具体化,是学校管理原理指导学校管理活动的必要中介和桥梁,其作用是学校管理理论所无法取代的。在现实的学校管理中,随心所欲地选用方法,或者不从管理对象的实际出发,不讲求效益和效率的做法,是不符合现代管理理论要求的,也是达不到预期效果的。实践证明,方法得当,管理工作事半功倍；反之,则会事倍功半,甚至得不偿失,适得其反。可见,学校管理方法对于提高学校管理功效,具有十分重要的意义。

学校管理方法具有以下一些特性：一是具有目的性。在实际中选用管理方法,必须同一定的管理工作目的相联系。二是具有多样性。学校管理工作的内容是多方面的,对不同内容的管理对象需要用不同的管理方法。三是具有选择的灵活性。这就是所谓的"管理有法,但无定法"。学校管理方法的运用,不仅受管理工作的目标和内容的制约,而且还受运用方法时具体对象的特点和时间、地点等客观环境因素的影响。但不能把灵活性视为随意性,而应在管理原则的指导下,进行最佳选择。

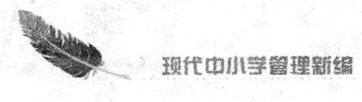

学校管理者在管理活动中常用的、有效的管理方法,有行政方法、法规方法、经济方法、思想教育方法、目标管理方法等几种。

二、学校管理的行政方法

(一) 行政方法的内涵

学校管理的行政方法是指学校领导管理者依靠以校长为首的各级组织机构和自身的权利,通过发布命令的方式,直接作用于管理对象,从而达到管理目的和要求的方法。

(二) 行政管理方法的特点

1. 权威性

权威性是指学校领导者依据法律或主管部门赋予的权力,运用自己的职权以做出决定、下发通知等方式向下级提出要求、布置任务,下级则自觉服从指挥,按要求行动,完成交给的任务。一般说来,运用学校行政管理方法所取得的管理成效的大小,取决于学校领导者权威的强弱和大小。领导者权威越高,接受率越高,行动越迅速,上下沟通越正常,反之则不然。权威的大小一方面取决于机构层次的高低,另一方面取决于领导者的职权。

2. 强制性

强制性是指下级对上级组织和管理者所发出的命令、规定和指示必须无条件服从。如果上级决策有误,并造成一定后果,应由上级领导者承担责任。如果下级对上级组织和管理者发出的指示、规定不服从、不执行,或者阳奉阴违、敷衍了事,学校领导者有权做出制裁性处理,甚至给予行政处罚。

3. 垂直性

垂直性是指行政指示一般通过学校组织系统自上而下、纵向垂直逐层下达,下级只接受上级直接领导的指示。由于垂直性的组织关系,因此行政命令的对象和内容都具有鲜明性和具体性。

4. 时效性

学校行政管理方法在实施过程中因时间、地点、条件和管理对象的变化而变化,因而具有时效性的特点。这种特点,有利于迅速应对突发事件和新情况、新问题。

(三) 运用行政方法要注意的问题

行政方法是管理学校不可缺少的一种方法,它是统一全校行动,使学校正常运转,提高管理效果常用的一种重要的方法和手段,是实现学校管理目标的重要保障。但行政方法不等于强迫命令,不等于独断专行,运用时要审慎从事,不可滥用。通常情况下,运用行政方法要注意以下几个方面的问题:

1. 学校管理领导者要正确对待行政方法的权威性问题

权威是一种影响力,包括两个方面,即权力性影响力和非权力性影响力。学校管理领导者要做到使行政方法的权威性更多的来自于非权力性影响力,而不能单凭上级赋予的职权产生的权力性影响力。非权力性影响力产生于学校管理领导者的个人素质,如专业特长、能力或品质等。因此,学校管理领导者要不断提高自身的素质和管理水平,恰当运用上级赋予的权力,合理地运用行政方法。

2. 健全学校内部组织系统和各项规章制度

学校内部上下级之间要有明确的节制关系,各级组织之间要有明确的分工和授权,同时要确保各级组织之间信息沟通渠道的畅通。因此,必须建立一套符合学校实际情况的规章制度,使之对师生员工和学校管理领导者都有一定约束力。

3. 发挥党组织和被管理者的监督作用

注重发挥学校党组织及学校广大教职工参与学校管理的积极性,克服行政方法的局限性。

三、学校管理的法规方法

(一)法规方法的内涵

学校管理的法规方法是指依据国家法律、法规来管理学校的方法。广义的法规方法还包括国家各级教育行政机关及学校各种类似法规性质的规章制度和措施。

(二)法规管理方法的特点

1. 强制性

强制性是法规管理方法的根本特征。有关教育的法律法规是由国家权力机关、各级教育行政部门依照法定程序制定并颁布实施的,学校所有成员必须严格遵守,不可违抗,否则将依法进行制裁。

2. 稳定性

稳定性是指教育法律法规的制定必须严格按照法律规定的程序进行,且一经制定和颁布,就不许随便修改,更不许因人而异。若要修改,必须由立法机构按照规定的原则和程序办理,以保持高度的严肃性。朝令夕改,不利于教育法规(包括学校规章制度)的执行。

3. 规范性

规范性是指教育法律法规是建立在法学和教育科学基础之上,反映着教育的客观规律。它用规范化的语言准确地阐明一定的含义,并且只允许对它做出一种意义的解释。它具体而明确地规定了在什么情况下可以做什么,不可以做

什么，应该怎样做，不应该怎样做，并以此作为评价人们的行为是否合法或违法的标准，从而规范人们的行为。

（三）运用法规方法要注意的问题

法规方法虽然有利于规范管理和统一领导，具有很强的约束力，但不利于处理管理过程中的特殊问题和个别问题，缺乏灵活性。要运用好这一方法，要注意以下几个方面的问题：

1. 制定完备法律法规，做到有法可依

目前，我国教育法律体系初具规模，如《义务教育法》、《教师法》、《教育法》、《职业教育法》、《高等教育法》等法律相继颁布；与此紧密相关的还有《未成年人保护法》、《预防未成年人犯罪法》等；国家教育部制定颁布的中小学管理条例、中学工作规程、小学工作规程等法规性文件。这些法律法规的颁布标志着我国教育管理逐步走上了法治化的轨道，也为学校管理提供了法律保障、为依法治校创造了条件。

2. 强化法律意识，做到有法必依

有法不依，法律便如同一纸空文。应当看到，目前在学校管理方面存在着许多问题，如缺乏法制观念，致使既有的教育法律法规得不到有力的执行；片面追求升学率、乱罚款、乱收费、体罚学生、侮辱学生人格等时有发生；法不如权大、长官意志、家长作风依然存在；甚至有的师生连自己的权益受到侵犯都不懂得运用法律武器来捍卫。应该说这些都有章可循，但却"令不行、禁不止"，是否合法也不能做出判断，触犯了法律还蒙在鼓里，不以为然。因此，学校管理者必须结合学校实际，做好宣传，让广大师生员工熟悉教育法律法规，遵守法律法规，运用法律法规维护自身合法权益，使每个师生员工，尤其是学校领导者，树立"依法治教"、"依法治校"的教育法制观念。

3. 严格依法管理，做到执法必严，违法必究

执法不严，就会影响法律效力。因此，有法必依，执法必严，这是在学校管理中必须严格遵守的。学校虽然不是司法和执法机关，但有自觉维护国家法律法规的权利和义务，应主动维护法律法规的尊严，维护广大师生员工的合法权益，敢于同违纪违法行为做斗争。具体来说包括三个方面的内容：一是在学校管理中要严格遵纪守法，不能违法犯罪；二是严格依法管理，不能主观随意；三是对违纪违法行为，坚决查处，决不姑息。只有这样，才能维护教育法律法规的严肃性和权威性。

4. 实施民主管理，加强执行监督

执法是否公正，这是能否依法治校的关键，要保证执法的公正合理性，就必须实现有效监督。因此，对教育法律法规的制定和实施的监督，是保证法律法规贯彻落实的重要措施。除发挥国家权力机关、检察机关、行政机关的监督职能外,学校要发挥党支部及其领导下的教职工代表大会、工会等群众组织的民主监督作用,增加办事的透明度,让全体教职工以合理的方式参政议政。

四、学校管理的经济方法

(一) 经济方法的内涵

经济方法就是学校管理者运用经济手段,按照经济规律,讲究经济效益,协调和影响被管理者的行动,主要通过工资、津贴、奖金、罚款等物质刺激的方式激励人们的组织行为动机,调节人们的利益关系,从而有效调动工作积极性的一种方法。

(二) 经济管理方法的特点

1. 利益性

经济管理方法把学校教职工从学校得到的物质利益与工作绩效联系起来,对教职工本身的工作是一种评价,对他们的积极性和创造性也具有重要影响。这是学校经济管理方法的本质特征。

2. 平等性

学校运用经济管理方法,是按统一的尺度来计量和分配经济成果。各种经济手段的运用,对同样情况的部门和个人起相同的作用,它对部门和个人所获得的经济利益的权利是平等的。

3. 间接性

学校经济管理方法不直接干预和控制学校教职工的行为,它通过对物质利益和物质关系的调节来间接干预和影响人们的行为,从而实现管理的目标。这一点与行政管理方法有着明显的区别,行政管理方法是直接下达行政命令干预,而经济管理方法则是利用经济杠杆调节物质利益进行间接干预。

4. 多样性

经济管理方法在学校中的运用是多种多样的,有工资、奖金、住房分配、经济承包责任制等多种手段,学校管理者可以根据学校的实际情况灵活运用。

(三) 经济方法在学校管理中的作用

经济方法在学校管理中的作用,可分为以下两种:

1. 经济管理方法对学校管理的积极作用

第一,有利于满足教职工的物质需要,激发工作的积极性。经济管理方法把教职工的个人利益和工作绩效结合起来,使学校教职工的职责权利结合起来,真正实现多劳多得、少劳少得、不劳不得,从而激发教职工努力工作,多做贡献,同时也有利于调动学校各级组织的积极性,不断开拓,多创利润。

第二,有利于从物质利益上处理学校和教职工的关系。运用经济管理方法,通过各种经济手段,按照物质利益原则,不断调整学校各方面的物质利益关系,把个人和学校的利益结合起来,做到既顾全学校的利益,又保证了不断提高教职工的物质待遇,从而使教职工对完成学校的整体目标有较高的责任感和积极性。

2. 经济管理方法对学校管理的消极影响

第一,适用范围有限。一方面,学校管理的许多领域不能用经济管理方法去处理。另一方面,教职工除了有物质需求外,还有更多精神方面的需求,而且呈现出一种物质刺激作用逐步缩小而精神需求越来越强烈的趋势。因此,单凭经济管理方法难以持久地调动教职工的积极性。

第二,对人的思想具有消极影响。经济管理方法的货币关系,在学校内会诱导人们"向钱看",忽视团结互助关系,陷入金钱至上、拜金主义的迷途,导致奉献意识淡化,社会责任感减弱,忽视学校的整体利益。

(四)运用经济方法要注意的问题

1. 制订科学合理的方案,争取教职工的支持和拥护

学校管理中所采用的各种经济措施和手段,都关系到教职工的切身利益,因而都必须得到群众的支持和拥护。在制订方案时,通过民主形式,多听取教职工意见和建议,形成科学合理的方案;在施行方案中,领导者要带头遵守,一视同仁;执行一段时间后,要不断完善,使之民主化、科学化、系列化、常规化、制度化。

2. 正确对待教职工的物质利益要求

对待教职工的物质利益要求,学校领导的态度应该是在肯定要求的合理性的基础上,充分分析各方面的原因和条件,积极满足教职工的合理要求。对不合理的要求要尽量通过晓之以理、动之以情的方法加以解决,切忌简单粗暴。

3. 奖惩结合,赏罚分明

首先,要公平合理,论功行赏,赏罚分明。根据"功"与"过"的不同程度,进行不同程度的赏罚。要从学校实际出发,在拉开物质待遇差距的同时,考虑到教职工的心理承受能力,使当事者心悦诚服,起到激励作用和教育作用。其次,奖惩要慎重运用,不可滥用。奖惩的作用在于教育人,是对个人的肯定性和否定性的评价,并直接关系到个人的经济利益。因此,必须慎重、适度使用。用得过滥,效果会适得其反。再次,应建立公正、明确的奖惩标准,并严格按标准来执行,切忌凭个人的好恶和亲疏关系来奖惩。

4. 将经济方法同其他方法结合起来运用

学校管理中的各种方法不能相互代替,更不能互相排斥,而是相辅相成的。运用经济方法有助于打破平均主义,引入激励机制,激发工作积极性。但经济方法不是万能的,过分倚重经济管理方法,而忽视与其他方法结合使用,经济管理

方法就无法正常发挥作用,使学校陷入由于利益分配而造成的混乱。因此,学校管理中运用经济管理方法的同时还必须与行政管理等方法结合起来使用,提倡为人民服务,讲奉献精神,讲事业心,讲集体主义,遵守国家的法律法规,这样才能收到良好的实效。

5. **避免物质利益分配中的平均主义倾向**

这就要求在学校管理中必须建立和完善各种工作的责任制,制订公平、合理、切实可行的考核办法。学校管理领导者要贯彻物质利益原则,多劳多得,少劳少得,不劳不得。既要拉开物质利益上的差距,又要善于掌握适当的差距量度。

6. **正确处理好各种关系**

经济管理方法的运用影响教职工的切身利益,加上学校的情况复杂,出现各种矛盾是不可避免的。学校管理者必须依据国家的法律法规,善于并及时处理好这些矛盾,科学合理地处理好国家、集体和个人的利益关系,促进学校管理的良性循环。

五、学校管理的思想教育方法

(一)思想教育方法的内涵

思想教育方法就是运用精神观念的宣传、传授、启发、诱导等方式,对学校成员的思想认识、情感和行为产生影响作用的管理方法。

(二)思想教育方法的特点

1. **启发性**

启发性方法不是以势压人,而是以理服人、以情动人。用正确的价值观可引导受教育者、启发受教育者,使之通过思考,真正产生发自内心的动力,产生服从真理和科学的意志行动。

2. **长期性**

人们思想的转变不是一朝一夕能够奏效的,正确世界观、人生观、价值观的形成也并非一日之功;解决人的思想问题也不是一蹴而就,而是一个长期的过程,只有持续地深入开展思想教育工作才会有成效。

3. **广泛性**

广泛性是指思想教育方法,从时间上看,具有长期性;从空间上看,则具有广泛性。它广泛运用于学校管理的各个方面,贯穿于学校管理工作过程的始终。学校管理中各种方法的有效运用,都离不开思想教育方法的积极配合。

4. **灵活性**

灵活性是指思想教育方法应该因人、因时、因事而异,方式、方法比较灵活。

这是因为人的个体意识和社会意识的发展是不平衡的,所以必须根据对象的不同、思想层次的不同和心理素质的不同灵活多样地进行教育。

(三)思想教育管理方法在学校管理中的作用

1. 对人的行为起着先导作用

思想教育方法是通过摆事实、讲道理和耐心细致的说服教育,以此引导教职工实现学校管理目标,不具有任何强制性。并且,这种"引导"与经济管理方法的"诱导"也有本质区别。经济管理方法的"诱导"建立在物质利益的基础上,以经济利益调节人的行为,这是一种被动行为;思想教育方法的"引导"是通过思想教育工作,沟通管理者和被管理者的思想,形成良好的组织氛围,使人们在明白道理的基础上,自觉调整自己的行为,这是一种主动行为。

2. 对人的行为具有激励作用

学校思想教育方法针对人的思想状况,通过各种具体方式,从具体问题上解决人的思想问题,解除人的心灵痛苦和烦恼,激发人的积极性、主动性和创造性,使人愉快地工作、学习和生活,这种效果深刻持久。如有不少学校非常重视教职工的思想教育工作,极大地调动了人的积极性,具有强烈的激励作用。

3. 对坚持办学方向起保证作用

贯彻"三个面向"办学思想,培养德、智、体等方面全面发展的社会主义事业建设者和接班人,这是学校一切工作的出发点,也是学校一切工作的归宿。为了保证学校沿着正确的办学方向健康发展,除了依靠坚强的组织领导、健全的教育法律法规、严密的学校纪律规章外,还要依靠强有力的思想教育工作。削弱和放松思想政治工作,学校的办学方向就有步入歧途的危险。

(四)运用思想教育方法应注意的问题

1. 思想教育要有科学性

首先,内容的科学性。即按马列主义的科学体系和教育领域的方针政策,紧密联系学校师生实际,全面地安排思想教育内容。这有赖于学校管理者自身的理论修养。因此,要求学校管理者不仅懂得马克思主义哲学,还要懂得社会学、伦理学、教育学和心理学等比较广泛的科学知识,以增强思想教育的效果。

其次,形式的科学性。思想教育方法在形式上,要求将学习、报告、座谈、访问、表扬、批评、活动相结合,特别是通过一些实践活动(如游戏、旅游、文体、社会调查等)寓教于乐。要做到理论联系实际,避免形式主义。

最后,方法的科学性。通过说理教育法,提高人们的认识水平;情感陶冶法,使其在耳濡目染中受到感化;实践锻炼法,形成良好的思想品德和行为习惯;榜样示范法,激励人们比学赶帮的动机;自我修养法,达到自我反思和自我行为调节效果;工作评价法,实现既教育本人又教育集体的目的。

2. 充分理解人

理解是思想交往中一种无形的力量,是开展思想教育工作的基础。理解就是要以诚待人,平等相处,设身处地考虑他人的处境和要求,在和谐的气氛下与人沟通,循循善诱。要达到充分理解人,就必须坚持尊重人、关心人、以理服人的原则。在学校管理中下列几类人更需要理解:① 抑郁气质的人、性格内向的人、感情脆弱的人、心理活动迟缓的人;② 蒙受不幸时的人、遭受挫折冷落时的人、身陷困境时的人;③ 从事艰辛、危险工作而被另眼相视的人。

3. 思想教育要与排忧解难相结合

学校教职工的思想问题,往往与实际困难联系在一起,是切身利益的集中表现。因此,在运用思想教育方法时要与解决实际问题、排忧解难相结合,想群众之所想,急群众之所急,让教职工在具体的物质利益、福利待遇等方面,真正感到自己的主人翁地位,这样才能收到实效。

4. 表扬和批评相结合

以表扬为主运用思想教育方法,既要重视表扬与奖励、批评与处分的准确性和适度,又要注意时机、场合。坚持表扬为主的原则,使教职工把自己的成绩、优点和闪光点发扬光大,使之满怀信心去克服自己的弱点、缺点,尽可能地完善自己。

5. 领导者要言行一致,以身作则

要想教职工思想通,学校领导首先思想要通;要求教职工做到的事,学校领导首先要做到。学校领导者应是学校各种规章制度的模范实践者和执行者,他们的一言一行、一举一动,直接关系到他们在教职工心目中的形象;他们的一次模范行为,远远超出数十次的光说不做的教育效果;他们的率先垂范,自然会成为"无声的命令"。因此,学校领导者的言行一致和以身作则,能大大强化思想教育的感召力。

六、学校管理的目标管理方法

(一)学校目标管理的特点

1. 目标管理突出了以人为中心的思想

目标层层分解实际上就是责任、权力和利益的分解,具体到每个人就是责任、权力和利益的统一。通过促使学校组织成员对自己目标完成情况的关注,能极大调动教职工的工作积极性、主动性、创造性,发挥个人潜能和才干,提高教师的业务水平和工作能力,促使教师研究学生,钻研业务,提高自身修养,提高工作效率。

2. 目标管理突出了以工作为中心的思想

学校教学总目标确定以后,向下级层层分解,使得年级有目标,班级有目标,

学科有目标,个人有目标。个人、班级、年级工作目标的实现就是学校工作目标的实现。切实可行的目标可以使大家明确学校的工作思路和管理方法,易形成集体凝聚力,使大家心往一处想,劲往一处使,行动统一,协调一致,工作重心更突出。

3. 目标管理突出了以业绩为中心的思想

工作成果就是目标管理达到的程度,是集体、组织和个人的实际业绩。学校是培养人的地方,其工作具有弹性性质。目标管理需要教师根据自己的目标制订周密计划,合理安排时间,增加或延长有效劳动时间,减少与工作无关的内耗,提高工作效率,努力创造最佳业绩。

4. 目标管理突出了以合作为中心的思想

个人目标在目标体系的最底层,而年级、班级、学科目标的实现则需要成员间的团结合作、齐心协力。考核与奖惩制度是与各层目标挂钩的,个人的升降、奖惩与经济利益直接与集体、组织联系起来,促使每个人必须将自己的利益与集体利益联系起来。以学校工作为重,顾全大局,争集体利益,争集体荣誉,争做贡献,只有这样才能使得个人获得最大利益,取得最大成绩。

(二) 学校目标管理的作用

1. 有利于提高学校行政管理的工作效率

在学校总目标下层层分解,组成了周密的目标体系,形成了系统性管理,各部门、各管理环节和个人的工作有机地联系在一起,统一在总目标下。合理的运行机制使工作开展得快速、有效,上下贯通,提高了工作效率。

2. 有利于突出工作中心

目标系统就是工作系统,目标分解就是工作分解。各年级、各班级、各学科以及个人有着不同的工作目标。目标管理就是层层有目标,人人有目标。每个人、每个集体都能明确自己的工作重心,并以此为中心开展工作,可以最大限度地进行自我控制,调节实现各自的目标。

3. 有利于教师个人潜能的发挥

目标的制订与实施的过程就是调动人的积极性与创造性的过程,学校管理部门制订的目标要本着合理、公正、公开的原则,让教师们清楚为什么这样定标?目标是依据什么标准制订的?期望值有多高?实现的可能性有多大?这样可以促使教师们了解学校的发展方向,关心学校的成长,爱学校,爱集体,激发工作热情,发挥个人才干,创造最佳业绩。

4. 有利于强化责任

目标通过层层分解,各层组织与个人都清楚自己的职责,强化了自己的责任,有利于加强宏观调控与协调,加强责任管理,提高教师的责任感和使命感。

(三)实施目标管理应注意的问题

1. 要注意目标的合理性和可行性

学校教学管理部门要遵照国家的方针、政策,根据上级的要求,根据学校发展规划明确学校教育的总目标。在总目标下分别制订年级以及学科目标,根据年级总目标和学科总目标制订班级和个人目标。各级目标的制订要理论联系实际,目标要合情合理,具有可持续发展性。目标的高低要适度,目标太高了则可望而不可及,会让教师们丧失信心,放弃追求;目标太低了容易达到,也不能充分调动人的积极性,不能激发教师的工作热情就很难激发教师们的创造性。

2. 要有目标实施与管理的具体措施

目标管理的中心环节就是要有一系列的具体措施,也就是说要有一系列的考核标准。如实行目标管理有多少项目?每项的考核内容是什么?采用什么方法考评?评分的标准是什么?基本分值与权重是多少?设立哪些奖项?奖励标准是什么?奖金数额多少?哪些考评与奖励挂钩,等等。只有这样才能有利于下属结合自己的工作实际贯彻执行,使目标管理在基层工作中顺利实施,保证任务按时完成。

3. 要有目标管理的检查与考核

在目标实施后,在一定期限内要进行考核评价以检查目标的实施情况,总结经验和不足,并把考评结果作为奖励、晋升的依据。学校应通过自查、抽查、互查、重点查等形式,采用自我考评、学生考评、上级考评和民主评价等方法,按考评标准给完成目标的各项工作打分,并根据得分多少和工作努力的程度,经民主评议,分出等级。

总之,目标管理方法在学校中的应用,能做到对上目标明确,对下目标具体,给教师以压力的同时要将压力转化为其前进的动力,激发教师的上进心,调动人的积极性、创造性,催人奋进,促使教师们去拼搏、进取、创新,争创一流业绩。

思考与练习

1. 中小学实行系统管理的基本要求是什么?
2. 结合中小学实际谈谈学校的管理者是如何贯彻整、分、合原则的?
3. 学校管理贯彻民主性原则要做好哪几方面的工作?
4. 学校管理者怎样做才能更大地激励师生员工工作和学习的积极性?
5. 在学校管理中,怎样使行政方法发挥最大的效益?
6. 在学校管理中,运用思想教育方法应注意哪些问题?

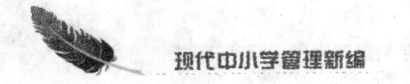

第五章　现代中小学校长

内容提要

本章主要阐述现代中小学校长的任职条件和职责要求；现代中小学校长应具备的素质；现代中小学校长的新角色及其实现的途径；现代中小学校长的领导艺术。

学习目标

1. 准确阐述现代中小学校长的任职条件和职责要求。
2. 准确阐述现代中小学校长应具备的素质结构。
3. 准确阐述现代中小学校长的新角色及其实现的途径。
4. 准确阐述现代中小学校长的领导艺术。
5. 准确阐述中小学校长的领导艺术，并能运用领导艺术解决实践问题。
6. 正确解读中小学校长行为特征的理论基础。

校长是一所学校的最高行政负责人、学校的法人代表。研究中小学校长，首先要了解国家对中小学校长的任职条件和职责要求；其次要明确现代中小学校长应具备的素质结构；再次是结合基础教育改革和校长职业专业化的要求，探讨现代中小学校长的新角色，促进中小学校长在基础教育改革中成长，提升校长的职业专业水平，为中小学教育发展培育优秀的专业领导者。

第一节 中小学校长的任职条件和职责

一、现代中小学校长的任职条件

关于中小学校长的任职条件,1991年6月,国家教育委员会颁发的教人〔1991〕38号文《全国中小学校长任职条件和岗位要求(试行)》,从三个方面做了明确的规定:

(1)拥护中国共产党的领导,热爱社会主义祖国,努力学习马克思主义,热爱社会主义的教育事业,认真贯彻党和国家的教育方针、政策,关心爱护学生,刻苦钻研教学业务,有一定的管理组织能力。团结同志,联系群众。严于律己,顾全大局。言行堪为师生表率。

(2)乡(镇)完全小学以上的小学校长应有不低于中师毕业的文化程度;初级中学校长应有不低于大专毕业的文化程度;高级中学校长应有不低于大学本科毕业的文化程度;中小学校长应分别具有中学一级、小学高级以上的教师职务;都应有从事相当年限教育工作的经历;都应接受岗位培训,并获得"岗位培训合格证书"。

(3)身体健康,能胜任工作。

二、现代中小学校长的职责

校长的职责是什么?时代不同,社会发展阶段不同,校长的职责也大不一样。甚至同一社会、同一时期的学校,由于学校内部管理体制不同,校长的职责也有很大的差别。在此,仅以1978年以后国家教育行政部门颁发的文件为基础,比较中小学校长职责内涵的发展变化,以明确现代中小学校长的职责。

(一)国家教育行政部门对中小学校长的职责规范

1978年9月,教育部发出通知:试行《全日制小学暂行工作条例(试行草案)》和《全日制中学暂行工作条例(试行草案)》。这两个暂行工作条例对校长的职责做了如下规定:

(1)贯彻执行党的教育方针,执行上级党委、教育行政部门和党支部的决议。

(2)负责领导和组织学校的教学工作和进行思想政治教育工作。

(3) 领导、组织教职工的政治、文化、业务学习和师生学工、学农、学军。

(4) 办好校办小工厂、小农场。

(5) 管理教师、学生、职工的生活,注意保护他们的健康。

(6) 管理学校的校舍、设备和经费,努力改善办学条件。

1991年6月,国家教育委员会颁发了《全国中小学校长任职条件和岗位要求(试行)》,其中对"校长的主要职责"做了如下规定:

(1) 全面贯彻执行党和国家的教育方针、政策、法规,自觉抵制各种违反教育方针、政策、法规的倾向。坚持社会主义办学方向,努力培养德、智、体全面发展的社会主义事业的建设者和接班人。按教育规律办学,不断提高教育质量。

(2) 认真执行党的知识分子政策和干部政策,团结、依靠教职员工。组织教师学习政治与钻研业务,使之不断提高政治思想、职业道德、文化业务水平及教育教学能力,注意培养班主任、中青年教师和业务骨干,努力建设又红又专的教师队伍。依靠党组织,积极做好教师和职工的思想政治工作。自觉接受党组织的监督。充分发扬民主,重视教职工代表大会在学校管理中的重要作用,注意发挥广大教师和职工工作的主动性、积极性和创造性。

(3) 全面主持学校工作。一是领导和组织德育工作;把德育放在首位,坚持教书育人、管理育人、服务育人、环境育人的工作方针,制订德育工作计划,建设德育工作骨干队伍,采取切实措施,坚持不懈地加强对学生的思想、政治、品德教育。二是领导和组织教学工作;坚持学校工作以教学为主,按照国家规定的教学计划、教学大纲,开齐各门课程,不偏科;遵循教学规律组织教学,建立和完善教学管理制度,搞好教学常规管理;深入教学第一线,正确指导教师进行教学活动,努力提高教学质量。三是领导和组织体育、卫生、美育和劳动教育工作及课外教育活动;确保学校体育、卫生、美育和劳动教育工作及课外教育活动生动活泼、有效地开展;努力开展勤工俭学活动;建好学生劳动教育及劳动技术教育基地。四是领导和组织总务工作;贯彻勤工俭学原则,坚持总务工作为教书育人和教职工服务的方向;严格管理校产和财务,搞好校园建设;关心学生和教职工的生活,保护他们的健康;逐步改善办学条件和群众福利。五是配合党组织、支持和指导群众组织开展工作;充分发挥工会、共青团、少先队等群众组织在办学育人各项工作中的积极作用。六是发挥学校教育的主导作用,努力促进学校教育、家庭教育、社会教育的协调一致、相互配合,形成良好的育人环境。

(二)对现代中小学校长职责规范的探讨

分析上述两个历史时期的中小学校长职责,不难发现中小学校长的职责,随着教育理念、教育任务和形势的变化而发生了深刻的变化。1991年6月,国家教育委员会颁发的《全国中小学校长任职条件和岗位要求(试行)》,取消了1978

年颁布的两个暂行工作条例中规定的校长"领导和组织师生学工、学农、学军和办好校办小工厂、小农场"的职责;并根据教育教学改革的新形势、新要求对校长的主要职责做了一些新的规定。但是,随着现代教育、教学和管理理念的更新和管理体制的变化,就当前情况而言,应该根据基础教育改革的形势、任务和要求,适当调整中小学校长的职责规范。在国家对中小学校长的职责规范未做出新的规定之前,我们尝试根据现代中小学校的管理体制和基础教育改革的任务、要求,对我国当前中小学校长的职责规范提出如下建议:

1. 校长职责应该增加"管理学校人事工作"的内容

这是由于现代中小学校的内部管理体制的变化所引发的校长这一职责的变化。1985年5月29日颁布的《中共中央关于教育体制改革的决定》指出:"学校逐步实行校长负责制,有条件的学校要设立由校长主持的、人数不多的、有威信的校务委员会,作为审议机构。"中共中央国务院1993年2月13日颁布的《中国教育改革和发展纲要》明确指出,"中等及中等以下各类学校实行校长负责制"。于是,校长负责制成了我国中小学普遍实行的领导体制。在这种领导体制下,如果校长没有"管理学校的人事工作"的职责,就意味着校长只是管理事务。而实际上,人和事是相互联系的,人是事的主宰和决定因素。在实际意义上,校长是通过对人的管理来实现事业的成功。

2. 校长职责应该增加"管理学校科研工作"的内容

教育要改革,理论要先行,这已是教育走在世界前列的国家的共同经验。教育科研是深化教育改革的重要前提,这已成为我国广大教育工作者的共识。今天,面对基础教育的课程改革,这是一场从教育理念到教育实践的深刻变革,改变传统的教育理念,改革传统的教学方法,重建现代师生关系,这一切新的问题都有待校长去研究、实践,而对这些问题研究与实践的成败,将直接关系到基础教育课程改革的成败。中小学校长担负基础教育课程改革的重任,他们只有成为教育教学改革的研究者和管理者,才能更好地推动学校工作。另外随着社会发展和科技进步,教育的作用越来越重要,社会和家长对学校的期望值也会相应增高。面对新情况、高要求,只有不断地研究、探索和改革,才能不断地提高和发展,从而满足社会和学生发展的需要。这是校长义不容辞的职责。

3. 校长职责应该增加"拓展资源渠道工作"的内容

中国教育的一个最大的特点是"穷国办大教育",因此,资源短缺是我国学校运行面临的普遍问题。尽管国家不断加大对教育的投入,但是,国家对中小学的投入与对迅速发展的高等教育的投入相比,投入比例相对较小。另外,面对普及高中工作的推进、初中义务教育生源高峰持续不下的现实,办学资金短缺成了中小学发展的瓶颈。因此,利用社会资金运行机制的变化所带来的宽松环境,积极

争取政府以外的社会各方面的积极支持,获得更多数量、更高质量的资源,这是学校获得发展的重要条件。同时,也是我国中小学校长的一项重要的职责。因此,校长应该在"严格管理校产和财务"的基础上,拓展资源渠道。

【阅读资料 5-1】

校长应树立发展式现代职责观

发展式现代职责观主要有以下几个方面的内容:政治方面的职责、行政方面的职责、经济方面的职责、业务方面的职责、法规方面的职责、科研方面的职责、公关方面的职责、监督方面的职责。

资料来源:赵学华.校长应树立发展式现代职责观[J].教育研究,1996 年第 11 期,第 67-70 页.

三、现代中小学校长的职权及行使要求

校长的权力是由职务所决定的,是和责任相适应的。它的作用是便于校长实现管理职能,履行职责,做出决策并指导执行、检查监督,便于校长有效地运用命令、做出指示。对学校集中领导、统一指挥、统一纪律、统一行动,便于校长执行国家法令、政策。没有相应的权力,领导就无法履行职责,工作也难以推进。实行校长负责制,意味着校长具有相应的办学自主权。中小学实行校长负责制要求的是校长职务、权力、责任的统一。为了使校长尽职尽责,提高学校的管理水平,把学校办出特色、办出水平,必须保证中小学校长拥有以下权力:

1. 对学校行政工作的决策权

中小学实行校长负责制以来,学校行政工作的重大问题如学校的发展规划、基本建设的具体设计,资金的使用,用人、招生等,仍然受到上级教育行政部门的限制,校长在学校行政工作的重大问题上的自主权不大。这样,势必有碍学校的对外开放,对内搞活,有碍校长职责的履行和智慧潜能的发挥。强调校长对学校行政工作的决策权,一方面是要求上级教育行政部门加大权力下放的力度;另一方面是校长的决策不是集体领导。一般情况下,在决策重大行政工作之前,校长要以会议的形式征求各方面的意见,但是绝不是少数服从多数,而是校长最后拍板决定。校长与副校长之间,是领导与被领导的关系。学校党组织不行使对学校行政工作的决策权,但是校长决策必须认真听取和考虑党组织的意见和建议,自觉接受党组织的监督。

2. 对学校行政工作的指挥权

校长对外代表学校,对内领导和指挥学校的行政工作。在学校行政组织机构中,校长是最高指挥者。他对学校的行政工作实行统一领导、统一指挥,同时对学校各个行政部门分解职、权、责,建立严格的目标岗位责任制。

3. 对学校人事工作的决定权

校长有权提名任免副校长和其他行政干部;有权决定教师的聘任、考核、奖惩、解聘等。

4. 对学校财经工作的安排权

对于国家拨付的教育经费、学杂费留成、勤工俭学以及社会赞助的款项,校长有权按照财务制度的规定自行安排。

校长的职权,主要是上述四种权力,这四种权力是校长执行领导职务最基本的权力,缺一不可。但是,当校长有了相应的职权后,要十分珍惜自己的权力;要深刻理解是"职权",不是"特权",不能"专权";行使职权必须与发挥集体领导作用、实行民主管理结合起来。权力越大,越要发扬民主,走群众路线。否则,错用权力,个人决定大事,对上搞分散主义,对下搞专制主义,就会把校长负责制变成了个人说了算,影响党政关系、影响下属积极性,最终贻误学校工作。

另外,校长不能满足有职有权,要努力形成自己的真正的权威。以自己崇高的思想品德、民主的工作作风、优良的工作业绩及不断提高的工作能力和业务水平,赢得下级和广大群众的拥护、信任,树立起真正的威信。这样才能把职权建立在权威的基础上,校长的领导工作才真正会有坚实的群众基础。

第二节 现代中小学校长的素质

一、素质与校长素质

(一)素质的内涵

"素质"一词古已有之,素质的内涵有狭义和广义之分。狭义的素质,是从生理学和心理学意义上的理解,它是指人先天具有的解剖生理特点。因为这些特点是通过遗传获得的,所以也称遗传素质。广义的素质,是指公民的基本品质,它是个体包括体质、性格、能力、品德等身心在内的各种特性的总和。广义的素质内涵,不仅包括人的先天遗传方面的生理素质,也包括后天形成的心理、社会

文化素质。它既是作为社会个体的人在后天继续发展的结果,也是个体后天发展的前提条件。任何个体如果缺少任何一个方面的素质,都很难获得充分、全面的发展。

(二) 校长素质

校长素质包括两个方面:一是校长作为社会公民的基本素质;二是校长的职业岗位素质。本书着重研究的是校长的职业岗位素质,是校长从事学校的领导工作必须具备的物质要素和精神要素的总和,是校长为实施学校管理活动在德、识、才、学、体等方面应该具备的基本条件。

列宁曾经说过,领导者的工作需要各种特殊的素质。领导人应具备政治上的成熟和积极性;最密切地联系群众,理解群众的利益,赢得他们的绝对信任;能把人们团结在自己周围,在技术上和生产组织上是内行;受过科学教育,具有行政工作能力;办事认真,具有坚强果断的性格。列宁的话说得很精辟、透彻,既说出了研究领导者素质的意义,也指出了领导者素质的内涵。

二、我国对中小学校长的素质要求

1991年6月5日,国家教育委员会颁发的《全国中小学校长任职条件和岗位要求(试行)》,对校长的素质提出了如下要求:

(一) 基本政治素质

坚持四项基本原则与改革开放,把坚定正确的政治方向放在首位;具有一定的马克思主义理论修养,能正确运用马克思主义的立场、观点和方法指导学校工作;热爱社会主义教育事业,热爱学校、热爱学生,尊重、团结、依靠教职工;实事求是,勤奋学习,作风民主,联系群众,顾全大局,公正廉洁,艰苦奋斗,严于律己;对待工作认真负责,一丝不苟;具有勇于进取及改革创新精神。

(二) 岗位知识要求

政治理论、国情知识——掌握马克思主义、毛泽东思想和邓小平理论的基本原理,具有中国近代史和国情知识;

教育政策法规知识——在实践中领会、掌握党和国家的教育方针、政策的基本精神与中小学教育法规的基本内容,初步掌握与教育有关的法规的基本知识;

学校管理知识——联系实际掌握学校管理的基本规律和方法,以及学校管理相关的基本知识、技术和手段;

教育科学知识——学习马克思主义关于教育的论述、了解社会主义教育的基本特点和规律,具有教育学科基本知识,熟悉主要课程的教学大纲及有关学科的教材、教法,具有中国教育史常识,了解中小学教育发展与改革的动态;

其他相关知识——掌握与中小学教育有关的自然科学、社会科学基础知识,了解本地的历史、自然环境、经济与社会发展的基本情况以及民族与宗教政策等。

(三)岗位能力要求

能根据党和国家的有关方针、政策、法规,制定学校发展规划和工作计划;善于做教职工和学生的思想政治工作及开展品德教育,能从实际出发,采取有效措施,促进学生全面发展;具有听课、评课及指导教学、教研、课外活动等工作的能力,具有指导教师提高业务水平和改进教学的能力;善于发挥群众团体的作用,能协调好学校内外各方面的关系,发挥社会、家长对搞好学校工作的积极作用;能以育人为中心,研究教育的新情况、新问题,并从实际出发,开展教育教学实验活动,总结经验,不断提高教育教学质量;有一定的文字表达能力,能起草学校的工作报告、计划、总结等,会讲普通话,具有一定的口头表达能力。

【阅读资料5-2】[①]

德国中小学校长一般素质要求

1. 知识渊博;
2. 富有组织领导能力,善于发挥集体领导作用;
3. 把握学校情况,有学校长远发展计划;
4. 了解学生进步状况,对学生有高期望;
5. 同教师良好合作,鼓励教师尝试新东西;
6. 具有改革精神,讲求经济效益,有负责精神;
7. 重视课堂教学质量;
8. 讲求建立学校"大家庭"气氛,建立良好的人际关系氛围;
9. 每天工作头脑清楚;
10. 与校外关系融洽、有利。

【阅读资料5-3】[②]

美国中小学校长标准介绍

第一条:他们必须是教育方面的领路人,努力制定一种被全社区接受(Share)和支持的学校发展远景规划,并促使每个学生获得成功。

知识基础(Knowledge)——

---

① 林森,陈贺主编.现代中小学教育管理教程[M].吉林大学出版社,2002年版.
② 王健良,阎平.美国中小学校长标准介绍及特点分析[J].基础教育改革动态,2002年第5期.

他们必须具有以下知识并了解：
- 在一个多元化社会里的学习目标；
- 制定和落实远景规划的原则；
- 系统理论；
- 信息来源、数据收集和分析的方法；
- 有效地与别人交谈、沟通的方法；
- 有效地把大家的意见和舆论统一起来的方法和谈判的技巧。

气质和个性（Dispositions）——
他们相信、尊重每个学生，并致力于：
- 所有学生都是可以受教育的；
- 有较高的学习标准和远见；
- 不断提高学校的教育质量；
- 调动和团结学区内所有成员；
- 保证学生具有未来成功的成年人所需要的知识、技能和价值观；
- 自觉、不断地检查自己的判断、理论和实际作为；
- 按高标准去工作。

工作技能（Skills）——
他们所从事的工作和活动必须保证：
- 让教师、家长、学生和整个社区清楚了解学校的使命、任务（Mission）；
- 使用一切方法宣传学校的使命和任务；
- 根据不同的利益集团、随时修正学校任务的核心部分，以满足他们的需要；
- 在与不同的利益集团的商讨中制定学校的使命；
- 对于社区在制定学校任务中做出的贡献予以高度评价和承认；
- 随时向社区通报学校完成任务的进展情况；
- 紧紧依靠社区进行学校改革；
- 根据学校的任务制定课程、计划和安排活动；
- 在制定学校任务时参考对学生的评价数据（如学生考试成绩等）；
- 在制定学校任务时参考、使用有关学生家长的背景资料；
- 充分认识到落实学校任务的困难及如何克服；
- 解决实现学校任务的人力和物资资源；
- 充分利用现有资料；
- 不断评估和修改任务。

第二条:他们应该积极提倡、努力培养和维护本校的有利于学生学习和教师提高的文化传统和教学大纲。

知识基础——
- 学生成长和发展理论;
- 应用学习理论;
- 应用动机和调动学生学习积极性的理论;
- 课程设置、设计、落实、评价和修改的理论和方法;
- 有效的教学理论;
- 考核、评价和评估的理论和方法;
- 多元化对教学大纲的意义;
- 成人学习和教师发展的模式;
- 体制、组织和个人发展的过程;
- 科技在促进学生学习和教师发展提高中的作用;
- 学校的文化。

气质和个性——
- 学生学习是学校的基本目的;
- 每个学生都能学习成功;
- 学生可以通过各种途径学习;
- 无论是自己还是他人都需要终生学习和提高;
- 教师进修是提高学校质量不可分割的一部分;
- 不同文化背景给学校和社区带来的利益;
- 安全的学习环境;
- 培养学生成为对社会有贡献的人。

工作技能——
- 尊重所有的学生,对他们一视同仁、公平合理;
- 教师进修和提高要以学生学习为中心;
- 教师和学生都认为在学校受到了尊重;
- 承认和尊重每个人的责任及对学校的贡献;
- 充分认识到学生学习中存在的障碍并加以克服;
- 终生学习应得到鼓励;
- 对自己、学生和教师的表现要高标准要求;
- 努力在教学中使用新技术;
- 对教师和学生工作和学习中的成绩给予充分肯定和表彰;
- 对学生提供多种教育的机会;

- 学校一切组织和机构都是为了学生学习成功；
- 对课程、课外活动要不断进行设计、落实、评估和修改；
- 课程的评价是建立在研究结果、家长意见、教师经验和社会知名人士建议的基础上；
- 对学校的文化气氛要定期评估；
- 根据多方面的信息来源制定政策；
- 对学生的评价要使用多种方法；
- 对学生的评价要使用多种信息来源；
- 对教师评价要使用多种方法；
- 健全学生档案。

第三条：他们应确立安全、有效益、高质量的学习环境，以促使每个学生获得成功。

知识基础——
- 有关组织机构的理论模式和组织发展原理；
- 在学校一级和社区一级日常运作的程序；
- 与本校安全有关的原则和问题；
- 人力资源的管理和发展；
- 与学校财务有关的问题；
- 学校校舍合理使用的问题；
- 影响学校日常工作的法律；
- 在管理中使用的最新技术。

气质和个性——
- 任何决定必须有利于教学；
- 为提高教学敢于承担一定风险；
- 相信别人及别人的判断；
- 勇于承担责任，高标准、严要求；
- 在管理中吸收各方人士参与；
- 保证安全的学习环境。

工作技能——
- 把教学及学生发展的理论运用到管理中；
- 日常一切工作都是为保证学生成功提供的最大限度的机会；
- 及时研究、认清并跟上形势的发展；
- 日常的研究是为了实现学校的使命；
- 妥善管理与学校有关的各种合同、文件；

- 妥善管理学校的各种仪器和设备；
- 有效利用时间，最大限度实现学校目标；
- 有能力发现潜在的问题和机遇，及时解决问题；
- 有效地调动一切人力、物资资源，完成学校使命；
- 以企业家的精神管理学校并不断改进；
- 不断地监测组织体制并加以改进；
- 吸收校外人士参与政策的制定；
- 集体负责，以增加主人翁责任感；
- 使用有效的发现问题和解决问题的技能；
- 使用有效的将舆论和意见统一的技能；
- 使用有效的与人交谈的技能；
- 有效地使用现代化技术管理学校；
- 有效地使用学校经费；
- 创建安全、卫生、令人心情舒畅的学习环境；
- 调动大家积极性，支持学校的目标；
- 对学校档案和教师隐私要保密。

第四条：为促进每个学生学习成功，他们应与家长在社区保持密切联系，对家长和社区感兴趣的问题做出及时反应，并积极调动社区资源。

知识基础——
- 掌握潜在的影响学校的问题和趋势；
- 多元化的学校所处社区的情况；
- 社区的资源；
- 社区关系和市场策略；
- 成功的学校、家庭、工商界、社区、政府和高校之间的合作伙伴模式。

气质和个性——
- 学校是整个社区不可分割的一部分；
- 与家长保持合作、对话和交流；
- 在制定学校有关的政策时，吸收家长和社区有关人士参加；
- 相信多元化对学校有利；
- 家庭是他们受教育子女的伙伴；
- 相信家庭对受教育子女的利益最为关心；
- 调动家庭和社区资源共同教育学生；
- 及时让公众了解学校发生的一切。

工作技能——

- 在社区能见度高,解决参加社区活动,与社区经常交流是学校工作重点;
- 与社区领导有良好的关系;
- 了解家长、社区的所关心、期望和需要的事情,并使用这些信息;
- 深入到不同的行业、宗教界、政界、服务界中去;
- 利用社区现有资源帮助学校解决和达到目标;
- 与社区工商界和高校建立良好的关系,加强学科建设并支持学校目标;
- 把对社区的青少年家庭服务和学校活动结合起来;
- 公平对待社区成员;
- 承认并尊重不同背景的人;
- 与新闻界保持良好的关系;
- 制订与社区公共关系的综合计划;
- 合理使用公共资源与资金;
- 为教师建立与社区合作的典范;
- 为教师提供与社区发展合作关系的机会。

第五条:校长应是具有正直、诚实、公平和高尚品德的人。

知识基础——
- 了解现代化社会教育的目标和领导的作用;
- 了解各种民族对学校问题的看法;
- 多元化社区的价值观、职业道德观;
- 了解教育哲学和教育史。

气质和个性——
- 实现共同的理想;
- 人权法案的原则;
- 每个学生享有免费、高质量教育的权利;
- 在做决策时坚持原则;
- 自己的兴趣应符合社区的兴趣;
- 对自己坚持的原则和行为承担后果;
- 有效地运用自己的职务和影响,为所有的学生和家长服务;
- 创造一种全社会都关心教育的社区。

工作技能——
- 经常检验个人和职业的价值观;
- 表现出崇高的个人和职业道德;
- 表现出鼓励他人表现的价值观、信仰和态度;
- 为人师表;

- 对学校的运作高度负责；
- 考虑自己行政工作对别人的影响；
- 运用自己的职务提高教学质量而不谋私利；
- 公平、合理地对待别人并尊重他人；
- 保护师生的权利和严守秘密；
- 尊重社区的多样化；
- 尊重别人的合作权利和权威；
- 不断检查和考虑社区现存多样化的价值观；
- 期望社区内其他人士具有诚实的品德并道德高尚；
- 开放学校，接受社会监督；
- 完成法律、合同上规定的义务；
- 遵纪守法。

第六条：对社会、政治、经济、法律和文化圈有充分了解，能及时做出反应，并产生影响。

知识基础——
- 公立学校管理原则；
- 公立教育在发展和维护民主社会和经济发展中的作用；
- 教育立法；
- 对学校教育产生影响的政治、社会、文化和经济体制；
- 就学校所处的政治、社会、文化和经济环境，如何变革和解决矛盾的模式及策略；
- 影响教学的全球性问题。

气质和个性——
- 教育是社会和社会流动的关键；
- 充分地肯定不同的思想、价值观和文化；
- 不断地与影响教育的其他方面的政策制定者对话的重要性；
- 积极参与和教育有关的政治活动及政策制定；
- 使用法律保障学生的权益，使学生在发展中获得机会。

工作技能——
- 代表学生家长利益，影响学校所在的环境；
- 就学校运作环境、发展趋势、问题及潜在的变化与社区经常对话；
- 与社区不同利益集团的代表不断对话；
- 学校按地方、身樎联合制定的政策、法律和规则运作；
- 各种公共政策是以提高学生教育质量为目的而制定的；

与学校以外的决策人建立对话渠道。

三、现代中小学校长应具备的素质

校长作为一个学校的决策者和指挥者,他们的素质高低直接影响着学校的办学方向、育人质量以及发展速度。因此,人们常说"一个好校长,就是一所好学校"。那么,要领导好一所现代学校,校长应该具备哪些素质?从社会学和教育学两个角度分析,本书把素质界定为"个人在先天的基础上,通过教育、环境影响和个体的积极参与而形成的,顺利从事社会某种活动的基本条件和基本品质"。但是,这些"基本条件和基本品质"是随着时代的发展要求不断变化的。因此,不同时代对校长的素质要求,既有一般的共性,也有其特殊性。现代校长的素质,是相对于传统型校长的素质而言的。对于现代校长的素质而言,过去提出的一些素质要求,如人品、知识、一般的能力等,现在并不是不需要了,而是根据现代的要求,在素质的层次上、素质的范围上,提出了更高、更多的标准。对于现代校长的职业而言,其素质要求应该在达到一般国家干部的政治业务素质要求的同时,还应当具备适应现代学校教育管理工作的特殊的职业素质要求。根据校长的职责要求和职业特点,本书认为,现代中小学校长应具备以下素质:

(一)高尚的思想品德素质

思想品德是由政治、思想、品德和作风构成的。思想品德素质在校长自身的素质结构中占有重要的地位,它是校长素质的核心和灵魂。一方面,校长只有在思想品德素质优良的前提下,其他素质才能得以形成和发挥。另一方面,思想品德素质是校长自身素质不断提高和完善的内在动力,校长只有具备了高尚的思想品德,才能不断进步、不断发展。高尚的思想品德素质是由以下素质构成的:

1. 政治素质

政治素质包括政治方向的选择与坚持、政治理论水平、政治观念与政治思想的鉴别能力和实践政治思想的创新能力。社会主义学校担负着坚持社会主义方向、培养全面发展的社会主义事业的建设者和接班人的重任。现代校长必须坚定不移地坚持这一正确的政治方向,自觉地坚持四项基本原则,在思想政治上与党中央保持一致,在各种政治思潮面前始终保持清醒的政治头脑和政治鉴别力。认真贯彻党的路线、方针和政策,能自觉地同一切违反党的基本路线的倾向做斗争,善于在学校树立良好的政治风气。

思想政治的坚定性来自于坚实的政治理论基础的支撑。校长要始终不渝地坚持社会主义办学方向;深刻领会、全面贯彻党的教育方针;科学地判断、冷静地分析,善于识别各种社会思潮和错误倾向对教育的误导。坚持正确的办学方向,就必须认真学习和掌握马克思主义基本原理,特别是学习和掌握邓小平建设有中国特色的社会主义理论,坚持科学发展观,并能用以指导自己的办学实践,分析和解决实际工作中的问题。

2. 思想素质

思想素质主要是指校长要具有先进的思想观念、强烈的事业心和无私奉献的精神。作为现代校长,面对知识经济和科技进步对教育的挑战,必须确立以下思想观念:

一是坚持素质教育的理念。中小学校长必须顺应社会对人才素质的客观要求,用素质教育的理念指导学校的教育教学工作。全面实施新课程标准,真正实现面向全体学生,为学生基本素质的全面发展而服务;使他们主动学习、积极创造,具有创新精神和实践能力,真正成为社会主义的建设者和接班人。

二是确立战略发展观。战略发展观念是校长的学识、眼界、胸怀和胆略的集中表现。教育的滞后性要求校长有超前的战略发展观,为国家的发展培育优秀的建设者和接班人。校长是指挥学校全局、决策学校发展大事的人,因此,校长首先要了解和研究现阶段国家政治、经济、科技、文化发展对教育的需求,而且还要了解和研究经济社会的发展及其对人才的需求。根据这两个需求,确定学校发展的长远战略目标和规划。同时,确定实施这一规划的战略方针和步骤,并组织教职员工为实现战略目标不懈地奋斗。其次,校长在日常的工作中,要把自己工作的重心放在学校工作的全局上面,经常思考影响全局的最重要、最有决定意义的问题,要站得高、看得远,通观全局,把握关键。只有这样,才能积极主动地为实现社会主义现代化的宏伟目标服务。

三是确立现代教师观。办一流的学校,培养一流的人才,必须有一流的教师。名师出高徒,名师创名校,这是人们的共识。校长应高度认识建立一支高水平的教师队伍的重要性,确立对教师的投资是学校发展的基础性的投资、也是最有效益的投资的观念。校长要牢固树立依靠广大教师办好学校的观念。要尊重、理解、信任、关心教师,认真贯彻党的知识分子政策,充分发挥教师的积极性和创造性。此外,校长要关心教师的生活和工作条件,尤其应注重创设良好的人际环境和学术环境,使每一位教师都能充分施展自己的才能;使每一位教师都有所成就和成功。

四是确立科学管理观。科学管理观是指校长重视运用科学理论和方法,遵循客观规律管理学校的思想。校长的学校管理科学化的思想,大致包括以下几个方面:其一,坚持实事求是的科学态度,认真学习和运用现代的管理观念,去研究自身的实际问题,不唯书,不唯上,也不生搬硬套别人的经验。其二,按客观规律办事,不盲目蛮干,善于总结经验,使之升华为理论。其三,重视常规管理,通

过制订切实可行的规章制度,使学校各项工作规范化、制度化、有序化。其四,以教育科学和管理科学为指导,运用调查、实验、测量、评价、统计等科学方法和现代化手段管理学校。

五是树立创新意识。创新意识是指校长所具有的探索、创新精神和强烈的改革意识。当今社会是一个"知识爆炸"的信息化社会,新思想、新观念深刻地改变着人们的生活方式、思维方式和工作方式,传统和经验受到了严峻的挑战,改革、创新成为当今时代的主旋律。学校只有改革、创新才能获得生存和发展。因此,创新是现代校长的主要特征,创新是时代对校长的要求。

六是具有强烈的事业心和奉献精神。热爱教育事业,具有强烈的事业心和奉献精神,这是校长的基本素质,也是校长最重要的素质。基础教育工作,是一项非常辛苦的工作,特别是农村中小学办学条件较差,经费紧缺,困难重重。要战胜困难和压力,需要校长强烈的事业心和奉献精神,许多中小学校长就是凭着对教育事业的热爱,对人民的高度责任感,以改革、创新,迎难而上,改变了学校的面貌,创造出一流的业绩。

3. 高尚的品德

高尚的品德是指校长严于律己、诚实正直、品行端正、秉公办事、心胸宽广,有容人之量;对同志赤诚相待,助人为乐;以身作则,谦虚谨慎,具有自知之明。对于校长来说,高尚的品德是校长办学治校的基础。因此,校长应加强自身的道德修养,在教职员工中树立起良好的威信。学校是培养人的,这要求教师具有良好的品德,为人师表,作为教师的教师更应是品德的模范。

4. 优良的工作作风

所谓作风,即通过工作、生活及与人交往表现出来的态度、行为。校长的思想工作作风是一种无形的力量,不仅影响教师的行为和学生的成长,而且影响着学校良好的教风、学风和校风的形成。因此,实事求是、脚踏实地,不尚空谈;以诚待人,平等待人;严谨治学,严格要求;果断敏捷,雷厉风行;锐意改革,刻意创新;百折不回,顽强不息,应是校长所具有的优良作风。

(二)专业知识素质

所谓专业知识素质,是指校长从事教育、教学管理所必备的学科专业知识、教育科学知识、管理科学知识和政策法规知识等。学校管理的专业性、综合性、复杂性的特点,要求校长应有合理的知识结构。这是校长成功办学治校的重要条件。大、中小学校长的知识结构既有一定的差异,也有很多的共性。从共性看,中小学校长应具有以下几方面的知识:

1. 学科专业知识

校长应在教学、科研工作的领域里具有较高的专业水平。校长应该首先是一名优秀的教师,了解教学过程、指导教学改革,才能保证在教学管理上有权威。苏联帕夫雷什中学校长、世界著名的教育家苏霍姆林斯基给校长们树立了很好的榜样。"我给自己定了一条规则,就是要不断地注视跟学校有关的教学大纲的那些科学的最新成就和进展。特别重要的是要了解数学、物理学、生物学、生物化学和电子学的新成就。在我的实验室里(我给自己的工作室起了这个名称),放着一堆堆的笔记本(每一门科学或者一个科学问题分别使用一个笔记本),里面都有几千条从杂志摘录的材料或从报纸上剪下来的资料。我的这些兴趣和爱好,或者直接地或者通过教师间接地传给了我们的学生。"

校长不仅应有较高的教学水平,而且应有相当的学术水平,能够对教学和管理进行研究,能够把感性的认识上升到理性的高度,总结归纳出教育教学工作的规律,从而更有效地推进学校工作。同时,校长所具备的较高的教学水平和学术水平本身就是一种可说服人、影响人的力量。

2. 教育科学知识

教育科学知识包括教育学和心理学两部分的知识。学校的工作是教书育人,特别的是中小学教育是终身教育的起步阶段,同时,也是为学生今后发展打基础的阶段。它不仅要求我们按教育规律办学,而且要求我们按学生生理发育和心理发育的特点育人。当今时代,凭借个人经验的教育正在转变为凭借教育科学的教育,"教育科研兴校"思想必然要求教育工作者,首先是校长要掌握一定的教育、心理科学知识,熟悉中外教育实践与教育思想发展的历史和现状,了解教育改革的动态;熟悉与教育对象有关的儿童及青少年发展心理学;熟悉与管理工作有关的管理心理学;熟悉与协调工作有关的人际关系心理学等。

3. 管理科学知识

校长作为管理者,在知识结构上,与教师的区别主要在于校长要懂得学校管理的基本理论知识和教育政策法规知识。校长既应是懂得教育教学的"硬专家",也应是会管理的"软专家"。

校长大多出身于优秀教师,一个优秀教师要想成为出色的校长,必须具备学校管理的基本理论知识和教育政策法规知识。从教师到校长,有一个从"硬专家"向"软专家"转型的问题,加速实现这一"转型",重要的就是要学习和掌握相应的管理科学知识。管理是一门大学问。作为校长,应重点掌握教育管理知识,其中主要是教育管理的基本理论和现代教育方法、手段等。

4. 政策法规知识

学校管理是根据党和国家制定的教育方针、政策和法规进行的,特别是今天,国家的法律法规日益健全,依法治校已成为学校管理的基本原则。党和国家制定的教育方针、政策和法规,是办好学校的政策和法律依据,认真贯彻执行有

关的政策法规是校长的义务和职责。同时,校长知法懂法也是维护学校和教职工的合法权益所必需的。《中华人民共和国教育法》的颁布,标志着我国教育进入了一个"依法治教"的新阶段,这更增强了校长掌握一定法规知识的紧迫性。因此,校长应认真学习我国的教育方针,掌握党的知识分子政策,了解法的基本知识,熟悉各种相关的教育法规的内容,使"依法治校"真正落到实处。

(三) 较全面的能力素质

所谓较全面的能力素质,是指校长应具有管理中的认知能力、决策能力、组织协调能力、交往能力和创新能力。管理中的认知能力,包括观察、记忆、思维、想象、学习与研究能力等;决策能力,包括预见、判断、计划、应变能力等;组织协调能力,包括组织、指挥、表达、交往、评估能力等;交往能力是指校长善于在人与人的相互关系中形成正向影响力;创新能力是指在认知、决策以及工作的组织与实施中所体现出来的对传统的突破,即在工作思路、方法、局面上的革新与突破能力。在上述五方面的能力中,认知能力、决策能力和组织协调能力是基础;创新能力是关键,它决定着校长工作的效能。

1. 认知能力

校长的认知能力是指校长的观察、记忆、思维、想象、学习与研究能力等,正确的决策源自正确的认知。要获得准确的认知,校长不仅要努力学习各方面的知识和经验,而且要善于观察、勤于思考、深入研究,只有这样,才能通过现象、抓住本质,为正确决策奠定基础。

2. 决策能力

校长的主要职责之一就是决策。校长的决策不是一般的决策,而是一种领导决策。它是指在领导活动中,为实现工作目标,对面临的问题或要完成的任务制定与选择最佳方案的过程。在学校管理工作中,无论是发展规划的制定、工作目标的确立,还是具体环节的实施,都要求校长有一定的决策能力。一个校长决策能力的高低,直接关系到决策的正确与否,关系到学校领导、管理活动的成效。

决策能力来自于校长的知识、经验、见识、胆略和果断等品质。因此,校长要有较强的决策能力,要实行科学决策,首先要对国情、校情有清楚的认识和准确的判断,要善于集思广益,从比较中选择最佳方案;要善于借鉴历史经验、兄弟学校的经验、国外的先进经验,在借鉴中实现创新和突破。

3. 组织协调能力

在学校管理工作中,目标决策之后便是组织实施。如果组织实施不利,决定了的事往往落空,决策也就失去了意义。所以,校长在决策之后要以更大气力去抓实施,抓落实,这就需要校长具有较强的组织协调能力。校长的组织协调能力,是指校长根据学校工作目标,合理安排人力、物力和财力,充分发挥各级组织和教职工的作用,组织、协调各方面的力量,把决策变为行动,实现学校目标的才干。校长的组织协调能力,主要体现在用人、协调、合理分工等方面。

校长用人,重在辩证地认识人才,因为"金无足赤、人无完人";合理地使用人才,扬长避短,人尽其能;珍惜、爱护人才,尊重和相信人,"用人不疑,疑人不用"。

在组织与领导工作中,协调群体行为的能力,是一种重要的组织能力。在目标决策实施的过程中,各部门之间难免会出现矛盾和冲突。这些矛盾有认知性的、情感性的,也有利益性的。这就要求校长认真研究形成矛盾和冲突的原因,有针对性地采取措施,不仅要使自己的成员齐心协力、步调一致,而且要善于把破坏性冲突转化为积极的竞争。这无疑对实现决策目标是极为有利的。

校长组织能力的一个重要表现就是将各种事务有效地分解,责任到人。只有使学校的每一个教职工职责清楚、任务明确、时间有序,学校工作计划才能有条不紊地推进,卓有成效地实施。

4. 交往能力

所谓交往能力,是指校长善于在人与人的相互关系中形成正向影响力。现代校长不仅要与师生员工打交道,成为学生之良师、教师之益友;而且要与社会各部门和各界人士打交道,与世界教育界同行交往,结各界人士,交世界朋友。现代校长应是一位出色的社会活动家。校长具有较强的交往能力,对于协调学校内部的人际关系,对于动员社会与家长的力量支持学校的发展,对于借鉴和吸收世界先进的教育经验来发展我国的基础教育,增强校长自身的感染力、号召力、影响力都具有十分重要的意义。

5. 创新能力

校长的创新能力是指在认知、决策以及工作的组织与实施中所体现出来的,对传统的突破,即在工作思路、方法、局面上的革新与突破能力。这是现代校长能力结构中最关键的、最重要的能力。

现代校长的素质结构除了上述高尚的思想品德素质、专业化的知识素质和较全面的能力素质三个构成要素外,还应当包括良好的心理素质和健康的身体素质。

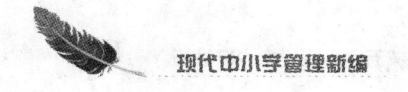

第三节 现代中小学校长的新角色

一、校长的角色定位

(一) 校长角色的传统定位

校长是指学校中负有最高决策责任的管理人员。对外代表学校,是学校的法人代表;对内主持学校的全面工作。《简明教育辞典》对校长的定义是:"国家教育行政部门或其他办学机构的管理部门任命的学校主要负责人。校长对外代表学校,对内主持校务。"在学校管理系统中,校长在校内的决策地位、核心地位和主导地位,使其成为决策者、指挥者和示范者,同时由于学校受到上级党组织和国家教育行政部门的领导,因此,校长对外又扮演着党和国家教育行政部门方针政策的执行者的角色。

(二) 校长角色的现代定位

今天的社会是一个知识经济的社会、是一个信息化的社会,也是一个开放的社会。随着我国加入WTO,我国的教育正在走向全球化,这必然会带来新的发展机遇和挑战,也必将深刻地改变着人们的思想观念、工作方式、管理方式和生活方式。特别是对于从事基础教育管理的中小学校长来说,面对基础教育课程改革的新要求、教师专业化标准的提高、学校开放程度的加大等新的形势,校长管理学校的任务将会更艰巨。要完成当代基础教育的历史使命,中小学校长必须与时俱进,更新观念、提高素质,努力塑造现代校长的新角色。

1. 现代校长要成为先进教育理念的倡导者

当今国际教育的新理念正逐渐地为我国广大的教育工作者所理解、接受。对于校长来说,倡导先进教育理念的核心,主要体现在树立新的学校管理观和新的教育价值观上。教育价值观的核心是教育的功能和作用,不同的教育价值观反映人们对教育功能的不同认识,不同的认识又必然引导人们对不同教育功能的追求。今天的教育是一个"面向世界、面向未来、面向现代化的教育",这就决定教育将不仅帮助青少年一代适应社会变革的要求,而且还将启发他们去反思社会变革,培养他们筹划社会变革的能力。因此,今天,基础教育的价值追求应该立足人的发展和对未来的创造。中小学校长要倡导这些先进的教育理念,就必须首先认真学习先进的教育理念,并以此为指导去规划学校工作、谋划学校发展。

2. 现代校长要成为教育改革与实践的专家

富有成效的教育教学改革是提高教育教学质量的根本。规划、设计和指导教育教学改革是校长的首要职责。基础教育课程改革,要求中小学校长对学校的管理必须走出常规,走向以课程改革为中心的教育教学改革的实践研究和管理。新课程标准下,教学环境的创造、师生关系的重构、教学过程的改变以及校本课程的开发等都需要校长的设计和引领。面对基础教育课程改革的重任,当代中小学校长必须成为研究和实践基础教育课程改革的专家。

改革就是在继承基础上的创新,继承需要对历史的分析,创新需要对现实的研究。因此,任何一项改革都需要以一个科学的态度,对其进行深入的分析、研究,并在实践中不断地验证和修正。当代教育改革和发展正在呈现出两个重要的趋势:一是教育改革和教育科研的结合日益密切;二是教育科研已经走出大学的校门,在中小学校园里争奇斗艳,竞相开放。教育教学改革依托教育科研,教育科研支撑、推动教育教学改革已成为广大教育工作者的共识。在当代,改革、创新是校长成功办学的唯一选择,如果校长选择了成功,也就意味着他义不容辞地选择了艰苦的研究工作和艰难的实践探索,苏联教育家苏霍姆林斯基的成功充分地证明了这一道理。

3. 校长要成为精致化学校的优秀经营者

在市场经济的大背景下,面对社会人口出生率的降低趋势和社会、家庭对教育期望值不断提升的现实,学校的小型精致化,将成为未来中小学办学的最理想的模式。"追求卓越,提升品质"将成为这一类型学校所追求的最理想目标。对此,要求中小学校长必须增强经营意识,学会和掌握现代经营的理念和方法,学习和借鉴企业经营的成功经验,努力提高学校管理和经营水平;紧紧抓住质量和效益这两个关键,充分利用校内、校外两大资源市场的物力资源、人力资源和信息资源,为建设精致化学校服务。

二、中小学校长现代角色的实现途径

中小学校长在传统角色下形成的思维模式、行为模式不是随时就可以转变的,它具有一定的运行惯性。因此,校长要完成从传统角色向现代角色的转换,必须从以下途径进行从思想到行为的变革。

(一)加强学习,不断提高自身素质

中小学校长要完成由传统角色向现代角色的转换,首要的问题是要加强学习,完善知识结构,不断提高自身素质。

中小学校长学习的形式,一般可分为在职进修、业余进修、短期培训、考察学

习和课题研讨等。其中既有学历提高层次的进修，也有以更新知识、提高能力、改进教育教学和管理水平为目标的进修学习。

中小学校长学习的内容，要依据社会发展和教育改革的实际需要来确定。按照国家教育委员会颁发的教人〔1991〕38号文《全国中小学校长任职条件和岗位要求（试行）》对中小学校长的学历要求衡量，现在所有的中小学校长在学历上都已达标。经济发达地区的一部分中小学校长具有硕士、博士研究生学历。显然，20世纪九十年代国家教委对中小学校长的学历要求远远不能适应今天的形势要求。因此，现代中小学校长提高学历层次的进修任务依然存在，但不是主要的学习任务。当今主要的学习任务应放在以下两个方面：一是政治理论学习。深入学习和掌握马克思主义的基本理论，即马克思列宁主义、毛泽东思想、邓小平理论、"三个代表"重要思想和科学发展观以及党的各项方针政策；认真学习、深刻理解和自觉实践"三个代表"重要思想和科学发展观，提高政治素质和道德修养；树立正确的世界观、人生观、价值观，坚定社会主义和共产主义信念；增强贯彻执行党的路线、方针和政策的知觉性和坚定性。二是专业知识的学习。在深入学习社会主义市场经济理论、精神文明和法制建设理论基础上，重视现代教育科学理论，特别是现代教育管理知识和教育政策法规的学习，还要学习和掌握计算机等现代信息技术及其他履行岗位职责必备的知识和技能。

（二）坚持行动研究，努力提升创新能力

古人云：纸上得来终觉浅，绝知此事要躬行。现代中小学校长要深入教育、教学和管理实践，在实践中学习，在实践中研究，在研究中创新，逐步缩短传统角色与现代角色的差距。苏联教育家苏霍姆林斯基，在乡村中学从教35年，任校长25年，从未离开过教育实践。他在实践中观察、思考、探索和研究，不仅把自己所在的学校办成了全国模范中学，而且在教育理论上做出了杰出的贡献，被誉为"天才的教育家"。苏霍姆林斯基从一个普通的乡村中学校长成长为闻名世界的教育家的奋斗历程，充分证明了坚持行动研究，不断地解决在教育教学和管理工作中的新问题，就会不断地获得新的发展。创新能力也会由此而逐渐提高。

（三）正确认识和评价自己，在自我教育中不断地完善自我

完善自我的前提是要学会正确认识和评价自己。人贵有自知之明，如果过高地或过低地评价自己，就会给自我完善带来消极影响。校长要正确认识和估价自己，首先要确定个人所处的发展阶段、发展层次和发展潜力。从校长的成长过程来看，要经历探索适应期、稳定成长期、成熟发展期三个阶段。从校长整体素质水平来分，有合格校长、好校长、优秀校长、专家型校长四个层次。校长要做到准确定位，以便明确自我完善的方向和任务，制订和实施自我教育的规划和措施，确保自我完善的实现。德国教育家第斯多惠说："教师必须在他自身和自己

的使命中找到真正的教育的最强烈的刺激,把自我教育作为他终身的任务。"作为校长,同样应该把自我教育作为终身的任务,因为校长培训进修的时间毕竟是有限的,培训进修的内容也是有限的,而校长面临的新情况和新问题是层出不穷的,只有在实践中不断地进行自我教育,才能不断地适应新角色、承担新任务、获得新发展。

三、现代中小学校长如何走出工作误区

校长负责学校的全面工作,对内各项事物的管理、对外方方面面的协调,完成计划内工作,处理突发性事件等。面对如此之多的事情,校长应该如何安排自己的时间?校长怎样保证有充分的时间思考学校发展的大事、学习和研究教育教学以及管理中的新理论和新问题?

(一)现代中小学校长的工作误区

北京师范大学教育学硕士梁宇学采用观察纪录的方法,对两位城市中学校长的日常工作进行了持续两周的追踪研究,并以8小时为量进行了统计。结合梁宇学的统计结果和对中小学校长工作的了解情况进行分析,校长工作存在着以下几个误区:

1. 习惯于繁杂的事务

从两位校长某一天的日常工作情况实录的研究中发现,两位校长每天应付10件左右的事情,所处理的事情从教育教学到教职员工的心理、住房问题等,这是校长工作的辛苦之处。同时也提出了一个问题,校长必要的事务性工作是不可少的,但是,有一些事务性的工作是可以分权而不必躬亲的。作为校长事无巨细、事必躬亲,势必挤占和影响思考、筹划大事、要事的时间。可是在中小学校长的工作中普遍存在着这一误区。

2. 偏离教学这个中心

教学是学校的中心工作,教师和学生是学校发展的重要因素。因此,校长了解和把握师生的思想、工作和学习情况,既是校长日常工作的重点,也是规划学校发展的基点。可是从两位校长的日常工作情况看,与学生交谈为零,听课和与教师交谈所占时间也比较少。在中小学校长的工作中,这种情况也是很普遍的。

3. 易停留在经验层面上

两位校长每天在办公室的自己办公的时间分别是45到75分钟左右,而且这些时间不一定连续,经常被来访者和电话打断。校长要在工作中进行较为深入的学习,从时间上得不到保证。此外,两位校长日常工作中事务管理时间多,调查研究的时间少,即使有一些想法也很快被事务性的工作所取代,使工作仍然停留在经验层面上。从校长专业化发展的要求看,未来校长成长的道路应当是

向着成为研究教育、创造教育科学的主体方向发展的道路。未来的校长不仅要懂教育规律,而且要具有把经验上升到理论,进而实现理论创新的能力。

(二)现代中小学校长走出工作误区的方法

随着素质教育的大力推进和实施,目前我国中小学教育改革内容越来越丰富,任务越来越艰巨,客观上要求校长尽快向专家型领导转变;教师专业化进程的推进也越来越强烈地呼唤着专业化的校长。因此,现代中小学校长应该从以下几方面努力,尽快走出工作误区,以适应校长专业化发展的客观要求。

1. 强化校长专业化的角色意识

校长专业化角色意识的形成是校长专业化发展的前提。校长专业化的角色意识就是校长在管理活动中,对自己所扮演的角色行为模式的认识。"校长作为学校的领导者、管理者,必须按照社会的要求,正确认识角色的自我,明确角色的身份,从而履行角色的义务,以满足社会和学校组织的期待,进行正确的角色扮演。"对一名校长而言,只有通过对自身专业角色的认识和把握,才有可能自觉地走出工作的误区,成为专业化的领导者和管理者。

2. 努力实现工作方式的转换

在今天全面推行素质教育的时代,中小学校长强化专业意识,必须努力实现工作方式的转换。

第一,由"事务型"向"思想型"发展。繁杂的事务使校长无法静下心来学习和研究社会发展对基础教育的需求;无法深入地思考学校发展的大计和创新的举措。规划学校的发展和谋求创新的途径是新时代中小学校长的首要工作。如果校长长期被事务所困扰,凭经验来工作,就很难提出发展的思路、很难发现发展的机遇,工作也就很难创新。因此,中小学校长只有从"事务型"转向"思想型",才能走出工作的误区。

第二,由"行政型"向"专业型"发展。现代中小学校长的工作之所以会偏离教学这个中心,关键的问题是中小学校长大多还处在"行政型"的领导模式中,所以,在工作中重视行政事务的处理和行政关系的协调,轻视教学这个中心任务,忽视了教育对象在教育中的主体地位和主观能动性的发挥。在校长逐步走向专业化的今天,中小学校长必须具备学校管理知识、教育科学知识和学科专业知识,必须把工作的重心转移到教育教学上来,实现由"行政型"向"专业型"领导的发展。

第三,由"经验型"向"创新型"发展。创新是社会发展对中小学校长的一个迫切的要求。随着教育由数量的扩张向质量提高的转换、社会和家庭对教育质量需求的提高,中小学同样面临着生存和发展的竞争。因此,中小学校长要注意积累管理经验,不能停留在经验的层面上,要不断地学习、研究,不断拓展学校的生存和发展空间,努力保持一种奋发向上、拼搏进取的精神。

第四节 现代中小学校长的领导艺术

领导艺术是领导科学中的精华。它是指领导者在从事领导活动中,凭借自己的领导条件和自身素质,创造性地运用领导原则和方法,有效地完成工作任务的一种领导才能和技巧。它是领导者素质的综合体现。现代校长的职、权、责范围,决定了他们在学校工作中的重要地位和作用。同时也要求他们必须讲究领导艺术,改革传统的工作范式、原则和方法,创造性地履行领导职责。作为一校之长,工作涉及方方面面,这里仅就现代中小学校长的主要职能,探讨校长的领导艺术。

一、现代中小学校长应该怎样授权

(一) 授权的含义

所谓授权,就是校长把所属权力按组织系统、岗位职责和工作需要授予下级,从而给下级履行职责、完成任务提供必要的权限。校长是学校的权力中心,但不是大权、小权共集一身,而是按照组织系统、岗位职责和工作需要将所属权力分别授予下级。

(二) 校长授权的形式

校长授权一般有两种形式:一是一般授权,是指对下属的工作,只按岗位职责要求,规定工作范围或临时交待工作任务,校长不做具体的要求和指导。被授权者在工作范围内具有较大的自主权。二是特定授权,校长对下属的工作有明确的要求和限定,下属必须遵照执行。

校长授权,通常要注意以下三点:

1. 把握德才、因人授权

校长授权,必须要对被授权者的德才有一个准确的把握,在"德"上,要充分考虑到被授权者,是否具备行使权力的政治素质,能够做到公正用权、廉洁办事,替校长分忧、为师生服务。在"才"上,要充分考虑到被授权者,是否具备行使权力的业务素质和能力,能够做到合理用权、干练做事。然后才能根据工作需要,授予其适当的权力,做到因事择人、因人授权。

2. 把握权限、充分授权

校长授权,一般情况下,根据岗位职责,使职责范围与权力范围保持一致,并

把握权力的限度；不授超越职责范围的权力；授权要充分,对所授予的权力事项、限度要交待清楚；工作责任、工作时间和工作质量要求要明确,以免出现越权或由于授权不充分而贻误工作。

3. 及时监督、适当指导

校长授权后,要放手让下属充分行使职权,放手并不是一放了之,而是要对下属行使职权的情况进行及时监督、检查并给予适当的指导,发现问题,协助处理。

二、现代中小学校长应该怎样决策

校长的决策水平的高低,是受多种因素制约的,其中对所决策问题的了解、对国家方针政策的把握、对正确意见的吸纳,以及平和的心态和稳定的情绪是制约决策水平的关键因素。因此,校长在决策时要做到以下几点：

1. 全面了解所决策问题

问题是决策的动因。所谓决策,就是对所提出的问题,在经过调查了解和分析论证之后,依据国家的方针政策,决定解决问题的策略或方法。因此,要正确决策,必须要对所决策的问题,进行充分的调查、了解和分析、论证。一是要注意通过多种渠道,调查了解所决策的问题性质、特点及其涉及范围等。二是要注意分析问题成因、找出症结所在、论证影响程度、预测发展趋势等。从而,为正确决策奠定基础。

2. 准确把握国家方针政策

国家方针政策是校长决策的法律依据和政策基础。因此,校长要做到正确决策,不仅要通晓党的教育方针、政策、法令、法规,而且要能深刻领会国家方针政策的精神实质,具备解决具体问题的能力。

3. 努力吸纳正确的意见

校长的正确决策,首先依据对客观世界的把握。客观世界的无限性与校长个人生活阅历、知识水平、工作经验的有限性,决定了校长要做到正确决策,就必须广泛地听取各方面的意见,以丰富自己对客观世界的认识,从对各种认识的比较中,提炼和吸纳正确的意见。因为,人们认识事物的角度和思维方式、方法都有所不同,因此,得到的认识和结论也会有所不同。校长决策之前,广泛地听取各方面的意见,就可以获得对事物的不同的认识和不同的结论,从对同一事物的不同的认识和结论的比较中,选择较全面的认识和较切合实际的结论,从而奠定正确决策的认识基础。

4. 始终保持稳定的情绪

心理学研究表明,人的情绪活动与认识活动是互相渗透、互相制约的。情绪对领导决策的影响表现在两个方面:一方面,稳定的情绪能使人保持冷静的头脑,认真地分析问题、思考问题,耐心地听取来自各方面的意见,使决策在更大的程度上合于客观规律、合于民心。另一方面,非稳定的情绪往往使人心神不宁,执行政策忽左忽右,认识问题片面、绝对,在这样的情绪下决策,必然导致判断失真、决策失误。因此,校长在决策过程中,要保持稳定的情绪,以清醒的头脑,对客观事物做出准确的判断,确保正确决策。

三、现代中小学校长应该怎样识人、用人和育人

校长的用人包括两个方面、三项内容。两个方面:即对干部的选拔和使用;对教师的使用和培养。三项内容:即识人、用人和育人。校长用人是一个复杂的认识过程和实践过程,要达到知人善任,必须在遵循德才兼备、注重实绩、扬长避短、用人不疑、优势互补和轮换交流的原则的同时,注意识人、用人和育人的方法和艺术。

(一) 校长识人的方法和艺术

校长用人、育人,首先是识人。识人的方法和艺术一般有以下四种:

1. 谈话法

即面对面的个别谈话,这是较为传统的考察人的方法。通过面谈,能够较全面地了解对方,无论是政治素质、业务素质,还是志向抱负、兴趣爱好等。

2. 笔试法

即通过答卷的形式来考察人的知识水平和专业能力。这种方法,能够考察人的系统理论知识的深度和广度,运用理论分析问题、解决问题的能力以及创新能力。

3. 答辩法

即通过考察人向被考察人当面提出问题,被考察人对所提出的问题当时做出解答和论辩。这种方法,既能够考察人的理论知识基础,更能考察人运用理论解决实际问题的能力和随机应变的能力。

4. 民主评议法

即通过民主测验和民主选举两种方式对被考察人进行评议。

上述几种方法,在干部考察中一般都是综合运用,这样就更有利于全面地了解人。

(二) 校长用人的方法和艺术

校长识人的目的是用人。用人的方法和艺术一般有以下四种:

1. 试用法

即在经过考察、正式任命之前,对选用人安排一段试用期,在试用期里进一

步考察、锻炼的一种方法。

2. 任命法

即在领导和组织部门经过一系列的考察基础上,由上级组织部门直接任命上岗的一种方法。

3. 竞聘法

即在充分竞争和民主测评的基础上,由上级组织部门根据竞争和测评结果,选聘优秀人才进入领导岗位的一种方法。

4. 岗位轮换法

即干部在一个工作岗位上工作一段时间后,轮换到另一个工作岗位的一种方法。岗位轮换法,既能锻炼干部的适应能力,也能更有效地提高干部多方面的工作能力,促进干部由单一的专业人才向复合型人才转变。

(三) 校长育人的方法和艺术

校长识人、用人的前提是育人。校长的育人包括两个方面:一方面是对干部的培养教育;另一方面是对教师的培养教育。育人的方法和艺术一般有以下四种:

1. 理论培训法

无论是一个优秀的领导干部,还是一名优秀的教师,他们都有一个共同的特点,即既有扎实的政治理论基础,又有丰富的科学文化知识。这是在任何领域中跻身先进行列的基础,也是为人之表、为人之师的前提条件。校长育人,无论是育干部还是育教师,都必须从最基础做起,把夯实政治理论基础和科学文化知识作为首要的任务抓紧抓好,使干部和教师都具有符合时代要求的政治素质和知识结构。

2. 实践锻炼法

无论是培养干部,还是培养教师,都是一项长期的、艰苦的工作。不仅需要提高理论水平,更需要提高他们运用理论、创造性地解决实际问题的能力。因此,在理论培训的基础上,要给他们积极创造实践锻炼的机会和空间。到艰苦的岗位上工作,到基层任职,都是良好的锻炼机会和方法。

3. 传帮带法

这是一种传统的育人方法。干部和教师的成长,是一个不断地熟悉、适应工作、总结、提高的过程。传帮带的方法,缩短了他们对工作的熟悉、适应过程。老领导、老教师先进的工作经验、工作方法被他们吸纳,就必然会加快他们提高和成长的进程。但是,年轻干部、教师虚心学习的精神和积极进取的态度是影响传帮带效果的一个重要因素。因此,要教育年轻干部、教师虚怀若谷、积极进取;教育他们既要珍惜自己的年龄优势,又要珍惜老一辈的经验教训。

4. 环境影响法

即营造一种有利于年轻的干部、教师成长的环境氛围,使他们为环境所熏陶,被氛围所感染,在自觉与不自觉中走向成熟。在学校育人中,环境影响法的关键因素是创建团结、创新、奋发进取的校风和严谨治学、诲人不倦的教风。这种环境,必然会给创新者一种精神的鼓舞;给保守、落后者一种奋发向上的鞭策。

思考与练习

1. 从理论上认识和掌握现代中小学校长的新角色。
2. 准确阐述现代中小学校长应具备的基本素质。
3. 准确阐述现代中小学校长实现新角色的路径。

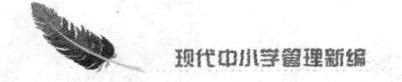

第六章　现代中小学教师管理

内容提要

本章主要阐述教师职业的性质、特点以及教师职业的社会地位；教师的权利与义务；新课程背景下中小学教师的角色及素质要求；教师管理的基本内容和基本方法。

学习目标

1. 准确阐述教师的权利与义务。
2. 正确解读从师生关系的角度，新课程实施对中小学教师角色提出的要求。
3. 正确解读从课程运作的角度，新课程实施对中小学教师角色提出的要求。
4. 正确解读从教师自身的角度，新课程实施对中小学教师角色提出的要求。
5. 准确阐述现代中小学教师的素质要求。
6. 准确阐述教师管理的基本内容和基本方法。
7. 能正确运用教师任用的原则，并能结合案例进行教师管理实践分析。

教师是学校教育、教学任务的主要实施者，教师队伍的质量直接关系着学校的办学质量。因此，了解教师职业的性质、特点以及教师职业的社会地位、教师的权利与义务，明确新课程实施对中小学教师的角色转换及素质要求，是对教师进行管理的前提；明确中小学教师管理的基本内容、掌握科学的管理方法，激发教师工作的积极性和创造性，促进教师的专业发展，是现代中小学教师管理的核心和关键。

第一节 教师职业性质、特点与社会地位

一、教师职业的性质、特点

要了解教师职业的性质与特点，就必须首先了解教师职业的产生与发展过程。

（一）教师职业由来

教师职业是与教育的发展紧密联系在一起的。纵观教育发展史，教师的职业大体经历了以下的变化：

古代原始时期——长者为师，这是最早的兼职教师。

自夏朝我国最早的学校建立到西周时期，由于学在官府，因此，当时是官师一体，以吏为师。

春秋战国时期，随着社会的变革，私学兴起，原来的"官师"和受过"六艺"教育的"文化人"流落民间，形成一个新的社会阶层，即士阶层。他们以智慧见长，并以此为谋生手段。在士阶层中，有的招收弟子，授徒讲学，成为私学的教师。私学的兴起使教育从政事中分离出来，于是教师作为一种职业而独立地存在了。孔子、墨子都是私学的创始人和专职教师。

秦汉以后，随着官学规模的扩大和私学的兴盛，教师队伍不断扩大，教师职业在社会发展中发挥着越来越大的作用。

（二）教师职业性质

职业是依据人们参加社会劳动的性质与形式而划分的社会劳动集团。职业有专门职业与普通职业之分。关于一种职业能否被称为专门职业，并不仅仅以学历或对业务提出一定的要求为标准的，而是由与职业性质相关的综合要求决定的。专业社会学认为，一种职业能被称为专业，被公认的至少有三方面的规定：一是作为专业的职业实践必须有完善的专业理论知识作依据，有成熟的专门的技能作保证。因此，从事专业工作的人员在任职前必须接受规定的专业教育。同时，每一个专业还必须有与其他专业相区别的专业要求，方能具有专业资格。二是作为专业的职业，承担着重要的社会责任，它要求从业人员具有把社会利益、服务对象的利益放在首位的从业精神。也就是说从业人员要有较高的职业道德。三是作为专业的职业，在本行业内具有高度的专业自主权和权威的专业

组织。如对专业人员的聘用、解职、与专业业务相关的权利（如医生的处方权），不受专业外因素的控制。其表现形式有专业资格证书，入职、聘用、解职有严格的具体规定。专业内部有不同的职称以标志专业水平的差距、职称的晋升要经过专家的评审等。

根据上述三方面的标准要求，确认教师职业的性质。一是教师职业是一种专门职业，教师是专业技术人员。二是教师职业是促进个体社会化的职业，教师是教育者。

（三）教师职业特点

不同职业性质的差异，形成了不同职业的特点。教师职业主要有以下特点：

1. 职业角色的多样化

一般说来，教师在教育和教学过程中扮演着以下几种角色，即：学生发展的促进者、组织和管理者、父母与朋友、咨询者、课程设计和开发者、研究者和学习者等角色。

2. 职业训练的专业化

教师要成功地扮演以上各种角色并保持良好的职业形象，在任职前必须接受规定的专业教育和专业训练。教师专业教育和专业训练的内容主要包括以下五个方面，即：专业意识、专业态度、专业知识、专业技能、专业品质。

在当代，社会赋予了教师一系列重要的职业角色，表明教师肩负着重大的社会责任。教师只有通过专门的职业教育与训练，取得一定的从业资格，才能成为合格的专业人员。

二、教师职业的社会地位

由于每种职业劳动其性质与形式不同，从业要求不同，社会作用不同，必然导致其职业社会作用和社会地位的差异。那么，教师职业具有哪些社会作用，应该享受哪些社会待遇呢？

某一职业社会地位的高低，取决于这一职业的社会作用的大小。教师职业对于社会的作用是巨大的、不可或缺的。因此，教师职业受到整个社会的尊重，享有崇高的社会地位。教师职业的社会地位，主要包括以下三个方面：即政治地位、经济待遇和职业权利。

（一）教师职业的政治地位

教师职业的政治地位，是指教师职业在国家或民族的政治生活中所处的地位和所起的作用，表现为教师的政治身份与权力、教师自治组织的建立、政治参与度和政治影响力等。从教师的政治身份与权力来看，在我国，教师被认定为是工人阶级的一部分；教师享有《中华人民共和国宪法》规定的公民政治权利，即：

① 选举权和被选举权。年满十八周岁的中国公民享有选举权和被选举权。公民依法享有选举国家权力机关代表的权利是选举权,公民被选为国家权力机关代表的权利是被选举权。② 政治自由。公民享有言论、出版、集会、结社、游行、示威的自由,人民参与国家政治生活,充分表达自己的意愿,是人民行使当家作主权利的重要方式。③ 监督权。公民有监督一切国家机关和国家工作人员的权利;对国家机关和国家工作人员,有提出批评和建议的权利;对其违法失职行为有向国家机关提出申诉、控告或检举的权利。从教师的专业组织来看,自1982年恢复教师专业技术职务以来,各级政府和教育行政部门都建立了教师专业技术职务评定委员会。从教师的政治参与度来看,在学校基层组织决策过程中,教职工代表大会是学校民主决策的重要形式;在全国人民代表大会中,教师代表占有一定的数额。这一切都说明教师职业在国家或民族的政治生活中处于重要的地位。

(二) 教师的经济待遇

教师的经济待遇,是指教师所得到的物质报酬,它包括工资、奖金及医疗、保险和退休金等福利。那么,教师的经济待遇将如何确定呢?一般来说,某一职业的经济待遇是由该职业的劳动性质与形式所决定的。教师的劳动是复杂的劳动,它的生产需要较多的投入并能产生较大的效益:一是教师的培养需要较大的经济投入;二是教师劳动难度大;三是教师劳动具有多效性与长效性。四是教师生产所需要的劳动时间多。因此,教师劳动力具有较高的价值。《中华人民共和国教师法》第25条规定:"教师的平均工资水平应当不低于或者高于国家公务员的平均工资水平,并逐步提高。建立正常的晋级增薪制度。"

三、教师的权利与义务

(一) 教师权利的含义

教师在法律上的权利分为两部分:一部分是教师作为一般公民所享有的基本权利;一部分是教师专业方面的自主权。教师专业方面的自主权主要有教育的权利,即教师依法享有对学生实施教育、指导和评价的权利;专业发展权,即教师依法享有发展自己、提高专业文化水平的权利;参与学校管理权,即教师通过各种合法途径参与学校建设和管理。这里所谈的教师权利是针对教师的职业权利而言的。

教师的职业权利,是指教师在教育教学活动中依法享有的权益,是国家对教师能够作出或不作出一定行为,以及要求他人相应作出或不作出一定行为的许可与保障。法律上的教师权利包括教师实施某种行为的权利以及要求义务人履行义务的权利。当教师的权利受到侵害时,有权诉诸法律,要求确认和保护其

权利。

(二) 教师的基本权利

依据《中华人民共和国教师法》规定,我国教师享有以下基本权利:

1. 教育教学权

即教师依法享有对学生实施教育、指导和评价的权利。这是教师的最基本权利。作为教师,有权依据其所在学校的教学计划、教育工作量等具体要求,结合自身教学特点自主地组织课堂教学;有权依照教学大纲的要求确定其教学内容、进度,不断完善教学内容;有权针对不同的教育教学对象,在教育教学的形式、方法、具体内容等方面进行改革和实验。任何人不得非法剥夺在聘教师行使这一基本权利。作为教师,有权根据教育规律和学生的身心发展特点因材施教,有针对性地指导学生的学习,并在学生的升学、就业等方面给予指导;有权对学生的思想品德、学习、文体活动、劳动等方面给予客观公正的评价;有权运用正确的指导思想和科学的方式方法,使学生的个性和能力得到充分发展。

2. 专业发展权

即教师有权通过科学研究、学术交流、参加专业的学术团体等形式发展自己的专业。这是教师作为专业技术人员所享有的一项基本权利。作为教师,在完成规定的教育教学任务的前提下,有权进行科学研究、技术开发、撰写学术论文、著书立说;有权参加有关的学术交流活动,参加依法成立的学术团体并在其中兼任工作等。

3. 参与管理权

即教师通过各种合法途径参与学校建设和管理。教师有对学校教育教学、管理工作和教育行政部门的工作提出意见和建议的权利。这种权利的行使要通过合法途径,如教职工代表大会或者其他形式。

此外,教师还应享有各种形式的在职进修的权利,和为自己争取合理报酬以及争取提高教师社会地位的权利。

(三) 教师的义务

教师除了必须承担国家宪法规定的公民一般义务外,还必须履行如下基本职责:

(1) 认真执行国家制定的教育方针、政策和法令,以及国家统一规定的教学计划和教学大纲。

(2) 认真完成学校的各项教育教学任务;担负上级交给的社会教育任务;积极参与各级教育行政管理。

(3) 全面培养和关心学生,教书育人、管教管导,把教好学生视为自己的天职。

（4）充分尊重学生受教育的权利，不得以任何借口随意侵犯或剥夺学生的学习权利。

（5）所有教师必须经常接受各种形式的在职教育，不断进行教育教学改革和研究。

第二节 新课程背景下的中小学教师角色与素质要求

一般认为，角色指一个人在社会群体中的身份以及与其身份相适应的行为规范。在社会生活中，每个人都属于一定的团体。在团体里，每个人都有一种身份，处于某种位置，或分担一份责任，都有一定的行为规范去规定他（她）应该做什么，不应该做什么。当一个人按照自己社会身份所规定的责任或行为规范去行动时，他（她）便充当着该角色。

教师是社会生活中从事教育教学活动的专业角色。即教师具有与其他职业不同的特殊身份、职业行为规范和职业特点。新课程倡导的教学新理念对教师角色提出了新的要求。那么，中小学教师在新课程、新教材的使用和实施中究竟应该扮演哪些角色呢？本书认为在新课程背景下，教师角色发生了根本性的变化，从师生关系的角度看，教师应当成为学生学习的促进者、教学活动的组织者和管理者、学生探究的合作者、学生发展的引导者、个性化教学的创新者；从课程运作的角度看，教师应当成为课程的建构者和评价者；从教师自身的角度看，教师应当成为研究者和终生学习者等角色。

一、新课程背景下的中小学教师角色

（一）从师生关系的角度看教师角色

从师生关系的角度看，新课程实施对中小学教师角色提出以下要求：

1. 教师要成为学生学习的促进者

《基础教育课程改革纲要（试行）》要求"教师在教学过程中应与学生积极互动、共同发展"，"促进学生在教师指导下主动地、富有个性地学习"。"要建立促进学生全面发展的评价体系"，"促进学生在原有水平上的发展"。在新课程中，传统意义上教师的教和学生的学，将不断让位于师生互教互学，彼此形成一个真正的"学习共同体"，在这个共同体中，学生的学习方式将由传统的接受式学习向探究式、研究性学习转变。作为传统的知识传授者的教师角色将让位于学生发

展的促进者角色,这是新课程背景下教师角色的根本转变,是教师角色变化过程中的一个飞跃与质变。

教师的角色将随着新课程鼓励师生互动、即兴创造、超越既定的目标要求而转向学生发展的促进者。

(1) 教师作为学生发展的促进者的角色行为表现。教师作为学生发展的促进者,其角色行为表现有"帮助学生决定适当的学习目标,并确认和协调达到目标的最佳途径;指导学生形成良好的学习习惯,掌握学习策略,发展元认知能力;创设丰富的教学情境,激发学生的学习动机,培养学生的学习兴趣,充分调动学生的学习积极性;为学生提供各种便利,为学生的学习服务;建立一个接纳的、支持性的、宽容的课堂气氛;作为学习的参与者,与学生分享自己的感情和想法;和学生一道寻找真理,能够承认自己的过失和错误"①。

(2) 教师作为学生发展的促进者的角色特点。在新课程中,教师的主要职能已从知识的传播者转变为学生发展的促进者。教师作为促进者,其角色的特点为:① 积极地旁观。俗话说,旁观者清。学生在进行自主的观察实际或讨论时,教师并不是清闲的,他(她)要积极地看,积极地听,设身处地地感受学生的所作所为、所思所想,随时掌握课堂中的各种情况,考虑下一步如何指导学生学习。一个好的旁观者应积极地旁观,而不直接参与所观察的事件之中。直接参与就意味着干涉,而积极的旁观者应该遵守"不干涉"原则。② 给学生以心理上的支持,创造良好的学习气氛。教师的基本作用是创造出一种有利于学生学习的情境。在实验失败或讨论出错时,教师要为学生营造一个有安全感的学习气氛,使他们乐于行动,继续不断地探索和思考。在课堂上,促进者应更像是学生的朋友和知己,是学生最可信赖的心理支持源。师生之间这种生机勃勃的学习气氛就形成了。③ 由单向信息交流向综合信息交流。从信息论上说,课堂教学是由师生共同组成的一个信息传递的动态过程。最优化的教学过程必定是信息量流通的最佳过程。由于教师采用的教学方法不同,存在以下四种主要信息交流方式。

——以讲授法为主的单项信息交流方式,教师施,学生受。
——以谈话法为主的双向交流方式,教师问,学生答。
——以讨论法为主的三项交流方式,师生之间相互问答。
——以探究—研讨为主的综合交流方式,师生共同讨论,研究,做实验。

按照最优化的教学过程必定是信息量流通的最佳过程的道理,显而易见,后两种教学方法所形成的信息交流方式最好,尤其是第四种多向交流方式为最佳。这种方法把学生个体的自我反馈,学生群体间的信息交流,与师生间的信息反

---

① 傅道春主编.教师的成长与发展[M].教育科学出版社,2001年版,第128页.

馈、交流及时普遍地联系起来,形成了多层次、多渠道、多方位的立体信息交流网络。这种教学方式能使学生通过合作学习互相启发、互相帮助,不同智力水平、认知结构、思维方式、认知风格的学生实现"互补",达到共同提高。这种方式还强调了学生之间的横向交流和师生之间的综合交流,并把两者有机地贯穿起来,组成网络,使信息交流呈纵横交错的主体结构。这是一种最优化的信息传递方式,它确保了学生的思维在学习过程中始终处于积极、活跃、主动的状态,使课堂教学成为一系列学生主体活动的展开与整合过程。④ 由居高临下转向"平等中的首席"。我国长期以来形成的传统师生关系,实际上是一种不平等的关系,教师不仅是教学过程的控制者、教学活动的组织者、教学内容的制定者和学生学习成绩的评判者,而且是绝对的权威。多年来,教师已经习惯根据自己的设计思路进行教学,他们总是千方百计地将学生虽不大规范,但却完全正确,甚至是有创造的见地,按自己的要求"格式化"。[1]

2. 教师要成为教学活动的组织者和管理者

所有教师在教学活动中负有一定的组织和管理责任,例如:教师不仅要帮助学生选择教学活动的内容、形式,还要组织和协调活动过程中的人、事关系,更重要的是对课堂要实施有效的管理。对教学特别是课堂教学的管理是教师的一项重要责任,缺少有效的管理,很难设想教师如何去完成教育的任务。经验证明,一个优秀的教师一定同时是杰出的教学管理者。

3. 教师要成为学生探究的合作者

新教材要求教师注重培养学生的独立性和自主性,引导学生质疑、调查、探究;在实践中学习,强调学生通过实践,增强探究和创新意识,学习科学研究的方法,发展综合运用知识的能力。在学生的探究性学习活动中,教师应该成为学生的亲密合作者。

4. 教师要成为学生发展的引导者

促进学生发展是新课程和新教材所要解决的中心问题。教师是学生全面和谐发展、自主发展和个性发展的引导者。教师不仅要关心学生所学学科的成绩,更要关注并引导学生在情感态度与价值观、学习过程与方法、学科知识与技能,以及学生身体、智慧和社会适应性等方面的全面提高与和谐发展,尤其要"引导学生树立正确的世界观、人生观和价值观"。教师要引导学生利用已有的知识与经验,主动探索知识的发生与发展,引导学生质疑、调查、探究,在实践中独立自主地、主动地发展。教师在教育教学中,应尊重学生的人格,关注个体差异,满足

---

[1] 李瑾瑜,柳德玉,牛震乾编.课程改革与教师角色转换[M].中国人事出版社,2002年版,第124 - 125页.

不同学生的学习需要,引导每个学生"扬长避短"、"取长补短",使每个学生都能在已有水平上得到充分的发展。①

5. 教师要成为个性化教学的创新者

新课程和新教材带给教师的不仅有挑战,也有机遇。新课程和新教材在拓宽教师创新发展的空间和眼界的同时,也使教师的个性化教学和专业化发展成为了可能。新课程和新教材要求教师以关注每个学生的全面发展、终身学习和个性差异为宗旨。作为课程的主体之一,教师不再只是课程和教材的被动执行者,而是一个主动的决策者和建设者,同时也是专业知识的发展者。新课程和新教材对教师专业化也提出了更多的要求,比如:与其他教师、与学生家长、与教育管理者的合作能力;对自己的教学行为进行反思和"专业性评价的能力";创设教学情境、进行行动研究并形成个性化教学风格的能力。②

(二) 从课程运作的角度看教师角色

从课程运作的角度看,新课程实施对中小学教师角色提出以下要求:

1. 教师要成为课程的建构者

新课程不只是传统的"文本课程",而是能够被教师和学生实实在在地体验到的"体验课程"。当课程由"专制"走向民主,由封闭走向开放,由专家研制走向教师开发,由学科内容走向学生经验的时候,课程就不只是"文本课程"(教学计划、教学大纲、教科书等文件),而更是"体验课程"。即课程不再只是特定知识的载体,而是教师和学生共同探求新知的过程,教师和学生是课程的有机构成部分并作为相互作用的主体。教师即课程,教师不是孤立于课程之外的,而是课程的有机构成部分、课程的创造者、课程的主体;学生同样是课程的有机构成,同样是课程的创造者和主体。学生与教师共同参与课程的开发,这样的教学就不只是忠实地实施课程计划(方案),而更是课程的创生与开发。教学过程成为课程内容持续生成与转化、课程意义不断建构与提升的过程。这样,教学与课程相互转化、相互促进、彼此有机地融为一体。课程也由此变成一种动态的、生长性的"生态系统"和完整文化。这是课程观的重大变革。

新课程体系给教师预留了充分的空间和余地,它客观上要求教师成为课程的建构者。依据课程标准,建构适合实际教学情景的课程,教师一般要做好以下几件事:

(1) 开发教育资源。新课程为了适应不同地区、不同人群、不同环境的教学需要,只给出基本教学内容和教育资源,教师必须学会开发教育资源,才能顺利

---

① 靳玉乐等主编.新教材将会给教师带来些什么[M].北京大学出版社,2002年版.
② 靳玉乐等主编.新教材将会给教师带来些什么[M].北京大学出版社,2002年版.

地完成教学任务。各地学校的内外部条件虽然有较大的差异,但都具有可开发、利用的教育资源,学生也都能从本地实际出发寻找他们感兴趣和有探究价值的问题。而且,组织、指导、带领学生开发教育资源的过程,同时也是学生参与教学和实现创新的过程,教师也在这个过程中提高了自己的能力。

(2)调整课程进程和课程结构。在传统的课程理念下,教学计划和课程计划是一种"文本"课程(计划),它规定的教学是不允许任意改动的。在旧的教学计划控制下,全国几亿学生使用同一种教材,教师按同一进度教学,用同一种方法评价学生。这种千人一书、千人一面的教学模式不知压抑了多少孩子的个性成长和创新型人才的出现。

新的课程标准和教材则有较大的运作空间和时间。新课程计划只规定了基本的课程进程,但这不是一成不变的。新课程强调改变学科本位,更多体现综合性、选择性、均衡性(特别是科学、历史与社会、综合实践活动课),教师要根据实际情况适当调整课程的进程。此外,课程结构也需要教师实事求是地给予调整。对于同一教学内容,课程标准往往给出几个不同的实施方向,有的可以通过学科领域来实现,有的可以通过活动领域来实现。不会进行课程结构调整的教师将感到寸步难行。[①]

(3)设计教学活动。以往的教师可以完全根据教学大纲的要求和教科书的内容设计教学或编写教案。按照新课程的理念,课程要通过教学活动来实施。教材只规定活动原则、方式及注意事项和案例,教学活动要由教师来设计。过去,教师要会备课,现在,教师则必须会设计活动。不会设计活动,只会照剧本演戏的教师将很难完成教学任务。

2. 教师要成为课程的评价者

教师不仅应该成为课程的设计者,还应该承担起课程评价者的角色。课程评价是指对已经设计并实施的课程的科学性和合理性做出判断,并提供矫正和控制信息。教师作为课程评价者主要依据有两个方面:一方面,课程评价离不开信息资料的收集,教师作为课程的具体实施者,最了解课程实施的各个环节,同时在教育教学方面有着丰富的经验,因此他们是进行调查和搜集数据的主要对象。另一方面,由于教师参与了课程设计,对课程的主旨有深刻的了解,对于课程实施过程中的偏差有清楚的认识,因此,他们应承担起课程评价者的角色。[②]

---

① 李瑾瑜,柳德玉,牛震乾编.课程改革与教师角色转换[M].中国人事出版社,2002年版,第128-130页.

② 李瑾瑜,柳德玉,牛震乾编.课程改革与教师角色转换[M].中国人事出版社,2002年版,第128-130页.

(三) 从教师自身的角度看教师角色

从教师自身的角度看,新课程实施对中小学教师角色提出以下要求:

1. 教师要成为教育教学的研究者

苏联教育家苏霍姆林斯基说过:"如果你想让教师的劳动能够给教师带来乐趣,使天天上课不至于变成一种单调乏味的义务,那你就应当引导每一位教师走上从事研究的这条幸福的道路上来。"从中外教育家成长的历程分析,他们无一不是在实践中不断地研究,在研究中形成自己的教育思想,并坚定不移地在实践中验证、完善它,最终成为系统理论的。从我国近十年来教育科学研究向教师普及的情况看,未来教师成长的道路应当是向着成为研究教育、创造教育科学的主体方向发展的道路。教师成为研究者是实现个体专业化的重要途径,是教育从量的增长到质的转变的客观要求。

2. 教师是终生学习者

终生学习是科学技术飞速发展对教师知识更新的客观需要。随着科学技术的飞速发展,教育新理论、新方法、新手段层出不穷,大学四年积累的知识可支持一生教学的时代已经一去不复返了。教师必须不断地学习,才能保证专业发展所必需的基础知识。另外,学生的学习途径日益增多,教师和课堂不再是学生获取知识的唯一途径,教师的知识权威地位受到了前所未有的挑战。如果教师不注意随时更新知识、充实自己就无法给学生恰当的指导,创新就更无从谈起了。

总而言之,教师的职业特点决定了教师角色的多样性。特别是在当前基础教育课程改革的大背景下,教师应尽快地进行角色转换和新角色的适应,从而更好地完成教书育人的任务。

二、现代中小学教师的素质要求

教师队伍的素质如何,直接关系到人才培养的质量,关系到现代化建设事业的成败。因此,教师的素质问题,是关涉教育事业的大问题。根据教师的基本职责和教师专业化的要求,从新课程背景下中小学教师的新角色考虑,中小学教师应具备以下素质:

(一) 思想政治素质

思想政治素质主要包括世界观、政治信仰与道德等方面。"教育概念首先是个道德概念,教师的专业特性首先是以道德要求为基础的"。教师承担着教书育人的重任,教师工作的重要方面就是塑造人的思想与灵魂。这必然要求教师具有辩证唯物主义的科学世界观,热爱自己的祖国,热爱社会主义制度,热爱党的教育事业,有全心全意为学生发展服务的高尚思想和燃尽自己、照亮他人的道德情操。只有这样,教师才能把自己所从事的事业同祖国的前途命运联系在一起,才能真正做到教书育人,为人师表。因此,良好的思想政治素质不仅是教师无私奉献、忘我工作的精神动力,更是教师专业理想实现和确立的基础。

(二)科学文化素质

教师的科学文化素质主要是指精深的专业知识和宽广的文化修养。一个称职的教师不仅要精通所教学科的专业知识,还应该广泛涉猎各种知识,形成比较完整的知识结构,以适应科学的分化与综合的趋势。特别是在信息时代的今天,学生通过网络能够迅速地获取广博的知识,教师要成为学生获取新知识的引领者,尽可能多地满足学生的需要,就必须不断地提升知识水平、拓展知识面。只有如此,教师才能真正成为学生发展的促进者。

(三)教育理论素质

教育教学工作是一种培养人的专业工作。"从专业社会学的角度看,教育行动与教育活动才是教师表现其专业水平与专业能力的主要领域。"一个教师要成功地扮演好自己的角色,在以所教学科知识够用的基础上,更重要的是具有教育科学方面的知识。必须懂得教育规律,掌握教学方法,了解学生的身心发展特点。只有这样,才能确保教师有效地履行自己的专业工作职责。

(四)教育教学能力素质

教育教学能力是指教师达到教育教学目标,取得教育教学成效所具有的潜在的可能性,它是反映教师个体顺利完成教育教学任务的直接有效的心理特征。教师的特殊角色决定了他除具有现代人的基本能力素质外,还必须具备完成教育教学任务的特殊能力。如分析、处理教材的能力;了解、分析学生的能力;选择和运用教育教学原则和方法的能力;语言表达能力和组织管理能力;教学反思和教学研究能力等。

(五)身心素质

身心健康是现代教师必备的条件。现代生活节奏加快、竞争压力加大,面对社会和家庭对教育越来越高的期望值,原本繁重的教师劳动无疑又加大了压力。面对这些压力,教师必须有一个健康的身体和良好的心理素质,才能承受来自社会、学生和自身专业发展的压力,不断地战胜挫折和困难,提升自身对社会和专业发展的适应能力,使自己成为名副其实的专业化合格的教师。

【阅读资料6-1】[①]

美国佛罗里达州在70年代对教师能力的要求

① 量度及评价学生的能力；
② 进行教学设计的能力；
③ 教学演作的能力；
④ 负担行政职责的能力；
⑤ 沟通能力；
⑥ 发展个人技巧；
⑦ 使学生自我发展的能力。

第三节 现代中小学教师管理的基本内容与方法

一、教师管理的基本内容

从教师管理的基本流程来看，教师管理的基本内容包括：教师的选聘、任用、绩效评估和教师的培训与提高等几个方面：

（一）教师的选聘

教师的选聘包括新教师的挑选招聘和在职教师的岗位聘任两部分。

1. 新教师招聘的基本形式和方法

近年来，挑选招聘新教师一般以人才市场现场招聘或网络间接招聘这两种形式为主。招聘的基本方法一般是资格审查法、阅档法、考察法和试用法四种方法综合运用。

首先，资格审查法。资格审查法是新教师招聘的第一个环节。主要是根据《中华人民共和国教师法》第十条规定的标准，即"中国公民凡遵守宪法和法律，热爱教育事业，具有良好的思想品德，具备本法规定的学历或者经国家教师资格考试合格，有教育、教学能力，经认定合格的，可以取得教师资格"，对新教师进行资格审查。

---

① 转引自郑肇桢著. 教师教育[M]. 香港中文大学出版社，1987年版，第58-59页.

其次，阅档法。阅档法是新教师招聘的一个重要的环节。通过对新教师档案的查阅，可以全面地了解他们的思想政治表现、学习经历、知识结构、研究能力以及社会交往等方面的经验和能力等。

第三，考察法。考察法是对新教师教育、教学能力的实际考察。一般有两种形式：一是与新教师座谈的形式，就教育教学中的问题，让新教师谈谈解决问题的方法和思路，从中考察他们的实际能力。二是安排新教师试讲的形式，通过试讲考察他们对知识掌握的程度和运用知识的能力。

第四，试用法。试用法是我国教师录用始终坚持的一种方法，对新教师设有一年试用期，期满后，在思想品德和教育教学方面没有问题的即可转为正式教师。在计划经济的条件下，由于师范院校的毕业生是由国家统一分配到教师岗位的，学校没有录用权或不录用权，因此，试用法的实际效益并没用体现出来。随着经济体制的改革，学校用人自主权的扩大，试用法才越来越显示出它在人才挑选中的客观性和准确性。

2. 新教师招聘观念和招聘形式的变化

近年来，随着教师市场的不断扩大和教育教学改革对教师要求的不断提高，学校在新教师的招聘观念和招聘形式上都发生了一定的变化，主要体现在以下三个方面：

首先，从重单一的学历向学历与能力综合考虑转变。随着教师资格的规范化和高等师范教育的发展，应聘教师的学历全部达到国家要求的标准。在高学历与教育教学能力的选择上，人们开始从单一的重学历向学历与能力综合考虑转变。选聘时，不仅仅是通过档案成绩来考察应聘教师，决定取舍，而是在阅档的基础上，增加了试讲、试用等形式，在实践中考察应聘教师的知识水平，驾驭教材、管理课堂和教育学生的综合能力。

其次，从重单一的学科知识向多学科的综合知识转变。随着中小学课程改革的深入，特别是综合实践课程、校本课程和选修课程的设立，对教师综合知识和创新能力提出了更高的要求。因此，学校招聘新教师不仅要求能承担一门必修课程的教学，而且要求能同时承担一门选修课或综合实践课程。从近年的教师市场行情看，一些既有学科专长，又有计算机、绘画、书法和其他操作技术的应聘者很受青睐。

第三，从重单一的教育教学能力向教学、科研、社交、组织等多方面的综合能力转变。一些有教育教学工作经历的应聘者得到优先录用；同时应聘者的科研成果和社交活动的记载也成了用人单位考察的一项重要内容。

（二）教师的任用

所谓教师的任用，就是在充分了解和正确认识教师的基础上，根据有关规定和工作需要,按照"扬长避短、能职相称、因事择人"的原则,合理安排教师的工作岗位。教师的任用是否科学合理直接关系到教师个体积极性的发挥,直接影响到教育教学工作的成效。因此,要科学合理地任用教师,必须做到以下几点:

1. 充分了解和正确认识教师

充分了解和正确认识教师是任用教师的前提条件。作为学校的管理者,不仅要了解教师群体的思想动态、业务水平、科研能力,而且还要了解教师个体的志向追求、发展潜力以及性格特征等。在了解教师的过程中,要注意以下三个问题:首先,要辩证地看人,不能求全责备。人无完人、金无足赤,十全十美的人是很难找到的,要看主流,看根本,把握主要的表现和才能,对次要的方面不必苛求。其次,要发展地看人。

2. 科学安排确定教师的工作岗位

科学安排确定教师的工作岗位是任用教师的关键环节。科学安排教师的工作岗位,一是要坚持"扬长避短"的原则。教师也有不同的兴趣爱好和专业特长,作为学校的管理者安排教师岗位就要考虑到扬其长,避其短,以利于教师积极性的发挥。二是要坚持"能职相称"的原则。能职相称也称能级相称,是现代管理的基本原则之一。它是指根据管理对象的能量性质和大小进行使用和管理,以充分发挥其作用,有效地实现管理目标的行为准则。随着我国教师人事制度的改革,中小学教师全员聘任合同制已得到广泛的推广。这是与社会主义市场经济相适应的学校用人机制的改革。在中小学教师全员聘任合同制的实践中,学校管理者转变了重学历、重资格的传统用人方式,在教师的安排任用上,转向重能力、重实绩,真正体现了"因事择人、能职相称"的原则。

(三) 教师的绩效评估

所谓教师的绩效评估,就是对教师的工作进行评价,以便形成客观公正的人事决策的过程。

中小学教师的绩效评估,至少应包括以下四个方面的内容:一是师德表现;二是教育教学任务完成的情况;三是创新精神与成就;四是终身学习的意识与成绩。在对教师的绩效进行评估的过程中,要按照"客观公正"的原则,努力做到以下几点:

1. 全面考核教师工作绩效

要做到全面考核教师工作,一是要建立多维的评价指标体系,从教师的思想品德、教育教学能力与实际水平、创新意识与成果等多方面进行评价;二是要确立多元化的评价主体。在评价过程中,领导和学生对教师的评价占有重要的位置。但是,教师群体和学生家长等对教师的评价也是一个不可忽视的方面,特别是教师的自我评价,对教师整体评价的形成具有十分重要的意义。

2. 科学评价教师的工作绩效

要做到科学评价教师工作绩效,应做到以下三个结合:① 定量与定性相结合。教师的工作的特点决定了对教师工作绩效评估必须坚持"定量与定性相结合"。教师的工作一部分可以通过数量来计算和评估,例如授课的数量、所带班级的学生数量、科研成果的数量、获奖的数量等。从这一角度出发,教师评价的指标应当尽可能数量化。然而教师在日常的教育教学过程中还有大量无法数量化工作,如教师的思想品德方面就有相当大的部分无法量化;另外,教师育人的质量除部分可以量化(如学业成绩、体育锻炼标准)以外,还有许多因素是难以量化的。因此,教师评价中除定量分析之外,还要坚持定性分析,并将两者很好地结合起来。② 结果与过程相结合。在基层中小学的教师评价中,评价人员往往存在只注意教师的工作结果而忽视工作过程的情况。实际上,工作结果重要,工作过程(产生结果的原因)也很重要。虽然在通常情况下,教师的工作结果的优劣与其工作过程的好坏是一致的。但是在某些情况下,教师的工作结果并不是其工作过程的真实反映。例如,某教师任教的某班的成绩在年级中名列前茅。这一事实表明,某教师的工作结果是好的;但是这一结果的取得是不是通过巩固学生的基础知识,提高其分析问题、解决问题的能力获得的呢?对这种情况要经过仔细的分析才能下结论。③ 个体与群体相结合。个体的自我评价,一方面可以真实地展现自我的工作思路、工作过程,以及在工作过程中遇到的困难程度和阻力大小、工作结果等;另一方面,可以透视出个体的思想品德、自我评价标准、自我评价能力和发展潜力等重要的品质,对教师这些重要品质的把握,是其他任何评价形式所无法达到的。群体的评价包括领导群体、教师群体和学生群体等层次,这些层次从不同的角度对教师的工作进行反馈。将群体的反馈结果和个体的评价结果结合起来进行分析,其评价结果的客观性、公正性将会大大提高。

(四)教师的培训与提高

有目的、有计划地培养教师,提升教师队伍的专业素质是教师管理的重要任务。教育者须先受教育,在学习化的社会中,教师专业素质的提升是一个动态的、永恒的过程,它伴随着教师职业生涯的始终。教师作为教育者,必须不断学习新的理论、新的知识、新的方法,提高专业素质,才能跟上科学发展的步伐,适应时代和社会的要求。

教师的培养目标应当是在马列主义、毛泽东思想指导下,通过引导、帮助教师学习教育方针、政策、教育基础理论和专业文化知识,增强教师的事业心和责任心,造就一支政治思想好、专业水平高;既懂得教育理论,又有丰富的实践经验;既能教书,又善育人的专业化的教师队伍。

组织教师参加各类进修是培养教师的重要途径,它对提高整个师资队伍的

素质水平,保证日益深化的教育改革的顺利进行,其意义是不言而喻的。20世纪50年代,由于苏联人造卫星上天的冲击,美国教育界人士惊呼"教育危机",于是组织一批学者、专家,开展了一场以自然科学为中心的声势浩大的课程改革运动,但是最终却以失败告终。这不能归咎于教育现代化的问题,而是这批推进改革的学者、专家,没能得到教学第一线的广大教师的理解和合作;忽视教师的培训,教师无法适应新教材、教学方法亦未能相应改变。这是美国课程改革失败的主要原因。

面对我国基础教育课程改革形势发展的需要,必须把教师的培养、提高作为一项具有战略意义的重要工作来抓,有计划、有步骤地培训教师,更新教育理念,提高教师适应新课程、建设新课程的能力。作为一名学校领导者,必须努力去探索符合本校实际的教师继续教育之路。目前教师培训按照岗位性质区分,主要有以下几种:

1. 脱产培训

脱产培训是指教师离开工作岗位,到有关的大学、教育学院或教师进修学校进行再学习的方式。我国中小学教师的脱产培训主要有两种目的:一种是为了提高学历;另一种是提高教学和科研水平。脱产培训的形式包括以提高学历为目的的离职攻读专科、专升本、教育硕士、博士等培训,也包括以提高教学和科研水平为目的的短期脱产进行专题培训和脱产到有关的大学和研究机构访问学者。脱产培训的学习方式,便于教师集中精力学习,满足了教师对更高学历的向往和对新知识的追求;同时可以充分地利用高等院校的人才优势,提高教师队伍的素质。

2. 在职培训

在职培训的形式既包括以提高学历为目的的在职攻读专科、专升本、本科等培训,也包括以提高教学和科研水平为目的的在岗进行的专题培训,参加市、区(县)组织的教研活动,学习研究生课程班课程等。同时,还包括近年来开始兴起的校本培训和终身学习理念指导下的自我学习形式。在职培训既有夜大、函授大学和网络大学等形式;也有专题培训班、专题论坛和学术报告等形式。在中小学,教师的在职培训主要有以下三种形式:① 函授或远程教育培训。由于中小学教师名额少,工作多,脱产进修的机会相当少。他们主要是利用寒暑假和双休日,通过函授或远程教育进行学历提高的培训。② 校本培训。这是一种近年来开始兴起的培训方式,即由学校自己组织,聘请大学或学院有关专家参与设计,针对学校实际制订培训方案。校本培训在国外较为流行,如英国很多中学以学校为基地,教师成立学习小组,通过共同"诊断"讨论,解决学校中存在的问题和教师在课堂中面临的难题。校本培训可以是讲座型,即请校外专家到校定期开设系列讲座,讲座内容由学校和专家商定;也可以请大学有关院、系单独为本校开办研究生课程班;还可以自己组织,由本校优秀教师介绍教学心得或定期观摩课堂教学等。校本培训的优点是密切针对学校实际,培训的实效性突出,因为它完全是学校自行策划、自行组织的,另外培训费用也比较低,受益面比较广;其缺点是组织起来有一定难度,培训的面也比较窄,对师资条件不太理想的学校来说培训质量也很难得到保证。此外,这种培训往往与学历联系不起来,在一定程度上影响了教师学习的积极性。

【阅读资料6-2】[①]

一所中学开展校本培训的实例

"自主发展教育"是K校经过长期努力而形成的办学特色。

1998年,经市、区教育行政部门批准,K校在校内开展了以"自主发展教育"为主题的校本教师培训。K校筹备和实施校本培训的工作流程如:

明确目标:"自主发展教育"办学特色要内化为教师的自觉意识

↓

编制大纲:将有关"自主发展教育"的研究成果转化为培训的课程形式

↓

确定培训教材:确定主导教材和辅助教材

↓

设计培训形式:理论学习,提高认识起点;实践观摩,加深理论体会;切磋研讨,促进互补互动;总结提高,利于实践指导

↓

落实培训师资:安排对"自主发展教育"办学思想和操作模式把握最全面、最准确的同志担任培训的主讲教师

↓

严格培训管理:详尽的教学计划→规范的学籍登记→严格的出勤统计→认真的学业考核

3. 自我学习

自我学习的形式即重在教师自身的反思性学习与研究。今天的教师不能成为单纯的"教书匠",而必须是研究者,每一个教师都应该做到一边教学,一边研

---

① 林森,陈贺主编.现代中小学教育管理教程[M].吉林大学出版社,2002年版.

究。就研究而言，自我学习和自主培训也许是最好、最有效的培训方式。自主培训没有特定的形式，主要是教师根据自身的情况阅读材料，请教他人，记下学习收获。学校要为教师的自主培训创造条件，对确实有进步的教师给予表彰。几乎每一所学校都有一些特别出色的教学骨干，这些教学骨干其实就是自主培训的典范，学校要及时总结、推广他们的经验。自主培训的优点是不拘形式，教师自己可以灵活掌握，对自己的长处和短处也最了解；其缺点是教师要有较高的自觉性和悟性，否则就难以达到理想的培训效果。

【阅读资料6-3】[①]

未来展望：教师培训的精致化

教师培训的精致化是一个国家教师培训事业发展到一定阶段必然要提出的问题。我国的教师培训事业还需要更上一个台阶，努力实现由粗放型的教师培训向精致化的教师培训转变。可以认为，精致化很可能是我国未来教师培训的一个重要趋向。

教师培训精致化的基本目标是追求教师培训的高效与完美，其基本特点可以概括为下列五个方面：

第一，不仅要"有"，而且要"卓越"。在教师培训的初期，数量和规模就是进步的标志。但是当教师培训发展到一定阶段，培训的重点必然会由数量逐渐转向质量。教师培训精致化就是要追求培训数量和质量的平衡，在保证数量的同时，强调质量的"卓越"。

第二，不仅要增加投入，而且要提高效益。随着我国国民经济的发展和科教兴国战略的确立，政府对教师培训的投入逐年增长。据"全国中小学教师继续教育和校长培训工作会议"透露，国家将投入1亿元人民币，用于1万名骨干教师的国家级培训。这人均1万元的强投入，是前所未有的。然而，按照教师培训精致化的要求，越是在投入增加的情况下，越应当注重经费的科学合理使用。如果所增加的投入仅仅用于提高教师的讲课金、学员的食宿标准；如果所增加的投入仅仅用于购买现代化的培训设施，却不能在培训中充分地加以利用；如果所增加的投入不能与培训的实效同步增长，那就完全脱离了教师培训精致化的要求。

第三，不仅要开拓，而且要完善。教师培训事业的发展，需要对培训工作进行开拓和创新。在我国教师培训事业发展过程中形成的研修培训、校本培训等培训模式，均是开拓创新的结果。然而教师培训的模式不可能日新月异，在开拓

[①] 吴志宏，等编著.新编教育管理学[M].华东师范大学出版社，2008年版。

创新之后必须要考虑培训模式的完善问题。

第四，不仅要培训学员，而且要培训教师。教师培训硬件环境的改善，并非一定与教师培训的效果等量增长。如果培训机构的教师本身观念陈旧；如果培训机构的教师知识老化；如果培训机构的教师不善于利用现代化的硬件设施，教师培训的精致化便无从谈起。因此，培训者的培训必然是教师培训精致化的一个非常重要的方面。

第五，不仅要建设培训机构，而且要建设社会化的培训辅助系统。信息化时代的教师培训不能仅仅依赖于培训机构的单打独斗，而要充分挖掘社会资源，建设社会化的培训辅助系统或支援系统，从而建立起一种高效的大培训网络。

二、教师管理的基本方法

教师管理的基本方法是在学校总的管理方法的基础上，针对教师工作的特性和心理特点而实施的管理方法。主要有思想政治教育、制度约束、民主参与等。

（一）思想政治教育

思想政治教育是教师管理的最根本的方法。教师是"人类灵魂的工程师"，肩负着培养"有理想、有道德、有文化、有纪律"的社会主义的建设者和接班人的重任。教师的世界观、人生观和价值观对学生的成长起着潜移默化的影响，特别是中小学生，他们有着突出的"向师性"，教师的言谈举止都将成为学生学习和模仿的对象。因此，要使教师形成高尚的内在品德，就必须加强教师的思想政治教育。教师思想政治教育的主要内容有以下三个方面：

1. 马克思主义基本理论的教育

马列主义、毛泽东思想、邓小平理论和"三个代表"的思想，是教师共产主义世界观、人生观和价值观确立的思想基础。教师只有坚定正确的政治方向，坚持社会主义信念，才能够自觉的坚持四项基本原则，担起培养社会主义建设和接班人的重任，并为社会主义的教育事业而奋斗、献身。

2. 时事政治教育

科技进步和信息社会的到来，深刻地改变着人们的思想观念、思维方式和生活方式。同时也深刻地影响着政治制度和经济制度的变革。教师要给学生的发展以积极的影响，就必须跟上发展的社会，适应变革的制度。因此，通过时事政治教育，能够使教师了解国家的大政方针、根据时代发展要求去开拓教育教学工作的新局面。

3. 职业道德教育

教师职业是专门的一种职业，有着自身的职业道德准则。教育教师自觉地

用职业道德规范自己的行为,是对一名合格教师的起码要求。国家教委和全国教育工会于1991年发布的《中小学教师职业道德规范》中指出,中小学教师应认真学习,严格遵守,努力做到敬业爱岗,热爱学生,勤奋学习,努力工作,积极创新,通过自身良好的职业道德影响和教育学生。

(二) 制度约束

无规矩不成方圆。学校各项工作必须在规章制度的约束下,才能有序运行。执行必要的规章制度是保证教师的工作质量、提高管理效率所必需的,也是教师管理的基本方法。采用制度约束法,主要做到以下几点:

1. 明确教师岗位责任制

岗位责任制是根据教师所在的不同岗位、所任的不同学科,明确规定其工作职责和具体工作量。实行岗位责任制不仅有利于强化教师的责任意识,改变"干与不干一个样,干多干少一个样,干好干坏一个样"的状况;而且有利于教师进行自我约束和对教师工作进行科学的考核。

2. 严格考核制度

考核是对教师的工作实绩进行检查评估,岗位责任制要与考核制配套。只有认真地进行考核,按照标准实事求是、恰如其分地检查评估教师的工作,才能使岗位责任制的作用得以发挥。

3. 执行奖惩制度

奖惩制度是根据岗位责任制落实情况而实行的一种肯定和惩戒。奖惩制度要同教师的经济利益、政治待遇挂钩,在对教师进行科学考核的基础上奖勤罚懒,奖优罚劣。实行奖惩制要贯彻以精神鼓励为主、物质奖励为辅,二者有机结合的原则。

(三) 民主参与

教师是学校的主体,只有使作为主体的教师的主人翁地位得以真正的体现,才能使教师的积极性、主动性和创造性得到最大限度的发挥。这就要充分发扬民主,让教师直接参与管理。参与的方式主要有以下几种:

(1) 建立教职工代表大会。教职工代表大会的职权范围是审议校长的工作报告、讨论、研究、批准学校重大决策和对学校工作提出意见和建议。

(2) 充分发挥学校工会的作用。通过工会组织参与学校的民主管理和民主监督。

(3) 建立有教师参加的学校领导参谋咨询机构、校长接待日和校长邮箱。通过上述形式听取教师对学校重要决策的意见,保障教师参与学校的管理权,发挥教师管理学校的积极性和主动性。

思考与练习

1. 谈谈教师的权利与义务。
2. 从师生关系的角度,谈谈新课程实施对中小学教师角色提出的要求。
3. 从课程运作的角度看,谈谈新课程实施对中小学教师角色提出的要求。
4. 从教师自身的角度看,谈谈新课程实施对中小学教师角色提出的要求。
5. 准确阐述现代中小学教师的素质要求。
6. 准确阐述教师管理的基本内容与方法。

第七章 现代中小学生管理

内容提要

本章主要阐述现代中小学生发展特点;现代学生观的内涵;现代中小学生的常规管理和常能训练的内容与方法;现代中小学生成长的"重要他人"。

学习目标

1. 准确阐述现代中小学生的特点。
2. 准确阐述现代学生观的内涵。
3. 准确阐述现代中小学生的常规管理和常能训练的内容。
4. 能运用现代中小学生管理方法处理问题。
5. 准确阐述教师在学生发展中发挥主导作用应具备的条件。
6. 准确阐述家庭教育应遵循的原则。

学生管理作为学校管理的重要组成部分,它伴随着学校的产生而产生,战国时期稷下学宫的《弟子职》就是我国最早的学生管理守则。随着学校管理活动的不断发展,学生管理的理念、内容与方法都发生了深刻的变化。在学生管理理念上,正在从传统的科学管理走向现代的人本管理;在学生管理方式和方法上,由传统的约束方式为主转向现代的服务方式为主;在评价方法上,由传统的量化考评为主转向学生成长纪录为主的发展性评价。在学生管理的价值追求上,也由约束学生"成材"转向帮助学生"成人"。面对上述变革,学生管理者能否适应变化了的管理内容和形式;能否实现现代学生管理的价值追求,关键取决于管理者学生观的转变。因此,树立现代学生观是做好学生管理工作的前提和思想基础,抓好中小学生的常规管理和常能训练是帮助学生"成人"的基础性工程。准确地把握中小学生的身心发展特点,是选择学生管理方法的重要依据。此外,学生成长的"重要他人"具有不可替代的重要作用。

第一节 现代中小学生的特点

一、现代小学生的特点

小学生是六七岁到十一二岁的儿童,他们处于儿童发展的关键期。他们开始告别幼儿园走进学校,同时,他们的主导活动也转为正规系统的学习;他们逐步掌握书面言语,第二信号系统进入加速发展期;在严格系统的教育影响下,一系列良好的心理品质,如有意性、自觉性、稳定性等在他们身上不断形成和发展。这是对小学生特点的一般描述,下面做几点具体说明:

(一)小学生大脑的特点

1. 脑的重量继续增加,并逐步接近成人的水平

生理学的研究材料表明,新生儿脑重量为 390 克,10 个月儿童为 660 克,3 岁儿童为 1 011 克,7 岁儿童为 1 280 克,9 岁儿童为 1 350 克,12 岁儿童接近成人脑重量 1 400 克。儿童脑重量的增加,意味着脑细胞体积的增大和纤维的增长。

2. 额叶显著增大

小学生大脑各部分都在不断增长,其中额叶的增长更为明显。额叶的增大是现代人类与人类祖先类人猿的重要区别之一,因此,额叶与人类的智慧活动紧密相连。小学生额叶的显著增大,在其高级神经活动的发展上有着重要的意义。

(二)小学生思维的特点

思维是客观事物在人脑中的概括和间接的反映,是借助言语来实现的,是在感知的基础上产生的认识的高级阶段,是人智力水平的重要尺度。概括来讲,小学生思维的基本特点是:思维中的具体形象成分在逐步减少,抽象逻辑成分在不断增多,即从具体形象思维向抽象逻辑思维逐步过渡,总体上,抽象逻辑思维未占主导地位。小学生的抽象逻辑思维与高中生有明显不同,它有很大的具体形象性、不自觉性和不平衡性。小学生掌握的概念往往是具体形象的,如他们心目中的"鸟"是会"飞"的动物,而不是有"羽毛"的动物;他们认为"机械"就是"齿轮"的组合体,而不是有"能"的转换的东西;他们思维中的"水果"就是一个个苹果等具体的水果。你若先给他们一个抽象的概念,而后不紧随大量的鲜活的例证,那么他们就很难理解这个抽象概念。这都说明小学生的抽象逻辑思维的具体形象

性。再者,小学生常常不能说出自己解决问题的思维过程,更难以对自己的思维过程进行检查、调节和控制。这说明他们的思维具有很大的不自觉性。还有,面对不同的学习内容,小学生常常表现出不同水平的抽象逻辑思维,如在算术中有较高的抽象水平,能进行四则混合运算,但在历史中,思维却处于具体表象水平,难以理解社会历史发展的规律。这说明他们的思维具有不平衡性。

(三) 小学生情感的特点

情感是与人的社会性需要相联系的一种心理体验,包括道德感、理智感和美感。儿童的情感在学前阶段刚开始发生和发展,进入学校以后,在严格系统的正规教育下,他们的各种情感有了快速的进一步的发展。

1. 道德感

小学生的责任感和义务感萌生。小学生在班集体中,为了完成老师交给的学习任务,为了达到班级共同的目标,逐步产生了责任感和义务感。在思想品德教育中,通过学习先进人物,而萌发正义感;在领略祖国大好河山和了解历史文明以及改革开放以来我国取得的巨大成就的过程中,爱国主义情感油然而生。在与同学交往中友谊感逐步产生。在集体活动中,集体主义情感得到培养。值得注意的是,小学生的爱国主义情感往往带有狭隘的民族主义成分,国际主义情感尚未形成;再者,他们容易把友谊和哥们义气混为一谈,哥们义气较浓重,友谊感体验不深刻。

2. 美感

小学生的美感主要是在绘画、音乐、舞蹈、表演、阅读文学作品等活动中发展起来的。他们的美感主要由作品的内容来激起,而很少指向作品的形式。如他们喜欢正面人物,憎恶反面人物;喜剧引起美感,悲剧则无美的体验;很少由作者的写作技巧或表演风格引起美感。

3. 理智感

小学生的理智感主要体现在求知欲的扩大和加深上,它主要是在教学过程中发展起来的。在当前的小学教学中强调学生的主体性,注重师生多层次、多方式的互动,使小学生的求知欲不断加深,他们不满足于"是什么",更喜欢"为什么"。在当前中小学新课程改革中,强调教材内容和教材外的内容互补互动,这使小学生对知识的渴望突破了课堂的束缚,而指向生活中的方方面面,求知欲在"面"上明显拓宽。值得注意的是,较之于抽象材料,小学生对形象材料有更强烈的求知欲。

(四) 小学生意志的特点

意志是人们自觉克服困难以达成预定目标的心理过程。个人在意志行动中所表现出来的稳定特点,称为意志品质。优良的意志品质有自觉性、果断性、坚持性和自制力等。在学前阶段,这些良好的意志品质尚未形成,儿童进入小学后,在正规的教育下,一系列良好的意志品质有了较大发展。

1. **主动性和独立性的发展**

主动性和独立性指儿童善于自觉地、主动地、独立地调节自己的行为,使它服从于一定的目的任务,而不是靠外力的督促和管理。小学低年级学生的主动性和独立性还是很差的,外力作用在儿童行为上有重要作用。在弘扬学生主体性、发挥学生独立性的教育下,中高年级学生在意志行动中的主动性和独立性有了较快发展。但应看到,在整个小学阶段,儿童按照一定的原则、观点来自主调节自己行为的能力还是较差的。

2. **坚持性**

坚持性就是儿童能克服来自内外困难,坚决完成任务的意志品质。在学前阶段,儿童的坚持性,特别是基于自觉的坚持性很差,他们所表现出的坚持性往往是基于外力的督促。在正规的教育下,小学生基于主动的坚持性发展起来了。

3. **果断性**

果断性是指儿童善于辨别是非,及时做出决定并执行决定的能力。小学低年级学生和学前儿童相似,还不善于做出理智的决定,更多的是受外力和情绪的影响而做出决定。随着各种行为规范的掌握和相应的责任感、义务感的形成,他们开始能够排除各种诱惑和情绪的干扰,而理性地做出决策。但是,当面对复杂局面时,小学生的果断性还是很差的。

4. **自制力**

自制力是指人善于控制和支配自己行动的能力。小学低年级的学生自制力较差,课堂问题较多。在严格的要求下,中高年级学生的自制力有了较大发展,而在多数情况下,小学生所表现出的自制力是基于外力的监督而非自觉。

(五)**小学生学习活动中的个性特点**

小学生的主导活动是学习,因此,这里将重点介绍学习活动中小学生所表现出的个性特点,如学习动机、学习兴趣、学习能力等方面。

1. **学习动机的发展特点**

动机是需要的一种表现形式,是人们由于某种需要而引起的对一定事物的向往,是人行动的内驱力。学习动机是儿童学习的内部动力,小学生的学习动机大体上可归为直接动机和间接动机两大类。直接动机是与学习活动本身相联系的学习动机,如由对知识的渴望、喜欢学习过程以及对高分数的渴望等因素引起的学习动机都属于直接动机。而由学习活动的功利性结果引起的学习动机叫间接动机,如为了将来出人头地或为社会做贡献而引起的学习动机就属于间接动机。相关研究材料表明:小学低年级儿童主要的学习动机是直接动机,他们对上

课、做作业、老师评判作业或打分等学习中的具体环节有浓厚的兴趣,并由此激发了他们的学习动机。中高年级学生开始把间接动机作为主要的学习动机。研究材料表明,小学一二年级学生无明显的间接动机,三年级有这种动机的占15％,四年级占31％,五年级占48％～50％。

2. 学习兴趣的发展特点

(1) 小学低年级学生的兴趣指向学习的过程和学习的外部活动形式;中高年级学生的兴趣点是学习的内容和学习中的思维活动。初入学的学生感兴趣的是各种学习形式,如一会儿识字,一会儿计算,一会儿写字,他们对学习内容和智力活动兴趣不大。在正规的教育下,中高年级的学生开始对学习内容和思考性、创造性的学习活动更有兴趣。如他们对应用题的兴趣胜过算式题,默写的兴趣高于抄写,讲解的兴趣强于描述,"为什么"的兴趣浓于"是什么"。

(2) 小学低年级学生的学习兴趣不分化,以后逐步产生了初步的分化性兴趣。在低年级,作为个人独特爱好的分化性学习兴趣还没有形成。只有从中年级开始,随着儿童在不同学科所取得的不同成绩,特别是不同学科教师的不同影响,对学科的初步的分化性兴趣才逐步产生。但是,小学生的学科兴趣是不稳定的、易变的,在很大程度上取决于儿童的学习成绩和教师的教学风格。

(3) 小学生对有关具体事实和经验的知识更有兴趣,对抽象因果关系知识的兴趣正在初步发展中。小学生在看故事或小说时,关注的是事件的进程和变化,而对人物的内心体验和作品的意义不加思索。只有到了小学高年级,对抽象知识的兴趣才开始发展,有关"为什么"的问题才逐步增多。

(4) 小学低年级学生对学习中的游戏有一定兴趣,随后对正规学习的兴趣与日俱增。研究表明,一二年级学生对具有游戏因素,但又不是把学习变成游戏的学习方式很感兴趣。中高年级学生更喜欢正规的学习,因为这样才像真正的小学生。

(5) 在阅读兴趣方面,一般是从课内阅读发展到课外阅读,从他读到自读,从童话故事到英雄人物和有惊险情节的作品以及科普读物。从课内阅读兴趣发展到课外阅读兴趣的转化,在很大程度上取决于教师的引导,有经验的教师在教学中经常提到自己在课外阅读中看到的有趣的东西,诱导和暗示学生进行课外阅读。从他读兴趣到自读兴趣的过渡,与教师的教育艺术有较大关系。有的教师在讲故事讲到有趣或关键之处,就故意停下来,诱导儿童自己去读,这是培养学生自读兴趣的有效方法。此外,随着学生心理的不断成熟和科学意识的逐步增强,对童话兴趣的减弱和对科普读物兴趣的增强则是必然的。

(6) 对社会政治生活的兴趣逐步产生和加强。在社会政治生活兴趣方面,学前儿童尚无明显表现,小学低年级开始萌芽,中高年级才有明显表现。如,几乎所有中高年级学生,对1999年美国炸中国驻南斯拉夫大使馆一事,表现出十分关注和极大愤慨。

二、初中生的特点

初中学生是十一二岁到十四五岁的少年,他们处于人身心发展年龄阶段的少年期,是儿童从幼稚期向成熟期发展的过渡期。这就决定了初中学生身心发展的一个典型特征:半幼稚、半成熟,独立性和依赖性并存,主动性和被动性共生。少年期是一个错综复杂、充满矛盾的时期。一方面,他们有像成人那样成熟的特点;另一方面,他们也有像小孩那样的幼稚地方。他们能够学习一些系统的科学知识,理解一些深刻的理论问题,但是,他们看问题还很不全面、很不深刻;他们有时能自觉主动地完成学习任务,同时,许多时候还缺乏自我管理的能力;他们有时很懂事,可有时又很无礼;他们可以独立做许多事,但有些事他们力不从心;他们希望周围的人把他们当作"大人"加以尊重,可同时他们又时常冒稚气而不像大人;他们开始恋爱,可又不懂真正的爱情。他们既不像小学生那样听话,又不像高中生那样自觉。难怪有许多人把少年期视作"事故多发"的危险时期。正因为如此,了解他们的身心特征,施加科学的教育,就显得尤为重要。

(一)初中生的生理特点

1. 少年期是一个新的生理上快速生长的时期

人的生理发展有两个"高峰"期:一是0～1岁的乳儿期,二是少年期。初中生身高每年增加7厘米,体重增加5～6公斤。相比之下,他们的肌肉和心脏的发育相对滞后,因而,他们"高大"而无力,活动时易疲劳。

2. 性开始成熟,进入青春发育期

1975年上海地区的调查材料表明,进入青春期的年龄是男孩13～14岁,女孩12～13岁。现在,人们物质生活水平有了极大提高,加之文化传媒中的性刺激越来越多,因此,现在的初中生绝大多数都已进入了性成熟期。性的成熟带来了生理上的巨大变化,典型的是"第二性征"的出现。性生理的成熟必然带来性心理的产生,对初中生的性教育直接关系到他们的健康成长。

3. 大脑皮质发生了巨大变化

初中生的脑重量无明显增大,但联系大脑各部分的神经纤维在大量增加,脑神经细胞的分化技能达到成人水平,大脑的机能有显著的增强。

(二)初中生的思维特点

初中生思维发展的一个主要特点是:抽象逻辑思维日益占有主导地位,但是,思维中的具体形象成分仍然起着重要作用。初中生的思维不同于小学生,小学生的思维正处于从具体形象思维向抽象逻辑思维的过渡,思维中抽象的成分

很少；而在初中生的思维中，抽象逻辑成分已占有相对的优势。

初中生的思维与高中生也不同，虽然初中生的抽象逻辑思维开始占优势，但基本上还是属于"经验型"的，经常需要具体的感性经验的直接支持。他们最容易掌握的概念是那些有直观形象作支柱的概念，如"奴隶"概念中的"贫困"、"无自由"，"奴隶主"概念中的"富有"、"权利"等直观形象帮助初中生理解这些概念；而对于没有直观形象支撑的"奴隶制度"，初中生则难以理解。而高中生的思维正处于从经验型向理论型的转化之中，高中生已经能够脱离具体形象的支撑来进行抽象思维了。

（三）初中生的个性特点

1. 自我意识的发展特点

少年对于人的内部世界、内心品质发生了兴趣，开始有了了解别人和自己的个性特点、了解自己的体验和评价自己的愿望。小学生认识和评价的对象，主要是外部直观事物，很少指向人的内心世界，他们看文艺作品时，兴奋点在于故事情节，而非人物的内心体验。初中生则越来越注意和关心人物的内心世界、个性品质，他们更多地议论和评价人物的行为动机和个性特点。初中生开始能够理智地按自己的标准去评价他人和自己，不再盲从他人。起初他们学会的是评价自己，以后才逐步学会评价他人；起初他们只能评价一个人的个别行动或品质，而后才学会比较全面地评价一个人的个性品质。

和高中生相比，初中生评价人的能力还处于较低水平。首先，他们对人的评价往往是不客观的，带有明显的情绪化色彩；其次，评价别人比较清楚，评价自己比较模糊；第三，评价易以偏概全；第四，评价不稳定。

2. 理想的发展特点

理想是一种指向未来的，以现实为依据，具有实现可能性的一种稳定的想象。小学生的理想是比较模糊的、不稳定的、缺乏理性的，近似于幻想。真正的理想是到了初中才逐步形成和发展起来的。初中生的理想有两种形式：一是理想指向具体的人物，这是初中生的主要理想形式，这些人物有武松、爱因斯坦、比尔盖茨等。他们把这些人物的行为举止作为自己的榜样加以模仿，把他们的价值观作为自己的评价标准进行评价活动。二是理想指向概括性的形象。有人把理想指向行侠仗义，有人指向柔情似水；有人指向富有，有人指向清高；有人指向奋斗，有人指向享乐；有人指向品德高尚，有人指向低级趣味。

与高中生相比，初中生的理想还是不成熟的。首先，他们往往不能全面评价理想人物，他们只看到李逵、鲁智深的"侠肝义胆"，而对他们的鲁莽和粗暴却视而不见。他们以某个富商为榜样，却不关心他们的求富之路。这样的理想是有一定危险的。其次，初中生对自己的理想人物有一种强烈的模仿欲望，而且模仿的大都是外部表现,而非内心思想和价值观。再次,少年的理想还容易发生变化。

3. 学习动机和学习兴趣的特点

初中生的间接学习动机日益发展起来,逐步成为主要的动机形式,同时,直接动机仍在起作用。再者,初中生学习动机的自觉性比小学生有了较大增强,他们开始能主动自觉地学习。初中生的学习兴趣表现出如下特点:首先,有了更明显的分化和选择性。这与他们的学习成绩和教师的教学质量直接相关;其次,有一定的深刻性。他们不像小学生那样只对形象材料感兴趣,而对理论性问题也开始发生兴趣。第三,有了更高的自觉性。他们比小学生更能自觉地、有意识地支配自己的兴趣,使之服从远大目标。

三、高中生的特点

高中生是处于十四五岁到十七八岁年龄段的青年初期的学生,此阶段是人身心发展的成熟期,年满18周岁的高中生在身心各方面已达到成人的发展水平。他们即将以一个合格公民的身份参与学习和社会生活。下面重点介绍他们的心理特点:

(一) 高中生的思维特点

1. 具有更高的抽象概括性,开始从经验型向理论型转化,辩证逻辑思维开始形成

高中一年级学生的思维还像初中生那样主要是经验型的,虽然他们有了对具体材料进行理论概括的愿望,但不从心。从高中二年级开始,他们抽象思维的理论水平得到了快速发展,他们已经能够对有些材料做出理论性和规律性的说明,又运用理论解释、论证和解决具体问题。高中生理论型逻辑思维的发展,必然导致辩证思维的初步发展。因为,他们开始看到并理解特殊和一般、归纳和演绎、理论和实践的对立统一关系。基于此,高中生已能够学习哲学的初步理论,但仍有一定困难,如总容易把哲学中的物质与自然科学中的物质混淆起来。

2. 高中生思维的组织性、深刻性、全面性、灵活性、批判性、独立性得到了高度发展

他们在学习过程中,总是首先对具体事物进行精细分析、比较、综合,找出异同,进行质的或规律性的概括,同时,把抽象出的理论运用到具体事物中去。这是他们的思维有高度组织性的表现。高中生能够自觉地从本质和规律上看问题,而不是停留在现象和偶然上,这是思维深刻性的表现。他们已经学会全面地看问题,从多方面综合评价事物,说明他们的思维已克服了片面性而走向全面。当他们发现某种方法不可能解决问题时,能够及时转向新的思路,说明他们的思

维具有灵活性。他们不盲从，喜欢挑战权威，热衷于怀疑和争论，深信"尽信书不如无书"；他们不仅思考学习材料的正确性，还把自己的思维方法的正确性、有效性作为思维的对象，说明了他们思维的独立性和批判性。

（二）高中生的自我意识特点

1. 自我评价已开始有概括性和政治色彩

高中生自我评价已开始有概括性和政治色彩，如，高中生经常用意志坚定或意志薄弱、粗枝大叶或精细认真、原则性强或无原则性、冷漠或热情、自信或自卑等概括性词汇评价自己。他们也常用有政治热情或无政治热情等政治词汇评价自己。

2. 高中生的自我评价还不十分成熟

首先，只有一部分学生能够评价自己的政治品质。其次，大多数高中生对自己的评价不是很全面和深刻。第三，相当一部分高中生没有形成自我批评的态度或形成的态度不稳定。

（三）高中生的理想特点

1. 概括性

初中生的理想大多指向具体的形象，而高中生的理想大都指向概括的形象，如文明典雅、富有活力、事业有成、感情深刻等。研究表明，有概括性理想的高中生有55%，而初中生只有6%。

2. 现实性

初中生的理想只是反映了自己强烈的主观愿望，往往不基于现实生活。对于理想是否能实现以及现在如何做才能实现理想这些问题，他们考虑不多。而高中生则不然，他们不会不切实际地异想天开，他们往往基于现实的可能性来确定理想，并有实现理想的实际行动。

（四）高中生世界观、人生观和价值观的特点

高中生已经形成了初步的世界观、人生观和价值观。这与他们心理的成熟、生活阅历的增多以及知识的丰富，特别是相关学科的学习有密切联系。当然，这种人生观、世界观和价值观还不成熟、不稳定。如高中生经常把个人的正当利益和自私自利、安逸的生活和"享乐主义"混为一谈，把社会稳定和改革、个人设计和国家利益、奋斗和享受对立起来。

一般说来，大多数高中生的世界观、人生观和价值观是正确健康的，但也应清醒地看到，由于外来文化和社会阴暗面的影响，"社会冷酷观"、"世界无情观"、"享乐主义"、"个人主义"、"自由主义"等不健康、不正确的世界观和人生观占据了一些高中生的思想世界，并支配着他们的行动，使他们人格扭曲，给他们个人和社会的健康发展埋下隐患。因此，对高中生的世界观、人生观和价值观的引导

是很有必要的。

（五）高中生学习动机和学习兴趣的特点

高中生的学习动机以间接动机占绝对优势，直接动机的作用已相当微弱。同时，其学习动机的自觉性、主动性、稳定性已达到很高水平。

高中生的学习兴趣更加深刻，也具有更大的连续性和稳定性；他们对理性的材料更感兴趣，已表现出明显的学科兴趣差异，防止和纠正高中生学科上的过分偏科，有利于他们的全面发展。

第二节　树立现代学生观

一、学生观决定着管理者的行为与管理措施的选择

学生观是指教育者对学生的基本看法，它支配着教育行为，决定着教育者的工作态度和工作方式，决定着管理者的行为与管理措施的选择。对学生的认识不同，其采取的管理方法与措施也不同。例如：19世纪德国著名的教育家赫尔巴特就认定，儿童生来有"盲目冲动的种子"和"处处驱使他的不驯服的烈性"，不坚强和温和地抓住管理的缰绳，约束其烈性，任何功课的教学都不可能顺利地进行，当前会破坏教育教学，未来则会造成"反社会的方向"。他主张在儿童尚未树立道德观念之前，说教是无效的，必须采取强制手段，于是赫尔巴特提出了以下管理儿童的措施和方法：① 惩罚的威胁。赫尔巴特说："一切管理制度首先采取的是惩罚的威胁。"② 监督。监督是不可缺少的方法。③ 命令和禁止。这要与威胁、监督配合运用。无论命令或者禁止都应明确、具体，发出之后即不再收回，要求儿童绝对服从。④ 惩罚。在实践中违反禁止和命令的事情是难以避免的，这时则采用惩罚。如剥夺自由、禁止用餐、关禁闭、打手板、使用惩罚簿等。

如果你认为学生是发展中的人，缺点和错误总是难免的，那么当你面对学生在一次次的教育之后，依然犯错误的时候，你就不会选择放弃它，不会选择惩罚的办法；相反会对他更有耐心和信心，相信自己的学生在一千次跌倒后，一千零一次就会站起来。

【阅读资料 7-1】①

东方艺术家华裔新加坡人陈瑞献与恩师王震南和陈少仪[1]

陈瑞献的父亲是福建人,1922年漂泊到印度尼西亚的苏门答腊,1943年得子陈瑞献。这人天生顽劣,读到高一,成绩单上仍是红彤彤一片,英语只有零分,品行列为"丙下"。国外一位陈瑞献研究者曾发出这样的感叹:"瑞献没有成为流氓败类,实在是个奇迹。"的确,小时候,瑞献可是个十足的"流氓坯子"。他生性好动,脾气暴烈,且爱好舞枪弄棒,还练过拳击,犹如脱缰野马,常以打架斗殴为乐事。迁至新加坡后,他的住处又是流氓会党的盘踞之地,瑞献耳濡目染,确乎不可救药了。最后发展到课堂里动武,考试时作弊。校方忍无可忍,决定将这个品行"丙下"的学子逐出校门。

就在这人生关键处,陈瑞献的两位恩师教华文的王震南和教英文的陈少仪挺身而出,去校方为他求情,才使瑞献免遭厄运。这两位老师没有"看死"瑞献,他们都发现了瑞献身上一种特有的灵气和才智。王老师用母土的儒家文化来拯救瑞献的心灵;陈老师则专为瑞献编了一套英文教材,一切从头开始。精诚所至,金石为开。瑞献终于感悟,决定用另一种方式投入人生和学业。渐渐地,他脱胎换骨了。高中毕业,他竟以优异成绩考取招生极严的南大现代语系,专修英语及英国文学。就是这样一个人,从零分,"丙下",到拟被校方开除学籍的人,27年之后,在法国巴黎,这位当年的"渔村逆子"竟西装革履走进了"世界艺术金殿"——古老的法兰西艺术研究院,成为继贝聿铭和丹下雄三之后第三位荣获该院院士的亚洲艺术家。

这个故事的精髓是陈瑞献的老师没有"看死"他。他们从其种种顽劣表现,甚至从"零"分的成绩中,看到他的"动"的一面,发现他的特点,发现他的闪光点,从深刻的观察和了解中,看到了他的"灵气和才智"。由此可见,教师的管理行为来源于对学生的正确认识。如果教师对学生缺点和错误有一个的正确认识,选择的教育方式就会充满爱,教师的爱就能改变学生的一生。为了使管理行为更有利于学生的成长,必须树立现代学生观。

二、现代学生观的内涵

随着社会的民主化推进,教育的民主化从入学机会的平等逐步走向课堂教学和学生管理的各个领域,特别是基础教育新课程的实施带来了学生观的重大

---

① 引自 1992 年 10 月 25 日中国青年报.

变革。现代学生观主要包括以下几个基本观点：

（一）学生是人

传统学生观把学生视为被动的客体，是教育者管辖的对象，是装知识的容器；而现代学生观则认为学生是人，这似乎是一个最平常不过的事实，不用特殊说明。可就是这样一个谁也不能否认的事实，在人们的认识和行为中，甚至在教师的教育理念和教育行为中体现得并不十分明确。教学中的机械灌输，学生管理中的强迫纪律、粗暴体罚和恶语中伤，并由此造成对学生的伤害，这些现象在我国中小学教育中依然存在。可见，"学生是人"这一观念，在人们心目中是十分淡薄的。

（二）中小学生是未成年的、发展中的、有着巨大发展潜能的人

1. 中小学生是未成年的人

中小学生不是"小大人"，他们具有与成人不同的身心特点。许多人把中小学生视作"小大人"，认为他们只是外形不像成人那样高大，思想和心理与成人是一样的。因此，出现儿童教育成人化现象，用成人教育的理念和方法教育儿童，其结果是对儿童的百般责怪，教育效果极差。事实上，中小学生是身心未成熟的青少年，不仅身体外形与成人不同，内心世界与成人也相去甚远。他们不如成人那么自觉，不像成人那样有记性，他们有不同于成人的看世界的视角和思考问题、解决问题的方式方法。面对与成人差异巨大的孩子，只能因材施教，方能取得满意的教育效果。

2. 学生是发展中的人

发展，是指一种连续不断的积极的变化过程。这种变化，既有量的积累，又有质的飞跃。人的发展，主要是指从出生到成熟这一过程中，身体和心理的积极变化和逐步完善的过程；包括人的身体发展（由小到大、由弱到强的过程）和人的心理发展（由简单到复杂、由低级向高级的过程）两个方面。中小学生经常犯错误是必然的。由于中小学生是未成年的人，身心各方面不成熟，做事情的能力较差，很多行为规则不明确，自我控制力较差，生活经验贫乏，缺乏必要的预见性，所以他们容易犯错误。因此，不能对中小学生求全责备，不能苛求他们的言行完全符合成人规则和社会规范；应在心理上接受他们发展中的不成熟以及发生的错误，要满腔热情地去帮助他们认识和改正错误，使他们尽快成熟起来。

3. 中小学生是有着巨大发展潜能的人

人的发展潜能，是指个体生命成长逐渐延展的可能性。早在二十世纪初，美国实用主义哲学家威廉·詹姆士就明确断定："与我们应该成为的人相比，我们只苏醒了一半。我们的热情受到打击，我们的蓝图没能展开，我们只运用了我们头脑和身体资源中的极小一部分。"另一位美国学者玛格丽特·米德认为，一个

正常健康的人只运用了其能力的6%。马斯洛也确信,人类具有大量的尚未加以利用的潜力。他认为,所有的或至少是绝大部分的婴儿,生来就具有心理发展的潜力和需要。但是,在现实生活中,很多人并没有使自己的潜能得到充分的开发,甚至大部分人至死也没能意识到自己有可供开发的无限潜能。这无疑是人类的悲剧,也是教育的悲剧。在今天的教育和学生管理中,教育者和管理者要坚信学生存在着多种发展的潜在可能性,对学生可能变化和发展到更高水平充满信心。朽木不可雕也,是教师对学生潜能的否定;破罐子破摔,是学生对自己潜能的否定。相信中小学生是有着巨大发展潜能的人,这是让每一个学生获得成功的思想基础,也是素质教育的价值追求。

(三) 学生是有差异性的人

差异性是人与人之间比较意义上做出的人之特性的判断。从个体的角度看,差异性是指每个人的独特性和唯一性。教师面对学生群体时容易忽视差异性。因为传统教育关注的是"标准产品"的生产,而不是为不同生命体的选择性发展。所以,教师在为成绩好的学生颁奖时,往往会忽视学习成绩差的学生的感受,给学习成绩差的学生造成心理压力,伤害了这些学生的自尊心,同时也为学生管理带来了许多的问题与困难。当学生管理者确立了学生是有差异性的人的观点,管理的措施与方法就会注意尊重学生的差异,尊重学生差异的管理才能成为服务学生发展的管理。

(四) 学生是以正规学习为主要任务的人

正因为中小学生是未成年的人,面对未来社会主义建设的重任,他们有很多的知识技能需要学习和训练,他们的身体、思想品德都要通过学习获得成长和发展。作为未成年人,中小学生主要的社会职责是学习知识、发展身体、增长才干。因此,学校教师必须引导学生把主要精力集中到学习上。一般情况下,不允许其他活动冲击正常的教学活动。再者,学生的学习是正规的学校教育中的学习,是一种在教师指导下,目的性、组织性、计划性和系统性都极强的学习,它是学生认识世界、发展自我的一条捷径,学校教师和学生都必须充分利用它,从而加速学生的发展。

(五) 学生是自然属性和社会属性相统一的完整的人

所有的人都有两种属性:自然属性和社会属性。所谓人的自然属性即人和动物一样具有生理需要和生理发展的规律,如饮食、性的需要等。他们有生存和生长的需要,他们和自然界一切生物一样,成长和发展是他们的必然趋势;他们的发展都要经历从弱小到强壮、由幼稚到成熟的过程。

人的社会属性是指人必须经过社会化,按照社会的要求发展自我,形成符合社会要求的知识、能力和品德等方面的素质,这是人的本质所在。正如马克思所说:"人的本质是一切社会关系的总和。"从学生的社会属性上分析,学生是有一定的社会权力、社会责任和社会需要的人。

1. 学生是一个权利主体

联合国大会于1989年11月20日通过的《儿童权利公约》规定:儿童利益最佳原则;尊重儿童尊严原则;尊重儿童观点与意见原则;无歧视原则。我国的宪法和法律对青少年儿童权利也作了明确的规定,概括起来有以下权利:生存的权利;受教育的权利;受尊重的权利;安全的权利。

2. 学生也是一个责任主体

他们是以正规学习为主要任务的人。他们的主要职责就是学习知识、培养品德、发展身体。

3. 学生是一个发展的主体

学生是一个发展的主体即学生是有主体性的人。主体性包括自主性、选择性和创造性。主体性是人的生命的本质构成。从物质层面上说,作为生物体的人,在与自然环境进行物质的和信息的交换中,他们根据自身发展的需要做出的决定,这个决定的过程是主动的、有选择性和创造性的。从精神层面上说,作为社会的人,在与社会环境进行信息交换中,人通过感觉器官接触外部世界,并根据自身的发展需要做出整合和反映,这个反映的过程是自主的、有选择性的。

4. 学生是有多种社会需要的主体

学生是有多种社会需要的主体,他们需要尊重、理解;需要交往与交流;需要被承认和发展。

三、现代学生观对学生管理者的启示

现代学生观对学生管理者具有以下三点启示:

1. 学生管理者要把学生当人看

作为学生管理者要认真研究学生特定年龄阶段身心发展的特点,要把学生当人看,必须尊重人的生命,注意启发学生的生命自觉,而非压迫人的天性。"生命性"是当代学校教育追求的最重要价值之一。所以,管理者不仅要心中有人、有人的生命,而且要有整体的人、整体的生命,处处从发展、成长的角度去关注人、关注人的生命,做好自己的工作。更要尊重学生的主体性,随着学生自我管理意识和管理能力的增强,逐渐地把管理权让位于学生自己。把管理的重点放在引导和服务于学生的自我管理上。

尊重学生特定年龄阶段身心发展的不完善和差异,引导学生在发展中逐步地完善自我;不能制订超越学生身心发展阶段的生理、心理特点的学习目标、任务和规则;要悦纳学生的缺点和错误,不能以惩治的手段对待治理学生;要以教

育者博大的爱,感化、影响学生认识自身的缺点、错误,促使学生自觉地改正错误。

2. 学生管理者要研究和尽量满足学生合理的需要

学习是学生的主要职责,但不是学生生活的全部内容。学生是一个活生生的自然人与社会人的统一体,他们有社会人合理的需要。合理需要的满足是他们发展的动力。因此,学生管理者要尽量满足学生作为一个完整的人所应有的一切合理的需要,如生理的需要、爱的需要、安全的需要、尊重的需要、求知的需要、审美的需要以及自我价值实现的需要,等等。在现实的教育管理中,管理者更多的只是强调学生的求知需要,对其他需要都有不同程度的忽视甚至否定,如对学生的体罚和人格的侮辱还偶有发生。对学生的生理需要应以社会性要求加以引导。如对中学生的早恋问题,一方面要看到其必然性和合理性,不能大惊小怪,更不能视作品德败坏而横加干涉;另一方面也应看到中学生当前的主要社会责任是长身体、增才干,而不是谈情说爱和谈婚论嫁。因此,应引导他们把爱情这份美好感情暂时深藏心中。同时,应使恋爱中的中学生认识到人类的"性"和动物的"性"不完全一样,人类有必须遵循的特殊的性道德和性法律。因此,必须把学生当作具有独立人格的人来加以尊重,满足他们的正常合理的需要,这是教育功能得以发挥的重要前提。

3. 学生管理者要学会积极的等待

发展是一个积极的变化过程。这种变化需要经过量的积累,最终才能实现质的飞跃。人的发展也是这样一个渐进的过程。因此,学生管理者要学会积极的等待,不能渴望一两次的教育就能改变学生的问题言行。积极的等待是管理者在帮助学生分析问题、认识问题、解决问题的过程中的等待,是帮助学生一步步走向成熟、成功的过程。

第三节 现代中小学生的常规管理和常能训练

一、学生常规管理和常能训练的涵义

要对学生常规管理进行科学界说,关键是正确解释"常"和"规"。本书认为,"常"应理解为:共性、一般性、根本性,而不能理解为经常性。因为,学生管理中共性、一般性、根本性的内容不一定是经常性的内容,如学生工作计划管理、学生

工作总结管理、招生管理以及考核管理等是阶段性工作而非经常性工作。而经常性的内容则必然是共性、一般性、根本性的内容，如班级几乎每天都要进行的学习管理、品德管理、卫生管理等是所有学生管理中的共性内容。那么，"规"是何意呢？本书认为"规"是指法律、法规、规章制度，即学生管理必须依法、依规进行，教师不能依某人的主观意志随意管理学生，这就是日常所说的规范化管理。

基于以上分析，本书可以对学生常规管理作这样的界定：是指学生管理者依照相关法律、法规和规章制度对学生管理中共性的、一般性的、根本性的内容所进行的一系列规范化管理的总和。具体地说，它包括招生管理、学籍管理、卫生管理、学习管理、品德管理等。

与学生常规管理相对应的是学生的常能训练，因为在管理学生的同时也就训练了学生相应的能力。如在管理学生卫生时，学生的卫生习惯也就得到了培养；在管理学生学习时，也就培养了学生的学习能力和良好的学习习惯。因此，学生常能训练可以描述为：学生管理者对学生能力中共性的、一般性的、根本性的方面所进行的一系列规范化训练的总和。具体地说，它包括学习训练、卫生训练、品德训练等。

二、学生常规管理和常能训练的内容

（一）招生管理

我国的小学和初中属于义务教育，按就近入学的原则招生，招择校生必须严格按照有关规定办理，有些学校在这方面违规操作，高价招择校生。为克服这种弊端，一是严明纪律，照章办事；二是在小学和初中阶段，合理分配教育资源，不搞所谓的重点小学和重点中学。

我国的高中目前不属于义务教育阶段，实行的是在较大范围内的考试招生的办法。高中阶段的计划外招生更为普遍一些，特别是重点高中，有的计划外招生已达到总数的三分之一。招生中的违规现象很普遍，如高价招生、人情关系招生、行贿招生等。所以，高中招生工作更应加强管理，使之有章可循，增加透明度。

（二）学籍管理

1. 编班管理

编班管理首先要明确两个问题：一是编班的标准，二是班级人数。我国当前主要的教学组织形式是班级授课制，小学和初中属于义务教育阶段，根据教育公平的要求，同年级的平行编班原则应是"随机"的。坚决反对按学习成绩或学习能力，把学生编成快、慢班或其他形式的有等级区分的班，这样编班有违于教育公平的原则。至于班级人数，一般来讲，小学不超过30人，初中不超过40人，高

中不超过50人。现在,一些好的中小学,班级人数过多,教室空间狭小。这样,一是由于空气不新鲜而影响师生健康;二是教师难以照管如此众多的学生,必然影响教学质量。

2. 考勤管理和学生自我管理能力的训练

一般来讲,中小学都有严格的考勤制度。严格的考勤对于学生发展有重要的意义:一是严格考勤有利于学生遵规守纪观念和习惯的形成;二是中小学生从事的学习是正规的学习,严格考勤是正规学习的标志;三是严格考勤有利于提高学生的学习成绩,因为中小学生自学能力不强,他们主要是在教师的指导下学习;四是严格考勤有利于学生全面发展,因为严格考勤能确保学生参与学校的各项教育活动。当然,对于特殊的孩子,考勤不应成为他们快速发展的束缚,应灵活把握。在考勤管理中,要注重培养学生自我约束的意识和能力,不能把他们只放在被动挨管、被监督的位置上,而应向他们讲清道理,提高认识,调动自我管理的积极性、主动性,培养自我约束的能力。

3. 考核管理和学生自我评价能力的训练

对学生各方面的考核,能使学生了解当前自己的发展状况,发现差距,明确努力的方向。学生考核应遵循以下原则:

(1) 差异性原则。考核的内容不同,所采取的方法应有所不同,如智育考核主要采取定量方法;德育考核则主要用定性的方法;智育考核用考试,而美育考核用成果汇报或展览的方式。

(2) 全面性原则。一定要从德、智、体、美、心理素质等多方面考核学生,做出综合评价。切忌只评学习成绩,并由此分出"优等生"和"差生"。

(3) 公开、公正原则。公开指考核标准公开,考核过程公开透明,不搞暗箱操作;公正是指按标准考核,消除感情成分。

(4) 主体多元化原则。考核主体应是学生、教师、家长的综合体。学生考核是基础,家长考核是参考,教师考核是关键。以前,考核学生的主体只是教师,这样易出现主观性问题,同时,学生的自我评价能力得不到培养。当前新课程改革的一个重要理念,就是培养学生自我评价能力。因此,在考核管理中,要给学生自我评价的空间,调动学生自我评价的积极性,教给他们自我评价的方法,培养他们自我评价的意识和能力。

4. 奖惩管理和学生自我教育能力的培养

对学生公正恰当的奖励或惩罚,可以使学生明确什么是美的,什么是丑的,什么是值得发扬的,什么是必须抛弃的,进而促进学生的自我完善。奖惩应遵循以下要求:第一,有章可循。不管奖励还是惩罚,都应按照有关规定进行,不能凭教师的主观好恶。第二,奖励为主,惩罚为辅。教育中有个通行的原则是正面教育为主,纪律约束为辅,所以对学生必须多鼓励表扬,少批评处分,这也符合人的本性,同时也是人性化的要求。第三,客观公正。该奖还是该罚,奖惩的程度如何,都应实事求是、客观公正,不能奖惩错位,也不能随意夸大或缩小。第四,发挥学生自我奖惩的主体作用。不仅教师对学生实施奖惩,而且也应让学生参与进来,调动学生自我奖惩的积极性、主动性,引导他们逐步形成自我教育的品质。自己做错事时,能自我悔恨,深感内疚,并决心改正;做好事时,能自我愉悦,自我陶醉,并继续发扬光大。

三、学习管理和学习能力训练

学生的学习主要是在教师的指导下进行的,是教学的一个组成部分,不是纯粹的自学。学生的学习一般包括预习、听课、复习、作业、考试、制订学习计划和做学习总结等环节。

1. 预习管理和预习能力的训练

课前预习是听好课的保证。通过预习,可以让学生做到心中有数,增强听课的针对性,同时也培养了学生自学能力。为此,教师要对学生预习加强管理,方法是:首先,提出课前必须预习的要求,督促学生课前预习;其次,对预习中的细节提出明确的要求,如重点、难点是什么,一些关键词和语句如何理解,等等;再次,教给学生一些自学方法、如用工具书的方法、写读书笔记的方法、比较和联想读书法等。

2. 听课管理和听课能力的训练

听课是整个学习过程的中心环节,听课的效果、质量直接影响学生的学习成绩。许多学生学习成绩不佳,主要原因在于不会听课。因此,教师要着力指导学生的听课技巧。首先,要求学生听课要有针对性、有重点。有针对性即带着问题听课,听课的重点是教学内容的重点、难点和关键。其次,听课要与教师的讲课同步,教师讲什么,你听什么;教师板书什么,你看什么,两者不能错位。再次,听课时注意力要集中。第四,听、看和思考相结合,大脑要积极对传入的听觉、视觉等信息加工处理,尽量做到当堂问题当堂理解。第五,善于质疑问难,在自己百思不得其解时,要及时求教他人,不要累积难点。第六,听课时要善于做笔记,随时记下重要的东西。

3. 复习管理和巩固知识能力的训练

复习的目标是强化记忆,加强理解,使知识系统化。复习的效果不取决于次数而决定于科学的安排,为此要引导学生做到:及时复习,越早越好,尽量做到当天讲的当天复习;分散复习和集中复习相结合,以分散复习为主;调动多种感官参与复习;适当超额复习;提纲化、系统化复习。

4. 作业管理和应用知识能力的训练

作业的作用在于强化记忆，把知识变成技能和能力。作业管理的要求是：独立完成作业；自我评判作业；先复习有关知识再做作业；遇到难题时，首先自我思考，百思不解后，再向他人求教，克服稍遇困难就求教他人的习惯；积极创新，用新方法解决问题。

5. 考试管理和应考能力的训练

考试既是检验学习质量的环节，也是学生展示才华的方式。有些学生平时学习成绩很好，可一到考试，特别是重大考试时，由于缺乏考试技巧而不能发挥应有的水平。考试的管理要求是：既要使大脑保持应有的应急状态，又不能过于紧张和焦虑，若焦虑时，可通过深呼吸等方式加以缓解；先易后难；依题目的难易度和分值安排时间；善于用联想推论的方法回忆有关被暂时遗忘的内容。

6. 学习计划的管理和学习计划能力的训练

学习有计划，才能忙而不乱，心中有数。制订学习计划时要做到：首先，应宽着期限，紧着课程。这是朱子读书法中的一项要求，即把学习期限定得宽余些，但在执行时要尽量少用时间，这样既防止紧张又提高了学习效率。其次，应多科并进，不宜单科独进，因为适时变化学习内容，可以保持大脑的兴奋性，反之易疲劳和注意力分散。再次，应根据内容的难度、自己的学习能力以及其他具体情况而制订计划，确保计划的可行性，切忌好高骛远，华而不实。

7. 学习总结的管理和学习总结能力的训练

学习总结可以理顺知识体系，切实提高自己的智慧，不注重总结的人很容易成为书呆子。学习总结的要求是：既要做学习内容的总结，又要做学习策略的总结；通过总结使知识系统化；通过总结，明确自己目前已达到的认识水平和面临的难题；通过总结，明晰自己认为不妥或错误的东西，并初步提出自己的观点。

学生常规管理和常能训练的内容是多方面的，除了上述的几个方面，还有学生品德管理、学生团队管理、学生生活管理等诸多方面。

第四节　现代中小学生管理的方法和艺术

一、制度管理法及其运用艺术

制度管理是广义的"法制"，对学生的制度管理是指运用法律、法规、政策、地方性的或学校,以及班级的各种规章制度进行理性的管理。它的对立面是"人治"。对学生实施制度管理,可以使管理行为有章可循,避免主观随意性、盲目性和动荡性。以"法"管理是当前各种管理中所积极倡导的理念和方法。我国一贯注重"人治",在学生的管理中也是如此,造成不必要的混乱和迷惘。运用制度管理学生时应注意以下两点要求：

(一)向学生宣讲有关法律、法规及学校和班级的规章制度

使学生明确应该做什么,不应做什么,学校和教师为什么这样要求他们而不那样要求别的学生,进而增强学生的自觉性以及对教师管理的积极配合。有关中小学生管理的法律、法规有:《义务教育法》、《未成年保护法》、《未成年人犯罪法》、《义务教育法实施细则》、《学校体育工作条例》、《学校卫生工作条例》、《小学生守则》、《中学生守则》、《小学生日常行为规范》、《中学生日常行为规范》、《关于中学共青团工作几个具体问题的规定》、《关于小学少先队工作几个具体问题的补充规定》等。

【阅读资料7-2】[①]

中学生日常行为规范

国家教委1994年3月颁发

一、自尊自爱,注重仪表

1. 维护国家荣誉。尊敬国旗、国徽,会唱国歌;升降国旗、奏唱国歌时要肃立、脱帽、行注目礼,少先队员行队礼。

2. 坐、立、行、读书、写字姿势正确。

3. 穿戴整洁,朴素大方。头发干净整齐,不烫发、化妆、佩带首饰。男生不留长发,女生不穿高跟鞋。

4. 养成良好的卫生习惯,不随地吐痰、乱扔废弃物。不吸烟、喝酒。

5. 举止文明。不打架骂人、说脏话。不赌博,不参加封建迷信活动。

6. 情趣健康。不看色情、凶杀、迷信的书刊、影视片,不唱不健康的歌曲。

7. 不进营业性舞厅、营业性电子游戏厅、酒吧和音乐茶座等不适宜中学生活动的场所。

8. 爱惜名誉,拾金不昧,不受利诱,不失人格。

二、真挚友爱,礼貌待人

9. 要讲普通话。使用礼貌用语。讲话注意场合,态度和蔼。

[①] 转引自甘霖主编.班主任工作技能训练[M].华东师范大学出版社,1995年版,第94-97页。

10. 尊重他人的人格、宗教信仰和民族习惯。谦恭礼让，敬老爱幼，尊重妇女，帮助残疾人。遇见外宾，以礼相待，不卑不亢。

11. 尊重教职工，见面行礼或主动问候。回答师长问话要起立，接受递送物品时要起立并用双手。给老师提意见态度诚恳。

12. 同学之间团结互助，正常交往，真诚相待，不叫侮辱性绰号，不欺辱同学，发生矛盾多做自我批评。

13. 待客热情，起立迎送。邻里有困难时，主动关心、帮助。

14. 未经允许不进入他人房间、动用他人物品，看他人信件和日记。

15. 不随意打断别人的讲话、打扰他人学习、工作和休息，妨碍别人要道歉。

16. 惜时守信。答应别人的事要按时做到，做不到时要表示歉意，借他人钱物要及时归还。珍惜时光。

三、遵规守纪，勤奋学习

17. 按时到校，上课前准备好学习用品。上、下课时，起立向老师致敬。下课时，请老师先行。

18. 上课专心听讲，勇于提出问题，敢于发表自己的见解，积极回答老师的提问。

19. 认真预习、复习，按时独立完成作业。考试不作弊。合理安排课余生活。

20. 积极参加团队活动和学校、班级组织的文体活动、劳动和社会实践活动。

21. 认真值日，保持教室、校园整洁优美。保持图书馆、阅览室的安静。不在教室和楼道内追逐喧哗。

22. 爱护校舍和公物，不在黑板、墙壁、课桌、布告栏等处涂抹乱刻画。借用公物要按时归还，损坏东西要赔偿。

23. 参加各种集会要准时到达，不做与会议无关的事。

24. 遵守宿舍和食堂的制度，爱惜粮食，节约水电，服从管理。

25. 生活有规律，按时作息。

26. 学会料理个人生活，自己的衣物用品收放整齐。

27. 主动承担收拾房间、洗衣、做饭、涮洗餐具和打扫楼道、庭院等力所能及的家务劳动和公益劳动。

28. 生活节俭，不摆阔气，不乱花钱。

29. 尊重父母意见和教导，经常把生活、学习、思想情况告诉父母。

30. 外出和到家时，向父母打招呼，未经家长同意，不得在外住宿。

31. 尊敬体贴帮助父母、祖父母、外祖父母，关心照顾长辈和兄弟姐妹。

32. 对长辈有意见,有礼貌地提出,不要脾气,不顶撞。

四、严于律己,遵守公德

33. 遵守交通法规,不违章骑车,过马路走人行横道。

34. 乘公共车、船主动购票,给老、幼、病、残、孕妇及师长让路、让座,不争抢座位。

35. 遵守公共秩序,购票购物按顺序,对营业人员有礼貌。

36. 爱护公用设施、文物古迹。爱惜庄稼、花草、树木。保护有益动物和生态环境。

37. 参观游览守秩序,瞻仰烈士陵墓保持肃穆。

38. 观看演出和比赛,做文明观众,不起哄滋扰,结束时鼓掌致意。

39. 尊重外地人,遇有问路,认真指引。

40. 见义勇为,对违反社会公德的行为要进行劝阻,发现违法犯罪行为及时报告。

至于学校和班级的规章制度,需要学校和班级自己制定。制定校规和班规时应注意以下几点:第一,符合国家和地方的有关规定;第二,符合学校和班级的具体情况;第三,在民主讨论的基础上制定。

(二) 要严格执行制度,且一视同仁

有了"法",若不执行或执行不公,还属于"人治"。因此,对于制度必须严格执行。所谓严格就是赏罚分明,对执行者表扬,对违反者批评处罚,决不姑息。不能虎头蛇尾,只要求,不检查。同时,制度面前人人平等,应克服感情因素。

二、目标管理法及其运用艺术

所谓目标管理法是以目标为中心进行管理的方法。它有三个环节:确定目标、实现目标和评价目标。

(一) 确定目标

学生管理中的目标是指学生在一定时期内预期发生的变化。如某班学生要在两个月后的校运动会上取得年级组总分第一名的成绩。确定目标时应注意以下要求:首先,目标既全面又有重点。中小学的培养目标是学生的全面发展,因此,管理目标必须反映德育、智育、体育、美育等多方面的要求,同时,由于学生发展与班级工作的不平衡,总会出现薄弱环节,因此管理目标在全面的基础上,要有重点。其次,目标应形成体系。目标应有长、中、短和高、中、低之分,这样既确保了目标的前瞻性和方向性,又保证了可行性和现实性。再次,目标内容一定是学生的身心变化,而不应是学校或教师的工作任务。如管理目标不应表述为:培

养学生爱国主义精神;而应表述为:学生形成了爱国主义品质。第四,目标应具体明确,不能过于笼统或含糊其辞。目标明确具体才有可操作性,目标是否达成也才能测量出来。第五,目标应有深厚的群众基础。目标应在民主讨论、大多数学生赞同的基础上确定下来,这样的目标才能成为学生行动的指向和动力。

(二) 实现目标

首先,教师要按照人尽其才、各尽其责的原则分配任务,使每个学生从不同层面和不同方位,为实现目标而努力。其次,教师要做好指导工作,帮助职责不同的学生完成任务。再次,教师要做好协调工作,使大家心往一处想,劲往一处使,同心协力,为实现目标而努力。第四,由教师和学生组成实现目标的领导小组,负责统一领导和指挥。

(三) 评价目标

目标期限到了以后,要考评目标是否实现,检验实现的程度。要进行必要的测量,取得数据,做出评价;形成性评价和终结性评价相结合;评价时要客观地肯定成绩,找出差距;经过反思,从成绩中总结出经验,从差距中找到原因,并制订出改进措施;必要时也可调整目标,使其更切实可行。

【阅读资料7-3】[①]

无锡市梨庄中学初二(5)班目标管理法的应用

一、班级学期目标的内容

1. 学生对学生干部全满意和多数满意者由51.9%上升到90%以上。

2. 学生反映班级课堂纪律较自觉者由32.69%上升到50%以上;反映科任教师与班主任上课纪律的差别没有和很少者由28.85%上升到40%以上。

3. 学习态度优秀和良好者由67.3%上升到75%以上;学习方法优秀和良好者由48.1%上升到55%以上。

4. 身体素质方面,男女学生肺活量均值分别由-248.39%毫升、-344.20毫升上升到持平;1 000米和800米跑均值与85年市同龄同性均值相比,分别由+20.19秒、+4.31秒上升到持平。

5. 学生班级一贯能和经常能重视并发展学生的兴趣、爱好由38.46%上升到50%以上。

6. 学生为实现班级目标而经常努力者由84.6%上升到90%以上。

二、班级学期目标的实施

---

① 转引自甘霖主编.班主任工作技能训练[M].华东师范大学出版社,1995年版,第24—27页。

1. 完善组织机构。包括完善学生集体的自我管理机构;完善班级科任教师集体的协调机构;完善家长集体参与民主管理机构。

2. 完善教研会制度。具体要求:全体科任教师每学期至少在期初和期中开2次教研会;会前各科教师划分每个学生学科学习的类别并分析原因,寻找每个学生学科学习的"最近发展区",提出最近目标和达标建议;会上由各科任教师汇报交流后制定班级发展水平,认同班级共同目标及达标要求,研究如何打通学科,改革课堂教学以促进集体建设;会后分头与学生作沟通并参加学生大会,师生确认共同目标和达标要求,达成共识;加强平时科任教师之间的协调与沟通,分别指导学生实施目标。

3. 榜样示范。具体要求:精选榜样;分析榜样;寻找身边的榜样;组织行动。

三、班级学期目标的评价

1. 重视形成性评价。将评价贯穿集体教育的全过程,发现问题及时矫正,同时重视搞好期中和期末的总结性评价,对一个阶段的工作做出总结。

2. 在自评的基础上搞好集体性评价,最后由教师做重点评价。

3. 不仅评价目标的达成度,而且评价各自实施目标的参与度和科学性,即:A. 评价结果,看到在原有基础上取得了哪些进步,与预期目标相比存在多大差距,实施目标的方案是否切实可行;B. 评价集体教育的过程,看集体教育工作是否符合教育科学规律;C. 评价教和学的态度和发展趋势,看师生是否努力,集体有多大潜能。

三、全面管理法及其运用艺术

(一) 管理主体的多元化

从大的方面来讲,学生管理的主体有学校、家庭和社区;从校内来讲,有班主任教师、科任教师、学校领导、后勤人员、学生自身。传统的理念和做法是管理主体的单一化,儿童上学以后,鼓励学生的似乎只有学校,学校中只有教师,特别是班主任教师。管理主体的单一化,造成管理中的许多"真空"。脱离学校,不在教师视线之内的时空,都成了管理中的真空,在真空中,学生像逃出牢笼的小鸟,行无所忌。特别是忽视学生自身的管理主体的作用,形成了严重的"奴化"思想和行为。因此,必须强调管理主体的多元化,在校内和校外形成管理网络。

(二) 管理对象的全体化

全体学生都是管理的对象,不能把管理对象定位在优等生或差生上。有的学校因某些学生高考无望或品行上的屡教不改,而把他们视作朽木,放弃对他们的管理。这是极端错误和有害的。因为,学校的培养目标是面向所有学生的,而

且学生可塑性很强,处于急剧变化时期。对他们弃之不管,一方面不能全面实现培养目标;另一方面也会使他们有不良的定型,危害其一生的发展。

(三) 管理目标的全面化

中小学的培养目标是学生德智体美等方面的全面发展,培养目标的全面性决定了管理目标的全面性。学校只关注学习目标,会造成学生片面发展。

(四) 管理过程的完整化

整个管理过程可分为计划、实施、检查、总结四个环节,每个环节只有都重视起来,才能形成一个良好的循环系统。

四、说服教育管理法及其运用艺术

说服教育管理法是通过摆事实、讲道理,以理服人,提高学生对各项管理措施的认识,进而培养和增强学生自我管理的意识和能力的方法。管理的目标是学生某种素质的形成,而某种素质的形成最重要的标志是习惯的养成。习惯是在自我教育中养成的,自我教育的基础是认识的提高。从这个意义上来讲,说服教育管理法是管理学生的基本方法。采用说服教育管理法的要求有:

(一) 科学说理

讲的道理要符合科学原理,才能说服学生,使他们信服。如在讲到"中小学生不宜穿高跟鞋"时,应从中学生骨骼未定型,过早穿高跟鞋易造成脚部骨骼畸形这方面加以说明。在讲到"应多饮水"时要阐明多饮水可以保持体内正常新陈代谢,及时把体内废物排除的道理。在讲到"不偏食"时说明偏食会造成人体营养不良,影响正常发育的道理。

(二) 说理要有趣味性

在内容上,说理要有科学性;在方式上,说理要力求生动有趣,使学生喜闻乐见,留下深刻的印象。

【阅读资料 7-4】[①]

高寿家族

有一个班的同学对体育锻炼缺乏兴趣,老师不知讲了多少遍道理,大家还是我行我素。有一次老师特意给同学讲了自己在电车上偶遇的见闻:一天,在行车高峰期间,挤上来一位白发苍苍的老公公,一问岁数,已是83岁高龄。乘客赶紧让座,谁知老公公不坐,回头忙喊道:"妈,您过来坐"。人群中又挤过来一位老太

---

① 引自高峰.怎样给孩子讲清道理[J].浙江教育(小学版),1982 年第 1 期.

太。有人问:"您妈多大了?"老公公答道:"今年105岁。"顿时车厢轰动起来。又有人问:"你们坐车到哪里去?"老太太说:"去我孙子家,他今年60岁,刚退休,大家去聚聚……"此时,全班都笑开了。"你们一家子怎么都那么长寿呀?"乘客问。这时,老师有意识地问学生:"你们猜猜看,老人怎样回答?"同学争着发言:"他们家人命长"、"他们吃得好"、"他们坚持锻炼"……老师说:"对呀,他们一家子都会武术,天天到公园打拳舞剑……我们从小应像他们一样重视体育锻炼,将来才能为祖国多做贡献。"从此,这个班起了变化,后来成了全校体育活动的先进集体。

(三)说理要把握时机

同样的道理在不同时刻会有不同的效果。下列几种情况,是说服的最佳时机。第一,学生因无知而犯错误时,说理效果好;若因意志不坚定而做错事,说理无效。第二,情感相容时,说理效果好;情感对立时,说理无效。第三,面对新情况时,对于新的环境,有些新的要求,需要首先说明,使学生有章可循。老环境中的规则,学生早已知晓,无须讲理。第四,学生面对多元价值取向,而迷惑无所适从时,教师的说理可以提高他们分辨是非的能力。

(四)说理要动情

说理过程中,管理者要投入真情,要带着像父母对儿女一样的情感去理解学生、阐明道理。管理者若能伴随丰富生动的情感表现,则能增强说理的感染力和可信度,收到良好的教育效果。

(五)说理要具体实在

说理要具体,切忌大而空,也不能模糊不清。因为过于抽象的说理,学生难以理解,也不知道如何操作,说理必然无效。再者,说理时,不能打官腔、唱高调,要真诚实在,推心置腹,才能缩小师生心理距离,道理才能进入学生的心灵。正如苏霍姆林斯基所呼吁的那样:"学校里,不许讲空话!不许搞空洞思想!要珍惜每一句话!当儿童还不能理解词句的意义时,就不要让这些词句从他们的嘴里说出来!请不要把那些崇高的、神圣的语言变成不值钱的破铜币!"

【阅读资料7-5】[①]

运砖风波

学校正在兴建教学大楼,为了节省开支,学校决定把运砖的任务让学生承担一部分。学校为此专门召开学生大会,校长讲"劳动最光荣",并宣布了奖惩条

[①] 引自谭保斌. 班主任学[M]. 湖南大学出版社,2000年版,第258页.

例。几天过去了,高三(2)班的学生无一人前去搬砖。学校追究下来,学生群情激愤,怨声载道,与校方十分对立。班主任到班上来了,几个"骨干分子"正准备与班主任大大辩论一番。班主任看到这种态势,笑了笑,然后用和缓的语调说道:"山雨欲来风满楼,黑云压城城欲摧。"学生不由得一笑,气氛缓和了些,班主任接着说:"有句成语大家知道吗?叫作'文武之道'……"没等班主任说完,有几个学生便抢着说:"一张一弛!"班主任立即说:"对呀!善于学习的人都讲究张弛之术,脑瓜老绷着,学习效果并不好,明天的劳动正好给大家松弛一下大脑,而且,还能为学校的建设做点贡献,一举两得。以后大家毕业了,要是大家再回母校,站在将起的这幢教学楼前,你会有一种自豪感,因为这里也有你的一份汗水,大家说是不是?"一席话使同学们点头称是,第二天都愉快地参加了劳动。试想,如果这位班主任把学生狠狠地批上一通,或也跟校长一样大谈"劳动最光荣"的大道理,其效果又将是如何呢?

(六)说理要有耐心

学生对一个道理的接受有一个过程,教师要循序渐进地做耐心工作,不能急躁,有时需要反复多次进行说服,方能见效。

(七)用典型的事例说理

结合典型的事例说理,可以使道理更易理解,同时也增强了道理的真实性和可信度,从而使说理收到良好的效果。

五、评价管理法及其运用艺术

评价管理法就是对学生的行为表现给予肯定或否定的反馈,使他们知道什么做对了,什么做错了,什么应保持和发扬,什么应该抑制和抛弃的管理方法。肯定评价就是表扬奖励,否定评价即批评处分。运用评价管理法应注意以下几个方面:

(一)评价标准客观公正

按照《中小学生守则》和《中小学生日常行为规范》,以及校规、班规等客观评价标准,进行客观公正的评价,反对评价中的主观随意性。这样的评价,才能使学生服气,也才能真正起到弘扬正气、鞭挞邪气的作用。

(二)评价内容具体明确

什么行为做得好,符合哪条规定;什么行为没做好,违反了哪条规定,都应向学生讲清楚。在此基础上的评价,才能起到发扬优点、克服缺点的作用。模模糊糊的表扬或批评是无效的。

（三）肯定评价为主，否定评价为辅

肯定比否定更能激发学生的自信心和上进心，年龄越小越是如此。因此，教师应多看到学生的优点，多表扬。对于学生的错误，有时可采取表扬先进的方法对他加以暗示，而不是直接批评。如在上课不守纪律的学生面前称赞上课纪律好的学生，对他就是一种间接的批评，这种批评更易为他所接受。

【阅读资料 7－6】[①]

有效表扬与无效表扬的比较

有效表扬的特点：

1. 依具体情况给予表扬；
2. 表扬学生工作的特定方面；
3. 注重学生的成就，表扬依成就不同有变化；
4. 只奖励特定行为表现标准（包括努力）的达成；
5. 告诉学生他们的能力和他们的成就的价值的信息；
6. 一道学生正确评价自己与学习活动有关的行为，多考虑如何解决问题；
7. 以学生自己原有的成绩为背景描述他现在的成绩；
8. 学生在完成困难的学习任务时，付出很大努力或取得成功，则给予表扬；
9. 把成功归因于努力和能力，暗示将来仍有希望取得类似成功；
10. 鼓励内源性归因（学生认为他们是因为喜欢学习或想提高与学习任务有关的技能才付出努力的）；
11. 把学生的注意集中在与自己的学习任务有关的行为上；
12. 鼓励教学过程之后与学习任务有关的行为。

无效表扬的特点：

1. 很少或无规则地给予表扬；
2. 表扬学生一般化的积极反应；
3. 不注重学生表现，表扬缺乏变化；
4. 只奖励参与，而不考虑行为结果；
5. 不告诉学生任何信息和只告诉他们在班内的位置；
6. 引导学生与别人比较，更多地考虑竞争；
7. 以学生同伴的成绩为背景描述他现在的成绩；

[①] 转引自施良方，崔允漷主编．教学理论：课堂教学的原理、策略与研究[M]．华东师范大学出版社，1999 年版，第 210－211 页．

8. 不考虑学生是否付出努力或取得成绩,而给予表扬;
9. 把成功只归因于能力或运气、学习任务容易等外部因素;
10. 鼓励外源性归因(学生认为他们是由于外部原因——取悦教师、在竞争中获胜赢得奖励等才付出努力的);
11. 把学生注意集中在控制他们并作为他们外部权威人物的教师身上;
12. 介入进行中的教学过程,是学生不能专心于与学习任务有关的行为。

第五节 学生成长的"重要他人"

影响人发展的因素有自然环境和社会环境,其中社会环境在人发展中起到更为重要的作用。社会环境有三个要素:打上人类意志烙印的自然、人以及人所处的社会关系、社会意识形态,其中核心因素是人以及人所处的社会关系。因此,学生周围的人群,特别是与他们朝夕相处、关系密切的人群对他们的成长有至关重要的作用。这些人主要有:家庭成员,特别是父母;教师,尤其是班主任教师;同学,特别是作为朋友的同学。

一、父母

(一) 父母在学生成长中的地位和作用

1. 父母是学生认识世界、适应社会的起点和中介

苏联教育家马卡连柯说过:"家庭是最重要的地方,在家庭里,人们初次向社会生活迈进!"儿童出生时,对世界一无所知,他们的认识是从父母那里开始的,并通过父母来认识大千世界的。父母承担着儿童认识世界的启蒙工作,他们随时传递社会文化规范和生活经验,帮助儿童学习语言,使他们学会了与人交往的基本方式,并逐步掌握了社会生活习俗和基本的行为准则。儿童总是通过父母的言行来认识和评价周围世界的,社会意识往往通过父母的折射进入幼儿的内心世界。同时,父母随时都在帮助孩子抵制社会不健康因素的侵袭,不断增强儿童的适应能力。

2. 父母从物质和精神两个方面为儿童的健康发展提供条件

幼儿出生前,父母通过婚前检查、孕期营养保健、产前诊断、产期保健,确保生下健康的孩子,为新生儿的健康成长奠定了坚实的基础。儿童出生后,父母精心照顾,提供丰富的营养,确保高水准的医疗保健,同时,提供丰富的用于开发智力、增长知识的玩具、图书,并积极引导儿童参与各种学前班的学习。上学后,父母一方面为儿童创造尽可能好的物质生活条件,同时,把儿童的学习作为他们关注的重点。在父母精心养育下,儿童得以健康成长。

3. 父母直接影响儿童个性的发展

美国心理学家佩克(R. F. Peck)与哈维格斯特(R. J. Havighurst)在20世纪60年代的调查研究表明,儿童的个性特征与父母的教养态度关系密切。例如,儿童良好的个性特征,如意志坚强、情绪稳定、自发的努力、友好态度,都与家长良好的教育态度,如信任、民主、容忍等有关;相反,儿童敌对行为则与父母严厉的教养风格相关。

(二) 家庭教育的原则

1. 依法施教原则

家庭教育虽有别于学校教育,但两者的目标是一致的,都是为社会培养合格人才,因此,家庭教育也必须像学校教育那样依法施教。首先,父母要认识到教育子女是自己对社会和国家应尽的义务,是一种法定的社会责任。我国宪法明文规定,"父母有抚养、教育未成年子女的义务"。因此,父母无任何理由放弃对子女的教养。现在,有些离异父母放弃对子女的监护,拒绝支付子女教育费;还有的父母让正在受义务教育的子女辍学从商、从工、从农。这些都是违法行为,应受到社会舆论的谴责和法律的制裁。其次,家庭教育内容也必须符合我国法律要求,不能进行违法教育。再次,家庭教育手段应合法。我国法律规定的未成年人的各种权利,如生存权、名誉权、受教育权、人身不受侵害权等,在家庭教育中,都应得到保障。有些父母把孩子作为自己的私有财产,任意处置,体罚、侮辱学生的现象相当普遍,这是我国法律所不允许的。

2. 全面和谐原则

一个合格的公民应是德智体美等方面全面发展的人,而且,身心发展的统一性又是人发展的规律。因此,家庭教育应是全面和谐的,不应有所偏废。目前,这方面的问题有:0～3岁阶段,父母只注重身体保健,满足于小儿吃饱睡好、不生病,忽视智力开发;3～6岁阶段,重体育和智育,忽视德育,且体育和智育又出现了重大偏差。如给孩子吃过多的营养品,导致小孩肥胖或性早熟;有的父母让小孩背诵许多死知识,忽视了直接经验的获得和思维能力的培养,导致儿童学习后劲不足。中小学阶段,家长片面强调智育,忽视良好个性的培养,有的父母对孩子过早进行定向培养,强迫他们学钢琴、画画、舞蹈、竞技运动等,不仅严重挫伤了学习的积极性,还影响了儿童的全面发展。

笔者认为,从婴儿开始,父母就应全面安排体智德美等方面的教育,如合理的营养、科学的锻炼;通过看图片、听音乐、做体操、学讲话,进行感官和语言教

育;通过交谈、训练、评价,养成儿童良好的个性品质。

3. 正面教育原则

正面教育有两层内涵:一是用正面的道理和榜样教育儿童;二是用说服的方法教育儿童。青少年知识经验少,内心清纯,判断是非能力差,模仿性很强。因此,应多用正面的东西教育他们,使正面的东西"先入为主",同时,防止坏的东西在不自觉中流入儿童纯洁的心灵。此外,儿童还没有掌握各种生活准则,因此,当他们犯错误时,应首先给他们讲清道理,以理服人,提高认识,增强自觉性,切忌以力服人,简单粗暴地加以限制;否则,易产生对立情绪,使教育归于无效。在正面教育中,父母以身作则的表率作用是至关重要的,它可以使父母产生巨大的教育威信。正如马卡连柯所言:"父母威信的根源只出于一个地方:那就是父母的操行,包括行为的各方面——换句话说,就是包括父母两人的全部生活:他们的工作、思想、习惯、感觉和意图。"孔子也云:"其身正,不令而行;其身不正,虽令不从。"所以,父母必须在孩子面前检点自己的言行,充分发挥模范表率作用;否则,父母的教育只能变成空洞的、乏味的、苍白无力的说教,只能引起孩子的反感。

4. 严慈相济原则

我国南北朝时期著名的家庭教育家颜之推曾尖锐批评过"无教而有爱"、"恣其所欲"的做法,认为这种只有"慈爱"而无"严教"的后果,只能是"逮子成长,终为败德"。因此,倡导家庭教育应严慈相济,使其相得益彰。对孩子的慈爱表现为:尊重孩子的人格,愿意听取孩子的意见,满足孩子的正当需要,关心孩子的成长进步等。慈爱不同于溺爱,慈爱是有节制、有分寸、有理智的,而溺爱则是放纵的、无原则的、完全情绪化的。慈爱是孩子合群、友爱等良好个性品质形成的沃土,而溺爱则是放纵、骄横、霸道的温床。对孩子除了慈爱之外,还必须有严格的教育。严教表现为:对孩子提出合理的、有一定难度的、明确具体的,并一经提出便坚决执行的行为要求;在原则问题上决不姑息迁就、得过且过。严格的要求不同于苛求,苛求是脱离孩子实际能力的,是根本达不到的奢望;严格的要求虽有一定难度,但是在孩子能力所及的范围之内,即处于苏联心理学家维果茨基所说的"最近发展区"内。"严"也并不意味着总是板起面孔,动辄训斥,甚至打骂和体罚,使孩子望而生畏,退避疏远;而是充满善意的循循善诱,赏罚分明。可见,严慈相济,正确掌握爱和严的分寸,是父母教育孩子的一门艺术,也是家庭教育成功的重要条件。

二、教师

儿童上学后,在他们的发展中起到更大作用的是学校和教师,家庭和父母退居其次,教师也就成了中小学生成长中的"重要他人"。而且,其地位和作用有逐步超越父母的趋势,他们在中小学生健康成长中发挥主导作用。

(一) 教师在学生成长中的作用

教师对学生成长的作用,有时是直接的,有时是间接的;有时是有形的,有时是无形的;有时是有意识的,有时是无意识的。无论作用的方式如何,它总是客观存在的。

1. 教师通过科学性的教学,促进学生发展

教师是经过专门的"教师教育"的专职教育人员,他们不仅有科学知识,还懂得儿童身心发展的规律和教育的规律,具有较高的教育技巧和灵活的教育艺术。因此,教师不仅能给学生科学的知识,而且能用科学有效的方法教育儿童。如,教师根据学生不同的遗传素质,采取因材施教的方法,使学生"低成本"成材;再如,教师根据人都有"自我价值实现"的需要,对学生实施"成功—快乐"教学,使他们愉快成长。

2. 教师通过社会性教学,确保了学生身心发展的正确方向

人具有社会性,人的发展只有符合了社会要求,即实现了社会化,才能在社会中生存和发展。教师就是通过社会性极强的教学活动,来推进学生社会化进程的。儿童上学后,教师成了儿童社会化职责的主要承担者,这是由学校教育和教师的职业特点所决定的。学校教育较家庭教育更具社会性特征,社会要求学校严格按社会要求来培养青少年。这样,作为学校教育实施者的教师则必然具有鲜明的社会性,教师是受社会委托,以培养人为职责的专门的教育工作者。因此,教师职业特点要求教师对学生实施一种不折不扣的社会性教育。同时,教师作为成年人,特别是受过"师范教育"的专业人员,其本身社会化的素质应该说是全面的、稳固的。因此,教师对学生进行社会化教育,不仅必须而且可能。在教师的教育下,一批批合格的社会公民走出校门,走向社会,在各行各业发挥聪明才智,实现着人生的社会价值和自我价值。

3. 教师通过目的性、计划性、组织性、系统性的教育,使学生高效高质地发展

与家庭教育和自学相比,教师的教育具有更强的目的性、计划性、组织性、系统性,这就保证了学生按质按量地完成学习任务,实现全面的、高质量的发展。

(二) 教师在学生发展中起主导作用的条件

1. 教师要具有良好的自身素质

教师的职业素养包括职业道德、知识结构、能力结构、个性品质等方面。只有这些方面都合格的教师,才能在学生发展中发挥主导作用。教师的职业道德包括:对教育事业的忠诚;对学生的热爱;对同事的团结协作;对自己的以身作则、学而不厌等。教师的知识结构是:专业知识、教育科学知识、广泛的知识背

景。教师的能力结构是:分析研究教材的能力、了解研究学生的能力、传导能力、自我反思调控能力、组织管理能力等。教师的个性品质有:开拓创新、理智坚定、乐观向上、耐心稳重等。

2. 主动与家庭和社区配合,形成教育网络

学生不仅生活在学校中,同时,也生活在家庭和社区环境之中。家庭教育和社区教育有各自的优势和劣势。如,家庭教育和社区教育不如学校教育那样,具有很强的社会性、科学性、计划性,但家庭教育的权威性和社区教育的潜移默化特点,是其他教育所不可比的。因此,教师,特别是班主任教师,应积极主动地与家庭、社会取得联系,协调各方面教育力量,使其优势互补,协调一致,形成教育网络,有利于学生在任何时空都受到良好教育。否则,就会由于教育不一致,而导致教育作用相互抵消,结果事倍功半。

三、同学

同学是一种同辈群体,在学生成长中有重要作用,这种作用是随着年龄的增长而不断增强的。究其原因有二:一是同辈群体在年龄、知识经验等各方面都近似,产生了"相似吸引"效应。他们经常在一起活动、交往,彼此相互影响、相互学习,使他们更加相似,从而更加强了他们的亲密程度,在这样一个逐步强化的循环中,彼此成了对方成长中的"重要他人"。二是青少年学生模仿欲很强,独立性较差,易受暗示,在潜移默化中就受到了同辈群体的影响。如,有的小孩在学前阶段跟父母学会了普通话,而上学后,随着与同学交往的增多,也学会了很多的"土语",甚至用"土语"代替了以前的某些普通话。

(一) 同学交往的特点

1. 哥们义气浓重,缺乏真正的友谊

青少年交朋友的一个重要标准是讲义气,如困难时勇于相助,在任何情况下支持对方,为对方隐瞒实情,为对方打抱不平,给对方小恩小惠等。这种义气往往是无原则的或非正义的。在朋友间,能够善意地指出对方不足,帮助对方克服不足,原则面前不让步的情况还不多见。

2. 朋友关系开始由时空关系联结,后由情投意合而产生

小学低年级学生的朋友关系往往基于两家住得很近,一起上学,一起放学回家。从中高年级开始,朋友关系往往基于兴趣相投、性格脾气近似等内在因素。这说明,他们的同学友谊在不断深化和稳定。

(二) 教师要引导学生建立真正的友谊

教师要向学生讲明什么是真正的友谊,应如何建立和培植真正的友谊,引导他们认识哥们义气的危害以及它的种种表现,并帮助那些哥们义气浓重的学生

克服它。对于学生来说,随着青春期的到来,性生理和性心理发生了巨大变化。异性交往出现了新情况,概括来讲,有两种表现:一是表面相互排斥,内心渴望交往;二是交往密切,并有恋爱倾向或已经恋爱。为此,教师要组织丰富多彩的集体活动,引导异性同学正常交往,建立真正的友谊。同时,对于恋爱的学生,要让他们知道人生不同时期有不同的社会责任,他们当前的主要任务是学习知识、增长才干,恋爱是以后的事,要把异性关系控制在友谊范围之内。值得注意的是:不要生硬限制恋爱,若学生实在难以放弃恋爱,应提出最低要求即不要影响学习。

思考与练习

1. 现代中小学生有哪些特点?
2. 现代学生观的内涵是什么?
3. 现代中小学生的常规管理和常能训练的内容有哪些?
4. 现代中小学生管理方法有哪些?
5. 教师在学生发展中发挥主导作用的条件有哪些?
6. 家庭教育应遵循哪些原则?

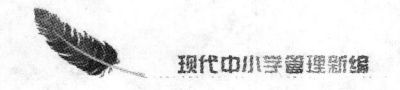

第八章 现代中小学教学管理

内容提要

本章主要阐述现代中小学教学管理系统与管理原则；现代中小学教学管理的主要内容与要求；现代中小学教学资源管理和科研管理的内容与方法。

学习目标

1. 了解中小学教学管理系统。
2. 正确解读中小学教学管理原则。
3. 准确阐述现代中小学教学管理的主要内容。

有了学校教育，就产生了学校的教学管理，教学管理是学校管理的中心任务。随着社会生产的发展和科学技术的进步，学校教学从内容到形式，从教学观念到教师的教学行为都发生了深刻的变革，人们对教学管理规律的认识也在不断完善。当代教学管理活动日益复杂多样，不再局限于传统上的维持教学秩序、编排学校课程表等简单的单项活动，而是向着对教学过程实施全方位统筹和系统化管理的方向发展。

第一节 现代中小学教学管理概述

一、教学管理的含义

我国学校教育历史悠久，在长期的教学管理实践中积累了丰富的经验。早在我国第一部教育专著《学记》中，就已经提到了学校考核办法、学生管理、作息时间安排等教学管理问题。17世纪资产阶级教育学家夸美纽斯在其《大教学论》里也探讨了关于学制、班级编制、课程表、教学秩序等教学问题。到了近代,随着办学规模的扩大和学校教学内容的增加,教学管理活动日益复杂,教学管理研究也日益被重视。教学工作是学校工作的中心环节,是学校实现教育目标的基本途径。教学工作的成效,取决于学校对教学工作的科学管理。因而,学校的教学管理工作是学校管理的核心。

什么是教学管理?对于这一问题的回答,目前学者们还没有达成一致的看法。我国学者大多倾向于将教学管理看作学校内部的管理,停留在学校层面研究教学管理,从而撇开了教育行政机关对教学的管理。这种现象实际上是与20世纪80年代以来,我国教育管理学研究领域一直人为地将教育行政和学校管理割裂有关。

【阅读资料 8-1】[①]

教学管理的界定

关于教学管理的界定有以下几种说法:一种观点认为,教学管理是"学校管理者遵循管理规律和教学规律,科学地组织、协调和使用教学系统内部的人力、物力、财力、时间、信息等因素,确保教学工作有序、高效运转的决策和实施"。另一种观点认为,教学管理是"学校教学行政人员为完成教学任务、提高教学质量,运用一定的原理和方法,通过一系列特有的管理行为,组织、协调、指挥和控制教学工作,以求实现教学目标的过程"。还有一种"组合说",认为教学管理是"学校管理者根据教育方针、课程计划、教学大纲的要求,根据教学工作的规律,运用现代科学管理理论、方法和原则,通过计划、组织、检查、总结等管理环节,对教学各个方面、各个要素、各个环节,进行合理组合,推动教学工作正常地、高效率地运转"。

事实上,不但学校承担着教学管理工作,教育行政机关也担负着相应的教学管理职责。特别是在目前,教学不仅局限于学校教育体系,还存在于各种校外教育机构、成人教育机构等之中,因此完全抛开教育行政机关谈教学管理是不全面的。从这一事实出发,教学管理应该包括宏观和微观两个层面:宏观的教学管理是指教育行政机关对各级各类学校及其他教育机构教学的组织、管理和指导,也叫教学行政;微观的教学管理是指学校管理者为实现教学目标,按照教学规律和

[①] 吴志宏,冯大鸣,周嘉方主编.新编教育管理学[M].华东师范大学出版社,2000年版,第255-256页.

特点,对教学过程的全面管理。本书所讨论的是微观的教学管理。

有了学校教育,随之就产生了学校的教学管理。教学管理历来是教育管理中的主体部分。所以,教学管理是学校教学工作正常运行的基础,失去这一基础,学校的教学秩序就会发生混乱,学校教学工作就会遭到破坏。教学管理有助于带动学校其他各项工作的开展(包括科研工作),如果学校工作中心经常转移,教学管理时松时紧、时抓时放,学校教学就会处于无序状态,而教学工作搞不好,其他工作也会受到影响。对于中小学教师来讲,科研在他们的专业成长过程中发挥着重要作用,但是如果离开了在教学这块"主阵地"上的磨练,科研也成了无源之水,他们的专业素质也不可能得到真正的提高的,而科学、合理的教学管理能够保证教师在教学活动中得到应有的锻炼。所以,无论从哪个方面说,学校教学管理是学校管理工作的中心。

二、现代中小学教学管理系统

现代教学工作管理是以构建高效能的教学管理组织为前提的。现代教学组织是随着教学规模的扩大、班级授课制的出现、现代学校的产生而逐渐构建起来的。现代教学管理组织的构建,推动和促进了教学管理的发展与完善。现代教学管理组织,作为现代教学管理的重要工具和手段,已经为越来越多的教学管理者所运用,并在提高教学质量、培养合格人才方面发挥着越来越重要的作用。

在国外,教学管理组织系统可以概括为两大类:一类是通过设置若干级正式的教学行政管理机构来形成学校教学管理组织系统,以行使教学管理的基本职能,维护正常的教学秩序,这一类以英国为典型;另一类是通过设置各种咨询、审议、监督机构,广泛吸收学校成员以及校外人士参与学校教学管理工作,从而有效改善学校的教学工作质量。

在我国,教学管理系统可以划分为教育行政部门的教学管理和学校内部的教学管理两个系统。教育行政部门的教学管理组织不像学校教学管理组织那样专职化,它是和其他职能管理的组织融合在一起的。学校的教学管理系统可以划分为教学管理行政机构和教学咨询、审议、监督机构。在学校教学管理行政机构之下还设置行政管理机构和业务管理机构,并在其下分设教导处与教研室,直接与年级组和学科教研室联系。为保障教学信息得到有效、及时的反馈,在教学行政部门教学管理系统和学校教学管理系统之外,还有一个反馈系统,且每个一级系统又有自己的子系统。

在学校教学管理系统中,主要是校长领导、教导处集体指挥、教研组(室)和教师具体执行的组织系统。其中,教务处具有核心作用,它代表学校行使教学的指挥权。

教导处是在校长领导下的教育教学工作的执行机构。这个机构是否健全关键在于教导主任,他是校长领导教学的主要助手。教导主任的职责是组织和管理教学工作;组织和管理学生的德育、体育卫生、美育和劳动技术教育工作;组织和领导教务行政工作,并及时向校长提供学校教学信息。

教研组(室)是在校长、教导主任领导下的教学研究机构,同时又是教学工作的基层执行机构。其职责是组织教师进行教学研究工作,对教师的教进行管理,以提高教学质量。由此可见,教导处组织和管理教学工作必须紧密依靠教研组(室)。抓好教研组(室)的建设工作,对于形成良好的教师集体和良好的教风都具有重要意义。

三、现代中小学教学管理任务

现代中小学教学管理任务主要包括以下几个方面:一是制定学校教学工作计划,明确教学工作目标,保证学校教学工作有计划、有步骤、有条不紊地运转;二是建立和健全学校教学管理系统,明确职责范围,发挥管理机构及人员的作用;三是加强教师的教学质量和学生的学习质量管理,全面提升教学质量;四是开展教学研究活动,促进教学工作改革。五是进入教学第一线,加强检查指导,及时总结经验,提高教学质量。六是做好教务行政管理工作。

四、现代中小学教学工作管理的基本原则

教学管理原则是教学管理过程中必须遵循的准则和要求。学校领导管理教学工作,应遵循以下基本原则:

(一) 方向性原则

所谓教学管理方向性原则是指教学管理按照国家统一编制的课程标准和国家、教育行政机构审定的教科书的要求对教学工作进行管理,确保人才培养的社会主义方向。

中小学课程标准是国家根据教育方针和基础教育的具体培养目标而制定的教学工作的指导文件,是制定中小学教学方案、编写教科书以及组织教育教学的主要依据。课程标准中规定学校具体开设哪些课程,课程先后开设的顺序、教学时间、课时分配等,其根据是基础教育的目标、任务、要求和学生身心发展的特点。学校领导和教师无权改变课程标准,要严格执行课程标准的规定与要求,不得随意更改课程安排和各门学科的开设顺序、教学时数。

中小学各学科课程标准是国家统一制定的,是国家对各门学科教学的统一要求,是各门学科的具体规格,同时也是编写教科书的依据,是国家监督和检查学校教学过程与质量的主要标准。因此,学校管理者要认真研究并熟悉各学科

课程标准，了解各门学科的教学体系、质量标准和教学进度要求，并组织教师认真学习和贯彻课程标准，保证学生掌握标准中所规定的全部内容，达到课程标准的要求。

教科书是根据课程标准编写的教学用书，是课程标准的具体化。教科书在教学工作中具有重要作用，它是教师教学的主要依据，也是学生学习的主要内容。学校管理者要组织教师在钻研课程标准的基础上，认真钻研并合理使用教科书。

（二）从教学过程特点出发的原则

教学过程是教师有目的、有计划地引导学生掌握科学文化基础知识和基本技能、发展智力、增强体质，逐步形成一定道德品质的过程。教学过程有其自身的特点，学校管理者应该根据这些特点来实施教学管理。教学过程的特点主要表现在以下几个方面：

1. 教学过程是教师的主导作用与学生的主体作用相结合的过程

在教学过程中，学生的学习、认识活动是在教师的领导下进行的，教师是教学过程的组织者、领导者，教学的方向、内容、进程、方法、质量都主要由教师决定和负责。因此，教师在教学过程中占据主导的、决定性的地位作用。

教学过程是教师的主导作用与学生的主体作用相结合的过程特点，要求学校管理者从这一特点出发，在教学管理中，要教和学两手抓，两手都要硬，既要抓好教师在教学过程中的主导作用的发挥，也要注重抓好学生学习积极性的调动、自主学习习惯与能力的培养。只有将教师的教与学生的学有效地结合起来，才能提高教学成效。

2. 教学过程是学生的直接经验与间接经验相结合的过程

教学过程是以学生学习的间接经验为主，直接经验与间接经验相结合的过程。间接经验是前人理性认识的成果。因此，学生的认识对象和认识方式是简约化了的，教学过程具有简约性。但是，培养学生的创新精神与实践能力是国家教育目的的重要内容，新课程要求在教学过程中增加和渗透学生探究、发现和创造性的活动，以培养锻炼学生独立思考、探求新知、实际操作等能力；要求教学过程注重学生的经验，搭起书本与学生生活经验的桥梁。

学生的直接经验与间接经验相结合的教学过程特点，要求学校管理者从这一特点出发，在教学管理中，打破单一的课堂教学内容与模式，根据课程标准，开发活动课程，尊重教师和学生对课堂教与学模式的选择，培养学生的探究精神、创新精神与实践能力。

3. 教学过程是传授知识和思想教育相结合的过程

教学的教育性原则，决定了教学过程的教育性。教学过程对教师而言，是传授知识和思想教育相结合的过程；对学生而言，是认识的过程，同时也是德、智、体、美、劳全面发展的过程。教学中学生不仅掌握知识、技能，而且也发展智力、体力，形成思想观点和行为习惯。德国教育家赫尔巴特指出："教学如果没有进行道德教育，只是一种没有目的的手段，道德教育（或者品格教育）如果没有教学，就是一种失去了手段的目的。"他把教学作为道德教育的基本途径，把培养德性作为教学的最高目的，这一观点直到今天仍有着重要的理论意义。另外，在教学过程中，教师的世界观，思想品质和教学态度等是最重要的思想教育因素。

传授知识和思想教育相结合的教学过程特点，要求学校管理者从这一特点出发，在教学管理中确立全面的教学质量观，不能以学生的学习成绩作为唯一标准衡量教师教与学生学的成效，要对教师的教学内容选择、教学行为对学生的积极影响等进行全面检查、督导和考核评价；要对学生的学习成绩、品德发展以及良好行为习惯等多方面进行检查、督导和考核评价，促进教师和学生的全面发展，达成国家教育目的要求。

第二节 现代中小学教学管理内容

关于现代中小学教学管理的内容，不同学者的观点不同，吴志宏主编的《学校管理理论与实践》一书中认为，教学管理的主要内容包括：教学思想管理、教学组织管理、教学质量管理和教务工作管理。杨颖秀主编的《学校管理学》一书中认为，教学管理的主要内容包括：学校课程设计和教学教务管理，教学教务管理包括：教学组织组织建设、教学研究管理和教学行政。郑勇主编的《学校与班级管理》一书中认为，教学管理的主要内容包括教学组织管理、教学常规管理、教学研究管理和教学行政。本书认为教学思想直接影响着教师的价值追求和教学行为方式的选择，教学思想的管理应是教学管理的首要内容；教学组织管理、教学质量管理和教学行政管理是公认的教学管理的重要内容；而教学计划的管理也是不可或缺的内容，因为计划是任何管理活动的开端，计划是实现工作目标的有力保障，没有周密的计划及对计划的管理，工作目标就难以实现。因此，本书认为现代中小学教学管理的主要内容应包括以下几个方面：

一、教学思想管理

教学思想是指教师和教学管理者对教学系统内诸因素、内部结构、运行规

律及其外部关系的基本观点和看法。它是一种对教师的教学行为和教学管理行为起着导向作用的教学观、学生观、质量观、人才观等。教学思想管理主要是对教师和教学管理人员进行现代教育思想的学习和教育,树立素质教育思想及现代学生观、人才观和教学质量观等,积极引导较适合学生在现代学生观、人才观和教学质量观指导下进行教学和学习的变革。促进教学质量的全面提升,高质量、高效率地实现教育课程标准要求的目标。

首先,要树立现代学生观。传统学生观强调教师对学生的管理、管教。德国教育家赫尔巴特认为,儿童生来就有一种盲目冲动的种子,必须从小就加以管理,以便造成一种守秩序的精神。他还提出了一系列的管理方法,如威胁、监督、命令和禁止,以及包括体罚在内的惩罚,等等。而现代学生观认为学生既是教育的对象,又是自我教育的主体;认为学生是人,他们是权力主体,他们有一般人的物质需要和社会需要,也有他们这个年龄段的特殊需要。教育管理者应该尊重学生的权力与需要,努力地满足他们的一般需要与个别需要,促进每一个学生发展。同时,学生是发展中的人,缺点和错误总是难免的,教师要学会积极的等待,帮助他们健康的成长;学生是有着丰富个性的人,教师要尊重他们的个性和差异,促使每一个人都获得成功。因此,教学管理者在管理的过程中要注重学生自主管理能力的培养;要正确地对待发展过程中的失误与挫折;在教学评价中,不能以学生在某一方面的内容作为评价的内容,而应以学生德、智、体、美、劳全面发展的程度作为评价的标准。

其次,树立全面发展的人才观。以我国新时期的人才观所要求的素质为教学评价标准,即以思想政治素质、品德素质、文化素质、业务素质、心理素质、身体素质、法律修养素质为教学努力方向和评价标准。

再次,转变以分数为标准的教学质量观,积极践行全面发展的教学质量观。即不仅仅以分数作为衡量教学质量的标准,而是以全面发展作为衡量教学质量的标准;不是以少数优秀学生作为衡量教学质量的标准,而是以全体学生的发展作为衡量教学质量的标准;不仅仅以全体学生的分数作为衡量教学质量的标准,而是以全体学生的创新精神和实践能力作为衡量教学质量的标准。

二、教学计划管理

(一)教学计划管理的内涵

教学计划又叫课程计划、课程标准,它一般是根据教育目的和不同类型学校的教育任务,由国家教育主管部门所制定的有关教学和教育工作的指导性文件。它对学校教学、生产劳动、课外活动等方面做出全面安排,具体规定学校应设置的学科、各门学科开设的先后顺序、课时分配和学年编制等。它体现了国家对学校教学工作的统一要求,是学校组织教育教学活动的重要依据。

所谓教学计划管理,就是依据国家的课程标准,通过对未来教学活动的精心设计与安排,达到控制整个教学过程有序、高效运行的目的,使教学活动始终处于最佳状态,最终取得最好教学效果的过程。

(二)教学计划管理主体及其管理职责

实施教学计划管理,国家教育主管部门要担当制定课程计划、编制教学大纲、编写教材等任务,而具体到中小学,则要依靠校长、教导主任和教师具体落实有关的教学计划管理工作。

1. 校长在教学计划管理中的职责

在教学计划管理过程中,校长首先要熟悉教学计划的要求,根据国家制定的课程计划对全校教学工作进行计划指导。其次,由于现代课程日益显现出的在统一性的基础上增加灵活性的需求,校长还要考虑在国家规定的教学计划范围内,结合地方和学校的实际情况,制定出更明确具体的学校教学目标体系,从而使宏观层面的国家课程标准和微观层面的学校教学计划有机地结合起来。

2. 教导主任在教学计划管理中的职责

教导主任是联结校长和教师的桥梁,他要协助校长管理全校的教学工作,同时又要直接领导各个教研组开展教学活动。教导主任同样应熟悉国家教学大纲,掌握各门学科贯彻执行教学大纲和教学计划的具体要求,并对教研组工作加以指导。为了组织好教学计划的管理工作,一般来说,教导主任应要求各教研组制订出学年、学期的教学研究计划。教学研究计划应包括教学研究的基本精神、主要项目、基本要求、时间、地点、工作负责人等内容。

3. 教师在教学计划管理中的职责

教师是教学过程中的主导力量,除了对教学过程进行计划管理,还应该对自身工作计划的制订与实施进行管理。教师要依据教学大纲和教材内容,了解学生的学习基础,制订课程教学的计划,并在教学内容和教学方法等方面加以钻研。对于学生,教师要指导他们制订学期或学年的学习计划,做到有计划、有步骤地提高学生的自学能力,掌握和改进自学方法。此外,预先拟订好考核学生成绩的标准,进行实事求是的评价,也是教师工作计划的重要组成部分。考核的结果可以最直接和有效地显示教学管理的水平。

总之,对与学校来说,实施教学计划管理,就是在国家规定的教学大纲和教学计划的范围内,通过校长、教导主任和教师的努力,将各门学科教学计划在学校教学活动中具体组织、落实并不断完善的过程。

三、教学组织管理

教学组织管理与教学计划管理密切相关,主要包括抓好教研组建设、完善教务处工作和科学合理安排课务等几项内容。

(一)抓好教研组建设

教研组是各学科教师从事教学活动的集体,同时也是学校教学行政的最基层组织。抓好教研组建设,建立一支素质精良的教师队伍,形成良好的教风,对学校教学工作的成效起着举足轻重的作用。

做好这一工作,学校管理者应注意以下方面:首先,要按照不同学科建立健全教研组。一般来说,同一学科教师在三人以上的,学校可以考虑成立教研组;不足三人的,可将性质相近的学科的教师组织起来,成立多科性教研组。其次,要建立相应的制度,确保教研组活动的有效性。教研组成立后,就应该考虑制定相应的规章制度,如教研组的定期会议制度、集体备课制度、互相听课评课制度、考勤制度等。再次,要选好教研组长。教研组长最好上下结合选定,人选应德才兼备,有较强的管理能力,在业务上有一定的学科教学能力,在教师中享有一定威望。只有这样,教研组长才能有效地领导教研组活动。

(二)完善教务处工作

学校教务处是学校教学组织的管理中心,主要负责编班、制订各种计划表(如:课程表、作息时间表、每周活动计划表等)、征订教材、安排课务等具体教学工作。此外,还要负责管理学生学籍、组织期中期末考试、评估考试质量、资料统计处理、教师业务进修等教务行政工作。可见,教务处的工作是繁忙而重要的。加强教务处管理,最主要的是要使教务处的工作制度化、规范化。只有建立规范化的管理模式,才能切实提高学校教学组织管理的效果。

(三)科学合理安排课务

学校安排课务既要考虑到教师原有的专业背景、学识专长,又要考虑到教师的实际教学能力和业务水平。此外,教师的年龄特点、个性特征等也是安排课务时应参考的因素。虽然每个教师的任课相对来说是固定的,但也要考虑适当的轮换制度,使得教师尽快熟悉本门学科整个学程的课程内容以及相关学科课程内容。例如,新教师到校任教后,最好先让他有个大循环,把这个学科的全部课程教学一遍,使其对整个课程有一个完整的了解,然后再相对固定某一两个年级段的课程教学。

四、教学过程管理

教学过程是根据一定的社会要求与教学目的和学生身心发展的特点,由教师的教和学生的学所组成的双边活动过程。这个过程由教师、学生、教学内容和手段等要素构成。其中，教师是教学过程的主导因素，学生是教学过程的主体因素，教学内容和手段是教学过程的客观因素。教师教学的过程是由备课、上课、课外辅导、作业批改、成绩考评五个基本环节构成。学生学的过程是由课前预习、听课、复习巩固、考查、掌握和运用五个基本环节构成。教学过程的管理也称作教学常规管理，包括对备课、上课、作业布置与批改、辅导、检查、总结等教学环节的管理。

（一）对备课的管理

备课是教师上课前的准备，是保证教学质量的关键环节。备课有集体备课、个体备课以及集体与个体备课相结合等形式。

备课具体包括备学生、备内容、备方法、备作业、备教学组织形式、备教学时间等。备学生是要求教师在了解学生对将要学习内容的知识基础、经验积累、身心发展程度、学习资源等方面的条件基础上，进行有针对性的教学。备内容是要求教师透彻理解和综合处理课程计划、课程标准、教科书及必要的教学辅助材料在知识、能力、情感等方面的教学目标要求，促进学生全面发展。备方法既要求教师备教的方法，也要求教师备学生学的方法。由于现代教学是教师和学生之间的互动过程，因此，还要求教师有意识地指导学生掌握和运用一定的学习方法。备作业包括备课上作业和备课下作业两个环节。备教学组织形式是指要求教师对教学活动结构的思考设计，它影响到师生之间、学生之间的交往效果和教学质量。备教学时间是要求教师有计划地分配一门课程在一学年、一学期、一单元、一节课内的时间，掌握好教学进度。教务处和教研室要定期或不定期地对教师备课情况进行检查、督导和评价，可以通过优秀教案展示、观摩课交流等形式，强化教师的备课过程，提高教师的备课水平与质量。

（二）对上课的管理

上课是教学工作的中心环节，通过上课可以落实备课计划，也可以发现备课中的问题。由于上课是教师与学生直接交往的活动，教学是教师与学生心灵的沟通，因此教师上课要充分准备，要有详细的备课计划，但又不能拘泥于备课计划。上课开始，要求教师集中学生的注意力，激发学生的学习兴趣。上课过程中，要求教师注意观察学生的表情，倾听和解答学生的问题，根据学生的学习情况及时调整教学计划，因材施教。上课结束，教师要及时总结授课情况，不断发现问题、解决问题，总结经验。教务处和教研室要建立定期或不定期听课制度，对教师的上课情况进行检查、督导和评价，确保教学计划如期实施。通过对上课的管理，不断丰富教师的教学知识，促进教师教学能力的提升。

(三) 对作业布置与批改的管理

做作业既可以起到复习巩固知识的作用,也可以起到消化理解知识的作用,还可以帮助学生发展能力。因此,教师要重视对作业布置与批改的管理。布置作业要有质和量两个方面的明确要求,题量要适中,难度要适宜,要能起到激励学生探究的作用。同时,要求教师对布置的作业要及时批改,及时反馈。这样,不仅可以帮助教师掌握教学情况,发现教学中的问题,也可以使学生体会到别人对他在学习上所付出劳动的尊重。所以,作业的批改可以根据作业的内容和学生的特点等情况,采取面批、统批等多种形式。教务处和教研室要定期或不定期地对作业布置与批改情况进行检查,发现问题后及时纠正。

(四) 对教学辅导的管理

辅导是教学的辅助环节,其目的是解决教学过程中的难点问题。由于每个学生的基础和理解能力不同,学习会出现差异。对此,要求教师通过辅导平衡差异。如果是共性问题则集中辅导,对于个别学生的个别问题要个别辅导。教务处和教研室要定期或不定期地对学生辅导情况进行检查,发现问题后及时纠正。

(五) 对教学检查的管理

检查是教学研究的必要环节,通过检查可以发现问题,也可以为总结奠定基础。检查有许多方式,学校管理者应用较多的是视察、听课、考试等检查方式。视察是指学校管理者通过直接观察、实地考察了解教学情况的行为。听课是指学校管理者进入课堂,亲身体验教师授课和学生学习情况,以行为促进教学的活动。考试包括教师为督促学生学习而进行的临时性的小测验,但更重要的是期中和期末考试。通过考试,帮助学生系统掌握知识,并使学校管理者全面了解教学质量情况。教务处和教研室要加大对期中和期末考试的检查和督导,抓好出卷、阅卷、评卷等环节的质量,确保教学检查起到促进教学的作用。

(六) 对教学总结的管理

总结是检查的继续,是奖优罚劣的依据,也是新的管理周期开始的前提。总结要在对检查结果做定性与定量分析的基础上,做出评价。评价要突出激励功能,注重教师与学生的发展过程和个性特点。总结也要分析以往存在的问题及产生问题的原因,在此基础上提出改进措施。教务处和教研室要在教学总结的过程中,注意总结教学经验和发现教学规律,促使教师通过总结教学经验促进专业发展;通过总结发现教学规律,提升教学质量。

五、教学质量管理

(一) 教学质量管理的内涵

教学质量通常指学生经过一定期限的学习后所应达到的规格要求。而教学质量管理是指按照培养目标的要求安排教学活动,并对教学过程的各个阶段和环节进行质量控制,使其达到课程计划、教学大纲和教科书所规定的要求,从而保证学校实现教育目的和培养人才的规格。

学校教学管理的中心任务在于提高教学质量,因为学校工作能否实现教育目标,主要是通过学校的教学活动来实现的,教学质量的高低直接决定着学生的发展水平。从这个角度来讲,学校教学质量管理不仅关系着教学效果的高低,而且关系着人才培养的质量规格,教学质量管理应是学校管理中的核心内容。

加强教学质量管理,首先要对教学质量有一个全面的、完整的认识。教学质量绝不等同于学生的考试成绩,因为学生的考试成绩仅仅是学生发展的一部分,远非全部。学生的发展应是全方位的,既包括知识和能力的发展,也包括品德、身体、审美能力、劳动素养等方面的发展。为此,要改变以往那种以考试成绩作为评价教学质量的唯一标准的做法。加强教学管理,就是要全面看待学生的发展质量,要面对全体学生,以此为指导开展教学质量管理工作。

(二)教学质量管理的内容与方法

教学质量管理包括教学过程质量管理和教学环节质量管理。

教学过程的质量管理是纵向管理活动。学生从入学到毕业是教学的全过程,每个学年、每个学期是阶段过程,每个过程都要有质量标准。在每个管理过程中,要着重抓好开端和结尾。如学生入学着重抓好第一堂课,抓好第一次班会等;学期末抓好期末复习与考试,学生毕业抓好毕业考试等。有了良好的开端和终结,也不能忽视各教学阶段的质量管理。特别是在年级过渡和教师更替过程中,必须做好质量交接,调动各方面力量,层层把关,不能因此降低教学质量。

教学环节的质量管理是横向管理活动。教学质量管理的责任就是把教学诸环节有机连接起来,使各环节互相承上启下。因此,要着重抓好教与学的基本环节,比如:教师的备课、上课、作业批改、个别辅导、成绩考核;学生的预习、听课、作业、复习、总结等。教学环节管理就是要使这些环节相互联系和统一起来,共同发展和提高。

为保证教学质量管理的有效性,学校管理者应注意树立全面的教学质量管理观。没有科学的、全面的教学质量管理观念的指导,要想取得高质量的管理结果是不可能的。科学、全面的教学质量管理观包括以下几个方面:

1. 全面发展的教学质量管理观

我国的教育方针明确规定,培养人才的规格和标准是全面发展的社会主义事业的建设者和接班人。这就要求学生的发展应该是全方位的,既包括智力的发展,也包括道德品质、身体素质、审美能力、劳动观念、实践能力、创新能力等方面的发展。加强教学质量管理,就要全面看待和评价学生的发展质量,不能仅仅

依据考试成绩,并以此为指导思想开展教学质量管理工作。

【阅读资料 8 - 2】①

　　今天,少数学校的教育价值观念是什么呢?……少数学校追求的,似乎只是狭隘的学生的考分。分数不但成了学生的"命根",也成了少数学校追求的最高目标。一位农村中学生写道:"平时,排座位按分,参加什么活动也按分。就连老师的那张脸那张嘴对同学也很有分寸:对优等生一张嘴便是花,完美无缺,而对差生一张嘴就是'无能'、'废物'。"武汉市民盟政研室的一位同志也反映:"现在的许多老师只是围绕学生的考试分数评判优劣、纵论得失,以'考分'作为与家长之间的唯一话题,使家长会开成了'谈分'会。""考分高的家长看到的是老师的笑脸,考分低的学生家长却面对老师的冷漠严肃的面孔。""校长老师们'胸中唯分'","如此家长会,折射出学校教育中片面追求分数的倾向"。全面而丰富的教育价值,竟剩下几个孤零零的阿拉伯数字,这是多么可悲的事!……

　　一首歌谣描述了以考分为唯一评价标准的现象:"一张试卷定终身,只看分数不看人;党员团员三好生,不及高考多一分。"一个完整的学生具有多方面的特性和多方面的需求。获得良好的分数只是学生精神生活的一个局部,只是他应该奋斗的许多领域中的一个领域。如果我们仅仅从分数来给一位学生做出好的或坏的结论,那样,我们就等于只看到了一片花瓣,而没有看到整个花朵。对于学生来说,追求分数就成了他精神生活的唯一的、吞没一切的活动领域,他就只能在这个狭隘的领域中片面地表现自己。

　　2. 教与学统一的教学质量管理观

　　在实际生活中,人们往往习惯于仅从教师教学角度看待教学质量管理问题,而忽视了学生这一方面。其实,教与学是师生的双边活动,教学过程是教师教的过程和学生学的过程的有机统一,忽视了任何一方,都不能称其为完整的教学,都会影响到教学质量。可以说,学生的学习质量比教师的教学质量更为重要,因为教学的最终效果毕竟是要落实在学生身上的,要从学生的学习效果加以体现。所以,教学质量管理还应该在学生学习质量方面加以管理,避免造成"有教无学"。

　　3. 面向全体学生的教学质量管理观

　　教学质量管理要面向全体学生,不能只针对少数"尖子生"。真正有成效的教学质量管理应该使各种层次的学生都能在原来的基础上有所发展、全面提高。

---

① 孙孔懿著. 教育失误论[M]. 江苏教育出版社,1999 年版,第 124 页、第 149－150 页.

教学工作要考虑到全面发展的素质标准,也要考虑到整个学校管理工作的投入与产出效益。只有面对全体学生,培养大批合格的人才,才能获得理想的教学质量,也才能实现真正的办学效益。

【阅读资料 8 – 3】[①]

  有所重点中学,每次考试以后都要对学生重新排座位,让前30名的学生坐在中间两排"黄金地段",其余学生坐在旁边两排。"边远地区"的学生,上课打瞌睡也行,看小说也行,只要你不打扰别人。惟有坐在中间的两排学生,才是老师关注的对象。有的学校无视领导机关三令五申,把学生分成快班和慢班;有的在名义分为普通班、职业班,说是既兼顾双重任务,又贯彻因材施教,而实际上却分别办成了加强班、维持班;有的让学生提前毕业,然后个别通知"尖子生"回校复习,好让那些无希望升学的学生提前离开学校,不要再做"无用功";还有的学校私下将成绩欠佳的学生视为"弱智生",被贴上"弱智生"标签的学生,可以享受"一班两制"政策的"优待":上课可以不听,作业可以不做,统考不计分,跟班不留级。个别学校午睡时让"弱智生"当巡视员,自习课时则让他们当清洁工。

  4. 全过程的教学质量管理观

  教学质量管理要体现一种全过程的管理,也就是要重视教学过程各个环节和各个要素的整体优化。当前着重要从单纯检验教学质量的结果,转向检验教学的全过程,将教学管理渗透到教学过程的每个阶段和每个环节。每个阶段、每个环节都要提出明确的要求,采取相应的管理措施,从而达到整体教学过程的最优化。

  5. 全员教学质量管理观

  全员教学质量管理观就是指全体教职员工和学生都积极地参与到学校教学质量管理工作中来。因此,建立教学全员岗位责任制,做到各司其职、各在其位、各负其责、相互配合、相互协调,通过采用科学有效的评估和奖惩手段,充分调动全体教职员工的积极性,无疑是提高学校教学质量的根本保证。

---

 ① 华应龙."丢卒保车"不可取[N].中国教育报,1995年10月24日,第1版。

第三节　现代中小学教学资源管理

　　教学是学校工作的中心。教学资源是学校发展的重要基础，是衡量学校教学水平的重要标准，更是教学内容得以实施的物质资源基础。在教育日益现代化的今天，教学资源尤其是教学信息及传播技术的开发与优化组合显得更加重要。如何合理配置和充分利用学校的教学资源，发挥其教育功能，提高教学效率，是目前学校管理者应深入研究和探讨的问题。

一、现代中小学图书馆管理

　　在信息社会，发现和获取有效信息、系统分析和综合处理信息的能力以及人机对话和信息检索能力对个人发展是至关重要的。而这些能力的培养除了依靠课堂教学这有限的空间与渠道外，图书馆的作用不容忽视。图书资料的充分流通和运用，对于丰富师生的知识结构并提高获取新知的能力有其独特的价值。

　　学校图书馆是师生获取知识和信息的重要源地，对其如何管理直接影响图书馆发挥其教育价值的有效程度。图书馆管理内容包括：有计划、有系统地构建科学合理的藏书体系，使图书收藏量满足教学和科研需要；运用现代化的图书管理系统进行分类编目、查询检索，逐步实现信息网络化；建立完善的阅览服务保障制度，并尽可能提供情报信息咨询服务；不断提高图书管理人员的业务水平，定期安排管理人员进修学习或与其他学校的图书馆管理人员交流经验。

二、电化教学设备管理

　　电教技术是把幻灯、投影、电影、电视、录音、录像、广播、语言实验室、计算机等现代化的视听工具及设备应用于教学过程的教学技术，它们是提高教学方法使用效果的重要手段。由于计算机多媒体的广泛应用和信息高速公路的开通，更多的人愿意将那些以计算机为中心的电教技术称为"计算机多媒体辅助教学"，或叫作"新教育技术"。

　　电教设备管理包括硬件管理和软件管理。硬件配置要注意品种齐全及其适用性；选购设备要根据学校自身的实际条件而定；购进后要登记造册，并安排专人保管，制定严格的规章制度，坚持保管、保养、维修一体化。

　　软件管理包括选择质量高、性能可靠的软件；避免软件购置的重复；按照不同软件的要求合理保存和使用。值得注意的是：目前中小学电教设备软件存在很多漏洞，比如，数量不足，难以满足教学需要；质量不高，与教材不配套；在较低水平上重复选题；成套的软件设备不多，不便于大面积推广，缺少规模效益，等等。因此，加强电教设备软件管理越发显得重要。

三、实验室管理

实验室管理直接影响到实验设备的使用效率。首先，应制定健全的操作规则和维修制度，使维修和保养工作做到经常化、制度化，并采用分工负责制；其次，要建立良好的工作环境，采取必要的防潮、防尘、防盗、防震、防锈等措施；第三，合理安排任务和负荷，严禁超载运转；第四，要配备熟练的操作人员，并选派专人负责实验室精密设备。

实验设备管理应从整体意识出发，遵循管理原则，最大限度地发挥实验设备的效用。首先，为教学服务的原则。教学辅助设备为教学服务的原则要求设备管理工作的各方面都要紧紧围绕教学这个中心工作展开。评价教学设备管理工作的质量也要以为教学服务的数量和质量为主要评价指标。从仪器设备的配备、使用、维修保管到工作业绩的考评都要以为教学服务为核心。第二，讲求效益的原则。讲求效益也就是提高实验仪器设备的使用效率。使用效率主要有两个指标：使用质量和使用频率。使用质量关注的是实验仪器设备的使用能否达到预期的教学效果，以及仪器设备本身的功能发挥如何。如果仪器设备的使用流于形式，或使用不当，不仅将对学生掌握知识技能、发展智力没有益处，甚至可能引起误导，制造障碍。反之，若仪器设备使用恰当，则既有利于激发学生的学习兴趣，又有助于学生对课堂学习的理解与巩固、深化。使用频率是指实验仪器设备的使用次数，即是否充分合理使用的问题。只是偶尔使用一次，使用质量再高，其使用效率也是低的。仪器设备进入学校之后，要及时安装使用。使用过程中若出现故障或损坏应尽快修复。第三，适当超前的原则。某些教学设备的使用寿命是比较长的，相应的周期也比较长。在购置这类设备时就应该把眼光放长远一些，看到教学内容以及教学方法、教学手段的发展趋势，适度超前购置设备，使其在科技发展日新月异的变化中发挥更大的作用，不至于被过早地淘汰。当然，超前的程度也要从学校实际出发，高档次的设备固然可以保持较长时间的先进性，但其价格过于昂贵，则会加重学校的经济负担。最后，整体优化的原则。随着现代科技的飞速发展，各种现代化教学手段日益丰富多样，为了提高教学效率，多种教学手段的综合运用也就成为可能与必要。在传统课堂教学改革中，现代化的教学手段和教学媒体运用更是课堂教学现代化的主要标志之一。但这一切并不意味着只要把多种教学媒体叠加运用在课堂教学中就会产生好的教学效

果。表面上的虚张声势和频繁更替,甚至不顾教学规律的人为渲染,都不可能发挥现代电教手段潜在的优势。这就要求从课堂教学的实际出发,按照教学规律的要求,从整体优化的角度灵活高效地运用各种仪器设备及教学媒体。

第四节 现代中小学科研工作管理

一、科研工作管理的意义

教育科研是以教育科学理论为依据,以教育领域中发生的现象为对象,以探索教育规律为目的的创造性的认识活动,它是人们探索和认识教育客观规律的有效途径。随着教育事业日益繁荣发展,教育科学研究越来越受到重视。今天,中小学教师从事教育教学科研不但是必要的而且是可能的,"在教学中研究,在研究中教学",教师进行教育科研是教师专业化发展的趋势和要求。而开展教育科研,就离不开对教育科研的管理。

【阅读资料 8 - 4】[①]

中小学教师通过实地调查、实验研究、筛选经验、科学论证,实现着教育工作的科学化。这样,这些教师的教育、教学工作的模式就由"经验型"转向"科研型",教师本身角色的模式也由"教书型"转向"专家型"与"学者型"。于是,教师不仅成为教育、教学的骨干,使教育、教学工作具有开拓性,而且具有一定的教育科学研究能力,从而按照教育科学意识指导教育,使教育工作逐步走向规范化、科学化。

中小学开展教育科研管理具有极其重要的意义。首先,教育科研管理有利于教育科研工作的规范化。教育科研管理必然要制定出一系列的管理法则或条例,这些法则或条例对于营造教育科研氛围、开展教育科研工作、合理使用教育科研经费以及评估教育科研成果等都有极其重要的规范作用;其次,教育科研管理有利于提高教育科研工作的质量。教育科研管理的目的就是通过科学的方法和手段,有效地组织广大教师参加教育科研,对于提高整体效益有促进作用;最

---

① 林崇德著.教育的智慧——写给中小学教师[M].开明出版社,1999年版,第291页.

后,教育科研管理有利于提高教师的科研积极性。管理本身就具有激励功能,有效的管理通过强化激励功能调动被管理者的积极性和创造性。教育科研是一种特殊性质的劳动,需要研究者投入大量心血,而加强管理,正是为了调动广大教师持久的科研积极性,并构成其积极参与科研工作的良好心理动因。因此,必须加强教学科研管理。

二、现代中小学教学科研管理的内容与方法

中小学开展教学科研须有专门的部门负责管理和督促指导,这种部门一般称为"教科室"或"教学研究中心"、"教学研究室"等。教科室负责对教师的教学科研进行计划、指导、督促、评价、推广等工作。具体来讲,教学科研管理有以下几个方面:

(一) 制定教学科研计划

制定教学科研计划包括制定学校教学研究计划并审议申报课题、确定科研经费。制定学校教学科研计划有两种方式:一种是定期自下而上由教师"申报"课题,由教科室审批;另一种是由教科室根据本校的教学实际问题列出一项或几项教学改革研究重点攻关项目,并注明每一项研究课题的意义、目的和对研究者的要求;然后以招标的形式在本校教师中确定研究人员。不论哪一种形式,都要严格执行工作程序。此外,还要注意除了审批"申报课题"并尽量使之保持一定结构外,还应该主动提出或从教师申请的课题中梳理出重点研究和资助的课题。同时,在审批中要对教师合作研究课题给予鼓励。

对于中标课题给予经费上的资助是必要的。有条件的学校可设立"教学改革研究基金",并制定相应的管理办法。为防止"热心申请而研究不力"现象,学校可采取"分期拨款"的方式,对于研究不力的要坚决终止拨款并追回研究经费。

在制定教学研究课题的评审标准时,首先应考虑其"实践性",即所做的研究要有助于改进教学实践,提高教学质量;其次要考虑其"可行性",即所申报的课题在理论和实践上是可行的;再次还要考虑其"创新性",即所申报课题在一定程度上应对以往相关研究有所突破。

(二) 对教学科研课题进行督导

督导即监督和指导,具体包括两方面的工作:一方面,督促教师按计划开展研究。科研管理者应定期组织公开课,让教学研究者以公开课的形式展示研究情境,这样可促使研究者审慎地进入研究状态,同时也可鼓舞其他教师教学和研究的热情。公开课结束后应有小组讨论和总结的过程,科研管理者也要提出改进教学及教学研究的建议。

另一方面,科研管理部门应搜集和整理教学改革信息,随时为教师提供理论

和技术上的指导与培训。教研室须为教师配备必要的教学理论和教学研究方法的书籍；邀请教学改革研究专家为本校教师做相关的专题讲座，或者聘请校外专家直接参与学校的教学改革实验研究；组织教师到校外参观学习或鼓励教师参与短期进修培训。

（三）对教学研究成果进行评价

评价即评议鉴定阶段性研究报告或研究课题的结题报告。科研管理者应按照研究者所拟订的期限敦促研究者提交研究年度进展报告或结题报告。由于主观原因未能按计划执行研究者，应考虑终止其研究并取消以后几年的研究课题申请资格。

对于提交的结题报告，有条件的学校应组织结题鉴定小组，由研究者向鉴定小组说明研究过程和研究效果；或者要求研究者向教科室提交总结论文和所发表的研究成果，作为学校教学研究文献妥善保存。

教科室应本着有效性、可信性、创新性的原则，每年评选若干优秀教学改革研究成果，并给予适当奖励。

（四）对教学研究成果的推广

推广即鼓励发表或推广科研成果。科研管理者应在评价的基础上及时总结和推广某些"有效"和"可信"的教学研究经验。推广经验的方式有两种：一是发表，即以研究报告的形式公开向他人介绍自己的研究过程和研究经验，以供他人评价和借鉴；二是扩大实验研究范围，即一旦认定某项教学研究成果具有可推广的潜在价值，教学科研管理者就应该尽可能在本校扩大研究范围、推广研究经验，通过有效重复实验的方式使某项教学研究成果得到认可和发展。

思考与练习

1. 什么是学校教学管理？
2. 现代中小学教学工作管理系统由哪些方面组成？各部分承担什么职责？
3. 联系实际谈谈现代中小学教学工作管理的原则及要求。
4. 举例说明现代中小学教学质量管理的内容有哪些？
5. 现代中小学教学资源管理的内容与方法有哪些？
6. 现代中小学教学科研管理有哪些要求？

第九章　现代中小学课程管理

内容提要

本章主要阐述现代中小学课程管理的内容；学校课程管理的目的、性质与原则；现代中小学校本课程的开发与管理。

学习目标

1. 准确阐述现代中小学课程管理原则及其具体要求。
2. 准确阐述现代中小学校本课程管理的内容。
3. 准确阐述现代中小学校本课程管理的目标和程序。
4. 能运用所学课程理论，分析当前中小学校本课程管理中存在的问题，提出解决建议。

课程是指按一定的培养目标，在学校安排和教师指导下使学生身心得到发展的一切活动内容。它包括课内教学、课外活动和社会实践等，是学校教育的核心。课程是实现教育目的和培养目标的手段或工具，是决定教育质量的重要环节，是培养人才的"蓝图"，因此，进行课程管理是教育管理的重要内容。

课程管理就是对课程采取的经营措施。20世纪90年代以前，我国基础教育不存在课程管理的概念。1992年国家首次将"教学计划"改为"课程计划"，课程管理体制分成国家课程和地方课程两部分。1999年颁布的《中共中央国务院关于深化教育改革，全面推进素质教育的决定》中，提出要进一步"试行国家课程、地方课程和学校课程"，"加强课程的综合性和实践性"。这表明课程管理体制的改革将学校推上了课程管理的主体地位，学校课程和部分地方课程将由学校自主研发和编制，因此，进行课程管理是学校工作的重要任务之一。

第一节 现代中小学课程管理内容

一、构建学校课程体系

学校课程管理的核心内容是保证国家课程与地方课程的有效实施,保证学校课程的合理开发,并在具体的课程管理工作中协调、优化和整合课程。

课程可以分为显性课程和隐性课程两种。显性课程主要包括学科课程和活动课程,所以,一般将课程划分为学科课程、活动课程和隐性课程三大模块。其中,学科课程又可以分为分科课程和综合课程,且每一种学科课程都可以有必修和选修两种设置方式。

【阅读资料 9-1】[①]

现在,让我们再来读一下课程计划表,现在能不能从中读出课程结构?

其中,最明显的是出现了"地方课程"和"学校课程",其他的课程基本都是"国家课程"("综合实践活动"既是国家课程,又是学校课程)。比较明显的是"历史与社会"、"科学"等综合课程的出现,它与原来的分科课程相对应。"综合实践活动"是本次课程改革中的亮点。它突出了实践、活动和经验,既是综合课程又是经验课程。经验课程与知识课程相对应。美国教育家杜威曾经问过:是知识重要还是经验重要? 其实,知识和经验都重要。而且,当知识和经验相结合时才能显示出力量;同时,经验在与知识结合的时候,也才能产生更大的影响。经验课程的设立就是为学生知识与经验的结合提供的空间。

另外,还有一些比较隐含的结构。在课程计划表中,我们看到的主要是显性课程,与显性课程相对应的是隐性课程。在"地方课程"与"学校课程"中,可以开设一门课,也可以开设系列的选修课。……

当我们从课程结构的角度再来解读课程计划表时,我们就可发现,随着课程改革的不断深入,课程结构变得越来越复杂了。课程结构复杂化的目的是能够增强课程对于不同类型学生发展的适应性,但是,它确实对教育管理者提出了很大的挑战,它使教育管理的复杂度大大提高了。可以说,认真开出"综合实践活

---

① 季苹.学校如何进行课程管理[J].中小学管理,2003年第1期.

动"、"地方课程"、"学校课程"、"选修课程"等，真正建立课程结构，对于管理者来说，是全新的、也是最为复杂的内容。

现代课程发展的轨迹明显呈现如下发展趋势：从强调学科内容到强调学习者的经验和体验；从强调目标、计划到强调过程本身的价值；从强调教材这一单一因素到强调教师、学生、教材、环境四因素的整合；从强调显性课程到强调显性课程与隐性课程并重；从强调"实际课程"到强调"实际课程"与"空无课程"并重；从强调学校课程到强调学校课程与校外课程的整合。由于课程在今天呈现出以上发展变化的态势，所以，在上面谈到的几类课程中，学科课程中的综合课程及其选修的方式受到了重视；活动课程在课程计划中所占的比例逐渐增大；隐性课程的教学与教育价值得到普遍的关注与承认。但是，由于综合课程改革所需要的人力和物力远非学校所能胜任，因此多由国家或省级教育行政部门负责实验研究，很多学校往往将选修课程、活动课程和隐性课程作为思考和改革的重点。也就是说，学校课程管理者构建学校课程体系所需要考虑的主要问题是：确定学科课程中的选修课程，合理设计本校活动课程和开发隐性课程。

（一）确定选修课程

选修课程的具体操作可以分为限定选修课程和任意选修课程。前者是指学生在学习必修课的基础上，侧重接受升学预备教育或接受就业预备教育所必须进一步学习的课程。后者旨在发展学生兴趣爱好、拓宽和加深知识、培养特长、提高某方面能力。课程管理者应要求学生根据自己的志向、爱好和需要，在教师的指导下选择学习不同的课程。

选修课程的具体设计是课程管理者应重点考虑的问题。从内容上分，选修课程大致有学术类、兴趣类和职业类选修课程。就目前各校所开设的选修课程范围来看，主要是学术类选修课程，而对适应学生分流的职业技能类选修课程重视不够。各校应根据本校传统和实际条件，在充分尊重学生兴趣和需要的基础上，合理设置相关选修课程，既注意与学术相关，又注意尊重学生兴趣需要。

（二）设计综合实践活动课程

《基础教育课程改革纲要（试行）》在规定新课程的结构时，做出了如下阐述：从小学至高中设置综合实践活动并作为必修课程，其内容主要包括：信息技术教育、研究性学习、社区服务与社会实践以及劳动技术教育。强调学生通过实践，增强探究和创新意识，学习科学研究的方法，发展综合运用知识的能力。增进学校与社会的密切联系，培养学生的社会责任感。在课程的实施过程中，加强信息技术教育，培养学生利用信息技术的意识和能力。了解必要的通用技术和职业分工，形成初步技术能力。由此看来，综合实践活动课程是我国基础教育课程体

系的结构性突破。

【阅读资料 9－2】[①]

综合实践活动课程在我国课程体系中的确立,不仅意味着一种新的课程形态的诞生,更主要的是标志着一系列体现时代精神的新的课程理念的生成:

- 课程是生活世界的有机构成,而不是孤立于生活世界的抽象存在;
- 学习者是自己课程的主体,而不是别人提供的课程(哪怕这种课程是无可挑剔的)的被动接受者;
- 每一个人的学习方式都是其独特个性的体现,课程应尊重每一个人的学习方式的独特性;
- 分等划类的考试等量化评价方式不是课程评价的唯一形式或最好形式,质性评价更能体现人的发展的特殊性;
- 个性健全发展是课程的根本目标;

……

这些课程理念在综合实践活动课程中得到充分展现,也必将会向其他课程领域逐步渗透。渗透了这些课程理念的课程,就是真正适应素质教育要求的课程,就是21世纪中国的理想课程。

实践活动课程的设计要求教师切实转变课程观,而教师课程意识的生成需要合理的制度做保证;制度直接影响着教师课程意识的形成,也规定并约束着教师的教育行为。因此,在当前课程改革背景下,教师课程意识的形成,客观地要求学校进行课程教学制度的创新。对许多年来已经习惯的教学制度、教学常规、课程教材管理等方面的制度逐一进行分析,改革当前不符合基础教育发展要求的制度与常规,制定新的规范,在学校建立起一种符合时代精神的全新的课程文化。

另外,不同学校可以根据本校实际条件,灵活选择合适的实践活动课程,要求教师设计的活动课程符合本校实际,立足于每一所学校的特色,并注意形成一定体系,能够发挥学校活动课程的整体教育功能。

还有,实践活动课程要求学生走出校园,走近自然,走向社会,开展大量的调查、考察、参观、访问、测量等活动。这里就蕴藏着许多不确定的因素,容易引发安全问题。学校管理部门要注意协助教师做好安全保障工作,防止意外事故的

---

① 钟启泉等主编.为了中华民族的复兴,为了每位学生的发展——《基础教育课程改革纲要(试行)》解读[M].华东师范大学出版社,2001年版,第88-89页。

发生。

(三) 开发隐性课程

隐课程又叫"隐蔽课程"、"隐性课程",指那些伴随着正规教学内容而随机出现的、对学生起到潜移默化教育影响的那些内容。

【阅读资料 9-3】[①]

隐性课程的思想可以追溯到杜威等早期的现代教育学家。但一般认为这一概念是菲利普. W. 杰克逊(Philip·W·Jackson)在 1968 年出版的《课堂生活》(《Life in Classroom》)中明确提出的。隐性课程的概念和理论的提出实际上是当代教育理论对 60～70 年代教育研究实证化、科学化,追求教育活动的可控性和价值中立倾向的一种反动。实际上,"一个时期应该既产生努力实现教育变化定量化的学者,同时也会产生一些渴望承认学校中以某种独特方式而发生的教育现象的学者"。隐性课程理论实际上已经证明:教育活动是一种复杂性很强的实践类型,完全的"工学模式"肯定是错误的;教育活动也是一种价值性的实践,企图做到完全的"价值中立"是不可能的。所以隐性课程理论实际上已经为教育理论与实践开辟了一个十分广阔的研究领域和实践探索空间。

学校隐性课程主要由以下几部分组成:正规课程中隐含的意识形态内容以及正规课程实施中所产生的偶然无意识的文化影响;学校的物质环境和精神环境;学校管理制度、生活制度、各种仪式等学校教育的结构特性及其对学生产生的影响;教师的人格、教学行为、领导方式等对学生的教育影响。

其实隐性课程是一个多因素、多维度的动态结构。由于其构成因素复杂多变,容易被人们忽视。所以,学校管理者应承认隐性课程的价值,有意识地设计和优化隐性课程的结构,尤其重视校园文化环境的建设、教师人格力量以及学校所有交往关系的教育意义,使各类隐性课程发挥自己的课程价值。

二、编制课程表

课程表又叫授课时间表或课表,它是课程计划的具体体现。课程设置的主要任务是确定学科门类,并根据一定编排原则使各门学科保持一定序列,形成合理的课程结构。在编制课程表时应注意以下问题:

首先,要严格按照上级教育管理部门规定的课程计划编制学校课程表。必修课程与限定的选修课程门类和教学时数开齐开足。在此基础上充分发掘本校

[①] 檀传宝著. 学校道德教育原理[M]. 教育科学出版社,2004 年版,第 138 页.

的特色和潜在的优势,将已经确定下来的任意选修课程和实践活动课程列入课程表。任选课和实践活动课是值得教学管理者花费较多时间考虑的领域,它们在很大程度上决定着学校的特色和学校"课程改革"的成败。

其次,要注意各类课程的合理搭配。课程管理者要根据不同年龄阶段的学生身心发展的特点以及学科本身的特点与要求,合理安排各门学科,使其适当搭配。比如:每天上午第一、二、三节课是师生精力最旺盛的时间,重要的基础学科或者难度较大的学科应该安排在这个时间教学;作业比较多的学科和作业较少的学科搭配在一起教学;体育课和活动课不宜安排在相邻的教学时间,以免学生活动量过大引起疲劳,影响教学质量,等等。

还有,要适当考虑教师的合理建议和要求。在编制课程表时,要充分考虑到不同教师的个人情况,根据每个教师的特点与要求安排课程时间。比如,不宜安排教师跨年级上课;年龄大的教师与年轻教师发生矛盾时应优先照顾年老的教师;课程较多的教师与课程较少的教师发生矛盾时,应优先照顾课程较多的教师,等等。

三、指导编写教学进度计划

编写教学进度计划既是课程管理也是教学管理的重要内容,直接关系着课堂教学的质量。教学进度计划包括学期(学年)教学进度计划、单元教学进度计划和课时教学进度计划。不同的教学进度计划在编写时间和具体要求上有所区别。需要说明的是"学校年度课程实施计划"是学校依据相关的课程文件和学校实际而制定的一学年的课程实施计划,是国家课程计划在学校一级的具体化。制订实施方案必须严格依照上级教育行政部门颁发的课程文件,维护国家课程计划和标准的严肃性。"学校年度课程实施方案"包括一学年各年级的课程门类、课时分配、课程表、作息时间表、课程实施要求与评价建议等内容。"学校年度课程实施方案"必须在第一学年的9月1日前,也就是在新学年开学之前报上级教育行政部门备案。

学校应严格执行课程实施方案,切实保证课程实施过程与课程方案的一致性,开足开齐各类课程,严格控制课时总量,严格控制学生在校活动时间。

在指导教师编写教学进度计划时,学校管理者应要求教师了解各种教学计划的编写要求,紧紧抓住钻研教材和了解学生两个环节,因为只有在充分掌握课程内容和充分了解学生的基础上,才能编写出高水平的教学进度计划。

第二节　现代中小学课程管理性质与原则

一、学校课程管理概述

（一）学校课程管理的性质

学校课程管理是国家基础教育三级课程管理体系中的一个重要组成部分，是学校及其相关人员行使课程权力并履行责任的具体体现，是国家基础教育课程质量在学校一级的重要保证，是学校管理工作的核心内容。学校课程管理就是要在学校层面协调、优化和整合三类课程的关系，即国家课程、地方课程的有效实施和校本课程的合理开发。

【阅读资料9-4】①

基础教育课程改革的具体目标之一是改变课程管理过于集中的状况，实行国家、地方、学校三级课程管理，增强课程对地方、学校及学生的适应性。这表明我国的基础教育课程管理体制，已由原来的过于集中的国家课程管理走向国家、地方、学校三级课程管理，地方和学校在课程管理上有一定程度的自主权，并共同参与课程决策，承担相应的责任。

国家一级课程管理是指制定国家基础教育各级阶段的培养目标、课程计划框架、课程标准以及实施和评价的要求等宏观课程管理政策，这项工作由教育部负责实施。

地方一级课程管理是指由省、地、县各级教育行政部门执行上级教育行政部门颁布的课程政策；监督下级对课程政策的执行；结合本地的实际情况，制定相应的指导性课程文件。

学校一级的课程管理是指学校根据上级教育行政部门的规定，结合本校的实际情况，对学校实施的所有课程进行管理。

（二）学校课程的构成

按照课程决策主体的不同，可以把学校课程分为国家课程、地方课程和校本

---

① 编者根据《基础教育课程改革纲要（试行）》及相关资料进行整理。

课程三个组成部分。

国家课程由国家教育行政部门决定。目标上侧重学生发展的基本要求与共同素质；内容上强调一致性、共同性、发展性；实施方式上具有强制性。课程开发的主体是专家，一般以必修课的形式出现，是整个基础教育课程的主体部分。

地方课程由地方教育行政部门决定。这是一种突出地方特色、反映地方文化、满足本地发展需求的课程，具有区域性、本土性的特点。一般比较侧重少数民族的语言与文化、乡土课程等。地方课程开发的主体是专家，它一般以必修课或选修课的形式出现。

校本课程由学校自行决定。目的是满足学生和社区的发展需要，强调多样性与差异性，学生有选修的权利。一般比较侧重学生兴趣类、学校特色类和乡土类课程。课程开发的主体是教师，通常以选修课的形式出现。

二、学校课程管理的原则

（一）坚持以学生发展为本

这是学校课程管理的基本原则。促进学生最大限度地发展是素质教育追求的目标，课程是一切教育活动的核心。因此，学校课程管理就是要使学校课程发挥最大的育人功能，让每一个学生的潜能都获得充分和谐的发展。每一所学校都应考虑学生的需要、兴趣与经验，科学设计课程与教学方案，合理组织教学内容，积极探索自主、合作的学习方式，实施发展性的评价，为学生全面而主动地发展提供课程保障。

（二）坚持权力与责任相统一

三级课程管理是我国基础教育课程权力的一次再分配，意味着基础教育课程采取"自上而下"与"自下而上"相结合的双向管理机制来确保课程的适应性。通过改革，学校拥有了一部分课程权力，同时也承担着相应的责任。所以，学校应严格执行国家基础教育课程计划和课程标准，严格执行地方各级教育行政部门的有关规定，并根据自身实际情况，形成相应的实施方案，并报县级教育行政部门审议，县级教育行政部门应在规定的期限内向学校反馈审议意见；学校及其相关人员应形成权力分享、责任分担的观念。

（三）充分开发和利用校内外课程资源

丰富的课程资源有助于学生的全面发展，学校必须立足于本校的现有条件，最大限度地挖掘、利用校内的人力、物力、财力等课程资源；努力把蕴藏于师生中的生活经验、特长爱好转化为课程资源；合理配置设施资源，转变服务方式，提高使用效率。同时，充分发挥、利用和拓展校外的课程资源，重视实践基地的建设，注意发挥家长与社区资源的作用，积极开展与校外机构的合作。学校应努力创造条件,鼓励教师和学生充分利用网上资源。

(四) 正确处理好三类课程的关系

国家课程、地方课程和校本课程三类课程不是三个完全独立的部分,它们构成了学校课程的有机整体,拥有共同的培养目标,实现不同的课程价值,承担不同任务,履行不同的责任,从不同的方面促进学生的发展。因此,在学校课程管理中,不应该用国家课程挤占地方课程或校本课程的课时,不应随意提高国家、地方规定的课程标准,也不能将校本课程变为国家规定的文化课程的延伸和补充,而应该根据有关的课程文件,正确处理好这三类课程的关系,保证各类课程的合理比例,充分发挥它们对学生发展的不同价值。

第三节 现代中小学校本课程的开发与管理

校本课程是学校根据地方及学校特色、社会及学生需求而开发设计的课程。它是学校贯彻素质教育及以人为本的教育理念,体现学校教育特色、专业特色而自行开发的课程。

校本课程开发问题的提出在我国历史并不长。近年随着《中共中央国务院关于深化教育改革,全面推进素质教育的决定》中提出试行三级课程的政策,校本课程成为课程改革热点之一。校本课程是在实施国家课程、地方课程的前提下,在明晰学校自己的办学宗旨、育人目标的情况下,通过对本校学生需求进行科学评估,并充分利用当地社区和学校的课程资源进行开发的、多样性的、可供学生选择的课程。它是针对地区、学校、教师、学生的差异性,着眼于尽量满足学生的个性发展需要,有利于满足教师自身的专业发展需要,能与国家课程、地方课程整合,起到补充作用的课程。校本课程的开发过程实质上是一个以学校为基地而进行的开放、民主的决策过程。校长、教师、课程专家、学生以及家长和社会人士共同参与课程计划的制订、实施和评价,采用"实践—评估—开发"的课程开发模式,实施"问题解决"即"自下而上"的政策。它通常以"选修课"的形式出现,涉及学校教育经验的各个方面。

一、校本课程开发的特征

校本课程开发是在体现校本课程与国家课程、地方课程在培养目标上的一致性的前提下,根据本校的培养目标和课程资源状况,了解学生多样化发展的需

要,设置可供学生选择的、灵活安排的课程。因此,校本课程开发必须体现主体性。首先,校本课程必须充分体现学校的特色。人云亦云、千篇一律,没有体现出以各自学校为本的特点就不能算是真正意义上的校本课程;其次,校本课程开发和实施需要教师的充分参与,要充分尊重教师的意见,在课程的开发和实施中都要重视教师的主动精神。没有教师的积极、主动的工作,校本课程的开发是无法想象的,校本课程实施也是十分困难的。再有,校本课程要以学生的实际需要为主导。校本课程以发展学生的个性特长为目标,因而,它就必须充分地了解和反映学生的实际,满足不同学生个性发展的需要,给学生以尽可能充分的机会。为此,学校在开发校本课程过程中要重视学生的参与,在实施过程中要特别注意学生学习后的反馈意见,以根据学生的需要不断优化校本课程。

另外,校本课程在开发过程中还要充分体现基础教育的基础性。基础教育重视基础,这是教育规律、学生身心发展规律的要求。中小学的基本任务是帮助学生打好基础,打好科学文化的基础、打好思想品德的基础、打好身心发展的基础。校本课程应以全面发展学生的能力、促进学科知识的运用与综合为目的。如果把校本课程当成学科课程的拔高也就失去了校本课程的意义。校本课程要为每个学生打好基础服务,也就是说,为每个学生打好今后发展的基础,这就更加要求校本课程充分体现以学生为主体的个别化特征。

校本课程开发应体现发展性。学校教育是为学生未来做准备的,因此,课程与教学应着眼于学生的未来发展,着眼于开发学生的潜力,以促进学生个性发展为目标,而不应该过多在乎学生对某些细枝末节知识掌握得多与少。校本课程就是要弥补国家课程的不足,照顾到不同学生的发展需要,因此要树立着眼学生发展的教育价值观,为学生的发展服务应是校本课程的基本价值取向之一。

校本课程开发要体现着全面性。人的发展应当是主动的、全面的发展,教育应当使学生在有限的在校时间里在德智体等多方面得到最快、最充分的发展。学校要以全面的、互补的课程促进学生全面的、和谐的发展。当然,这里提出的全面发展并不是学生的平均发展,而是每个学生个性充分发展后,总体上的全面发展。教育实践一再证明,一个人每个方面都突出是不可能的,国家课程、地方课程保证了学生基本方面达到基本质量的要求,校本课程就是要使每一个学生得到充分发展,从而达到学校全体学生全面发展。校本课程在促进学生全面发展中应以"扬长"而不是以"补短"为目标;保证学生达到基本要求是国家课程的目标,不应该成为校本课程的主要任务。

体现实用性是校本课程的一个鲜明的特征。国家课程是面向全体学生的,在体现课程的实用性上难免存在一定难度,而通过校本课程和地方课程实现乡土教育和职业教育是世界各国普遍采用的途径。通过校本课程的建设,结合当地经济发展的实际情况,可以为无法升学的学生进行职业培训和就业准备,使学生更适应当地的就业与生活。校本课程的实用性也弥补了国家课程在这方面的不足和缺陷。

二、校本课程开发的原则

校本课程作为学校教育课程的一种类型,它的编制应遵循课程编制的一般原理,但它也有自己的特殊要求。具体来说,校本课程开发的原则有:

(一) 互补性原则

校本课程是国家课程的重要补充。在实现教育目标方面,国家课程在实现统一要求方面比较便利,校本课程则在达成多样化要求方面有其长处;国家课程在实现统一性目标方面能够较好地体现其规范化的要求,校本课程则在实现多样性目标方面能显示出其灵活的优势。因此,校本课程的设计要充分体现出它对国家课程的补充作用,发挥其自身的优势,使国家课程与校本课程能够相互协调地发挥整体育人功能。

(二) 针对性原则

校本课程很可能在校与校之间的课程安排上是各不相同的,校本课程的这一特点正是这类课程之所以被称为"校本课程"的重要原因。从这一特点出发,学校在设计校本课程的过程中就要注意从学校的实际和学校自身的办学特色出发,从学生的兴趣、爱好和特长出发,从学校教师的特点出发;强调课程设置有利于"三特",即有利于形成学校特色、有利于发挥学生的特长、有利于发挥教师特点,这是校本课程设计的针对性原则的基本含义所在。

(三) 多样性原则

校本课程是具有较大弹性和柔性的课程,因而,也应当是多样性的课程。校本课程为学生提供了较大的选择余地。在很大程度上,学生选择余地的大小,取决于学校校本课程开设门类的多少。校本课程开设的多样性程度越高,学生选择的余地越大,学校在培养多样化人才、满足社会多样化要求方面成功的可能性越大。

(四) 可行性原则

目前,在我国中小学生选修课和活动课开设的过程中,不少学校都采取了有什么教师就开设什么课程的做法。这种"因人设课"的思路是值得推敲的。因为学校课程也是实现学校教育目标的重要途径,不顾所开设的课程对学生培养的意义,仅从有没有教师的角度去考虑问题,就失去了开设校本课程对学生培养的本来意义。然而,在校本课程开设的过程中,也不能不考虑到,课程总是要教师去实施的,仅仅只从实现目标的需要出发,而不从教师队伍的实际出发,这种课

程设置是不可行的；或者勉强地开设，强教师所难，开设出的课程质量不高，这只会加重学生的负担，无法达到课程的目标。

当然，这里所要求的教师资源不能只把眼光盯在本校教师身上，社会上可利用的资源也是学校应当积极利用的。校本课程设置可行性的原则既要求所开设的课程是能得到教师人力资源支持和保证的，同时也要求所开设的课程是能得到必要的教育教学设施、设备条件的保证与支持的。

三、校本课程开发的程序

校本课程开发是学校课程管理的重要组成部分。总体上说，校本课程开发程序包括以下四个阶段：

（一）第一阶段：需要评估

需要评估是设计校本课程时首先要做的研究性工作。它主要涉及明晰学校的培养目标，评估学生发展需要，评估学校及社区发展需要，分析学校与社区的课程资源等。

（二）第二阶段：确定目标

确定目标是学校对校本课程所做出的价值定位。它是在分析与研究需要评估的基础上，通过学校课程评审委员会的审议，确定校本课程的总体目标，制定校本课程的大致结构等。

（三）第三阶段：组织与实施

组织与实施是学校为实现校本课程开展的一系列活动。它主要包括以下五项具体工作：

1. 建立组织，划分责任

在校本课程实施过程中，建立一个职责明确的管理系统十分重要。通常，学校校本课程的实施由学校校长总领导、一位副校长分管，教导主任、教导员、教研组长、年级组长、班主任同时负责任务的下达与问题、情况、意见的反馈。学校教导处是落实校本课程的行政机构，负责任务与意见的上通下达。教研组与年级组是执行机构，教研组负责教学，如执行者的选定落实、课程内容的确定及教学活动的检查、反馈、评估等；年级组负责课程的组织工作，如学生的报名情况、人事上的协调均衡等。如有紧急情况由教导处协调解决。这就形成了从学校最高领导到每个学生，条条有线、块块有面的一张网，它保证了课程教学工作贯彻落实到人，使每个教师、学生都置于网络的管理之中。

2. 宏观指导，确保落实

校长负责对校本课程的宏观指导，以确保所有课程落到实处。校长和学校课程改革领导小组要经常研究学校课程开设中的重大问题，指导教导处开好校本课程,协调好校本课程开设过程中的种种矛盾。对课程开设中重大问题和有关的各项政策、师资培训、课程教材的编写等问题,学校领导要亲自过问,落实解决。

3. 加强培训,提高教师综合素质

校本课程实施的关键是调动教师的积极性,提高教师的综合素质。师资是教育基础,也是实施校本课程的中心环节。在解决课程改革带来的师资问题时,要重视教师综合素质的提高。只有提高教师的综合素质,学校才有可能开设出高质量的校本课程。挖掘潜力,能者为师,是解决师资不足的办法之一;开辟多种进修渠道,努力提高教师多方面素质则是更有效和更可靠的途径。学校除了要鼓励教师在提高本专业的教学水平外,还要鼓励他们根据自己的兴趣爱好,培养自己多种能力。此外,充分利用社会资源也是解决任课教师不足的一个重要手段。如果有些校本课程本校教师无法胜任,学校可以聘请校外教师、专业人员,甚至外籍教师到本校任教。社会力量介入学校课程,既可以解决师资不足的问题,同时也为本校教师的发展与提高带来机会,为学校的教学注入新鲜活力。

4. 激励学生,主动参与

校本课程通常是学校选修课程,在开设的过程中由于这些课程要打乱原有的班级,形成新的集体。尽管新的集体是松散的,但也有管理问题。这种管理,教导处、班主任都已无能为力,除了任课教师以外就要发挥学生的作用,组织他们自己管理自己。这样,可以使教师安心教学,培养学生的能力,增强学生的集体归属感和荣誉感。

5. 健全制度,保证质量

校本课程的制度管理核心是使课程走向规范化、制度化。规范化是校本课程质量能够得到保证的重要基础。在教学管理上,校本课程要与国家课程一样,能够做到定时间、定地点、定人员、定内容,在教学过程中做到有计划、有进度、有名单、有备课笔记、有考核登记表、有小结。同时,学校也要逐步完善激励教师积极开设校本课程的机制与制度。

(四) 第四阶段:评价

校本课程评价的主要目的在于为学校领导和任课教师修正、完善课程目标、课程组织、课程实施等提供依据。课程本身的评价应贯穿于校本课程开发的始终。评价不应仅仅关注校本课程的最终结果,更要关注对校本课程开发过程的评价。其实,在校本课程开发的每一个阶段,课程开发者都在做出某种选择,比如,选择最恰当的课程目标、最恰当的课程组织形式、最恰当的教学方法等。从某种意义上说,每一次选择都是一次评价过程。总之,只有当课程评价有助于完善校本课程和提高教学质量的时候,才可以说课程评价是有价值的。

四、目前校本课程开发与管理中的问题

严格意义上说,并非学校当前自己开设的"选修课或活动课"就是校本课程。鉴于这一特点,在学校进行校本课程开发管理中应高度重视对学校自己开发课程的科学性、价值性、需求性的评估研究,建立恰当的学校课程决策程序与学校内部课程监测机制,及时加强对学校领导、教师课程意识与理论的培训,进行课程开发技术的具体指导,切实加强学校课程资源的建设。这些都是校本课程开发与管理中必须解决的几个重要问题。具体来说,需要注意以下几个方面:

(一)校长和教师必须转换在课程行政中的角色

校本课程将课程行政权力转移到学校。长期以来我国的学校领导和教师都把课程设置看成是教育行政部门的事,学校和教师只是既定课程的实施者。如今要求校长和教师自己决定课程,他们缺乏相应的思想准备,而且一些学校管理者和教师也没有接受过课程设计的系统训练,多数情况下只能参照其他学校的做法或只凭经验、感觉进行,这样就难免盲目。因此,当前一个迫切的问题就是在转变校长和教师课程观的同时,加强对他们开发学校课程能力的培养与提高,使他们尽快适应课程改革的要求。

【阅读资料9-5】[①]

　　实践使我们逐步认识到,校本课程的开发,对中小学教师提出了前所未有的挑战,不仅会"教"书,还要会"编"书。长期以来,教师的主要任务是讲授别人编写的甚至连教学参考书也齐备的教科书,传统教师的任务完全是执行指令性的课程计划,不可能也不需要具备多少课程意识和课程开发能力,教师的职前职后教育也缺少应有的课程知识和培训,教师的专业能力发挥受到很大限制。教师课程开发与管理意识与能力的欠缺,是目前推进校本课程开发的最大困难。主要表现在:① 传统教育影响,缺乏课程开发意识;② 受专业知识所限,开发的课程缺乏特色;③ 认识不到位,实施过程名不副实;④ 缺乏相应的课程评估能力。

　　实践证明,校本课程开发是提高教师专业水平、研究能力和创新能力的一条有效途径,但要开发出满足学生学习需求、体现学校特色的校本课程,并在实施中促进教师和学生个性的发展,需要教师具有一定的课程管理意识、课程开发的技能与能力。

---

① 聂淑香.补上课程开发与课程管理这一课[N].中国教育报,2003年8月21日,第7版.

（二）建立恰当的课程决策程序和学校内部课程监督机制

如果没有建立科学合理、多方面参与的课程编制机制，形成校本课程的集体决策程序，就可能把校本课程变成校长或教导主任的课程。这样一来，学校自主决定的课程，可能会产生积极作用，但也可能比没有校本课程更糟糕，因为这种课程不见得都有可靠的依据，也未必有真正的权威。

（三）建立课程开发的中介服务机构

学校校长和教师不是课程专家，基础教育的学校里真正熟悉课程设计的人并不多。即使组织接受课程设计的专门训练，由于受到学校活动条件的限制，要真正把握课程精神与可靠依据，依然有一定困难。为此，应建立课程中介服务机构，对学校设计课程予以指导，包括课程理论与技术的指导和学校课程的具体指导。

总之，校本课程的开发是教育迎接新世纪挑战的一种回应，是实施素质教育对学校提出的必然要求，是学校充分发展办学优势和特色、积极参与国家创新工程、贯彻落实国家的教育方针，促使学校和谐发展，继而推动社会的发展，培养和造就"创造新世纪的人"的一项基本建设。目标指向明确、内容多样、课程设置灵活的校本课程能使学生在掌握国家课程规定的基础知识、基本技能的同时，引导学生在众多的课程的选择中得到个性发展的及时补偿，在选择中发现潜在能力的火花，在选择中培养学生的信息采集和加工的能力，学会学习，使学生在课程的自主选择和个性化知识的掌握过程中形成更多、更广泛的能力，更好地认识学习的价值，塑造健全的人格，学会生存。这些，正是校本课程开发与管理的意义所在。

思考与练习

1. 结合中小学课程管理实际，说明课程管理原则及其具体要求。
2. 校本课程管理的内容有哪些？
3. 现代中小学校本课程管理的目标和程序有哪些？
4. 你认为当前中小学校本课程管理中存在哪些问题，应如何解决？

第十章　现代中小学德育管理

内容提要

本章主要阐述现代中小学德育管理内容；德育管理原则；中小学德育管理机制与方法。

学习目标

1. 准确阐述现代中小学德育管理的基本内容。
2. 准确阐述现代中小学德育管理功能。
3. 联系实际谈谈贯彻现代中小学德育管理的一般原则及需要注意的问题。
4. 准确阐述中小学德育常规管理的主要内容。
5. 能按照德育管理方法运用要求，处理相关德育管理问题。

学校德育是学校全面发展教育的重要组成部分。"二战"之后，世界各国都十分重视学校德育工作，把做好德育工作与建立良好的社会秩序、安定国民、培养国家所需要的人才紧密联系在一起。与此相应，各国都非常重视学校德育工作的管理，将其看成是提高德育实效的重要途径。加强德育工作管理、使之更好地服务于国家已是世界各国的共识。

第一节　现代中小学德育管理概述

一、学校德育管理界说

具体来说，学校德育管理是在一个国家或地区的政治、经济、文化以及教育方针、制度等的制约影响下,遵循德育自身的规律,对学校德育系统、各类德育组织及德育过程进行预测、规划、组织、指挥、监督、协调和控制,合理配置有限的德育资源,改善德育条件,使德育活动顺利进行,实现德育目标,提高德育质量的过程。简单地说,学校德育管理就是组织、协调、控制学校德育活动,实现学校德育目标的过程。学校德育管理的核心是对学生品德培养的管理,其过程是在管理者、教育者、受教育者三者的相互作用中展开,并与德育过程紧密结合,结果是为了更好地实现学校德育目标,提高学校德育的质量。

【阅读资料10－1】[①]

以往对学校德育和德育管理重视不足的美国,近些年来也加大对学校德育的干涉。美国从多元化民主价值出发,长期实行无国家统一标准的"自助餐式课程"。然而1983年,美国政府组织的国家高质量教育委员会发表了《国家处在危机中,教育改革势在必行》的报告,确立了"5门新基础课",其中包括所有高中毕业生至少要修3年社会科。1994年7月生效的《美国2000年教育目标法》规定:"到2000年,读完4、8、12年级的学生,对英语、数学、科学、外语、公民课与政治、经济学、艺术、历史和地理,这些具有挑战性科目须具有实际应用能力。"确定核心课程和制定全国课程标准,在以地方分权为特征的美国课程史上都是破天荒的改革。而其中有关德育的"公民课与政治"课程被列入核心课程,表明了美国政府对青少年道德教育的重视程度。

学校德育管理是提高德育工作效率的重要措施和手段,它可以调动德育工作者的积极性和主动性,协调德育组织的作用,提高德育管理的效能。

二、学校德育管理的功能

(一)协调学校德育过程内部诸要素间的关系

学校德育作为培养学生思想品德的活动,其过程由教育者个体与群体、受教育者个体与群体、德育内容、德育方法和手段等多种要素构成。而其中的每一要素又都包含着复杂的社会组合和结构体系。为了使学校德育过程内部各要素协调配合、有序发展,特别是协调教师的工作和师生双方的统一活动,就必须对其进行德育管理,否则就不可能协调统一,顺利进行,有效展开,也会使德育目标的达成受到极大阻碍。

---

① 引自朱永康主编.中外学校道德教育比较研究[M].福建教育出版社,1998年版,第333－334页。

(二) 协调德育与智育、体育、美育、劳动技术教育间的关系

学校德育是学校教育的一个有机组成部分。我国全面发展教育的组成部分包括"五育",五育各有其任务,但它们之间是相互联系、相互促进、相互渗透、互为基础、相辅相成的关系,任何一育的偏废都会影响到其他各育的实施成效。为了使德育与其他四育更好地协调配合,顺利有效地进行,就必须对学校德育实施管理,否则就可能出现混乱无序的状况,使德育失去应有的作用,也使学校教育的整体目标受到损失。

(三) 协调学校内部德育组织系统间的关系

学校德育的实施需要学校党组织、行政、工会、教导处、教务处、总务处以及年级组、教研组、团队学生会、班主任、各科教师等各部门、组织、人员协同配合,需要教学、课外校外活动等多种途径配合,需要对校内进行德育活动或工作的有关人、事、财、物等资源加以合理配置和使用,充分发挥其效益。为此就需要学校对德育进行管理,确定德育目标和基本内容,设计德育活动主题、实施途径和方法,对德育活动进行组织和监督,对各部门、组织、人员和途径进行沟通联络、协调、指导、调控,共同围绕德育目标和主题进行活动和工作,发挥相互配合、相互促进的作用,避免相互冲突甚至抵消的消极作用,提高德育效率和质量。

(四) 协调学校、家庭、社会间的关系

学校德育与家庭社会存在着密切的联系。学校德育只有适应社会的要求,使学校德育力量与家庭、社会等各种教育力量相互配合,形成德育的一致性网络,才能取得良好的效果。因此,学校必须对德育进行管理,根据社会的要求和学生品德形成发展的需要与可能,确定德育目标和实施计划,把握和调控其运动的正确方向,组织、调节、控制、利用外部环境的影响,争取外部环境中一切有利于学生良好品德发展的力量,共同做好学生德育工作,促使学校德育活动有效展开,顺利达成德育目标。

第二节 现代中小学德育管理内容

从宏观上说,德育管理应该包括教育行政部门的德育管理和学校内部的德育管理两个方面。现代中小学德育管理内容主要包括:德育思想管理、德育组织管理、德育目标管理、德育计划管理、德育质量管理和德育环境管理六个部分。

一、德育思想管理

德育思想管理是指学校管理者根据德育管理的方向性原则,通过对全体教职员工的教育,使他们端正教育思想,形成正确的德育理念。其作用在于提高全体教育工作者对德育的认识,强调人人重视德育,处处以身作则,统一要求,共同做好学生的思想品德培养工作。

思想是行动的先导,只有思想认识正确,行动才能朝着既定目标前进并最终取得好的效果。德育思想是人们关于德育的认识和看法,是学校教育者进行德育工作的指导,起着导向的作用。因此,必须加强对学校教育工作者正确德育理念的教育和管理。

在德育思想管理上,一个首要的问题是对德育重要性的认识。当前,在部分学校领导和教师思想中仍然存在着"分数至上"的错误观念,轻视知识教学以外的一切教育,当然也包括德育,这也是目前学校德育工作实效不高的原因之一。德育思想管理要求学校教育工作者正确认识德育本身的意义,使他们在德育工作中做到言行一致,始终如一地搞好德育工作。

【阅读资料10-2】[①]

20世纪是一个物质文明和科技极其进步的世纪,但20世纪的失误则在于人文精神的失落和道德的滑坡。可以说,21世纪,有可能给人类带来毁灭性灾难的,不在于原子弹、核武器,而在于人类心灵的空虚和残缺,在于道德的堕落。所以,21世纪,如何把道德教育提上日程,促进全社会乃至全人类的重视,放在世纪之交着重考虑的战略地位,实在是刻不容缓了。

教育不仅是文化的传递,更是人格心灵的唤醒。

我们完全有理由说,德育应该是21世纪教育的灵魂。

此外,德育思想管理还要重视学校教育工作者形成比较完备的德育理念,对中小学德育的本质、目标、过程、内容、方法以及德育对象都有完整的认识和正确的把握。只有这样,才能使各个部门、每个教职员工协调起来,用正确的德育方法和手段来影响学生,形成学生良好的思想品德。

---

① 吕型伟.德育:21世纪教育的灵魂.转引自朱小蔓主编.道德教育论丛[M].南京师范大学出版社,2000年版,第9、15页.

二、德育组织管理

德育组织管理是指通过国家的教育方针、政策法规及学校规章制度对德育组织及其人员的行为加以规范,调动德育人员参与德育和德育管理的积极性,充分发挥德育组织功能的活动。

德育组织管理关键在于建立健全德育组织机构,建立一支精干有力的德育队伍以及强有力的德育组织系统。组织和发动全校各个部门、各个组织及全体教职员工,根据各自的特点,分工承担德育任务,做好教书育人、管理育人、服务育人的协调工作。与此同时,积极调动家庭、社会各方面力量,形成教育的一致性网络,相互配合,保证教育影响的一致性。

另外,对德育组织及其人员要加强制度管理。制度管理不仅在于约束和规范德育组织人员的行为,还要注重激发德育人员参与德育和德育管理的内在积极性,让他们知道德育是一种需要而不仅是一项任务。只有这样,才能充分发挥德育组织中每一位成员工作的热情,从而提高德育工作的效率和工作质量。

三、德育目标管理

德育目标是学校对受教育者在德育方面所要达到的质量规范的设想或规定。它对于德育具有导向、调控、评价等功能,不仅影响德育内容的选择、德育方法的确定、德育过程的实施,而且直接决定德育的实际效果。因此,确立科学、合理的德育目标至关重要。德育目标管理是学校管理者组织学校教职员工,根据校内的实际情况和社会客观环境共同确立德育目标的活动。

德育目标管理首先要求确立科学合理的德育目标。制定德育目标要注意目标的层次性。所谓层次性是指目标在不同层次学校班级的德育过程中,具有高低不同的要求,形成符合学校、班级实际的不同标准。这不仅是社会需要的一种反映,也是学生身心发展规律的反映。

【阅读资料 10-3】[1]

中小学德育工作的基本任务是,把全体学生培养成为爱国的具有社会公德、文明行为习惯的遵纪守法的好公民。在这个基础上,引导他们逐步确立科学的人生观、世界观,并不断提高社会主义思想觉悟。使他们中的优秀分子将来能够成长为坚定的共产主义者。

---

[1] 1988年12月《中共中央关于改革和加强中小学德育工作的通知》。

【阅读资料10-4】[①]

我国现阶段中小学的德育目标，主要包括思想教育目标、政治教育目标、道德教育目标和法纪教育目标，同时，每个德育目标又包含若干个亚层次目标。

其次，还要建立德育目标网络体系。根据上级指示结合学校实际情况，制定学年或学期德育工作的总目标和各个部门、年级、班级、人员的德育工作目标，使总目标层层分解，层层落实，个人目标与组织目标、局部目标与整体目标融为一体，形成德育目标网络体系。

最后，按照既定目标的要求，对德育工作成果加以评价，并做到按照目标的达成程度进行奖惩。

四、德育计划管理

德育计划管理是指学校和教育工作者根据德育目标确定德育任务与内容、实现途径与方法、组织与人员的职责的活动。德育目标确定之后，就要将其付诸实施。为确保德育目标的实现，就需要德育计划进行具体周密地安排。

德育计划管理首先要制定周密的德育计划。德育计划从时间上分，可以有长期计划、中期计划和近期计划；从德育主体上分，可以有学校德育组织机构工作计划和人员工作计划。德育计划在制定过程中，要坚持从实际出发，把远、中、近计划有机结合，不能好高骛远。此外，计划还要具有可操作性、可评估性与衔接性。德育计划要明确每个时期、每个阶段德育的任务、要求、内容、途径、方式方法、工作日程、活动项目、负责人员等，做到具体可行、分工明确，以便按计划行事，也便于日后德育检查评估；校内年级间、班级间和小学、初中、高中以及高等院校的德育计划均要具有前瞻性，注意相互衔接，形成相互连贯的统一体系，不能互相脱节。

德育计划管理还要重视安排好德育活动和内容，以保证德育计划的落实。计划要以活动来落实，活动又以内容为依托，所以德育计划管理最重要的是安排好德育活动和内容，并使之序列化。根据学校实际情况和学生年龄特征，选择那些和学生实际联系密切的活动和内容，注重学生的自觉养成与提高。

五、德育质量管理

德育质量管理是指确立德育质量标准，进行德育质量检查和控制、德育质量分析和评估的活动。德育质量是德育工作的落脚点，德育目标的确立、课程的组

---

① 鲁洁，王逢贤主编. 德育新论[M]. 江苏教育出版社，2002年版，第203-207页.

织、过程的设计、方法的选择最终都是为了提高德育质量。所以,德育质量是德育工作的关键,必须加强学校德育质量管理工作。

德育质量管理工作首先要求广大教职员工树立德育质量意识和观念。当前的德育实践中,一些德育管理者缺乏质量意识,造成形式主义、功利主义在德育领域泛滥,严重影响了德育内在功能与价值的发挥。

【阅读资料 10-5】[①]

功利主义德育过程观既把学生作为物(产品)去对待,也把教师作为物(工具)来对待,整个德育过程与其说是教师在"外铄"学生,倒不如说是社会在外铄德育。因此,教师无生气、学生无生气、教法无生气是许多学校德育实际的明显特征。对道德需要和道德情感的轻视,造成了德育的目标和要求同学生品德心理实际的严重背离,重说教、重外铄成为常见的现象。而德育研究中乞求寻找一劳永逸的"规律",德育实施中的形式主义,外表花哨却不着边际的一些社会实践活动等则是这一德育过程的另外一些方面的表现。

所以,德育质量管理必须克服那些形式上轰轰烈烈,结果却是"低效劳动"或"无效劳动"的现象,这样只能是进一步降低德育的地位,更重要的是严重影响了人才培养的规格。

为保证德育质量管理工作顺利进行,还需要制定分年级的德育质量标准,进行德育质量控制,强化、利用积极有利因素,排除不良因素干扰,作好德育质量的检查、分析工作和操行评定工作。严格把好德育标准关和德育控制关。

六、德育环境管理

德育环境管理是指学校管理者通过对学校现有环境进行精心设计、组织和改造,达到环境育德的活动。德育环境包括德育物质环境和德育精神环境两方面。德育环境对师生的影响是潜移默化的,由于它具有潜在的规范性、非强制性和作用的后显性与持久性等特征,因此,有效地加以利用,能够起到"显性课程"无法替代的作用。

搞好学校德育环境管理首先要加强学校德育物质环境的建设与管理。物质环境有校园的建筑,校舍的布局,教室、实验室、图书馆的布置与管理,运动场的设置,校园绿化,宿舍管理等,这些都是无声的教科书。一个环境优美整洁、设施齐备优越的学校,易于让生活在其中的学生感到鼓舞和自豪,对培养学生积极向

---

① 檀传宝.德育美学观[M].山西教育出版社,1996年版,第5-6页.

上的态度有重要作用;相反则容易使学生产生失落、自卑等体验。所以,一定要精心设计学校物质环境,"使学校的墙壁也说话"。

再有,要加强学校德育精神环境的建设与管理。学校精神环境主要指渗透在学校的精神氛围,包括校风、班风、人际关系、教学秩序、心理氛围、规章制度等,既是有形的,也是无形的。努力营造一个奋发向上、积极文明的精神氛围是德育环境管理的重要方面,特别是注重校园文化的建设与管理,应成为学校德育管理的重要内容。

【阅读资料10－6】①

作为校园文化的学校物质环境主要包括两个维度。一是学校物质条件建设。一个设施齐备、优越的学校易于鼓舞学生的士气,培养学生积极向上的态度。相反则容易使学生有失败感,自暴自弃。二是空间关系。一个办公楼占据耀眼的位置,教学空间相对被冷落的学校实际上无时无刻不在进行权力至上的价值观念教育。班级教学中的师生距离、讲台与课桌的空间关系也都无时无刻不在进行民主或专制的教育。校园文化的精神层面主要是指渗透在学校的精神氛围,包括校风、班风、人际关系、心理氛围等。一个学校的精神文化环境既是有形的,也是无形的。在一个精神氛围较好的班级或学校中,学生耳濡目染一些健康的价值观念,自觉遵守必要的规范。相反诸如不良的同辈群体等反面的示范作用则容易导致学生精神上的水平下降。所以校园文化建设尤其是精神文化建设是学校德育隐性课程建设的一个重要方面。

第三节 现代中小学德育管理原则

学校德育管理原则是根据学校德育目标、管理理论和德育理论制定的指导学校德育工作的基本要求。它是学校德育工作管理经验的科学概括与总结。我国中小学德育管理基本原则有:

1. 方向性原则

学校德育管理作为一种有目的、有计划的社会实践活动,总是以一定的思想和方法论为指导的。在管理活动中,无论是管理者还是被管理者,都是以一定的

---

① 檀传宝.学校道德教育原理[M].教育科学出版社,2000年版,第142页.

思想和方法论指导自己的行动的。以不同的思想和方法论作指导,就形成了不同的管理观和管理方法论,从而产生了不同的德育管理方向。德育的方向性原则是指学校德育管理应坚持正确的政治方向。我国是社会主义国家,我国德育是社会主义性质的德育,因此必须以马列主义为指导,坚持社会主义方向,并坚持管理现代化的方向。

贯彻这一原则应注意:坚持以马克思主义哲学为理论指导,把握学校德育及其管理的正确方向,并用马克思主义武装教师、学生的头脑;认真学习并正确理解党的基本路线和德育方针政策,结合本校实际情况,加以贯彻执行。

2. 教育性原则

教育性原则是指学校要将德育管理过程与德育过程紧密结合起来,充分发挥学校德育管理的育人作用,使之成为动员全校及社会有关方面人员培养学生品德的过程。学校教育是传递社会经验和培养人的活动,教育性是学校工作的本质特点。学校德育管理必然也要受到教育基本属性和规律的制约,它必须以育人为目标。同时,学校教育的任务和目的也决定了德育管理的教育性,这是德育管理区别于其他管理的一个显著特点。

贯彻这一原则应注意:充分发挥学校德育管理的育德作用,克服单纯的任务观点和形式主义倾向;把管理和说理疏导结合起来;把教育贯穿于学校德育管理的全过程,体现于德育管理的各个要素上,渗透在各个环节中;正确运用奖惩手段,发挥奖惩的激励与抑制作用。

3. 民主性原则

尊重人的主体能动性,调动人的积极性,这既是德育管理的出发点,又是德育管理的归宿。这一原则是学校德育管理在坚持社会主义学校办学方向的前提下,把被管理者当作主人,做到尊重人、理解人、激励人,充分发挥全校师生的主体能动性,共同做好学校的德育管理工作。

贯彻这一原则应注意:发扬民主,走群众路线,反对"一言堂"和"家长制"作风;积极创造条件让师生积极参与德育管理过程;动员学生家长和社会有关力量参与学校德育管理工作;发动学生进行自我教育和管理。

4. 实效性原则

德育的实效是指学校德育工作在精神和物质方面的实际成效与结果,它是学校德育管理的灵魂。德育的实效性是现代管理本质的反映,是德育管理工作的基本任务和归宿。这一原则是指学校德育工作在精神和物质方面要追求实际成效结果,争取用最小的人力、物力、财力和时间的投入赢得最大可能的德育效果。

贯彻这一原则应注意:避免德育过程中重形式、轻实效,只管支出、不管收获的倾向,不搞"花架子";从德育对象的特征出发,不搞"一刀切",避免不分对象、同样施教;一切本着实事求是、从实际出发的思想路线,解决实际问题,做到目的与行为的统一、内容与形式的统一、思想与实际的统一、动机与效果的统一。

第四节 现代中小学德育管理机制与方法

一、中小学德育管理组织

建立健全有效的学校德育工作管理系统,是搞好学校德育工作的必要前提,是学校德育实体性的具体要求和体现。学校德育管理是一个多元素、多方位、多层次、复杂而多变的系统工程。要使各部门、各组织机构协同合作,就必须科学地设置管理机构和层次,确立它们之间的职责、职权范围以及相互关系,建立科学严密的管理制度,从而组成高效、有序、协调统一的德育管理系统,发挥整体功能,保证德育目标的顺利实现。

当前,凡是中小学实行校长负责制的国家,普遍都建立了以校长为核心的德育管理机构。我国中小学现在实行的是校长负责制,校内德育管理机构一般由以下成员组成:校长(或分管德育的副校长)、党支部书记、教导主任(或政教处主任)、政治教研组组长、团委书记、工会主席、少先队辅导员、班主任、教师代表等。具体做法各校不尽相同。有的是在校长领导之下,设立校级德育管理职能机构政教处,班级作为学校德育工作的基层单位,构成学校德育管理的校、班二级结构管理系统,学校共青团、少先队、学生会隶属党支部,教学班建立班委会、团支部、少先队中队等学生基层组织;有的只在校长之下设立校级德育管理职能机构教导处,它既管教学又管德育,但教务工作和德育工作各有专人负责;还有的在校和班之间设置年级组,由教导处或德育处直接面对年级组,年级组再面对班主任,等等。

在校内德育管理机构系统中,校长是中心人物,全面负责学校德育工作。党支部负责保证监督党的教育方针政策在学校总的贯彻落实,支持校长工作,影响和带动广大教职员工做好德育工作。

政教处(或教导处)的职责是对共青团、少先队、学生会开展各种教育活动进行指导帮助;组织和安排学校德育常规活动,布置各学科教师按照教学大纲要求,结合教学,对学生进行道德品质教育,做到寓德育于教学之中;帮助年级组、班主任布置学生工作,指导年级组长和班主任制定德育计划,并组织年级组长对班主任工作进行检查与评估;组织班主任做好家访,加强学校与家庭的联系,共同做好学生的思想教育工作,等等。

班主任是学校德育管理的直接组织者和实施者,是学校德育工作的骨干力量,班级德育工作必须依靠班主任。所以要认真选择和配备班主任,要选择那些思想品德好、业务水平高、组织能力和工作责任心强、身体健康、精力充沛的教师担任班主任工作,做到以德育德;要明确班主任职责;要不断提高班主任业务能力和管理水平,做到使用和提高相结合。

共青团、少先队、学生会是学生的群众组织,是学校和班级对学生进行德育的重要力量,也是学生进行自我教育、自我管理的重要组织依托。这些学生组织通过开展活动,培养学生独立自主、民主平等的意识,同时锻炼能力,陶冶情操;班级中的共青团员、学生会干部、少先队员、班干部通过履行职责发挥自身模范带头作用,影响和教育其他学生以及整个班集体,促成良好班风、校风的形成。

教师的根本任务是教书育人,他们在学生的成长与发展中起着主导作用。教师不仅担负着传递科学技术文化知识的重要职责,而且还担负着教会学生生活、教会学生做人的重要使命。教师不仅要做"经师",更要为"人师"。发挥教师的德育管理作用,首先要提高教师自身的思想品德素质,明确教师的育人职责,使教师真正能够以身示范,为人师表;其次还要加强教师的育德技能的培养,提高教师的育人能力,改变传统德育专注说教、生硬灌输的方式,可以说,育德能力的提高是德育取得实效的重要保证。

二、中小学德育常规管理

德育的常规管理是指对德育沿袭下来的经常实行的计划、规章制度和固定性活动的管理。这种常规大多是经过实践检验行之有效的。做好德育常规管理工作,有助于保持德育工作的连续性和建立正常的教学秩序。学校德育常规管理大致有以下几种:

(一)不同年级的德育常规管理

年级不同,德育工作的侧重点应有所区别,这是学生的年龄特点决定的。因此,必须做好一些常规性工作。新生刚入学时,要集中一段时间对他们进行入学常规训练。要向他们讲解校史,使他们了解、热爱自己的学校;要着重讲解学生守则和学生日常行为规范,使他们一开始就养成良好的行为习惯;要对他们提出切合实际的要求,使他们尽快熟悉学校生活常规。这种训练要有周密的计划,在形式上做到生动活泼,引发学生的兴趣。

中间年级是容易被管理者忽视的年级,也是容易出问题的年级,因此对中间年级的管理绝不能放松。管理者应根据学生的心理特点和年级特点组织适合的德育活动，避免学生出现生活散漫、纪律松弛的现象。

毕业班学生面临着升学与就业的问题，思想容易发生波动。管理者要认真研究新形势下毕业班学生的思想政治工作，不能采取片面追求升学率的做法。升学指导固然重要，就业指导更不能忽视。前途教育、人生观教育尤其重要。管理者要面对现实，不回避矛盾，不空洞说教，使学生不但顺利毕业，而且还能根据自身条件选择正确的人生道路。

（二）不同阶段的常规管理

学期的阶段不同，学生反映出来的特点也不同，因而有些常规性工作需要做好。学期初，学生经过暑假或寒假，需要稳定学习情绪。学校领导、班主任和团队组织要针对学生心态，组织学生交流假期见闻，抓好学期初的思想政治工作，提出新学期的要求。

学期中，学生经过半个学期的学习，特别是经过期中考试，在德智体等方面都有不同程度的提高。有的提高得快些，有的慢些，这同学习目的、学习态度、学习方法有关，管理者有必要引导学生总结经验教训，进行自我检查与回顾，以便更好地迎接下半学期的学习任务。

学期末，学生面临复习、考试、操行评定，难免会有压力。管理者应在复习方法上给予学生正确指导，引导学生劳逸结合，正确对待考试，总结一学期自己各方面的发展。

假期中，学校德育也不能松懈，对学生要有明确的要求。例如，认真完成假期作业，生活要有规律，参与有益身心健康的娱乐活动，等等。

（三）各种常规教育活动的管理

所谓常规教育活动是指德育中各种固定性的活动，例如班会、团队组织生活会、校会、各种节日纪念活动等。对这些活动的有效组织，能使学生受到深刻的思想品德教育。所以，德育管理者应该抓住契机，注意寓德育于各种常规活动中。

三、中小学德育管理方法

德育管理方法是达到德育目标，实现德育管理职能所应遵守的活动方式，是取得德育成效的精神性工具和手段。合理的德育管理方法之所以能够成为人们进行德育管理活动的工具和手段，能够引导人们采取合理方式，实现德育目标，就是因为它是以客观规律为依据的。合理的德育管理方法是对德育管理规律的自觉运用，是人们在长期的德育管理活动中形成的经验的结晶，并在人们的德育管理活动中不断得到检验和发展。

德育管理方法主要有:行为控制的方法、动机激励的方法、自我管理的方法。

(一) 行为控制的方法

行为控制的方法是指为了实现预期的德育目标,直接支配和影响组织及其成员的行为的一种管理方法。它的特点是直接影响管理对象的行为方式,具有权威性和强制性。行为控制法包括行政措施法和依法管理法。

(1) 行政措施法是指依靠德育组织中领导者、管理者的权威采取命令、指令、决定、决议、通告、通报、报告等措施手段,通过德育管理组织中自上而下的行政层次的贯彻执行,直接进行组织、指挥和调节德育管理对象的管理方式、方法。它具有垂直性、强制性、权威性等特征,能保证集中统一领导,迅速有效地调节德育组织及其成员的行为;而且这种方法通过贯彻有关德育方针、政策、指示,可以保证学校德育的方向。

运用这种方法要遵循的基本要求是:必须保证学校的行政命令和国家有关德育的方针政策相一致;学校行政命令、通知等应事先征询师生的意见,形成统一认识,赢得师生的积极配合,不能滥用行政手段,仅仅依靠下命令、发指示来实施管理,那样只能束缚管理对象的手脚,阻碍他们的积极性、创造性的发挥;学校领导者、管理者的素质直接影响到自身的威信,影响到集体的凝聚力和向心力,影响到行政方法的功能的发挥,因此,必须提高领导者、管理者的自身素质。

(2) 依法管理法是指学校管理者以法律规范以及具有法律规范性质的各种行为规则为管理手段,调节组织内外各种关系的一种管理方法。它与行政方法同样具有权威性、强制性等特点,不同的是法治方法较行政方法的约束力更强,而且法规的作用范围更广。通过依法管理,能够保证学校及其德育管理系统的必要秩序,使整个德育系统自动有效地运转;调节德育管理中的各种要素之间的关系,通过不断改变其约束力的程度范围来调节各种德育管理对象;对德育管理系统的发展起促进、推动作用,恰当的方法能够抑制某些不合理的关系,维护合理的关系,建立一种稳定的秩序,从而提高管理效率,使各个德育系统的功效增长。

运用这种方法要遵循的基本要求是:法规管理要符合学校德育的规律,如果符合德育规律,就能起到促进和推动作用,稳定学校秩序,提高管理效率,反之,则起阻碍作用;要实事求是,从实际出发,切忌主观片面和随意性;要保持相对稳定性和连续性,不能朝令夕改,否则就会失去权威性,也让执行者感到无所适从;要遵循原则性与灵活性相结合的原则,原则问题上应该坚持,具体问题上要讲究策略;要狠抓落实,持之以恒,不能将德育法规视为装饰品,必须在德育管理活动中得到实施,一以贯之,对其贯彻的结果要有检查和评估。

(二) 动机激励的方法

激励是指激发人的动机的心理过程。通过激励,在某种外部刺激的影响下,使行为者获得某种内部的推动力,始终维持一个进取、愉快的状态。动机激励法就是指借助物质和精神刺激因素,调动被管理者学习、工作和社会活动的积极性,充分发挥他们的智力和体力的潜能的德育管理方法。

【阅读资料 10－7】①

　　西方组织行为学提出了"绩效＝f(能力、激励)"的公式,说明工作绩效取决于两个因素:一是能力水平,一是激励水平。国外学者还研究,一个人能否受到激励,其能力发挥程度大不相同。如果没有受到激励,仅能发挥其能力的20%～30%;如果受到正确而充分的激励,就能发挥80%～90%,甚至更高。正因为如此,亨利·法约尔认为,激励是管理的核心。在社会主义学校,德育目标能否实现,德育工作的质量和效率,取决于群体意识,取决于师生员工积极性的发挥程度。激励已经成为德育管理理论和实践的重要问题,建立和完善激励机制,是学校德育管理的重要环节。

　　运用这种方法要遵循的基本要求是:一是物质激励与精神激励相结合。物质激励是运用工资、奖金等经济手段和方式来组织、调节学校德育活动,实现德育管理职能的一种方法。精神激励则是运用精神表扬、批评等方式达到激发内在工作动机的目的,它是一种比物质激励效果更为显著的手段。物质激励与精神激励各有特点与作用,不能相互代替,在运用的时候要有机结合。另外还要注意,奖励与惩罚都具有激励的功能,不仅要善于运用奖励,必要的时候也要善于运用惩罚实现激励目的;二是目标设置与满足需要相结合。建立和完善学校德育激励机制,首先要设置适当的目标,因为目标本身就具有极大的激励作用。目标设置要与满足人的需要结合起来,只有符合人的需要的目标才能激发人的积极活动的动机。管理者要把学校整体德育目标和被管理者个人的志趣、特长结合起来,用学校组织统一的目标去激励每个成员,使学校组织的整体目标转化为每个成员的个人内在目标;三是内在激励与外在激励相结合。从表现形式看,激励因素可以划分为内在激励和外在激励。内在激励指自身产生的发自内心的一种激励力量,其表现形式有认同感、义务感、良心感等,其中认同感是基础。外在激励指人们努力去获取存在于他们行动过程之外的外在目标,如赞许、奖赏、晋职等。外在激励与内在激励往往同时并存,互相联系,相互促进。在德育管理中把外在激励与内在激励有机地结合使用,将会产生极大的激励作用;四是被管理者的接受管理和参与管理相结合。参与管理是德育激励机制的一种重要方法。

---

① 鲁洁,王逢贤.德育新论[M].江苏教育出版社,1994年版,第422页。

在学校德育管理过程中,必须充分发挥广大师生员工参与管理的积极性,他们不仅是被管理者,同时也应把他们看作学校管理的主人。只有这样,才能使师生员工感到领导的重视,增强其主人翁责任感,激发其主动精神与创造性,否则,师生员工会消极被动,产生抵触心理和行为。

(三) 自我管理的方法

自我管理的方法是通过管理者的积极引导,使被管理者形成自我计划、自我组织、自我调节、自我评价、自我监督、自己驾驭自己的能力的德育管理方法。自我管理在青少年学生思想品德的塑造过程中起着极其重要的作用。它是青少年思想品德塑造的最高形式,也是学校德育管理的最高形式。学校德育管理的作用就在于促进青少年学生自我管理能力的形成。

自我管理是一个人能动自觉性即主体性的表现,它集中表现在对自己的思想和行为进行管理。"道德乃是人探索、认识、肯定、发展和创造自己的一种积极手段,而不是一种消极的防范力量。"①

既然如此,道德发展的过程就应该是一个学生借助自己的智慧努力探索、不断建构,从而达到自主、自觉的过程。那么,道德教育的目的就不应是让学生无条件地服从某些规则,而是要鼓励学生接受理性的自我指导与自我决定,最终形成自我管理、自我约束的能力。可见,德育管理中的自我管理方法是符合道德发展的规律的,是促成学生道德发展由"他律"向"自律"再向"自由"发展的必需举措。

运用这种方法要遵循的基本要求是:一是引导学生通过与他人比较、依据他人评价等方式进行自我认识,从而增强他们自我管理的愿望和动机;二是引导学生进行自我分析和自我评价,从而实现"观念自我"与"现实自我"的统一;三是引导学生自我控制和自我调节,从而形成自我管理意志力;四是引导学生自我锻炼,培养学生的自主自立精神,实行在教育管理者指导下的自治自理。

思考与练习

1. 什么是学校德育管理?中小学德育管理的功能有哪些?
2. 举例说明现代中小学德育管理包括哪些内容?
3. 联系实际谈谈贯彻现代中小学德育管理的一般原则需要遵循哪些要求?
4. 中小学德育常规管理的主要内容有哪些?
5. 联系实际谈谈德育管理方法在德育管理过程中的有效运用。

---

① 朱小蔓.道德教育论丛[M].南京师范大学出版社,2000年版,第136页.

第十一章　现代中小学文化建设与管理

内容提要

本章主要阐述学校文化内涵、学校文化建设与管理的基本路径和方法及注意的问题。

学习目标

1. 正确解读学校文化的概念及构成。
2. 正确解读学校物质文化、精神文化、制度文化及学校主体文化的内涵。
3. 正确解读学校文化自身的特点。
4. 正确解读和运用学校文化建设与管理的基本路径和方法。
5. 明确学校文化建设和管理中需注意的问题。

学校文化既具有广义文化的一般性,又体现教书育人的特殊性,发挥着核心价值的引领作用。加强学校文化建设具有重要的现实意义。在社会主义文化大发展大繁荣中,中小学应塑造学校共同价值观,体现文化自觉;追求学校文化建设高品位,增强文化自信;动员全员参与学校文化建设,发挥校长、教师、学生的能动作用;形成学校的课程文化、网络文化、制度文化和物质文化。

第一节　学校文化概述

一、学校文化概念的界定

学校文化最早是由美国学者华勒(W. Waller)于1932年在其《教育社会学》

中首次使用的,他指出:"学校文化形成的来源之一是年轻一代的文化,之二是成人有意安排的文化。前者是由学生群体中的各种习惯传统、价值观念以及受影响而产生的情感心理和表现行为等构成。而后者则代表了教师的成人文化。由教师群体的各种习惯传统、规范准则、价值观念和心态行为等组成",是"学校中形成的文化"①。之后,美国的皮特逊教授(Kent D. Peterson)也曾提出:"学校文化是一组规范、价值和信念、典礼和仪式、象征和事迹。这些因素构成了一所学校不同于其他学校的个性,而正是因为这些不成文的因素随着时间的流逝促使教师、管理者、家长和学生一起工作、一起解决问题,共同面对挑战和面对失败。"②我国学者朱颜杰认为:"所谓学校文化,是指一所学校内部所形成的为其成员所共同遵循并得到同化的价值体系、行为准则和共同的作风的总和。"③郑金洲教授在其《教育文化学》一书中把"学校文化"定义为"学校中全体成员或部分成员习得且共同具有的思想观念和行为方式等"④。以上几种观点的共同之处在于说明了学校文化是在学校中形成的,以体现价值观念和行为方式为主要特征的文化形态。不同之处在于有的是从个体的、微观的角度来审视;有的是从整体的、宏观的角度来观察。由于语境、制度等学校特有的历史及教育环境的不同,目前对学校文化的定义中外学术界仍没有统一的观点。

综合以上观点,笔者认为:学校文化是指一所学校所承载的整体性的精神气质和文化理想,是学校在长期教育教学实践中积累、积淀而形成的。它以价值观为核心,包括师生员工集体认同并共同遵循的行为准则、精神追求以及能够体现这些观念的行为方式、制度体系、建筑风格、传统活动等,它是一所学校区别于其他学校的重要特征。它通过人的言语、观念、行为、工作及生活方式等有形和无形的方式表现出来。

二、学校文化的构成

社会文化包罗万象,从构成要素的角度可归纳为三个方面:一是观念形态。包括人们的世界观、价值观、宗教信仰、道德标准、认知能力、思维方式、心理特征等;二是物化产品。包括透过物质形式能反映人类精神世界变迁和人们观念差异的产品等;三是生活方式。包括人们的衣食住行、婚丧嫁娶、生老病死、家庭生活、社会生活等。构成文化的各因素之间有着千丝万缕的联系,研究文化问题

---

① 何长平. 现代中小学学校文化建设研究[D]. 江西师范大学硕士学位论文,2006,第11,13,17页.
② 波·达林. 理论与战略:国际视野中的学校发展[M]. 范国睿,主译. 教育科学出版社,2002年版,第158页.
③ 朱颜杰. 学校管理论[M]. 辽宁教育出版社,1988年版,第132页.
④ 郑金洲. 教育文化学[M]. 人民教育出版社,2000年版,第240页.

时，不仅要考察其内部的各构成因素，更要努力探寻它们之间的内在联系。文化的性质受自然环境影响，更是由社会政治经济制度决定的。观念形态的文化是一定社会政治经济制度的反映；物质文化除了受社会制度影响之外，还受自然环境制约。文化是人类创造出来的，可以后天习得；文化是可供一个群体或社会全体成员共同享有的，并可以代代相传；文化是多样的，特殊性是其本质，相似性是其表现。广义的文化包含教育活动，通常意义上的文化，与教育成交叉关系。在新的形势下，开展学校文化建设要应对经济社会发展对教育的新期待，主动引领社会文化发展。

学校文化是社会文化的有机组成部分，如果从广义的文化概念出发来理解学校文化的内容结构，它应该体现在学校的物质、精神和制度等层面。因此，按照由内到外，由深层到表层的变化过程，学校文化可分为学校精神文化、学校制度文化、学校行为文化和学校物质文化。[①] 当然，若从学校文化的主体结构等诸多方面来分析，还应包括校长文化、教师文化、学生文化和课程文化、班级文化、评价文化等。

三、学校文化的内涵

（一）物质文化

学校教育的"物质"主要指学校的楼房、校园、设备、设施等。就学校的楼房来说，其文化内涵可以用一个典型的例子来说明。南开大学有一个东方艺术系楼，仅就该楼本身来说与别的楼没有太大的区别，但这却是一个富有文化内涵的大楼，原因在于盖这个大楼所具有的动人故事。东方艺术系创办人、著名画家范曾为建系盖楼曾邀请企业家捐款资助，虽用心良苦费力不小，获得的捐款却很少。在这种难堪情况下，范曾毅然决定卖画盖楼，他在日本、香港地区开画展，卖画，把所卖得的钱盖成了东方艺术大楼，从而也使这个大楼获得了重要的文化意涵：在其中从事教育的教师和学生一走进这个大楼，画家范曾卖画盖楼的动人故事就呈现在面前，给他们以感动和激励。由此看出，物质的文化内涵是由物质的形成、产生过程中所积淀的由人和事构成的富有教育意义的行为故事。另外，学校楼房的文化内涵也体现为在设计建造房楼时，根据它的性质（学科性质、使用性质等）赋予的意义而表现出来的鲜明建筑艺术风格，这种建筑艺术风格给人以意义的教育和思想的联想。

校园的设计和建设更具有文化内涵的丰富内容和表现空间。在现实的校园设计和建设中，许多学校重视了绿化、美化，甚至生态化，使校园非常漂亮，这是

[①] 赵中建.学校文化[M].华东师范大学出版社,2004年版,第299,153页.

必要的,但仅有此还不够,不能缺少人文的设计和建设,没有人文,就没有文化内涵。而人文从何来呢?校园中的人文是历史形成的,是由历史发展过程中所产生的具有文化意义的人和事构成的。对此,可以用著名学者谢冕在《永远的校园》中对北大校园的描述来说明:"燕园的美丽是大家都这么说的,湖光塔影和青春的憧憬联系在一起,益发充满了诗意的情趣。每个北大学生都会有和这个校园相联系的梦和记忆……数十年来这里成长着中国几代最优秀的学者。丰博的学识、闪光的才智、庄严无畏的独立思想,这一切又与先于天下的严峻思考、耿介不阿的人格操守以及勇锐的抗争精神相结合。"①像北大这样具有丰富文化内涵的校园是历史形成的,也是自觉建成的,因为在北大的发展中,注重积淀了凝聚在校园的一草一木、一砖一瓦上的动人的人文故事。这一点需要在建设新的学校、新的校园时加以重视。

(二)精神文化

学校教育的精神的文化内涵涉及的因素和范围较广,但主要的是学校的办学理念、精神、校训、校风等。可以从以下三个方面体现和辐射学校的文化内涵。一是这些因素不平凡的历史来源,或者出自权威的文化经典,或者包含特别的教育典故,例如哈佛大学的校训是"与柏拉图为友,与亚里士多德为友,更要与真理为友"②。这一校训来源于亚里士多德的一句名言,即"我爱我师,但我更爱真理",是这一名言的变式,因而具有深邃的历久弥新的文化内涵。二是这些因素所具有的与时俱进、一脉相承而又不断丰富、创新的历史发展,从这些历史发展中,积淀和折射出不同时代的文化内涵。例如,北大的理念:蔡元培提出的"思想自由、兼容并包"③。蒋梦麟强调的"大度包容、思想自由";胡适推崇的"教授治校、思想自由",等等,这些是不同教育家在不同时代背景下揭示的北大理念。这些理念的基本的要义既一脉相承,又体现了与时俱进、不断革新,这种历史发展本身就赋予办学理念以深刻的文化内涵。因为提到北大理念,不能不提到这些教育家及其对北大理念的主张,他们之间的历史联系和个性区别,等等。三是这些因素本身作为教育的精神财富具有文化内涵,丰富了人类的思想文化。

教育的精神文化内涵是从上述三个方面体现和辐射的,但在现实中,许多学校常常存在着忽视第一、二方面的现象。其实这三个方面是一个整体,如果没有特殊的历史渊源,没有历史沿革的过程,单一的、独立的一个理念或一种精神、一个校训,是难以体现和辐射深刻的文化内涵的,因为这样的理念、精神、校训没有

---

① 夏中义.大学人文读本:人与自我[M].广西师范大学出版社,2002年版,第25-27页.
② 杨立军.从十大名校看美国式精英教育[M].学林出版社,2007年版.
③ 杨东平.大学精神[M].辽海出版社,2000年版.

文化根基。

(三) 制度文化

没有文化内涵的学校制度是死板生冷的条条框框,而富有文化内涵的学校制度是以人为本、人性化的能够充分体现科学与民主理念的制度。学校制度的文化内涵也是在学校制度的历史发展中逐渐积累而形成的。在现实中,许多学校重视制度设计和建设,但常常效果不佳,文化内涵缺失,原因在于仅就一时一事而立制度,忽视了它的历史联系的根脉,没有把现时的制度与历史发展过程中的有关制度联系起来,没有揭示其设计和确定的文化演进意义,没有确立好现时制度在学校制度发展坐标中的恰当地位,因而才难于被人接受,难于发挥预期的效力。有的学校印制了规章制度的书册,发到教师和学生手里,却没有产生文化的教育作用,原因在于它仅仅是告诉人们这可以做、那不可以做的条条框框,人们看不到它的历史根脉。尤其是有的学校校长更换频繁,每一新任的校长都想施"新政",于是急忙编制新的管理规章制度,甚至是重起炉灶,出台没有任何历史联系的规章制度。这样的制度更难以奏效,即使强行实施,也会偏离教育的文化轨道。

(四) 主体文化内涵

学校教育中的主体主要涉及校长、教师、学生,这是教育的三个基本要素,是教育的三位一体。学校作为教育的基本细胞,在发展过程中形成这三个基本要素的文化内涵,即教育上的主体的文化内涵,具体来说就是校长文化内涵、教师文化内涵和学生文化内涵。

1. 校长文化

成功的学校,其校长本身必定是一种文化内涵的标识。例如,蔡元培是北大"思想自由、兼容并包"文化内涵的标识,梅贻琦则是清华"大学者,非谓有大楼之谓也,有大师之谓也"文化内涵的标识,竺可桢是浙江大学求是精神文化内涵的标识,张伯苓则是南开大学"允公允能、日新月异"文化内涵的标识。[1] 这些校长之所以是学校文化内涵的一种标识,原因在于他们是具有独立的、系统的办学思想的教育家,他们不仅是办学成功的教育实践家,而且是卓有建树的教育理论家和思想家。要真正使教育具有文化内涵,使学校具有文化内涵,校长必须成为教育家。所以,实施科教兴国战略,建设教育强国,必须培养和造就一批批教育家,使其成为学校鲜明的文化标识。

2. 教师文化

教师文化内涵通过其文化品格和文化担当体现出来。教师不仅要"传道、授

---

[1] 梁吉生.张伯苓的大学理念[M].北京大学出版社,2006年版,第51-69页.

业、解惑",而且要具有一种学者的鲜明的文化品格,在教育生涯中表现出特有的文化担当。这样的教师超越了把教师作为生存职业的局限,而是把教师作为一种文化事业的幸福追求,因而逐步从一般教师走向学者型教师,走向专家型教师,再走向名师、大师。对此,从历史和现实的名师、大师,可以得到理解和说明,例如国学大师陈寅恪,他毕生为学术独立而诉求、抗争,始终维护着一个文化信条——"独立之精神,自由之思想"。他在《对科学院的答复》中所提出的两个条件,充分体现了他文化担当的勇气和意志。① 大学里有大师,在小学里也有这样的大师,如斯霞,她提倡并实践教育爱,教育因爱而存在。在"文化大革命"中,她惨遭批斗,但对教育爱的坚持和捍卫却不动摇,显示了另一种文化的担当。教师文化内涵还表现在其独特的文化品格方面,即教师的个性品格与自己的文化坚持相统一,使个性品格变为文化品格,从而表现出惊世骇俗的文化行为:如章太炎表现"疯狂",蔡元培出走北大,马一浮归隐,李叔同出家,傅斯年雄霸,熊十力傲岸,吴宓浪漫,等等。② 这些大师的行为表现已超越个性品格,成为一种文化品格。

3. 学生文化

学生是教育的重要主体,也是文化内涵的重要载体。学生文化内涵是学校一届一届学生在历史发展中积淀而成的,主要体现在以下两个方面:一是学生在校学习时被记载留传下来的体现优良学风和传统的学习故事、佳话、美谈、逸闻、趣事等,这些都是体现文化内涵的重要因素。历史和现实中,重视文化建设的学校都非常重视通过各种形式进行学生文化内涵的积累和传承,例如组织发展校友会,研究学生学习档案,发掘学习文化故事,出版有关的报刊(如校友报)和著述(如组织校友、教师写回忆录)等。二是对学生毕业后在社会上的作为和贡献进行追踪研究,记载和总结,提炼出具有教育意义的文化内涵。尤其是历史名校,在毕业校友的文化内涵建设上具有丰富的资源。例如天津的南开中学,在一百多年的历史发展中,培养出了两位总理,9位全国人大常委会副委员长和全国政协副主席,40余位省部级领导干部,56位中外著名科学家。③ 这些校友对中国和世界的杰出贡献已经成为南开中学宝贵的文化财富。

4. 课堂教学文化

课堂教学的文化内涵体现在以下两个方面:一方面是通过学校课堂教学在历史发展中所积淀的具有文化意义的人和事来体现的,包括趣闻、佳话、故事等,

---

① 刘梦溪. 大师与传统[M]. 中国青年出版社,2007年版,第64页.
② 刘梦溪. 大师与传统[M]. 中国青年出版社,2007年版,第75页.
③ 康岫岩. 生命因教育而精彩[M]. 高等教育出版社,2005年版,第317页.

这些往往与特定的教室、实验室等教学场所联系在一起。这包括历任教师,特别是名师教学的故事;也包括历届学生,特别是后来对社会做出较大贡献的学生的故事。对于前者,可以举一个典型的例子,即在德国耶拿大学留传的哲学大师黑格尔上课的趣闻:"他好沉思,因此,一次下午三点的课,他两点钟就到了,这本来是另一位教授的课,学生是另一批。但是他毫不知觉地开始讲课了,另一位教授只好退走。等到三点钟,他自己的学生来的时候,他说:'诸位,感官的可靠性究竟是否可靠,首先取决于自身的意识经验。本人在一小时以前却对此有了一次特别的体验'"①。这一课堂趣闻在耶拿大学留传下来,也给后来的一届届的学生丰富的联想和启迪。另一方面是通过对课堂教学内容的文化处理来体现的。没有文化处理的教学内容只是知识,缺乏文化内涵。那么,怎样才是对教学内容的文化处理呢?就是教师在讲授教学内容时,不仅仅讲解知识本身,例如一首诗、一篇散文,而是把这首诗、这篇散文放在诗歌、散文发展的历史脉络中,揭示它的历史联系和特点,使学生把所学的知识点融入文化的历史长河中,得到文化的涵养。对于所讲解的定理、公式也是如此,不仅仅讲其知识本身,而且把它放在与前后有关定理、公式的联系中,把握其历史地位和特点,得到学科文化的涵养。

从上述学校物质文化、精神文化、制度文化和主体行为文化的内涵中可以看出,学校文化既具有一般文化的属性,又具有自身的特点。总结概括起来有以下两点:

第一,学校文化体现教书育人的特殊性。学校文化是一种特殊文化,具有自身特点,与其他行业文化有所不同。各行各业都可以有本行业的文化,经济部门的文化突出富民,政治机构的文化突出民主,文化领域的文化突出文明,社会组织的文化突出和谐等。企业文化重在创造利润、占领市场、形成工业化商业化团体,同时提倡双赢、多赢、回馈社会;社区文化注重提高居民素养,鼓励利益共存、相互帮助、绿化美化、门户安全;村镇文化注重改变农村相对落后状况,提高农民文化修养,促进社会主义新农村建设。学校文化是学校全体成员在教育教学和管理实践中逐渐积累和共同创造生成的价值观念、思维模式、行为方式及其活动结果。它以具有特色的学校精神、学校制度和物质形态为表现形式,影响和制约着学校全体成员的思想和行为。学校文化可以分为理念文化和具体文化,理念文化突出学校的办学思想、办学价值观、学校精神、校风、教风、学风等;具体文化包括课程文化、网络文化、制度文化、物质文化等。学校文化建设具有自觉性,有目的、有意识地进行建设;具有集中性,集中于一定年龄、一定场所进行传承;还

---

① 蒋来用,高莉.美学的故事[M].国际文化出版公司,2007年版,第223页.

具有有效性，有专人引领，有经费支持，可广泛传播优秀文化，整体提升国民素质。①

第二，学校文化发挥核心价值的引领作用。学校文化直接涉及学生成长，具有明确导向，必须倡导先进文化，弘扬优秀传统，提倡核心价值观。先进文化包括世界先进文化结晶，更包括中华传统文化瑰宝。学校文化要弘扬中华传统文化，突出天下为公的价值观，天人合一的自然观，厚德载物的道德观，自强不息的人生观，先天下之忧而忧、后天下之乐而乐的幸福观，仁政、德政、修身、齐家、治国、平天下的政治观，有教无类的教育观等。学校文化不只是传承传统文化，更要弘扬现代意识，把现代优秀的思想通过恰如其分的方式加以渗透。此外，学校文化建设要侧重弘扬以爱国主义为核心的民族精神和以改革创新为核心的时代精神，突出社会主义核心价值体系的要求，让学生具有社会主义荣辱观，具有民主法制、自由平等、公平正义的理念，为培养具备高尚道德情感、有责任心、有正义感、有奉献精神的社会主义合格公民奠定坚实基础。学校文化建设，最主要的是学校文化管理，即从文化的视角管理学校。学校文化管理要侧重于体察师生内心，最大限度地调动每个人的激情，让学校成为师生的精神家园。

第二节　现代中小学文化建设与管理路径和方法

学校文化建设的核心是价值观建设，支柱是现代化的学校制度建设，载体则由校舍、校园、设备以及各种仪式、教育活动和人际关系等构成。② 中小学阶段是学生一生成长过程中理想、信念、价值观形成的起始阶段，也是行为养成的关键阶段。因此，开展中小学学校文化建设必须以精神文化为重点，以制度文化为保障，以行为文化为归宿，以物质文化为基础，处理好理想与现实的关系、理论与实践的关系、共性与个性的关系、继承与创新的关系、责任与利益的关系。紧紧围绕价值观建设这一核心内容，营造良好的人文环境和学习氛围，培养学生具有高尚的价值追求和良好的行为习惯，使其最终有利于学生能力的发展、知识的增长、品性的陶冶、体质的增强、素质的提高，以确保学校教育目标的实现。

---

① 卢元楷.论学校文化的背景及发展策略[J].吉林教育:现代校长,2005年版,第12期.
② 石中英.学校文化的核心:价值观建设[J].教育科学研究,2005年第8期.

一、学校文化建设与管理的基本路径和方法

学校文化建设与管理的路径和方法很多,归纳起来主要有以下几种:

(一) 塑造学校共同价值观,体现文化自觉

学校文化建设不是自给自足的存在,它受社会文化的制约并与其互为滋养。学校要有一种文化自觉,要意识到学校的文化精神和学校在当代中国社会的文化发展中的历史使命。这既是由学校文化建设与社会大文化复杂生态直接关联所决定的,也是由学校在文化继承和创新中的独特地位与功能所决定的。因此,学校文化建设不能局限于学校范围内思考问题,而应该关注社会文化环境对学校文化建设的作用,建立起社会文化与学校文化之间的良性互动关系。一所学校选择什么、崇尚什么、追求什么,外显为教育行为和校风,内隐的则是学校价值观。学校价值观为学校全体师生员工指明了共同的愿景,影响着师生员工和学校的日常行为、精神追求与发展方向,是学校取得成功的必要条件。[1] 学校的共同愿景是规范教育行为、引领学校发展的巨大推动力。精神文化是学校文化的灵魂,是学校一切工作和行为的理念导向,是一种激励和凝聚全体师生的精神力量。[2] 精神文化建设应以培育学校价值观为核心,以实现共同愿景和体现学校精神和学校形象为目标。学校共同愿景是学校全体成员共同持有的对未来希冀的景象。一个好的愿景能够唤起希望,激励士气,鼓舞人心,激发斗志,产生强大的驱动力。学校共同愿景的确立必须具备三个基本要素:大家愿意看到的(期望的)、大家愿意为之努力的(主动的)、通过努力可以一步一步接近的(可行的)。"一个组织如果没有共同愿景,就像一艘没有航舵的船,一列失去轨道的列车。"[3]现实中,经常可以看到这样的中小学校,论师资、论生源可谓"兵强马壮"、"藏龙卧虎",论硬件可谓强于四邻,但就是看不到朝气蓬勃的景象。探其根源与没有共同愿景,或共同愿景不明确,不知道学校未来的走向有直接的联系。

结合共同愿景,培育学校价值观是学校精神文化建设的核心任务,也是学校文化建设的本质所在。学校价值观是一种以学校为主体的价值观念,是学校核心层及全体教师员工对自己办学水平、办学成果、办学目标的主体性评价及发展性定位。学校价值观常常对学校的教育行为产生重大的影响,它决定着学校精神的基本格调和整体面貌,左右着学校教育活动的方向。其内容可概括为:教育

---

[1] 卞恩鸿.学校文化管理的实践与思考[J].基础教育参考,2008年第9期.
[2] 何长平.现代中小学学校文化建设研究[D].江西师范大学硕士学位论文,2006年,第11,13,17页.
[3] 吴中平,等著.冲突与融合:学校文化建设新视角[M].上海三联书店,2006年版,第111页.

观、教学观、教师观、学生观、课程观、评价观、人才观、管理观、绩效观、发展观等。学校价值观的培育过程主要从以下几方面展开：① 必须以教育价值观为基础。教育价值观主要体现对教育本质的理解和对教育终极目标的基本认识，即"以人的发展为本"；其次，通过谈话、讨论、调研等方式让广大教师员工共同参与，特别应注重从学校先进人物的心理需求、思想观念、价值观念、为人之道等当中提炼和培育出符合群体意识的学校价值观，只有当大多数教师的价值观趋于一致时，学校价值观才能形成；② 应通过校训、誓言等简洁而富有哲理的语言形式加以形象地表达，表达首先应体现学校的个性，避免千篇一律的泛化倾向，其次应能对本校师生员工有强大教育导向和激励作用，在表述上应力戒生硬的概念和空洞的口号，力求简洁、生动、明确，确保学校价值观能明白无误地转换成行动；③ 还要通过各种会议、典礼仪式、公众演讲、宣传手册、标语口号、文体娱乐活动等渠道坚持不懈地进行学校核心价值观的宣传和教育，使其内化在全体师生的思想中。

学校精神和学校形象是学校精神文化建设的最终体现。在实现学校共同愿景，培育学校价值观的过程中，要注意学校精神的生成过程，要从捕捉学校发展历程和现实生活中的重大事件、重要人物和先进典型及故事中进行提炼和表达，使其成为鲜活的精神象征和群体主导意识，从而形成一个强大的"文化效应场"，让学校师生员工在这个"场"的作用下，自觉不自觉地适应学校精神的要求，纠正错误的思想、思维方式，逐步养成良好的道德素养，体现一所学校良好的精神形象。学校形象的展示除学校精神形象以外，还应综合体现出学校特有的制度形象、行为形象和物质形象。良好的学校形象不仅可以提高学校的知名度、美誉度，还可以增强学生、家长以及社会对学校及其教育教学质量的信任感，产生强烈的向心力，成为学校吸引人才的极为有利的条件。

（二）追求学校文化建设高品位，增强文化自信

学校文化建设就是通过继承、创新和整合，使先进的、高品位的文化成为学校的强势文化和主导文化。学校应从制度文化、精神文化、行为文化和物质文化等方面进行文化建设，增强学校核心发展力和文化自信。学校文化应是开放的，提倡国际主义与爱国主义的统一、合作与竞争的统一、共性与特色的统一。学校文化建设要追求高品位文化，塑造符合时代要求的文化，要加强文化传承与交流，弘扬中华传统文化，吸收借鉴国外优秀文化成果，在互动交流中丰富和发展社会主义先进文化。学校管理过程就是学校文化建设的过程。要建设优秀的学校文化，就必然要选择优良的管理、体现现代理念的管理，形成一种既有民主，又有集中；既有自由，又有纪律；既有统一意志，又有个人心情舒畅的良好局面。一所学校的文化离不开管理，一所学校的管理也离不开文化，优秀学校文化引领学

校管理。

（三）以制度文化为保障，赋予制度以灵魂

制度文化建设是将学校组织结构、学校管理制度与学校核心价值观高度融合的保障机制。它应以学校教学制度、人事制度、评价制度、学生管理制度、班级管理制度、后勤管理制度等各项规章制度为基本构成，以学校的目标追求、价值观念、素质要求、作风态度等精神文化的内容为灵魂，最终使学校规章制度的影响深入师生员工的心理层面并发挥作用。学者季苹提出："制度可能是相同的，但对待制度的态度和方式却有不同的，执行制度的不同态度和方式使学校制度的执行状态大相径庭。"[①]学校教育不同于企业生产，具有复杂性、不确定性，且无法达到精确。因此，学校制度的设计与安排更应注重体现规范性与人文性相统一；约束性与激励性相统一；鼓励竞争与兼顾公平相统一；他律与自律相统一的建设原则。制度文化建设的具体步骤可以从以下几方面来展开：首先，依照学校共同愿景和共同价值观对现有制度进行梳理，对符合的进行完善，不符合的纠正和剔除；其次，在制度完善过程中，要让学校师生共同参与，扩大制度的认同度，提高贯彻制度的自觉性；另外，制度内容应结合马斯洛（Abraham Harold Maslow）的需求层次理论，根据师生生理、心理发展规律，以激发师生行为动机、促使其自我需求向更高层次发展为目标来制定，从而体现制度内容的人文性和激励性；最后，还要注重确立学校各成员之间的沟通方式、工作规范以及学校管理人员的权利及责任范畴，使学校管理制度能保证师生员工个人活动的合理开展，同时又会成为维护师生员工共同利益的一种强制手段。制度文化建设的关键不是求取制度的形式，而是催生内在的制度精神。所以，制度的精神重于形式。有了这种精神和文化，硬邦邦的管理制度也会变得有血有肉，"死"的制度条文也会升华为"活"的生活哲学，并外化为师生员工的生活方式。

（四）以行为文化为归宿，彰显行为主体的良好风范

学校行为文化是学校师生员工在教育教学以及各种行为实践活动中体现的活动文化。它内含着学校的价值观念、行为准则和精神追求，是这些观念及人际关系的动态体现。有一个很好的比喻，学校文化就好比是一条河道，具有很强的规范性，它可以引导着师生、教职员工的"行为之水"流向蔚蓝的大海。[②] 学校文化建设不只是在精神和制度层面勾画出一个理想的框架，重要的是将观念植入的同时最终体现在师生的行为上才有实质意义。因此，行为文化建设应以学校各种典礼仪式、教育管理、教师教学、学生学习以及相互交往等行为实践活动为

---

① 季苹."学校文化"的反思与再建[J].人民教育,2004年第2期.
② 赵中建.学校文化[M].华东师范大学出版社,2004年版,第299,153页.

载体,反复倡导师生行为实践当中必须遵循的行为准则和价值观念,具体可从以下几方面来体现,在学校各种典礼仪式活动中应倡导:少一些奢侈,多一些简朴;少一些形式,多一些内涵;少一些随意,多一些规范。在学校的教育管理中应倡导:少一些武断,多一些沟通;少一些训斥,多一些关爱;少一些约束,多一些激励。在教师的教学实践中应倡导:少一些臆断,多一些研究;少一些说教,多一些探讨;少一些灌输,多一些启发。在学生的学习实践中应倡导:少一些懒惰,多一些主动;少一些模仿,多一些探索;少一些浮躁,多一些思考。在相互交往中应倡导:少一些埋怨,多一些理解;少一些刻薄,多一些包容;少一些猜忌,多一些信任。事实证明,一个人任何一种良好的行为习惯都有可能放大甚至迁移,最终影响他的一生,使其走向成功。只有将学校价值观凝聚在行为准则之中,才能体现出学校中行为主体的内在品质和良好风范,才能最终实现"高境界做人、高水平学习、高品质生活"的行为目标。

(五)以物质文化为基础,营造学校育人环境

物质文化是一种以物质形态为主要研究对象的表层文化,是开展学校文化建设的基础。近代教学论体系的奠基人夸美纽斯在其代表作《大教育论》中指出:"学校的本身应当是一个快乐的场所,教室清洁明亮,饰以地图、图表和伟人照片,并有可供游戏、散步的空地,可供观赏的花园,使学生来到学校就感到快乐。"[①]物质文化建设能够直接并迅速为人们提供感官刺激,使人对物质产生一种积极的感情和态度。优秀的学校文化总是通过学校的独特建筑、布局、标识等显性特征来体现一所学校的教育思想和教育观念。具体可从以下几方面来展开:

在学校建筑设计方面,注重体现艺术化、生活化、人文化、学园化、低龄化的特征,不能太严肃、太古板,要注意美的外观和装饰。内部布局要注重空间感,便于学生活动,不能产生压抑感。其主要内容包括:楼(教学楼、办公楼、实验楼、图书馆、体育馆、学生宿舍楼)、墙(文体文化围墙、楼廊文化墙、校门文化墙)、厅(科技大厅、艺术大厅)、廊(国学长廊、科技长廊、自然长廊、英语长廊、艺术长廊、书画长廊)、园(生物园、板报园地、广播园地、快乐健身园地)、区(教学区、办公区、信息技术区、艺术活动区、运动区、休闲区)、栏(宣传栏、评比栏、公示栏、告示栏、阅报栏、光荣榜)、角(读书角、英语角、环卫角)、吧(电脑网吧)、坊(艺术制作坊、劳技操作坊)、沙龙(文化沙龙、艺术沙龙、教育沙龙、课改沙龙、健康沙龙、体育沙龙)等[②]。

[①] 何长平:现代中小学学校文化建设研究[D].江西师范大学硕士学位论文,2006年.

[②] 陈东晓.学校文化的生成、诊断及建设[D].华中师范大学硕士学位论文,2007年.

在学校环境绿化方面,要注重绿化的生态功能、景观功能、教育功能、游憩功能。要做到绿树成荫,草坪常青,四季花香。对于古、特、名树要挂牌,体现绿化植物的知识性、教育性、观赏性。同时,绿树、草坪、园林与各种建筑要相互衬托、错落有致,使自然景观与人文景观相得益彰,格调高雅并充满文化气息。

在学校标识建设方面,应充分体现本校的独特性,注意风格的统一性,内容的准确性、规范性和科学性;还要注意艺术性与低龄化的结合,便于让人读懂和接受,使师生随时随处得到心灵的净化和思想的启迪,从而达到对师生员工潜移默化的教育作用。主要内容包括:学校校旗、校徽、校服、校歌的设计与编写以及在校园主要路段、显著位置和教室窗外墙面悬挂一些写有名言警句和学校校训的标语牌。此外,依据学校文化建设的需要,在校园内适当建造象征学校某种精神和理想的主题雕像等人文景观;还可在学校全体师生员工中开展"学校道路、景点征集命名活动",通过对学校道路、景点的命名和诠释,打造学校"百年文化",使学校文化传统借助学校物质文化予以永久传承和发扬。

总之,学校物质文化建设应该独具匠心、以物载德。学校的校容校貌等外在形象是把学校形象传播给社会公众的外显性视觉对象,它是学校现代文明程度的外在表现。建筑或造型新颖、具备时代气息,或古朴典雅、体现文化底蕴。学校建筑要符合学校特色,具备足够功能,总体风格保持一致、协调、和谐,营造校园文化氛围。学校要规划好硬件环境和软件环境,为养成学生优良个性服务;学校要突破课堂和围墙束缚,创设躬行实践的机会,加强环境教育,培养与自然和谐相处的观念。学校文化建设是一个非常复杂的过程,内容涉及面广,开展学校文化建设的途径也丰富多样。中小学应探讨各种途径之间的关系,整合学校文化建设途径,使其形成一个有机整体,从而凸显学校办出特色,提升质量和品质。

(六)动员全员参与学校文化建设,发挥校长、教师、学生的能动作用

1. 改善校长的管理行为

校长是学校文化的掌舵者、营造者,在千头万绪的学校管理事务中,必须保持强烈的文化意识,避免陷入事务堆里。校长对学校文化的理论认识如何,积极性、主动性如何,是否具有文化自觉性,决定着一所学校文化发展的厚度与宽度。[①] 在学校文化建设中,校长和学校管理团队应该自觉转变领导行为,激励人、培育人、发展人,要转变重事轻人、重权术轻品德、重他律轻自律、重控制轻激励、重效率轻价值等观念。

2. 发挥教师的主导作用

教师是学校文化建设的主导者、播种者、实践者,他们通过课程与活动实现

---

① 徐文彬,张勇.我国学校文化建设研究:成就与展望[J].当代教育与文化,2009年第2期.

文化的传承与创新。教师文化建设的内容包括教师观念、教师行为、教学研究、行为风范和文化活动等方面。要建设共同的精神家园,使教师具有归属感,增强学校的凝聚力,发挥教师的积极性和创造性。教师必须积极践行学校的文化理念,否则学校的文化就变成无本之木、无源之水。教师要实践学校的文化理念,前提是自己要领悟学校文化。教学是学校文化建设的落脚点和基石,通过教学,教师传播文化知识,并内化为人内在精神结构的一部分。由此,文化也实现了自身的延续、更新和发展。所以说,学校文化建设要源于教学,融于教学,在教学中实现学生的发展和文化的生态循环。

3. 重视学生对文化建设的参与

学生是学校文化建设的承载者、体现者、参与者,学生文化建设要依据学生文化的多层次性,以理想信念、价值观的精神层面为核心去建设学生的观念文化和活动文化;依据学生文化的多系列性,选择不同年龄段学生文化建设的重点;依据学生文化的多层面性,既要重视价值观培养层面的建设,也要重视文明礼仪层面的建设;依据学生文化的多形态性,重视学科课程文化资源的开发,既要有必修课,也要有选修课、社团活动、综合实践活动等。通过多层面的文化建设,构建养成机制、自律机制和创新机制。

(七)抓住学校文化建设的关键环节,力求取得成效

1. 学校管理文化:从关注"效率"到关注"人的发展"

改变学校管理上的传统理念,在价值观上从"驭人之术"改变为"成人之道"。传统的学校管理价值观中没有"人"的踪影,忽视了教育的根本,以手段代替目的;人被理解成生命灵性被抽离的物化的"工具人",被利益驱使的"经济人",习惯于服从的"软弱人";在学校科层组织中,强调的是组织的权威,运用的是技术理性,要求的是组织成员的顺从,追求的是效率,束缚和桎梏人性,学校管理成为了"驭人之术",限制和阻碍了人的发展。每个校园人都是独特而自由的生命个体,拥有着美好的生命追求,用旺盛的生命能量去实现各自的生命发展价值。学校管理要摆脱技术理性的束缚,打破等级化的权利矩阵,从"效率"中走出来,尊重和关怀"人的发展",让学校管理实现人性化,成为校园人的"成人之道"。尊重生命主体,为他们营造宽松的成长环境。① 在功能观上,从"维序"改变为"求变",学校管理的最佳状态不是按部就班,规整划一,不是让固定的模式禁锢住学校人的思想,牵绊住前进的脚步;学校管理的目标和方法不在于守着规章和制度来稳维持现有的秩序,而是要在现有的规矩和规范的基础上充分调动人的主动性和积极性,发挥人的潜能,不断优化管理,实现创新,从"维序"到"求变"充分利用学校优势资源,发挥文化职能,使学校管理进一步完善,提高管理效能,促进学校和师生个体的共同发展与进步。② 在关系观上,从"领袖"—"追随者"改变为

"领衔者"—"参与者"。"一个好校长,就是一所好学校"这句话耳熟能详,人们关注校长的发展,也激励着校长们的个人成长。但随着学校教育的发展,发展因素的复杂化,这种"个人英雄"的思想开始逐步淡出人们的头脑,虽然校长是学校的第一负责人,但他并不能负责全部工作。对于领导层面而言,不能激发、汇集和利用校园主体的智慧,仅依靠个人或某个群体的努力难以成事,难以促进学校的发展,专制—权威式的管理方式已不再适应学校文化的发展。在平等与尊重的基础上,管理者在行动中通过商量与探讨赢得其他学校主体的参与及合作的民主方式是必然之选,从"领袖"—"追随者"的关系观转为"领衔者"—"参与者",并在这种关系观的基础上积极打造团队,形成良好的学校发展文化氛围,促进学校的快速发展。

2. 学校课程文化:关注师生生存状态

要形成课程文化,就要实施好国家课程,建设好校本课程;建立融洽的师生关系,力争实现教学相长;不断提高教学效率,拒绝过重课业负担;既培养学生能力,增强学生体质,又将健康的情感、端正的态度和正确的价值观自然融入教学过程之中。欲形成课程文化,首先要关注师生生存状态,使课堂教学从"封闭"走向"开放",从"预设—兑现"走向"动态生成",从单向传输转变为师生互动,从关注结果转变为关注成长过程;进而形成学校的课程特色,在先进思想的指引下,逐渐进入一种有益的课程文化氛围之中。

3. 学校网络文化:关注学生思想健康

随着时代的发展,网络正广泛影响着师生的学习、工作和生活。在网络德育方面,要强化教师的网络德育意识、网络主体意识、网络法律意识和网络资源意识,丰富网络道德生活的内容,积极抵制消极文化的影响。教育学生不浏览、不传播、不制作不良信息,慎交网友,不进入营业性网吧,培养学生对网上信息的辨别能力。

综上所述,学校文化是学校的"根",是教育的"魂"。关注学校文化建设,发掘学校文化的优势,用学校精神文化去引导人;用学校制度文化去激励人、规范人;用学校行为文化去培养人、教化人;用学校物质文化去熏陶人,形成经得起时间冲刷和涤荡的学校文化底蕴及优质教育品格,使中小学校真正变成一个人心凝聚的文化场,成为教师享受职业幸福、学生体验成长乐趣的精神家园。当然,时代在发展,社会在进步,学校文化建设也需要不断地总结、积累、积淀、提升和创新,这就需要广大教育工作者从学校的历史和现状出发,从学校已有的自然条件和学校自身的教育实践出发,借鉴他人的理论成果和实践经验,对学校文化进行系统研究和整体构建;在实践中不断探索开展中小学学校文化建设的新思路、新方法、新经验,使之真正成为推动基础教育优质发展的校长工程、动力工程、育

人工程、系统工程和持久工程,最终实现基础教育在规模效益上的均衡发展和内涵质量的全面提升,创办更多优质一流的学校。

二、现代中小学文化建设与管理中需注意的问题

在现代中小学文化管理实践中,有以下几个问题需要正确地认识和把握。

(一)学校文化与校园文化

在学校文化建设与管理过程中,往往把学校文化与校园文化混同起来,认为校园文化就是学校文化。这是一个认识误区。学校文化与校园文化不是同一个概念,两者有联系又有区别,不能混为一谈。如前所述,学校文化是学校组织成员习得且共同具有的思想观念和行为方式,是社会文化的亚文化。校园文化则是学校文化的一个组成部分,归属于学校文化。校园是一个空间维度的地域性概念。校园文化相对于课堂文化,是学校中一种非课堂文化,是课堂外的一种物质层面的文化。学校文化是学校的一个整体概念,包括校园文化、课堂文化,与学校有关的社区子文化等。学校文化建设与管理,应当重视校园文化建设,但是又不能仅仅停留在校园文化的建设水平,而要追求更深层面的文化建设。

(二)教师文化与学生文化

教师与学生的文化是学校的主体文化。教师与学生是学校文化的创造者和实践者,也是学校文化的体现者。长期以来,学校文化的建设与管理始终存在着一种钟摆现象,或是强调教师的作用,或是强调学生的作用,把两者对立起来。苏联教育学家凯洛夫认为,没有教不好的学生,只有不会教的教师,学生对教师只能是一种被动的地位,教师是绝对的权威。甚至认为,学生好比是一块橡皮泥,教师可以随意摆弄。在新中国成立以后相当长的一段时间里,这一以教师为中心的观念对我国的影响是很大的。另一种倾向则是认为学生在教育过程中处于至高无上的地位,学生是教育的出发点,是教育的中心。有人还认为,在教育过程中,学生是唯一的教育主体,教师是教育的客体,教师只能无条件地顺应、服从学生。这两种主张都是各执一端,片面地夸大教师或学生的作用,都具有片面性。

在教育过程中,教师和学生发挥着各自的主体作用。不能片面地强调某一方面的主体作用,而忽视以至否定另一方面的作用。教师文化、学生文化在课程改革、教学改革中,都是不可或缺的文化要素。只有正确认识他们各自的作用,协调两方面的关系,才不会出现片面性,学校教育才能和谐发展、持续发展。对于教师来说,要关注学生的成长文化。苏霍姆林斯基说过,要相信学生,热爱学生,要了解学生,研究学生。不了解、研究学生,就好比是在黑夜里走路。在今天特定的历史时期,学生心理特点、思想特点、价值取向都已发生极大的变化,认识

和把握当代青少年的身心特点已成为学校教育工作中的一个十分重要的问题。教师既不能像"九斤老太"那样,认为"一代不如一代",也不能不正视当前青少年身心发展中出现的新情况、新问题、新特点及新趋向。

(三) 文化认同与文化差异

文化认同与文化差异是当代文化发展中既相互区别又相互联系的现象。在全球化、多元化、现代化思潮影响下,学校教育中也不可避免地存在这两种文化现象。一方面,学校教育总是按照社会发展的统一要求来培育人、塑造人,培养社会所认可的合格公民,使所有学生都能公平地享受优质教育资源,都能全面健康发展。另一方面,学校教育对象是千差万别的。城乡差别、地区差别、民族差别、家庭背景的差别等,带来学生之间极大的差异性,如今尤其突出的问题是外来务工人员子女及留守儿童的教育问题。这两方面实质上就是文化认同与文化差异在学校教育中的反映。这些问题解决不好,将会给学生的成长带来伤害,造成教育不和谐、不均衡发展的现象。因此,在学校文化建设与管理中,必须正确认识与处理好学校文化认同与学校文化差异的关系。

(四) 同质文化与个性文化

同质文化与个性文化的关系,是文化认同、文化差异两者关系问题的另一种表现形式。在学校教育中,长期以来教育者往往是用同一种标准、同一种模式塑造、培育自己心目中的标准"产品",而忽视学生千差万别的个性化发展,这表现为一种"工业文化",像工厂里用同一个模具生产"标准件"一样。全面发展的教育目标是对所有学生的共同要求,每个学生都应当在德、智、体诸方面全面发展。但是,全面发展教育并不否定学生个体自由、充分的个性发展,不排斥学生个性和谐发展。每个学生都有自己的个性特征,有自己的学习类型和优势智能领域,有自己的独一无二的精神世界。学校教育在全面发展的统一要求下,也应最大限度地开发学生的学习潜能和优势智能,发展他们积极、健康的个性心理品质,把全面发展与个性发展有机统一、协调起来。学校文化建设与文化管理,既重视同质文化,又要关注学生的个性文化。

(五) 文化继承与文化发展

学校实行校长负责制之后,校长任期年限大大缩短。在这种背景下,有一些学校在办学与管理中出现了一种值得注意的现象。为了追求学校工作的短期效应和教育业绩,往往是一任校长一个规划,一任校长一个策略,推翻前任校长的理念与做法,标新立异,另搞一套。这就提出了一个新问题:如何认识与处理学校文化继承与文化发展的关系。任何一所学校的发展都存在着继承与创新、传承与发展的关系问题。学校发展需要继承,需要原有学校文化的基础,需要把学校的优良文化传统加以延续,而不能采取虚无主义的态度与做法。当然,学校更

需要发展与创新,但是这种发展与创新是不可能脱离原有的文化基础、文化传统的,否则学校就不能持续前进。学校文化的继承与发展应当是相辅相成的,而不是水火不容的。高明成熟、有远见的学校领导者,必定会尊重学校优良文化传统,尊重学校历任领导者的辛勤劳动成果和文化传统的积淀,在此基础上引领学校走可持续发展的道路。不尊重学校文化传统的做法,实质上是一种急功近利的短视行为。

【阅读资料 11-1】①

F 中学新制度文化的生成——"精神重于形式"

"没有规矩,无以成方圆"。学校制度是学校在教育实践中制定的各种带有强制性的规定和条例,包括学校的人事制度、教学管理制度、评价制度等。它是学校进行正常的教育实践活动所必需的,也是学校求得学校教育最佳效果的强有力保证。在进行学校制度文化建设的过程中,F 中学也进行了大规模的学校制度建设,也就是学校师生员工所称之为的学校制度文本建设,这些文本包括《教学质量动态评估办法》、《教育教学成果奖励办法》、《教职工职称评聘考核办法》、《教职工年度考核、聘任与评优办法》、《先进班级评比制度》、《学生德育积分评价制度》等新制度。谈到这些制度的制定,L 校长如是说:

我们搞的几个制度文本,如"教学质量评估"、"奖励办法"等,整个过程实际上也是一个凝聚老师、引导老师的导向过程。每搞一个文本,都要经历这么几个程序:责任部门起草—调研—骨干研讨—教代会通过,总是经过这么一个过程……调研是每个制度制定前都要做的,像"教学质量评估",开了三次调研会,行政干部、年级组长、教研组长、班主任、普通老师,一共搞了三次。调研好以后骨干研讨,整个过程是很健康的。在调研和骨干研讨过程中,我们就对老师说,你不要发牢骚,你有什么东西都拿出来,你都讲出来。这样,第一是老师的感情得到了宣泄,第二是老师的主人翁地位得到了确认,这个文化氛围立刻就改变了。你让老师们去讲,让他们去琢磨这个过程,实际上这个东西已经进到他们心里了,最后形成文本之后,他们自己脑子里都有的。我们觉得,这个文本,人们不企求文本质量有多高,深入人心是关键。

作为师生员工的行为规范,学校制度能保证师生员工个人活动的合理开展,同时又会成为维护师生员工共同利益的一种强制手段。但是,制度并非就是一些条条框框,而是由文化内生的一整套东西。从学校文化建设的要求来看待制

---

① 陈海燕.学校制度文化建设的个案研究[D].浙江师范大学硕士学位论文,第36-38页.

度,则需要赋予制度以精神文化的色彩,尤其应注意在条文中突出学校发展目标追求、价值观念、素质要求、作风态度等精神文化方面的条款,赋予制度以灵魂,让学校的规章制度的影响深入到师生员工的心理层面并发挥作用。因此,制度的奥秘就在于:制度的精神重于形式。通过制度创新来促进学校发展的关键不是求取制度的形式,而是催生内在的制度精神。

【阅读资料 11-2】[①]

追求"发展"

人都是社会中的人,心理学家马斯洛的需要层次中说,"自我实现为最高需要"。我们每一个人都希望在社会中实现个人价值,需要得到他人和社会对自己认可。这种需要一旦被满足,就会激发和调动更大的积极性去发挥潜能,促进自我价值到社会价值的实现。在这一自我超越的过程中,评价起了重要的推动作用。

Z副校长说,传统的教师评价制度,采取的往往是封闭式评价模式,这种评价方式往往会根据偶然现象下结论,缺乏一定的系统性和全面性,而老师完全处于被动的地位,没有任何主动选择的余地。我们认为,发展性的评价应该是开放的、以老师自我评价为主,同时又让学校管理者、同事、学生以及家长参与的评价。

F中学的《教职工年度考核、聘任与评优办法》就高度体现了发展性的原则,该办法就高度关注了教师考核、聘任与评优中的"服务对象评价"、"自我评价"与"服务同伴互评"。例如,对一线教师的评价,其中服务对象(学生)评价占15%,自我评价占30%,服务同伴评价占40%(同学科组与同班组教师评价各占20%),领导评价占15%。这种评价主体的多元化的评价方式,一方面,从多个方面、多个角度出发对教师活动进行更全面、更客观、更科学的评价;另一方面,由原先的评价对象成为评价主体的教师,在进行评价的过程中,也不再处于过去单纯的被动状态,而是处于一种主动的参与状态,充分体现了他们在教师评价活动中的主体地位。改革的不仅仅是教师的评价体系,学生评价体系也在不断的完善中。L校长指出,评价不仅要关注学生的学业成绩,而且要关注多元智力的培养,让每一个学生体验成功,以实现"对每一个学生负责"的服务理念。学生是有差异的,因此,评价关注到学生的差异性,在评价内容上给学生更多的选择权。

F中学倡导老师将学期成绩的20~50%拿出作为平时成绩。学生的平时

---

① 陈海燕.学校制度文化建设的个案研究[D].浙江师范大学硕士学位论文,第43-45页.

成绩与学生的学习态度、习惯养成结合。一些老师也将学生的课堂提问、回答与笔记、作业纠错等作为评价的内容。家长也参与到评价中来,每个假期结束家长将子女在家表现情况,填在《家长评价表》交回学校。F中学学生评价的一大特色是开展星级班级创建与评比活动,学生集体可研究决定,自主申报其中的一个星,也可以同时申报三个星。评审程序通过班级申请,自我申述,考评小组逐项验收,再结合平时随访、专项考核、群众评议等形式进行,体现了评价方式的多样性与评价主体的多元性。

从F中学制度文化建设过程与成果来看,学校制度文化的建设是一个由上至下的过程,只有学校领导者认识到制度文化对学校管理、发展的重要意义,从学校自身特点出发形成合理的认知,并且首先改进管理行为,才能推动学校成员心理行为的改进,优化学校制度文化,进而优化学校文化,优化学校形象。

思考与练习

1. 结合实际谈谈对"学校文化"概念的理解。
2. 结合实际谈谈学校文化的特点。
3. 联系实际淡淡学校文化建设与管理的意义。
4. 结合实际谈谈当代中小学学校文化建设与管理应注意的问题。

第十二章 现代中小学健康与后勤服务管理

内容提要

本章主要阐述了学校体育工作管理的任务、内容与方法;学校卫生工作管理的任务、内容与方法;学校心理健康工作管理的内容与方法和学校后勤服务管理。

学习目标

1. 准确阐述体育卫生工作管理的任务。
2. 准确阐述体育卫生工作管理的基本内容与方法。
3. 准确阐述学校心理健康工作管理的内容与方法。
4. 准确阐述学校后勤服务管理的任务。

现代学校健康工作与后勤服务工作是全面发展教育的重要组成部分,是全面贯彻国家教育方针的必然要求。培养德、智、体等方面全面发展的社会主义建设者和接班人必须加强学校健康工作和后勤服务工作。根据现代中小学校的特点、发展要求及当前学校体育卫生工作与后勤服务工作存在的问题,提出了体育卫生工作管理、心理健康工作管理及后勤服务工作管理的基本方法,从而使学校管理者提高对它们的认识及有效性,进而更好地发挥学校体育卫生工作、心理健康工作及后勤服务工作在中小学生全面发展中的功能和独特的育人价值。

第一节 学校体育工作管理的任务、内容与方法

学校体育管理是指对学校的体育课、课外体育活动、体育队伍、体育设施等

进行有效的计划、组织、实施、控制和评价,使学生达到国家规定的学生体育锻炼标准的活动目的。学校体育工作管理是学校工作管理的一项基本内容,是对学校督导评估的一个重要方面。

一、体育工作管理的任务

1990年2月20日,国务院批准了《学校体育工作条例》。该条例是实施学校体育工作的法律依据和准绳,也是学校体育工作管理的重要依据之一。

《学校体育工作条例》第三条规定:"学校体育工作的基本任务是:增进学生身心健康、增强学生体质;使学生掌握体育基本知识、培养学生体育运动能力和习惯;提高学生运动技术水平,为国家培养体育后备人才;对学生进行品德教育,增强组织纪律性,培养学生的勇敢、顽强、进取精神。"学校体育工作管理从本质上说就是为了实现以上规定的任务。因此,学校体育工作管理的根本目的也是为实现上述目标而展开的。

学校体育工作管理的具体任务应包括以下几个方面:

(一)建立健全学校体育工作管理机构,培养一支高素质的体育队伍

学校体育工作在学校各项工作中有较强的独立性,必须成立部门的体育管理机构和专业队伍。中小学校应建立由学校行政部门、教务处、政教处、体育教研室(部、组)班、团、队等组织参加的学校体育工作领导小组,专门负责《学校体育工作条例》的依法实施,制定学校体育工作计划,组织指导实施,经常定期或督导检查,定期向学校领导反馈、汇报并提出改进意见和建议;还要加强对体育教研室(部、组)的建设。在学校体育工作管理中,学校要将重心下移到体育教研室(部、组)是现代学校管理分权制的大趋势。学校在体育队伍配备及培养使用中,要善于发现人才,大胆使用人才,充分发挥他们的特长和积极性,进而发挥其业务功能、专业技能和管理功能。学校体育工作领导小组要注意协调学校有关部门和组织及人员的工作,充分发挥他们在体育工作中各自的作用,密切配合,形成合力,协调一致地搞好体育工作。

(二)建立健全学校体育工作制度,逐步实现依法管理学校体育工作

建立健全学校体育工作制度是学校依法管理体育工作的表现,是学校体育工作管理走向法制化的必由之路。学校体育工作制度的建立健全是为了规范组织和人员的行为,是开展体育工作的有力手段。制度的建立健全必须有广泛的群众基础,在广泛的有各方代表参与的基础上制定。制度一旦制定就要保持其相对的稳定性,不可朝令夕改,更不可有章不循,形成一纸空文,要有专门的组织和人员负责制度的实施、遵守、落实及检查,从而保证管理的有效性和规范性。

学校体育工作制度应依据国家的有关体育工作方面的方针、政策、法律、法

规,结合学校实际情况制定。在中小学,主要由学生生活作息制度、岗位责任制度、奖惩激励制度、设备设施使用管理制度、安全制度组成。

1. **学生生活作息制度**

为了确保学生的学习和身心健康,要根据季节变化、学生身心状况和教学计划,合理安排教学活动和课外活动,注意一张一弛,保证身体和学习两不误,形成规律,提高学生自身的调节能力。

2. **岗位责任制度**

岗位责任制度不仅适用于管理者,而且也适用于学校的教职员工。教职员工是学校体育工作的具体执行者和组织评价者,也必须确立相应的岗位责任制,明确各自的工作内容与任务、职责权限、工作途径与方式、工作质量标准,以此规范教职员工的行为,达成教育目标。

3. **奖惩激励制度**

奖惩是一种有效的激励教职工的管理方式,建立奖惩制度能够鼓励先进、鞭策后进,形成积极向上的工作氛围。奖惩制度能否起到预期作用,受到一系列条件制约,根据理论与实践经验,在使用奖惩制度时要注意其能否起到激励作用:

第一,奖惩制度要求明确奖励与惩罚的标准,要将奖励、惩罚与工作业绩、过错挂起钩来,奖惩要有一定的强度,有奖有罚,使人们明确是非。

第二,将精神奖励与物质奖励结合起来,满足人们的双重需要。

第三,在运用奖励方式时,要注意个人特点。有些人重视物质奖励,而有些人则注重领导的肯定、鼓励和支持。

4. **设备设施使用管理制度**

设备设施使用管理包括:

第一,设备实施登记、编码、入帐、耗损期限记录,使用周期等管理制度。

第二,借用登记、租赁记录、损坏赔偿记录、核销记录等。

第三,设备设施的保养、维修、安全正确使用等制度。

(三) 抓好体育工作的财、物管理,提高利用率,发挥最大效益

财、物是学校开展体育卫生工作的物质保证。当前中小学经费短缺,所购置的体育器材、设施弥足珍贵,加强财、物管理尤为重要。学校应根据经费状况在学校各项工作业务中对经费进行合理分配,保证体育教学及活动所需,并对体育经费严格预算和管理,要加强对体育物品的购置、使用和报废的管理,防止资源流失。

二、体育工作管理的基本内容和方法

(一) 体育教学管理

(1) 制定体育课教学计划。体育教学管理要依据上级教育行政部门和教学

业务部门的课程计划、课程标准制定本学校的体育课教学计划,并科学合理地安排教学进度和教学活动。教学计划有学年教学计划、学期教学计划和课时计划。在各类计划中必须明确体育教学任务、教学目标、教学内容、教学方法、教学组织形式和体育人才的专项培养要求,并合理安排场地和器材、设备。

(2)依法管理体育课教学。要求体育课教师认真学习、领会《学校体育工作条例》的基本精神和有关体育课教学的主要条款;认真钻研体育教学大纲和教材,熟练掌握各种体育器材及设施的性能、特点及使用,具备符合教学要求的体育技能;遵循学生身心发展规律和生理、心理特点,注意到当地的地理、气候条件。学校要切实抓好体育课堂教学的组织与管理,严格执行教学计划和课堂常规,建立良好的教学秩序,在培养学生顽强拼搏的意志品质的同时,要注意学生安全,防止发生意外事故,严格遵循体育教学规律,注意教学卫生。教学场地和体育器材要符合教学要求,使用前要做认真检查,合理地安排学生活动的强度、密度、次数和时间,不"凌节而施",而应循序渐进。

(3)制定合理的体育课考核项目与标准。对体育课教学质量进行监控,并根据监控、考核结果确定学生是否"达标",能否毕业和升学。学生的考核成绩和"达标"情况是评价教师教学质量高低的重要依据。

(二)课外体育活动管理

开展课外体育活动应当从学校实际情况出发,因地制宜,形式多样,生动活泼,继承和发扬学校的传统项目和训练科目,形成特色。

《学校体育工作条例》规定:"普通中小学、农业中学、职业中学每天应当安排课间操,每周安排三次以上课外体育活动,保证学生每天有一小时体育活动时间(含体育课)。"这就为学校对课外体育活动的管理提供了重要的法律依据。

课外体育活动的管理主要包括以下内容:

1."两操"的管理

"两操"指早操和课间操。早操可分为课前操和早锻炼。早操可以班或组为单位,充分发挥体育积极分子和学生体育骨干队伍的作用。早操活动要适度,防止过度疲劳,影响白天正常上课。课间操是上午第二、三节课中间安排的20~25分钟的体育活动,是一种有组织的学生体育活动,主要由体育教师负责指挥,各班主任负责组织实施,学校负责体育工作的领导或学生干部进行检查;还要组织评比,展开竞争,提高活动质量,达到活动目的。

2.运动会的管理

全校性的体育运动会是一种大型的体育性竞赛活动。举办运动会不仅可以培养学生集体主义精神和集体荣誉感,锻炼学生的意志品质,对学生的智力因素与非智力因素的开发大有裨益,而且可以发现和培养优秀体育苗子,塑造体育人才。对运动会的管理要精心策划,周密安排,做好充分的人力、物力、财力的准备和组织协调工作。运动会是一项综合的大型活动,需要学校各部门的通力配合、分工负责,齐心协力。对运动会的秩序册,组委会成员,安全救护人员配备,财、物计划,发动宣传等,学校领导要认真审查,保证运动会的圆满成功。

3. 课外体育竞赛

课外体育竞赛是指除运动会以外的课外体育活动。学校可根据本校实际,开展年级间、班级间、小组间的小型体育竞赛活动。开展课外体育竞赛活动应以校内为主,可适当安排一些校外体育竞赛,如越野赛跑、郊游、自行车拉力赛等。课外体育活动必须由学校或体育教研室及体育教师负责与组织,防止发生意外。

4. 体育锻炼小组

体育锻炼小组是学生自愿参加的体育组织,也是课外体育活动的主要形式之一。学校应责成体育教研室(部、组)指定专任教师负责对学生锻炼的指导、辅导工作。学校应该为学生提供锻炼场地和设施、器材,保证锻炼时间。同时,注意引导学生的科学训练并注意安全。

(三)体育场馆和设施器材管理

(1)要做好对篮球场、体操房、体育馆、田径场等体育场馆的规划设计、保护与维修工作。规划运动场地要坚持把教学区、生活区与运动区适当分开的原则,并考虑学校的整体布局和合理开发。学校体育场馆处必须有专人负责管理,防止场馆被破坏或挪作他用。要定期全面检修、维护、保护体育场馆,做好防火、防塌、防盗等安全保卫工作。

(2)要做好体育设施器材的购置和使用管理。首先,要做好体育设施器材的购置工作。学校应根据实际需要和国家教育部颁发的中小学"体育器材设施配备目录"标准配备体育设施器材。其次,要对购回的体育设施器材进行登记编号、建帐保管,分类编制目录,纳入学校统一财物管理。第三,制定体育设施器材的使用管理制度。严格发放、回收和保管,对低值易耗的设施器材制定报废标准,严格执行,并经主管部门审批。

(四)体育队伍管理

学校体育骨干队伍是学校开展体育活动的中坚力量,包括学校体育管理人员、体育教师和学生体育干部。

体育管理人员负责学校体育工作的计划与决策,对学校体育目标的实现、体育任务的完成进行检查与评估。体育管理人员应具备良好的思想素质、领导才能和一定的生理学、心理学、管理学、教育学等方面的知识,尤其是熟悉体育专业与体育管理方面的知识和技能,具备管理体育工作的能力。

对体育教师的管理和配备要符合校情和国家有关规定,在管理中要针对他们的业务特点,充分发挥他们的专长,重视他们的工作和业绩,关心他们的身体和生活,落实国家规定的待遇。

【阅读资料12-1】①

《学校体育工作条例》
1990年2月20日经国务院批准

第二章 体育课教学

第七条 学校应当根据教育行政部门的规定,组织实施体育课活动。

普通中小学校、农业中学、职业中学、中等专业学校各年级和普通高等学校的一、二年级必须开设体育课。普通高等学校对三年级以上学生开设体育选修课。

第八条 体育课教学应当遵循学生身心发展的规律,教学内容应当符合教学大纲的要求,符合学生年龄、性别特点和所在地区地理、气候条件。

体育课的教学形式应当灵活多样,不断改进教学方法,改善教学条件,提高教学质量。

第九条 体育课是学生毕业、升学考试科目。学生因病、残免修体育课或者免除体育课考试的,必须持医院证明,经学校体育教研室(组)审核同意,并报学校教务部门备案,记入学生健康档案。

第三章 课外体育活动

第十条 开展课外体育活动应当从实际情况出发,因地制宜,生动活泼。

普通中小学校、农业中学、职业中学每天应当安排课间操,每周安排三次以上课外体育活动,保证学生每天有一小时体育活动的时间(含体育课)。

中等专业学校、普通高等学校除安排有体育课、劳动课的当天外,每天应当组织学生开展各种课外体育活动。

第十一条 学校应当在学生中认真推行《国家体育锻炼标准》的达标活动和等级运动员制度。

学校可根据条件有计划地组织学生远足、野营和举办夏(冬)令营等多种形式的体育活动。

第七章 组织机构和管理

第二十三条 各级教育行政部门应当健全学校体育管理机构,加强对学校体育工作的指导和检查。

---

① 选自1990年2月20日经国务院批准的《学校体育工作条例》。

学校体育工作应当作为考核学校工作的一项基本内容。普通中小学校的体育工作应当列入督导计划。

第二十四条　学校应当由一位副校（院）长主管体育工作，在制定计划、总结工作、评选先进时，应当把体育工作列为重要内容。

第二十五条　普通高等学校、中等专业学校和规模较大的普通中学，可以建立相应的体育管理部门，配备专职干部和管理人员。

班主任、辅导员应当把学校体育工作作为一项工作内容，教育和督促学生积极参加体育活动。学校的卫生部门应当与体育管理部门互相配合，搞好体育卫生工作。总务部门应当搞好学校体育工作的后勤保障。

学校应当充分发挥共青团、少先队、学生会以及大、中学生体育协会等组织在学校体育工作中的作用。

第二节　学校卫生工作管理的任务、内容与方法

学校卫生管理是指学校管理者运用卫生理论知识、卫生技术和方法，科学地安排学校教学、体育、劳动等活动，营造良好的学校环境卫生，防治疾病，保护学生健康，培养学生良好卫生习惯所进行的管理活动。

学校卫生工作管理的科学化，有利于学生身心的健康发展，有利于培养德、智、体等方面全面发展的社会主义建设者和接班人。

一、卫生工作管理的任务

《学校卫生工作条例》于1990年6月经国务院批准颁布实施。这标志着学校卫生工作进入了法制时代，成为学校卫生工作及管理的重要法律依据。

《学校卫生工作条例》第二条规定："学校卫生工作的主要任务是：监测学生健康状况；对学生进行健康教育，培养学生良好的卫生环境和教学卫生条件；加强对学生传染病、常见病的预防和治疗。"学校卫生工作管理主要是为了完成这一任务而展开的。学校卫生工作管理的主要任务应包括如下几方面：

（一）加强领导，健全管理机构

中小学校是各类传染病和多发病的易感地和高危区，为有效地预防和治疗，必须加强领导，给予高度重视。同时，必须成立并健全部门的卫生管理机构。中小学应建立由学校行政领导、校医院（保健室）、班、团、队等组织的代表参加的学

校卫生领导小组(可与体育领导小组合并)或体育卫生处(视学校规模而定),专门负责制定学校卫生工作计划,提出实施意见和具体方案,督促学校卫生工作的开展,定期总结反馈,向学校领导汇报。此外,还要协调学校各部门及各方面的力量,协调一致地搞好卫生工作。

(二)制定工作制度,保证监督执行

学校卫生工作制度应依据国家有关卫生工作的方针、政策、法规,结合本地区、本校实际情况制定。同时,要有保证监督机制,检查执行情况。学校卫生工作制度主要包括:

1. 学生生活学习制度

为了确保学生的学习和健康成长,要根据学生年龄特点和学校实际情况制定教学卫生制度、体育卫生制度、劳动卫生制度和生活卫生制度。

2. 卫生人员岗位责任制和奖惩制度

卫生人员是负责学校卫生工作的具体组织者和执行者,必须确立相应的岗位责任制,明确其工作内容与职责、权限,工作途径与方式。同时,要将岗位责任完成情况、职责履行情况与奖惩制挂钩,奖勤罚懒、奖优罚劣、奖功罚过。

3. 卫生清洁制度

学校环境卫生和学生个人卫生关系到学校和学生个人的风貌和校园文化状况以及全校师生员工的健康水平。要建立卫生清扫制度、定期消毒制度、隔离制度、检查评比制度、奖惩制度等,规范卫生行为,摒除陋习,养成健康、文明、科学的卫生习惯。

4. 保健制度

保健工作直接影响到师生员工的身体健康。保健制度主要包括体格检查制度、健康状况调查制度和疾病防治制度和应急预案。学校应对全校师生员工,特别是学生定期进行身体检查,建立个人健康档案;定期对学生的健康状况进行调查评估,确定警戒指标;根据不同季节做好疾病预防,对传染性疾病要早发现、早报告、早隔离、早诊治,坚决防止蔓延,对患病的学生,要配合医疗部门和家长,尽早治愈。

5. 卫生财、物管理制度

要建立健全卫生备品、药品、医疗器械和卫生经费的预算和收支管理。学校应当将学校卫生经费纳入核定的年度教育经费预算,建立卫生财务帐目和药品、备品、医疗器械帐目,加强对物品的购置、使用和报废的管理;并进行必要的审计,提高效益。

(三)卫生人员的管理

学校要充分调动卫生人员的积极性,提高他们的责任感和使命感,完成《学

校卫生工作条例》规定的基本任务。为此,学校应从政治上、生活上、业务上关心他们,并通过各种教育形式为学校卫生技术人员和保健教师提供进修机会。同时,要对他们的工作进行监督、检查、考核与奖惩,以促使其履行职责,提高医德和敬业精神。

二、卫生工作管理的基本内容

1. 卫生知识教育的管理

对学生进行卫生知识教育的主要途径是课堂教学,因此,要加强对卫生知识教育的课堂管理,绝不能视为软任务而放任自流,不加规范。卫生知识教育还可以根据学生的生理心理特点,定期出版学校卫生报刊、举办墙报、组织学生收看影视、参观卫生知识图片展、卫生知识讲座等多种形式的活动,有目的、有计划地开展卫生知识的宣传教育。

2. 活动卫生管理

教学卫生管理。教学卫生主要包括用脑卫生、用眼卫生、坐姿卫生、文教具卫生。学校的课程安排、教师的教与学生的学都要符合卫生要求,遵循人体活动特点。要合理编制教学计划、科学安排作息时间和教学进度;选用科学先进的教学方法;注意考试方式与频率;保持教学设施与学具的卫生与安全,注意阅读姿势,手脑并用,劳逸结合。

体育卫生管理。体育卫生是指学校根据学生身体发育的特点、性别差异、健康状况及运动能力对体育活动的内容、运动量、运动标准、运动条件等提出相应的卫生要求。体育卫生主要包括生理卫生和安全卫生。学校必须采取一系列管理措施,包括:合理控制学生的活动量,防止超负荷运动;注意体育场地的卫生;体育器材设施要符合国家标准,定期检查与维修,防止事故发生;运动锻炼要安全有序。

劳动卫生管理。劳动卫生管理要求学校劳动和劳动技术课必须按国家的有关规定开齐,不得免开或随意增减,合理安排劳动强度;注意选择劳动工种和场所,严禁从事有毒有害和易燃易爆的危险工作;不得安排学生夜间劳动,遵守劳动操作规程,严格劳动纪律,安全第一,加强劳动保护,按规定发放使用劳动保护用品。

生活卫生管理。生活卫生管理包括学生个人卫生、学校饮食卫生和学生宿舍卫生。要树立学生科学文明的卫生观念,建立卫生标准;培养学生良好的卫生习惯;加强食堂卫生管理,严禁有传染病的人员在食堂工作,要对食堂卫生人员定期体检;严格管理开水房,为学生提供符合国家标准的饮用水;保持学生寝室的清洁卫生,保持清新空气和整洁环境,消灭害虫,切断传染源。

3. 环境卫生管理

环境卫生管理要求：学校建筑、设施要合理规划与布局；卫生工具和设备配置达到教育部颁发的标准；教育组织学生植树、种花草，建设花园式学校，组织学生参加卫生劳动，养成良好的卫生劳动习惯，创设健康成长的卫生环境。

4. 学生保健管理

学生保健工作包括防病和治病两个方面。对学生的保健工作必须坚持预防为主的原则，提高学生机体免疫力，定期对学生身体状况进行检查和整体情况的调查分析；对学生所患疾病要尽早采取有效措施；对学校多发病、常见病（如近视、弱视、沙眼、龋齿、寄生虫、营养不良、贫血、脊柱弯曲、神经衰弱等）要采取积极防御措施，经常对学生进行卫生教育。传染病是对学生群体威胁较大的疾病，学校要给予高度重视，采取果断措施，做到"四早"。在传染病流行或多发季节，学校要减少或停止集会，必要时分小班上课，直至有组织地停课，同时，采取消毒、与防疫部门联系、隔离等有效措施，防止疫情扩散。

【阅读资料 12－2】[①]

《学校卫生工作条例》
1990 年 6 月经国务院批准

第二章　学校卫生工作要求

第五条　学校应当合理安排学生的学习时间。学生每日学习时间（包括自习），小学不超过六小时，中学不超过八小时，大学不超过十小时。

学校或者教师不得以任何理由和方式，增加授课时间和作业量，加重学生学习负担。

第六条　学校教学建筑、环境噪声、室内微小气候、采光、照明等环境质量及黑板、课桌椅的设置应当符合国家有关标准。

新建、改建、扩建校舍，其选址、设计应当符合国家的卫生标准，并取得当地卫生行政部门的许可。竣工验收应当有当地卫生行政部门参加。

第七条　学校应当按照有关规定为学生设置厕所和洗手设施。寄宿制学校应当为学生提供相应的洗漱、洗澡等卫生设施。

学校应当为学生提供充足的符合卫生标准的饮用水。

第八条　学校应当建立卫生制度，加强对学生个人卫生、环境卫生以及教室、宿舍卫生的管理。

---

① 选自 1990 年 6 月经国务院批准的《学校卫生工作条例》。

第九条 学校应当认真贯彻执行食品卫生法律、法规，加强饮食卫生管理，办好学生膳食，加强营养指导。

第十条 学校体育场地和器材应当符合卫生和安全要求。运动项目和运动强度应当适合学生的生理承受能力和体质健康状况，防止发生伤害事故。

第十二条 学校在安排体育课以及劳动等体力活动时，应当注意女学生的生理特点，给予必要的照顾。

第十三条 学校应当把健康教育纳入教学计划。普通中小学必须开设健康教育课。普通高等学校、中等专业学校、技工学校、农业中学、职业中学应当开设健康教育选修课或者讲座。

学校应当开展学生健康咨询活动。

第十七条 学校应当认真贯彻执行传染病防治法律、法规，做好急、慢性传染病的预防和控制管理工作，同时做好地方病的预防和控制管理工作。

第三章 学校卫生工作管理

第十八条 各级教育行政部门应当把学校卫生工作纳入学校工作计划，作为考评学校工作的一项内容。

第十九条 普通高等学校、中等专业学校、技工学校和规模较大的农业中学、职业中学、普通中小学，可以设立卫生管理机构，管理学校的卫生工作。

第二十条 城市普通中小学、农村中心小学和普通中学卫生室，按学生人数六百比一的比例配备专职卫生技术人员。

学生人数不足六百人的学校，可以配备专职或者兼职保健教师，开展学校卫生工作。

第二十二条 学校卫生技术人员的专业技术职称考核、评定，按照卫生、教育行政部门制定的考核标准和办法，由教育行政部门组织实施。

学校卫生技术人员按照国家有关规定，享受卫生保健津贴。

第二十三条 教育行政部门应当将培养学校卫生技术人员的工作列入招生计划，并通过各种教育形式为学校卫生技术人员和保健教师提供进修机会。

第二十四条 各级教育行政部门和学校应当将学校卫生经费纳入核定的年度教育经费预算。

第三节　学校心理健康工作管理的内容与方法

在我国学校心理健康工作是一项新兴的教育工作，就大多数地区而言，较正规的学校心理健康工作尚未展开。从目前中小学生心理问题日益增多的现状来说，这是一项亟待加强管理的重要工作。

一、心理健康的意义

在科学技术迅猛发展，生活方式、学习环境及人际关系不断变化的现实中，发生不同程度心理障碍或心理疾病的人日渐增多。据美国心理卫生组织统计：有20%的人存在着心理障碍问题，其中青少年期为易发期、初发期或多发期[①]。心理问题的最初年龄一般为13~18岁。紧张的学习，过重的课业，升学与就业压力等导致学生心理问题加剧，心理疾病增多，如嫉妒、多疑、压抑、骄傲与自卑、撒谎、攻击性、无端恐惧、焦虑、烦躁、强迫癖与强迫症等。这使得这些学生不仅难以坚持正常的学习生活，个别人甚至走向厌世轻生的道路。

什么是心理健康呢？联合国世界卫生组织对健康的定义是："健康不仅是没有身体缺陷和疾患，还要具有完整的生理和心理状态与良好的社会适应能力。"心理健康是指人的心理功能正常，无障碍或心理疾病。讲究心理卫生可以促进人的心理健康，而健康的心理能保证人的正常学习和生活，增强人的生理健康，提高社会适应能力。中小学生的心理健康工作是中小学生能正常学习、生活，成长和发展的重要保障。

二、学校心理健康工作管理的内容

学校心理健康工作管理一般分为两部分：一是心理咨询工作管理，二是心理辅导工作管理，二者既有密切联系，又有不同的侧重。

（一）心理咨询的主要内容

心理咨询是运用心理学、精神卫生学等相关知识与相应的技巧，以语言、文学或其他信息作为沟通形式，对遭遇心理困扰而又无法自我排解的人所存在的心理问题进行分析，化解他们心理上的困惑，帮助他们排解思想上的障碍，从而

---

① 张俊人.健康心理学的创立、发展与公元2000年[J].应用心理学,1990年第2期.

维护他们心理健康和人格健全的一项专业工作。

根据中小学生心理发展的特点和诸多调查的结论以及心理咨询的范围,心理咨询的主要内容包括心理障碍、心理疾病和逆反心理等。

1. 心理障碍

中小学生常见的心理障碍主要有以下几个类型:

(1) 学习障碍。不能通过基本学习活动及各种实践活动去获取相应的知识与技能的现象,即学习障碍。其表现形式主要有注意障碍、感知障碍、记忆障碍、思维障碍、联想障碍等。

(2) 行为障碍。不能适应正常的环境和秩序而引起异常的现象,就是行为障碍。其表现形式主要有情绪障碍、意志障碍和人格障碍。

(3) 人际交往障碍。在人与人之间进行直接或间接的交往过程中,由于未能与人沟通或缺乏与人沟通的技能与愿望所表现出来的不正常心理现象就称为人际交往障碍。

2. 心理疾病

中小学生常见的心理疾病主要有以下几种:

(1) 神经官能症。神经官能症的主要病因有长期课业过重、师长教育方式粗暴、家庭失和、父母离异、人际关系紧张等引起的长期精神压抑,其主要表现为神经衰弱、歇斯底里、强迫癖、强迫症等。

(2) 精神分裂症。精神分裂症有两种类型:一是单纯型,早期表现为失眠多梦、头痛、精神萎靡,随后出现学习懒散、孤僻、迟钝,对事物丧失兴趣,对人冷漠、敌视等;二是青春型,常见于高中阶段以下,其早期表现为性格乖张、多疑、爱空想、情绪不稳等。

(3) 病态人格。病态人格的主要病因是先天神经系统发育不健全,后天又受到不良环境影响。这种心理疾病最早可以见于童年期或少年期。病态人格的表征是:以自我为中心、情绪极不稳定、行为失常、个性偏离社会生活规范等。

3. 逆反心理

中小学生常见的逆反心理有以下几种:

(1) 情境相悖逆反心理。当学生处于盛怒、烦躁、焦虑、抑郁或需要改变心境时,情境相悖逆反心理较易出现。

(2) 禁果诱惑逆反心理。越是被禁止的东西,往往越容易引起学生产生好奇与探究心理。对中小学生而言,他们想做或想知道的事,如果别人只是简单地禁止而不说明禁止的原因,则学生越会产生逆反心理。

(3) 态度对立逆反心理。中小学生往往对与他们关系紧张的师长产生态度对立逆反心理,进而丧失正常的态度标准。

(4) 超限刺激逆反心理。在日常学习和生活中,当对学生进行的某种刺激过强或作用时间过长时,易产生超限制刺激逆反心理。

(5) 自主倾向逆反心理。少年期,特别是初中以后的时期,学生普遍有一种趋向自主与期望摆脱外部控制的心理需求。此时,当外界的某种控制使他们感到自主地位受到伤害时,他们则易产生自主倾向逆反心理。

(6) 评定失真逆反心理。学生在评定某一事物时,如果别人与他们的标准不一致,或评定的结果不真实,就会产生评定失真逆反心理。

(二) 心理辅导的主要内容

心理辅导是以心理学等多种学科理论为指导,以适当的技巧和方法帮助学生认识自己,促进他们心理健康协调发展的教育辅导活动。

心理辅导的主要内容包括以下几个方面:

1. 学习辅导

学习辅导包括学习习惯辅导、学习智能辅导、学习态度辅导、学习方法辅导等。

2. 生活辅导

生活辅导也称为人格辅导,包括自我意识辅导、社会交往辅导、情绪心理辅导和性心理辅导及生活观的辅导等。

3. 升学就业辅导

升学就业辅导主要包括自尊心与自信心的辅导、意志品质辅导、耐挫折心理辅导、考试心理辅导、择业心理辅导和社会选择性辅导。

三、学校心理健康教育的形式与原则

(一) 心理咨询的形式和原则

1. 心理咨询的形式与管理

学校心理咨询的形式有直接咨询、间接咨询和现场咨询等。

(1) 直接咨询。直接咨询是学校咨询人员与咨询对象面对面接触而开展咨询活动的形式。这种形式又可以分为个别咨询、集体咨询和门诊咨询三种。

采用哪种咨询形式应视咨询对象的情况及要求而定,前提是必须尊重咨询对象的意愿,涉及其个人隐私的内容要严格保密。

(2) 间接咨询。间接咨询是借助于某种媒介而开展咨询活动的形式。间接咨询有电话咨询、书信咨询、网上咨询和宣传咨询等。无论哪种咨询都要注意提高诊断的客观性和防治功能。

2. 心理咨询的原则

(1) 尊重信任原则。咨询人员应当尊重咨询对象的人格,相信他们的谈话

内容和咨询意图。贯彻这一原则,要求咨询人员做到以下几点:

① 认真听取咨询对象的自述,对他们持信任态度;

② 完整耐心地倾听他们的述说,不轻易打断他们的说话;

③ 认真调查取证,实事求是;

④ 对所有咨询人员平等对待。

(2) 整体性原则。对影响咨询对象心理问题的各种因素要从整体出发进行分析研究,从而得出完整的结论。贯彻这一原则应注意以下几点:

① 对影响咨询对象的各种心理因素加以统筹考虑;

② 注意各种心理问题之间的相互关系及影响;

③ 重视心理的转化效应。

(3) 长善救失原则。咨询人员必须切实了解咨询对象的实际情况,分析他们的"善"与"失",引导其用自身的优点去矫正自己心理上存在的问题。贯彻这一原则的基本要求是:

① 深入了解咨询对象的背景资料,包括思想、文化修养、兴趣爱好、个性特征、行为习惯等;

② 要知其心,然后才能救其心,深入咨询对象的内心世界,才能找到心结;

③ 广泛了解咨询对象生活的空间、交往及个性倾向,分析其心理问题产生的根源。

(4) 预防性原则。心理疾病是可以预防的并要以预防为主,从而达到咨询的目的。贯彻这一原则的基本要求是:

① 针对某年龄阶段容易出现的心理问题,及早做出安排,制定可行的预防措施;

② 建立各种心理常模,为心理问题的预防提供理论依据;

③ 普及心理健康教育知识,积极开展家庭心理咨询指导和普及社会心理学常识。

(5) 保密性原则。咨询人员必须对咨询对象的谈话内容以及他们提出的认为应当保密的范围做到绝对保密。咨询人员失密就是失职,不仅违反了职业道德,而且还要负法律责任。贯彻这一原则的基本要求是:

① 咨询对象的全部谈话内容只允许当事人知晓,咨询人员之间不能相互打听其谈话内容,并养成良好的职业习惯;

② 尊重咨询对象的人格尊严,不允许将其谈话内容作为茶饭后的闲谈材料;

③ 咨询人员要树立保密的法律意识和道德观念。

(二) 心理辅导的形式和原则

1. 心理辅导的形式与管理

学校心理辅导的形式有集体辅导和个体辅导两种。

(1) 集体辅导。集体辅导是以全体学生为辅导对象,在全面了解学生和学生群体的基础上,促进学生在集体生活中健康快乐成长,培养其对集体、对他人、对社会的正确情感和态度及责任,做好适应未来生活的准备。

集体辅导要视学生集体的情况、特点、所处环境及群体特征采取定期或随机辅导,要发挥集体的优势和作用,达到最佳辅导效果。

(2) 个体辅导。个体辅导即以个别学生为辅导对象,通过咨询、书信、电话、谈话等多种手段进行的辅导活动。实施个体辅导要尊重个体的主体性和个别差异,因材施教,引导学生学会自我疏导、自我教育、自我调解,达到辅导的目的。

2. 心理辅导的原则

(1) 尊重与理解相结合的原则。尊重学生是心理辅导的前提和基础。尊重学生首先要尊重学生的人格和尊严,尊重他们的个性及差异,尊重他们的生长环境。理解学生是要求辅导人员能真正进入学生的世界,切身感受他们的喜怒哀乐和内心世界,架起成功辅导的桥梁。

(2) 帮助与自助相结合的原则。学校心理辅导自然要给学生以心理帮助和支持。中小学生一般都希望得到老师的帮助和指点,但不愿老师包办代替,而心理辅导的目的之一就是通过辅导使学生学会自助,学会处理和解决心理问题。因此,心理辅导应注意将帮助与自助结合起来进行。

(3) 发展与防治相结合的原则。"防治"的目的是为了"发展",而"发展"又可以更好地"防治"。心理辅导要协助学校为学生提供一个健康成长的环境。因此,心理辅导要根据中小学生心理发展过程中的一般问题,增强预见性,走在学生发展的前面。以"防治"促"发展",最终实现学生真正健全的心理发展。

(4) 疏导与启发相结合的原则。疏导是对学生堵塞的心理状态进行疏理,使其正常运转循环,引发学生思考,导其方向,接纳教师的帮助和指点。对学生的辅导要真诚,启发学生打开心扉,吐露真情,耐心地帮助他们准确地表达自己的思想与情绪,提高辅导效能。

四、心理咨询与心理辅导的队伍建设与管理

要做好学校心理咨询与心理辅导工作,既要建立专职教师队伍,也要协调各方面的教育力量。

1. 专职心理咨询与心理辅导教师队伍

根据中小学心理健康教育的实际需要,在美国每1 500名学生中,就配有一

名心理咨询人员或心理学家。在我国,一般完全中学可以配有两名心理咨询和辅导教师,初中可以有一名心理咨询或辅导教师;条件不具备的学校,可以培训学校大队辅导员、校团委书记、政教主任,并由他们兼任心理咨询或心理辅导教师。

2. **兼职心理咨询与心理辅导教师队伍**

(1) 班主任队伍。班主任由于其特殊身份与职责,在学生心中有着特殊地位。他们既受学生爱戴,又能经常而深入了解学生,是学生心理工作的中坚力量。学校应对其进行培训和指导,经常为其提出心理咨询或辅导的要求,使之成为他们经常性的工作。

(2) 专任教师队伍。专任教师与学生接触时间最长,交往次数最多,因而也较系统地了解学生。学校要高度重视他们对学生的心理健康工作,充分发挥其在学生心理健康教育中的作用。当然,必要的专业培训是做好心理咨询与辅导的前提。

(3) 学生组织。学生组织是学校心理健康教育的重要队伍,是学生自我教育、自主处理心理问题的有生力量。学校应加强对他们进行专业指导,提供必要的服务,使其成为学生心理问题与学校沟通的重要渠道。

第四节 学校后勤服务管理

学校后勤服务管理是学校管理工作的重要组成部分之一,是办好学校的必要条件。学校后勤工作管理与学校其他各项工作的管理有着密切联系,办好一所现代化的学校必须重视后勤服务管理,使之更好地为教育教学服务,为师生服务,为育人服务。学校领导者要根据后勤服务工作的特点及规律,科学有效地对其进行管理,为培养下一代"保驾护航"。

一、后勤服务管理的任务和特点

(一) 后勤服务管理的任务

学校后勤服务同学校其他工作一样,承担着全面贯彻党和国家的教育方针、培养社会主义现代化的建设者和接班人的主要任务。它主要通过提供物质服务和使用办学经费,保证学校工作正常运转。可以说,学校后勤工作的根本任务是为学校其他各项工作提供服务。其具体任务有:

(1) 创设优美的校园环境,营造浓厚的育人氛围。

(2) 为教学第一线提供充足的教学用品,努力改善办学条件,达到国家规定的办学标准,解除教学一线的后顾之忧。

(3) 改善师生的生活及学习工作条件,增进师生身心健康,保证广大师生精力充沛地投入教学工作。

(4) 勤俭办学,科学合理地分配和使用办学经费,充分发挥有限经费的办学效益。

(5) 开源创收,扩大办学经费来源,充分利用教育政策法规的有关规定,协助学校领导者多渠道筹措办学经费,增强办学财力。

(6) 建设一支专业化、精明强悍、有强烈服务意识的后勤管理队伍。

(二) 后勤服务管理的特点

依据学校后勤服务工作的任务,学校后勤服务具有以下几个特点:

1. 综合性

就后勤服务本身的任务而言,它涉及学校的人、财、物、时空等要素,它要把办学的各种资源整合起来加以科学利用;就其职责及工作范围来讲,它又要与政府及社会的方方面面打交道,要做好沟通协调工作。因此,其工作千头万绪,具有较强的综合性。这就要求后勤服务人员既要有服务观念,又要善于沟通协调,具有一定的公关素质。

2. 教育性

后勤服务的教育性主要通过为教育教学服务而体现出来的。"服务育人"是后勤工作特有的育人功能。它通过后勤人员的职业形象、职业操守、职业精神,在思想、作风、言行、仪表、文明服务等方面教育人;通过优美、整洁的校园环境和现代化的教学设备设施陶冶学生情操(有人称之为"隐性课程");通过组织勤工俭学、社会实践和公益劳动等,培养学生的劳动态度和劳动习惯,达到育人的目的。

3. 服务性

服务性是后勤工作最重要的特点,也是评价后勤工作质量高低的重要标准。后勤工作的服务功能主要体现在切实保障教育教学及教(科)研的物质需要,以教学为中心,提供优质服务;体现在保障和改善师生的学习生活条件,不断满足其日益提高的物质需求。因此,后勤工作要始终把服务功能贯穿在整个学校工作中。

4. 预见性

由于服务是后勤工作的主要任务,要搞好服务就必须增强后勤服务的预见性。真正做到"兵马未到,粮草先行",按照学校活动的规律,未雨绸缪,为教育教学做好各种准备，提供必要的物质资源。同时，还要预见事物的发展变化，深入学校的各个角落发现问题，掌握情况，尽早做出安排，制定解决措施。

5. 科学性

后勤工作要想做到优质服务，必须建立一整套科学完备的服务系统。既要按照学校工作运行的规律做好服务，又要对所提供的物质资源给予科学保证，如教室的采光、桌椅的高低、设备设施的安全等都要坚持科学态度。同时，对后勤工作及人员的管理也要科学化，建立起一支高素质的后勤服务队伍。

二、后勤服务管理的内容

从学校后勤服务工作的任务看，学校后勤工作管理包括财务管理、校产管理、生活管理、校园环境管理等内容。

（一）财务管理

财务是后勤服务工作的生命线，是学校整体工作的重要组成部分。忽视学校财务管理，学校各项工作将难以正常运转，甚至瘫痪。学校财务管理是指对学校的教育经费进行计划、分配、开发、使用，充分发挥财务管理的杠杆作用，以获取最佳的教育效益和经济效益的活动。

1. 教育事业费的管理

教育事业费主要包括人员经费、公用经费，其来源主要依靠各级人民政府的财政拨款。对此项经费的管理，国家财政部门有明确的具体规定，必须遵照执行，不可擅自变更；学校主要领导者一定要加强财务监控和检查，防止违法违纪现象发生。

2. 专项资金的管理

专项资金属预算外资金，是指上级财政及主管部门或中央有关部门和地方政府下达的(包括集体筹集的)用于某一专门项目的资金。如学校基本建设费、设备费和培训费等。对这部分资金使用原则是专款专用，不得挪作他用，项目实施完毕要做好专项结算。

3. 预算外资金的管理

预算外资金是指学校通过各种渠道，利用法规政策自行筹集、自行安排使用的资金。这部分资金可以作为学校公务费、业务费的补充和修缮校舍、增添设备设施的开支。在使用预算外资金时，既要遵循法规及教育行政部门的有关规定，又要考虑到有利于调动学校各方面的积极性，有利于教育教学，有利于改善办学条件、提高办学效益。

（二）校产管理

校产管理是指对学校财产和物资(土地、校舍、教学设备、设施、图书、备品和

场地等)进行计划、分配、使用、维护和修缮等工作的管理。

校产管理首先要求后勤服务人员提高服务意识,保证教育教学及其他活动的物质供应。其要求是及时、齐备、完善,保质保量保安全,并且尽可能提供先进的设备设施及相关技术。其次,要建立使用维修制度、报废制度和校产开发及有偿服务制度,要建立校产管理责任制,建立学校固定资产帐,帐物相符,防止流失。对特殊校产,如地产、校舍等要认定资格,确定产权,必要时,聘请常年法律顾问,以维护学校合法权益,保证学校教育教学工作正常运转。

(三) 日常生活管理

日常生活管理主要是对师生饮食起居的管理,它直接关系到师生的身心健康和工作学习情绪,关系到师生的积极性,因而也是学校后勤工作管理的重点。由于中小学生的生活自理能力还不太成熟,需要后勤管理部门提供服务和指导。

首先要制定宿舍管理标准,提出文明宿舍的基本要求,如卫生环境、学习环境、备品摆放、文化氛围、清洁制度、作息制度、进出入制度、评比制度等。其次,加强宿舍及周边的环境建设,创造条件,营造鲜花绿地,使其成为学生健康成长、快乐生活的第二个"家"。第三,学校要以后勤管理部门为主,协调各个部门,各负其责,齐抓共管,帮助学生创建健康文明、环境优美的生活环境。

三、后勤服务工作管理的原则

根据后勤服务工作的任务和特点,提高后勤服务工作的效率,应坚持以下几个原则:

(1) 坚持为教学服务的原则。
(2) 坚持廉洁奉公的原则。
(3) 依法办事、民主管理的原则。
(4) 开源节流、提高经济效益的原则。
(5) 有利健康的安全原则。

四、后勤服务人员的队伍建设

(一) 后勤服务人员的素质要求

(1) 具有现代中小学校后勤服务的专业思想和服务意识,甘于奉献、不怕吃苦,具有一定的后勤管理专业才能和社交能力。

(2) 热爱后勤服务工作,业务精练,维护大局,不计个人名利得失。

(3) 廉洁奉公,不谋私利,不徇私情,坚持原则,坚持制度,遵纪守法。

(4) 具有良好的身心素质,身体健康,无传染性疾病,定期体检,任劳任怨,有旺盛的精力和工作精神。

（二）组织建设和思想建设

建设一支精明能干的后勤人员队伍是搞好后勤服务工作管理的根本保证。首先要选好后勤主任。后勤主任是学校后勤工作的领导者、组织者、计划者、协调者，除具有一般领导者所具备的品质外，还要熟悉后勤工作，也要懂得教育教学工作，以便主动配合学校各部门开展工作。后勤其他人员应由后勤主任招聘组成，但在思想上、作风上、业务上都要有明确的要求，同时还要考虑到队伍的优化组合。学校及后勤管理者要加强对后勤工作人员的培养培训，既要有服务意识、服务态度、服务能力的培训，也要有政策法规等方面的培训，开展岗位练兵，树立业务能手。此外，还要建立岗位责任制；考核奖惩制，将其业绩与他们的使用、晋职晋级挂起钩来，努力落实后勤服务人员的待遇，以保证他们爱岗敬业，全心全意为教育教学服务。

思考与练习

1. 体育卫生工作管理的任务有哪些？
2. 简述体育卫生工作管理的基本内容与方法。
3. 中小学能否实行后勤服务社会化？
4. 什么是心理健康？中小学开展心理健康与教育有何意义？

第十三章　现代中小学班级管理概述

内容提要

本章主要阐述了班级与班级管理的产生、内涵、特点；班级管理的功能及意义；探讨了教育改革背景下班级管理的新理念及发展趋势等问题。

学习目标

1. 正确解读班级与班级管理的内涵、特点。
2. 了解班级与班级管理的产生与发展过程。
3. 准确阐述班级管理的功能及意义。
4. 准确阐述班级管理新理念的内涵。
5. 了解班级管理的发展趋势。

班级作为学校的基本单位，通常是由一位或几位学科教师与一群学生共同组成，整个学校教育的诸多功能的发挥主要是在班级活动中实现的。为了提高班级管理的科学性和实效性，促进班级管理者高效地实现班级的教育、教学以及人的发展目标，必须加强对班级管理的研究。在正确认知班级与班级管理的内涵、特点的基础上，掌握班级管理的功能及意义，正确认知并实践班级管理新理念，了解班级管理的发展趋势，为顺利开展班级管理的各项工作奠定坚实的理论和思想基础。

第一节 班级管理的产生、构成及其特点

一、班级概述

(一) 班级的概念

《中华词典》中认为班级是工作、学习的一种组织。其英文是"class or class and grade"本书认为,班级是指在学校中按某种标准划分出来的学生群体。这种划分标准可以是学习能力、学习成绩、年龄、兴趣、性别、宗教信仰和居住区域等,可以是其中一个标准,也可以是几个标准的组合。但是,如果从历史的角度来考察班级这一名词,则不宜如此宽泛地理解班级。因为,班级这一名词是由捷克教育家夸美纽斯(Johann Amos Comenius,1592—1670)在1632年完成的教育学著作《大教学论》中,首次提出并进行理论论述的。夸美纽斯分班的标准有两个:年龄和学习情况。班级演化到今天,划分标准呈多元化趋势。

在当代中国学校教育改革背景下,不同学者对班级的概念有着不同的界定。

教育社会学学者认为,班级是一种社会组织或初级群体。[①]

社会心理学学者认为,班级是按照班级授课制的课程目标、教学结构和管理规范组织起来的、以共同学习活动和直接性人际交往为特征的社会心理共同体。[②]

社会生态学认为,班级是一种由师生关系、同学关系、秩序和纪律、竞争,以及学习负担五个维度构成的社会性生态环境。[③]

文化学则认为,班级是一种具有自己独立个性与精神气质的精神性的"文化存在"。[④]

教育学学者则认为,班级是学生的一种生活时空,是一种整体、动态的生活形态,班级对于学生的成长具有可能的价值,它是为促进学生成长而不断创建着的生活形态。[⑤]

---

① 谢维和. 教育活动的社会学分析[M]. 教育科学出版社,2000年版,第180-183页.
② 唐迅. 班集体教育实验的理论与方法[M]. 广东教育出版社,2000年版,第18页.
③ 江光荣. 班级社会生态环境研究[M]. 华中师范大学出版社,2002年版,第277页.
④ 甘剑梅. 谈班级的"文化自立"[J]. 教学与管理,2001年第1期.
⑤ 李家成. 论教育学立场下的"班级"[J]. 思想理论教育,2003年第10期.

上述这些观点,从不同侧面揭示了班级的内涵,体现了班级内涵的丰富性。

从最初意义上的班级授课制到现在班级功能的延伸,本书认为班级的内涵大致包括以下几个方面:

第一,班级是学校的一个基本单位,学校中大部分活动是以班级为单位开展和进行的,离开班级,学校的各种活动就难以开展和进行。

第二,班级是由班主任和其他教师与学生共同组成的。教师一方,是代表一定社会有目的、有计划、有组织地来教育管理学生;学生一方,是由年龄大致相仿、智力基础大致相同、心理特点大致一样的青少年组成。这使他们能够更好地相互影响和共同学习。

第三,班级学生群体是在相同的社会背景和情景中按照一定要求,为实现目标而学习的。

第四,这个群体是有组织、有凝聚力的,其成员之间接触密切,既有竞争,又有取长补短、相互促进、共同发展的氛围。

（二）班级的产生

班级这种学习组织与班级授课制这种教学组织形式是共生共灭的、不可分割的关系。在教育发展史上,并非有了学校教育就有了班级教学制度,班级组织和班级授课制是历史发展到一定历史阶段的产物。

教育产生于原始社会,但原始社会没有班级组织,人们不是在班级组织中受教育,而是在生产生活中受教育。其原因是生产力水平极低,无剩余产品,无阶级,无文字。古代社会中有了学校,这种专门的教育机构产生于奴隶社会,但不论是在奴隶社会,还是在封建社会的学校中都没有班级组织,当时学校实行的是个别教学。其特点是:教师面对的是几个学生,他们的年龄和学业程度有较大差别,教师对不同的学生施以不同内容、不同程度、不同要求的教育,是典型的"因材施教"。其原因有:一是生产力水平较低,是手工劳动,生产和社会生活中科学的成分很少,因此,劳动者不受一定的科学教育,也能胜任社会生产和参与社会生活。这样,当时学校中受教育人数较少。二是由于阶级统治,使普通老百姓子女无权受学校教育,这也导致学校中学生不多。个别教学是一种效率很低的教学组织形式,因为它一次只能使一个或几个学生受教育。

到了 16 世纪末,在欧洲,资本主义工商业有了较大的发展,科学技术也有了长足的进步,社会生产的各行各业的专业化程度有了空前的提高,即一个人必须受到一定程度的教育,特别是科学技术的教育,才能胜任社会劳动。社会的发展状况客观上要求几乎所有的人都受到一定程度的学校教育,这样,学校中学生数量空前增长。面对如此众多的受教育者,原来的个别教学显然难以应付,因此,一种新的教育组织形式——班级教学制或班级授课制就在教育实践中应运而生了。其基本特点是把年龄和学习程度相同或相近的学生编成一个有几十人甚至上百人的班级,由一个教师对所有学生施加一种高度统一的教育。其最明显的优点就是能提高教育效率,在一定时间内培养出更多的人才,满足了当时社会各行各业对专业人才的需求。正因为如此,它在欧洲得到迅速发展。但一直无人对这种全新的教学组织形式进行理论上的研究和论证,直到 17 世纪,捷克教育家夸美纽斯在 1632 年完成了他的教育学著作《大教学论》,在这部书中,第一次对班级教学进行了理论上的探讨。他用太阳以它的光和热普照世界万物而"不专门去对付任何单个事物、动物或树木"作类比,论证班级教学是必要的和可行的。他要求为每班学生安排一个教室和一位教师。教师必须面对全班,进行集体教学而不做个别指导。他认为,一位教师可以同时教几百个学生。他建议每班学生分成许多小组,每组十人,选出一名学习优秀的学生为十人长,协助教师管理其他学生。

18 世纪以后,以德国赫尔巴特为代表的教育学派提出教学过程的形式阶段论,进一步设计与安排了班级教学。再后来,以苏联教学论为代表的学派提出了课的类型和结构的理论,使之在体系上进一步完善。目前,世界上大多数国家都以班级教学为教学的基本组织形式。

1862 年班级或班级教学制度传入我国,在清末洋务派办的中国第一所洋学堂——京师同文馆中首次采用班级授课制。但由于洋务教育受到了顽固派的反对,洋学堂在中国没有广泛兴办,班级授课制在中国也就没有得到推广。直到 1901 年清政府颁布"废科举,兴学堂"的法令以后,班级教学这种教学形式随着洋学堂的广泛兴办而得到普遍采用。1903 年的癸卯学制以法令的形式将班级授课制确定下来,并一直延续至今。

(三)班级的特点与功能

1. 班级特点

不管以什么标准划分的班级,都具有如下几个特点:

(1)班级中学生人数通常是几十个。夸美纽斯时代的班级人数可达上百人。当前,英国中学班级的平均人数为 20.7 人,美国为 30~35 人,法国为 26.4 人,德国为 25.1 人,俄罗斯是 35~40 人,日本为 26~42 人,意大利为 25~30 人,丹麦为小于 28 人,奥地利为 36 人。在我国中小学班级的学生人数在 50 人左右,而随着城镇化的快速推进以及义务教育均衡发展的实践,中小学班级学生人数有缩减的趋势。

(2)班级编制都有一定原则。据日本文部省的研究,目前,世界各国采取的编班原则主要有:按学习能力编班,按学科能力编班,按年龄编班,按宗教信仰编班,按学生性别编班,等等。这样,使班级中的学生有某些共性,便于教师针对这

种共性施加集体教育。

（3）班级人数、人员一经确定，就有相对稳定性。班级内不能随意添加或削减学生，教师和学生也不能随意更换。

（4）对班级成员有着有形或无形的约束，规范其行为。有形的约束包括班规、班约对师生的约束；无形的约束指班级集体舆论、班风等对师生的陶冶。

（5）班主任是班级的主要领导者。班主任是受学校委托全面负责教育和管理一个班集体的教师，是学校对学生进行教育工作的基层骨干。虽然班主任的设置是19世纪苏联的事情，但早在班级产生的16世纪的欧洲便有教师担负着与班主任相似的职责并发挥相应的功能。当前，只有中国、日本、俄罗斯等少数国家在班级中明确设置班主任，但是其他国家的中小学也有类似班主任的人员在工作着，只不过不叫"班主任"这个名称罢了，如法国班级中这类人员叫"班级教师"。总之，世界各国都非常重视班级教育中班主任的工作，如在俄罗斯，班主任教师是全班教育工作的组织者，他们承担着班级的领导工作。法国教育家认为，班级教师是班级学生集体的"领导者"，美国一些教育家也称班级教师是"班级的正式的领导者"。

（6）班级是以培养人为主要目标的组织。成立班级就是为了教师更好地教，学生更好地学，教师在一定时间内使更多的人受到良好的教育，培养出更多更好的人才。

（7）在班级中，教师对所有学生施加统一的教育影响。教育影响的统一性，使班级教育可按统一标准培养人，同时，也使这种教育组织形式具有不能充分照顾到学生个别差异的缺点。

2. 班级功能

与个别教学相比，班级有以下功能：

（1）班级能提高教学效率和质量。班级中人数众多，教师在同一时间内可以使他们都受到教育，与个别教学相比，相同的投入，却有了更多的"产出"，提高了教学效率。再者，班级有严明的纪律，约束师生的活动，与个别教学的松散性相比，更有利于教学质量和效率的提高。还有，班级中许多人在一起学习，相互间有一定的合作和竞争，同样促进了教学质量和效率的提高。

（2）班级能促进人的社会化。班级是个小社会，每个学生在与众多他人交往中，学会了为人处世，增长了社会生活经验，促进了社会化，为将来在大社会中生存和发展奠定了基础。

（3）班级能推动教育民主化进程。教育机会均等是教育民主化的重要内容之一，班级使更多年龄相近的人在一起接受相同的教育，在一定程度上消除了教育中的歧视或不平等，无疑促进了教育的民主化。

二、班级管理概述

（一）班级管理的概念

班级管理是管理的特殊形式。从管理的基本特征出发，本书认为班级管理是指为高效优质地达成班级教育的目标，而对班级教育教学活动所进行的计划、组织、决策、协调和控制等一系列活动的总和。高效是指用最低的教育成本达成目标；优质是指圆满、充分地达成目标；计划是指导班级工作的基本文件，它是在一定的理念和政策的指导下，为实现班级任务和目标而对班级工作的内容、规则、步骤、资源分配以及方式、方法的通盘考虑；组织，在这里是一个动态概念，指对管理中各要素做出合理安排；决策是管理者在一定的条件下，运用科学的方法对解决问题的方案进行研究和选择的全过程；协调是为了完成计划和实现目标，对各项工作及各位人员的活动进行调节，使之同步，互为依托；控制是为了保证实际工作与班级目标和计划相一致，而采取的监督和矫正等活动，目的是指出偏离目标的行为，及时纠正。

对于班级管理，不同学者也有不同的界定：

有人认为，班级管理系指教师管理教学情景，掌握并指导学生学习行为，控制教学过程，以达成教学目标的技术和艺术。[①]

有人认为，班级经营乃是教师或师生遵循一定的准则，适当而有效地处理班级中的人、事、物等各项业务，以发挥教学效果，达成教育目标的历程。[②]

也有人则主张，班级管理就是班集体中学生与学生之间的相互管理。其目的在于通过学生各个方面与各种形式的学习、生活，促使其德智体美劳诸方面和谐发展，整个班级学生不断提高。[③]

从上述班级管理的不同定义和任务中，可以看出班级管理由以下几个基本要素组成：

（1）有正式的组织和一定的物质场所。班级与其他社会组织一样，有其特定的成员、特定的目标、文化、特定的人际交往及功能。从功能的观点来看，班级可以被看作一个社会化的机构，也包含着个性化的功能。为了实现这种功能，班级中存在着多种目标，班级是实现这种目标的机构和主要场所。

（2）有管理成员。班级管理的成员由班主任、任课教师与几十名学生组成。教师以成员身份参与班级事务，教师尤其是班主任，在班级管理中具有组织、教

[①] 朱文雄.班级经营[M].高雄复文图书出版社,1989年版,第55页.
[②] 吴清三,等.班级经营[M].台北心理出版社1990版,第63页.
[③] 黄兆龙.现代学校管理学新论[M].中国经济出版社,1994年版,第478页.

育、管理班级的权力。学生是班级中主要成员,在班级管理中的具有双重角色:一方面,既是班级管理的客体,要履行作为学生的权利与义务,要遵守班级约定俗成的行为规范;另一方面,他们同时又是班级管理的主体,要发挥作为管理者的主观能动性,为实现班级管理的目标而献计献策。

(3) 有班级组织机构。它包括班委会、团支部或少先队中队委以及学习小组等。

(4) 有班级组织制度。班级组织制度是班级成文的行为准则,它是保证班级目标的实施与活动开展的保障。

(5) 有班级管理目标。为了把学生培养成全面发展的人,师生之间需要共同确定并为之奋斗的一种信念和行为准则,这就是班级管理目标,它对班级管理起着导向作用。

(6) 有班级管理资源。班级管理资源包括人、财、物、时间、空间和信息等。

其中,班级是管理活动的场所,目标是班级管理的方向,对其他资源的管理是为了更好更快地实现培养人的目标。这几个要素缺一不可,相互渗透、相互制约,将它们有机地结合就构成了班级管理活动的全部内涵。

班级管理的目的是合理而有效地组织班级的教育教学活动,提高教育教学的质量,提高人才培养质量。

班级管理的形式可分为班主任的直接管理和学生的自我管理。在班级管理的实践中应两者结合:在小学和中学的低年级应以班主任的直接管理为主,辅之以学生的自我管理;到了中学高年级则以学生自我管理为主,班主任管理的主要任务是调动学生自我管理的积极性。不论是班主任的直接管理,还是学生的自我管理,班主任教师都应发挥主导作用,只不过这种主导作用发挥的方式和内容有所不同而已:在班主任的直接管理中,班主任在"前台"直接指挥班级集体,管理的内容较多,要求较细;而在学生的自我管理中,班主任则往往在"幕后",是顾问,是参谋,对学生的管理是"粗线条"的,有较强的弹性。

(二) 班级管理的特点

班级管理,与其他管理活动相比,有着鲜明的特点:

1. 班级管理对象的不成熟性与学习性

班级里的学生一般都是未成年的,这是班级管理与其他社会组织管理相区别的一个重要特征——不成熟性与学习性。班级管理并非完全靠自身的力量进行,而总是在一定程度上取决于从学生的自主意识水平、组织调控技能及其相对社会地位,同时也借助于外部的力量。班级管理对象的不成熟性,决定了在班级管理工作中,班主任既不能包办代替,又不能完全放手。包办代替不利于学生成长,会压抑和遏制他们的生机和活力;完全放手又会使他们失控。如班主任过于看重学生的不成熟，会在呵护和不放心的状态中实施班级管理，就会使班级管理的教育性降低；如班主任不大注意管理对象的不成熟，又容易造成班级管理的成人化。

对于班级中的学生而言，首要的属性是"学习者"，其基本任务是学习。学生学习是为将来进入社会生活做准备的"奠基性学习"。在现代社会中，中小学生的奠基性学习，尤其是社会文化的奠基性学习不可能在个体独处的空间里完成，必须在群体生活环境中进行。虽然现在还存在着个别教学，但与班级教学相比有很多的缺陷。班级组织正是为中小学生提供了一种在校期间群体生活的基本环境。班级中，学生学习的内容既有社会为其安排好的如教学科目的显性课程，也有如班级组织中的各种规范、角色、人际关系等的隐性课程。这里所讲的构成班级要素的课程主要是指显性课程。

2. 班级管理对象的依赖性

班级区别于其他社会组织的一个重要之处在于：它是非成人组织。作为班级组织主体的学生正处于身心发展的过程之中，尽管这一发展的水平因学生的年龄而异，但就其整体相对于成人来说，学生是社会成员中的未成熟者。因此，班级不可能进行完全的自我管理，必须在一定程度上依靠成人的力量。

学生的自主意识是班级实行自我管理的基础。从学生的自主意识水平来看，一般随着年龄的增长而逐步增强。尽管学生并非成人，但自主意识可以说是学生的一种近乎天性的社会性要求。不少研究表明，即使是小学一年级学生，自其入学那天起，就已开始谋求学校生活中的独立自主。从这个意义上可以说，学生对班级组织的运行有一种近似天性的自治倾向。

由于学生并非成人，因而在学校中对于教师难免会存在着一定程度的依赖意识，尤其在学生凭借自己的力量解决问题受挫时表现最明显。经验表明，在中小学教育的整个过程中，学生的这种依赖意识是不会完全消失的，只不过依赖的程度随年龄的不同而不同。

3. 班级管理的教育性

班级的教育性是在任何发展阶段都具有的特点。如果说夸美纽斯在17世纪首创班级授课制时更多地强调班级只是作为一种"大生产"的组织在提高教学效率方面的价值的话，那么在现代学校教育中，人们更多关注的则是班级作为学校教育的单位对学生社会性发展的影响，这也充分说明教育性是班级的主要特点。班级的教育性特点不仅仅表现在对学生社会化方面，而且也表现在促进学生个性化方面。在社会化的过程中，个性化与社会化是相容的。社会化不是以牺牲自我发展、自我表现为代价的。学习社会的文化，掌握社会的价值观念和道德规范同个人的学习兴趣、需要从来不是完全对立的。强调班级能够促进学习

的个性化,就是要使人们充分认识到学校培养的不是社会机器,而应是全面发展的具有个性的"充分、自由、和谐发展"的人,这是教育的根本目标。

教育性贯穿于班级发展的各个阶段。整个班级活动都贯穿着教育的意义和要求,以教育为基点,体现教育目的的要求。因此,班级活动过程也是对学生进行教育活动的全过程。

4. 班级管理的社会性

人的活动的首要特征是社会性。无论活动指向客观对象(如使用劳动工具)还是指向个人或集体(如人际交往),都不能脱离人的社会生活和社会关系。个人的活动是包括在整个社会关系系统中的,离开了社会关系,人们的活动就不复存在。活动也不是抽象的、孤立的个人生物性本能活动或适应行为,而是受一定社会历史条件制约的、体现着一定社会关系的现实人的活动。班级中的活动既反映着社会对受教育者的培养要求,又反映着社会环境的渗透和影响,只不过前者带有更多的自觉性,后者带有更多的自发性而已。在班级的活动中,学生要和教师、同学这些群体中的成员打交道,这都构成了学生们的社会关系。可见,社会性是班级的一个重要特点。

5. 班级管理目标的特殊性

班级管理与其他组织一样有着明确的目标,但不同的是班级是以学习为目的、促进学生成长的组织或体系,它以促进学生的学习与成长为目标。这就使得班级管理与其他管理的又一不同之处——促进人的学习与成长。

尽管其他组织中也存在学习的作用,管理中也都很关注、尊重管理对象的需要,但这种作用和管理只不过是从属性的目的和功能而已,效率始终是一般管理活动所要追求的结果,它是指向组织之外的。班级管理的目的不仅仅是为了实现某些外部目标,如提高教学质量等,它最纯粹的目的是培养管理对象本身,那就是把学生培养成全面发展的人,这是班级管理所要追求的结果。

6. 班级管理活动的丰富性与不确定性

班级管理活动的广泛性与丰富性,是指班级管理涉及面广。从教育内容上看,德、智、体、美、劳都要涉及,而且不能缺少或忽视任何一方。从工作内容看,涉及学校工作的各个方面。小到卫生后勤、学生之间的矛盾纠纷,大到对学生培养计划的设计、班级计划的落实等。从班级管理活动内容看,班级管理又涉及课内课外、校内校外等各种活动的组织和实施。

班级管理活动内容的广泛性还体现在班主任对学生的要求上,班主任对学生要求越高,对学生要求越全面,班级管理的内容也会随之增多和拓宽。

班级管理工作繁杂琐细,存在诸多的不确定因素,特别是管理对象是活活生生的学生,在其发展过程中受多种因素的制约,因此,管理过程中的不确定性是客观存在的。

7. 班级管理方法的多样性与灵活性

如前所述,由于班级管理对象是未成年的学生,所以要特别注意方法问题。在班级管理中,方法的单一、简单化、模式化,会使管理工作难以取得效果,甚至失败。即使有好的计划、好的内容,但可能因为方法不当而造成工作的低效。

班级管理方法的选择首先要适合青少年学生的特点,灵活运用,使他们能够接受并愿意接受。其次,管理方法要不断创新和变化,适应时代的需要,这是班级管理的生命力所在。再次,班级管理是通过多渠道进行的,是对多种内容的管理,这也对方法的多样性和灵活性提出了要求。

8. 班级管理者——班主任角色的多重性

班主任是班级的管理者,在班级管理过程中承担着多重角色:

(1)教育者的角色。班主任在班级管理中,始终不能偏离教育者的职能与意识,要力求每一项活动都能体现教育的意义。班主任的这种角色地位不仅表现在教育的活动上,更要体现在言行举止的影响作用上。

(2)社会工作者的角色。班级管理面对的是在社会中生活的学生,班级活动需要依托于复杂的社会。这就要求班主任不仅要能够与社会多种部门打交道,更要具有认识社会、把握社会动向的能力,透析社会问题,帮助学生正确地认识社会,引导学生积极地参加社会活动。

(3)班级管理的设计者。班主任在班级管理中,要充分调动学生的积极性,要精心设计各种管理活动、指导学生去完成某项任务。对班级来说,班主任可以说是班级的总设计师。

(4)班级管理中的演员。班主任在班级管理活动中要注重研究和设计自身的教育行为并考虑教育行为的影响力度,这又要求班主任充当演员的角色。在班级管理中,班主任要通过表情、声调、动作、姿态等对学生进行心理感染和暗示来支配教育活动,以达到管理教育的目的。

(5)知识渊博的学者。现在的学生信息来源广泛,深受社会各种信息的影响,这就要求班主任要有较多的知识储备,除了具有专业知识外,还要有广博的知识。要有较深的文化修养,要成为一名渊博的学者。

(6)心理辅导员。当代学生中表现出来的心理问题,逐步引起整个社会的关注,对学生开展心理健康教育也很快被纳入班级管理之中。在班级管理中,班主任要充当心理健康辅导员的角色,在给学生适当减压的同时,更重要的是要引导学生面对现实,直面人生,用正确的人生观来看待人类社会发展进程中所遇到的种种问题,调整好自己的心态,用宁静平和的态度做好自己应该做或可能做的事情。

当然,现代班级管理还体现出鲜明的现代特性,如民主性、开放性、科学性、法制化等。这些特征的出现,是社会发展、时代变化在班级管理中的反映。

第二节 班级管理的功能及意义

一、班级管理的功能

为了更好地实现班级的教育、教学以及人的发展目标,就需要对班级这个组织进行有效而又科学的管理。班级管理的目的在于最大限度地发挥班级育人的正面功能,限制以至消除其负面功能。从实际出发,班级管理的功能主要体现在以下几个方面:

(一)社会化功能

社会化就是个人接受其所属社会的文化和规范,变成该社会有效成员并形成独特自我的过程。班级管理的社会化功能是指将一个个"自然人"教化成为一个个"社会人",使其取得社会成员资格的过程。陶行知先生曾深入浅出地阐明了教育的本质与人的社会化的要义,即"教人学做事和学做人"。当代班级管理的社会化功能主要表现有提高学生的做事能力、学习做人之道、为培养社会角色即做一个合格公民奠定基础这三个方面。

(二)选择功能

关于班级的选择功能存在不同的界说。实际上,青少年学生在进入社会之前,在班级管理过程中,教师担负着指导学生的学习、生活的任务,要帮助学生选择合适的学习方法,形成正确的生活价值观。随着改革开放的深入,经济迅速发展,中小学学生的知识面日益增宽,对学习、生活的选择越来越多样化。为了适应这种变化,有些学校在课程设置中增加了一定比例的选修课程,有组织地开展实践活动,发挥各个学生的特长与才能,为学生的学习、生活提供多样选择。简言之,在当前多元价值的条件下,班级应从学生的多重社会角色和不同的文化背景出发,发挥班级管理的选择功能,为学生提供多样而合理的选择。

(三)个性化功能

个性化是把自己本身的存在看成个人的,并进而追求与人不同的独自方式去行动的方向。班级管理的社会化功能是按照社会要求的统一性,对个性进行教化、定向与控制;而个性化则是按照学生身心发展特点、水平及其差异性去形成学生的个性。因此,在班级管理中,必须努力发现每个学生个性的潜在差异及形成这种差异的条件,进而根据潜在的差异确定可能的塑造方向。具体的途径有:

(1)通过丰富多彩的集体生活和活动,培养学生不同的兴趣、爱好、特长,形成和发展学生各具特色的能力。一方面,在班级中,各种内容和形式的活动,给性格各异的学生提供了较多的选择机会,从而强化了学生的个性差异。另一方面,个人在施展才能、实现自我的过程中需要他人合作和精神上的支持、鼓励,这些都在班级群体中得以实现。

(2)通过性质和内容各异的集体活动和人际交往,塑造学生的性格,形成各具特点的个性品质。在班级中,由于学生所处的角色地位、活动内容,以及交往的对象及范围的不同,形成他们各自特有的需要动机、价值观和伦理观,从而影响着他们对现实的态度和行为方式,形成个人间的性格差异。良好的班级群体能通过有意义的集体活动与积极的人际交往,促使学生形成健康的个性品质。

(3)通过同班学生间的相互比较和评价,促使学生自我意识的发展,形成学生独特的个性。形成独特的个性,必须有一定发展水平的自我意识作基础,也就是说,他要意识到"我"和别人的不一样,明确在不同的社会情景中"我该怎么办"。在班级中,学生通过与伙伴的相对比较,得到自我与他人的评价,通过了解别人的态度和意见,来加深或纠正自己的认识,逐渐从"群体"中分出"自己",发展自我概念,形成独特的个性。实践证明,健康的集体舆论与班风良好的班级,有利于形成学生健全的自我概念和积极的个性品质,而班风不正、集体舆论恶化的班级,则会降低"自我"发展水平,养成消极的个性品质。

(4)扩大自治能力,发展学生独特的个性。在班级管理中,可以通过推荐、自荐、竞选等组成民主管理的班级机构,班干部可以每学期轮换,力求让尽量多的学生有机会担负班干部角色,充分发挥学生的自主管理作用,不断扩大班级的自治职能,促进学生形成符合社会目的的个性。

(四)保护功能

社会生活环境和儿童的学习生活环境,直接或间接地影响着青少年学生的身心健康。照管儿童是学校所提供的最有形的服务。目前,我国有些学校在片面追求升学率的重压下,忽视班级保护功能的发挥,致使学生体质下降、心理不健康的现象有增无减。在班级教育、管理过程中,应当注意加强营养保健,增加户外活动,创设学习、文体休息等方面合理调度配置的环境,指导学生心理自我保健,提倡讲究个人卫生和仪表,从而保护青少年学生身心健康地发展。

(五)调整功能

以往人们在探讨班级的时候,往往只限于班级对学生的作用,而忽略了班级对教师的作用。实际上,班级生活的构建是师生之间、学生之间共同作用的结果。其中,师生之间的相互作用占据着重要的地位,可以说是班级生活的主要部分。班级中缺少了教师,也就不能称其为完整的班级。

对于教师来说,他们既是班级中的管理者,同时也是班级的成员。教师在班级中的管理方式或教学行为,对教师来说是一种实践活动,实践的结果——班级群体的状态对教师具有反馈的作用,教师据此修正调整自己的行为。另外,教师实践的对象——学生是具有主动性、独立性的人,学生也在行为上、思想上作用于教师,使教师的行为或认识尽可能满足自己的需要,这也对教师的行为具有调整的作用。师生双方在行为、认识以及需要方面一致性的达成,有利于班级整体功能的发挥,也有利于教师角色的社会化。

(六)整合功能

班级的整合功能是指班级这个独特的教育实体对班级目标、班级组织、班级活动及班级的教育影响力具有整体优化组合。综合发挥效力的作用。具体来说就是,班级对来自社会、家庭、学校等各方面的要求进行整合,调动一切积极力量,将其整合成一个合力网络,形成一种综合的教育力量作用于学生,从而发挥班级最大的育人功能。

二、班级管理的意义

班级是学校教育与管理工作的基层单位,是现代学校教育系统中的一个最具活力的"细胞"。它既是教育培养人的"前沿阵地",也是学生接受教育影响、实现个体社会化的重要环境;它既是社会组织的一种形式,也是教育实体和社会实体的整合。加强班级教育与管理对于学校教育目标的实现和学生身心素质的全面发展具有重要意义。

(一)有助于学校教育管理目标的实现

班级是学校教育与管理工作的基层单位。学校教育管理目标,通过层层分解展开后,最终落实到各个班级;学校教育效益、教学质量和管理绩效的提高,是以各个班级完成学校赋予的任务,实现学校分解的目标开始的。各个学校通过班级,贯彻自己的教育意图,实施各种教育培养与塑造活动,以实现学校的培养目标,造就大批德智体多方面发展的不同类型、不同规格、不同层次的人才。如果每个班级的教育与管理工作搞好了,也就有了办好一所学校的坚实基础。也就是说,学校教育管理的起点和终点都是班级教育管理。只有班级教育管理目标的实现,才能确保学校教育管理目标的实现。只有搞好班级教育与管理,才能为学校全面实现教育管理目标提供可靠的保证。因此,加强对班级的教育和科学管理,对实现整个学校教育管理目标有着十分重要的意义。

（二）有助于促进学生身心的全面发展

学生身心的全面发展是指学生德智体美劳的全面和谐发展。班级是学校开展教学和其他教育活动的基层组织。班级教育与管理是保证班级这一教育实体发挥其育人功能的关键因素，直接关系到育人工作的成败。在班级教育管理实践活动中，教育主体依据学生身心素质变化发展的规律以及社会发展对人才素质的期望要求，开展多种多样的班级活动和班级文化建设；不断改进教育教学方法；提高教育教学的质量和效率；用不同形式塑造着学生的心灵与个性，丰富学生的精神世界；培养学生的自我教育和自我管理能力；形成学生正确的信念、价值取向、态度和优良的思维方式及行为方式，从而促进学生身心全面和谐的发展。这既是班级管理的追求目标，也是班级管理的价值所在。

（三）有助于教学效率和质量的提高

学校教育实际上是由教学活动和其他教学以外的教育活动构成的。教学活动是学校的中心工作，而教学活动的实施主要是以班级为单位来进行的。实践表明，一个班级学生的学业成绩的好坏，不仅取决于教师的教学水平，也取决于学生的学习积极性。通过严格的班级教育和管理，养成学生良好的学风和课堂纪律，优化学习环境，对提高教学效率和质量具有显著的成效。因此，加强班级教育与管理对提高学生的学业成绩具有重要意义。

（四）有助于各种教育力量的整合和协调

班级是学校的一个基本单位。它和学校的任课教师、学校各部门、家庭乃至整个社会都发生着密切的联系。校内外的各种因素通过班级对学生发生着整合的影响。因此，要实现学校的育人目标，必须整合学校、家庭、社会的各种教育力量和影响。要做到这一点，必须加强班级教育与管理。通过班主任的日常工作，协调各种教育影响，整合各种教育力量，使各种教育影响和力量朝着有利于学生发展和教育目标实现的方向发展。

第三节 班级管理新理念及发展趋势

一、班级管理新理念

国家改革开发的日益深化、社会的民主化程度的不断提高和科学技术的迅速发展，深刻地改变着人们的生存方式与生活、工作理念。学校作为社会的一个

子系统，必须顺应社会环境的变化，同样，班级管理也要根据社会的变化，改变管理理念、管理内容和管理方式等。其中，管理理念的更新是根本。

（一）开放的班级观

所谓开放的班级观是相对于传统的班级管理观而言的。开放的班级观是指班级管理要在管理主体、管理内容、活动管理模式与管理方法上进行全方位开放。在班级管理主体上，要向学生开放，把学生作为班级管理的主体，班主任在传统班级管理中的主体地位要转变为主导地位，转向帮助学生学会自主管理；在班级管理内容上，改变传统班级管理以学习为主的管理内容，建构以学生的全面发展需要为班级管理的主要内容，为学生的个性发展创造更多的机会和空间；在班级活动管理模式上，打破以班级为单位的活动模式，走向班际组合、班内自由组合等多种活动模式；在班级管理方法上，打破以制度约束和思想教育为主的传统教育方法，倡导制度约束与自我约束相结合、思想教育与体验教育相接的多种管理方法。

树立和践行开放的班级管理观，需要师生共同努力做好以下方面：

（1）班主任要相信学生，给他们以自主发展的空间和权利；要尊重学生的个性及差异；尊重学生对班级活动内容、制度建设和管理模式与方法的选择；班主任要敞开心扉，与学生以诚相待；要做好主导者，以平等的态度与学生交流、合作，实现智慧碰撞、经验共享，并给学生提供及时的支持和援助。

（2）学生要全员参与班级管理，相信自己的自我管理能力，主动思考班级建设思路、主动谋划班级活动内容、主动寻求教师的帮助与指导；培养在制度环境下的自我约束、自我管理的能力；要学会合作与共享，既要加强班内同学间的合作，更要注意班际同学间的合作，为班级发展创造更多的机会，共享更多的经验、信息等资源；要正确地对待自身的不足与失败，相信经历痛苦才能成长，失败是成功之母，不能因噎废食。

（二）自主的管理观

班级管理可分为班主任的直接管理和学生的自我管理两种形式，这两种管理在班级管理中各有其独特的地位和作用，因此，两者不能偏废，应当有机结合。以前，班级管理特别是中小学的班级管理非常强调班主任的直接管理，严重忽视了学生的自我管理。究其原因，根本在于教育理念过于陈旧。首先，一直认为不出任何问题的班级才是好的班级，班主任才是合格的甚至出色的班主任，在这种观念的指导下，班主任对班级学生实施了"周全细致"的管理，方方面面都直接干预，惟恐哪个方面没有抓紧而出问题，不给学生丝毫的自我判断、自我决策、自我控制的机会。其次，对中小学自我决策的能力估计过低，总是认为，中小学生都是未成年的孩子，没有成年人的直接指挥，他们自己什么都做不好。因此，班主任就把他们"全封闭地包"了起来,对班级的事情班主任都事必躬亲。班级管理中过分强调班主任直接管理的危害:学生的主体性得不到弘扬,学生的独立意识和独立自主的能力得不到培养,而这些素质恰恰是当今社会迫切需要的极其可贵的素质之一。因此,目前我国学校班级管理改革的趋势之一就是"放权",充分发挥学生自我管理的作用。正如我国《中学德育大纲》中所描述的那样"要注意发挥学生的主动性,培养他们自我教育和自我管理的能力"。

在班级管理中,要充分发挥学生自我管理的作用,应注意以下几点:

(1) 学校领导、班主任必须加强学习,更新观念,从理性上认识到学生自我管理的重要性和可行性。

(2) 学生自我管理的范围和程度应随班级的提升而逐步扩大和增强。

(3) 学生的自我管理必须在班主任教师的指导和监督下进行,而不能放任不管。

实行"班干部轮换制度"是实施班级学生自我管理的一个成功的措施。具体做法是,每学期初,选一批品学兼优、在学生中威信较高的学生干部,建立一套以他们为中心的班干部管理制度。然后,以他们为骨干具体组织班级的各项达标和管理活动,班主任监督、协调和帮助他们完成各项任务。待班级稳定和干部成熟后,就放手进行干部轮换,这样就使更多的学生在班干部这个岗位上得到自我管理的锻炼。还有一个与此类似的做法是,让班里每个学生都有"职务",都不是"普通群众"。既然在班上是有"职务"的人,那么就有一种无形的自我约束力在起作用,从而培养了他们自我管理的意识和能力。当学生的自我管理意识和能力达到相当水平时,班级管理就更加接近管理的最高境界——"不管"了。

【阅读资料13-1】[①]

班主任要学会"放手"

中学是自觉性和独立性形成的重要时期。他们喜欢服务,愿意独立工作,但不知怎样工作。高一(2)班班主任注意培养班干部的独立工作能力。每周让干部同学根据学校双周计划和班级情况做好班的工作计划,并在同学面前小结一次工作,给他们创造讲话的机会,使他们大胆工作,不断提高能力。由于班干部的工作,这个班堂堂课前有歌声,在校运动会上,被评为"集体荣誉班",期末又获得"卫生纪律流动红旗",于是,班集体便迅速形成和巩固。这一做法,使许多班主任受到了启发,开始重视班干部的培养。

---

① 戴月等.有的放矢进行思想教育[J].师范学刊,1982年第1期.

(三) 班级文化观

文化是歧义最多的概念之一，内涵不确定，外延模糊，弹性极大。一般认为，文化包括物质文化、制度文化和精神文化三个方面。物质文化主要指表现在工具、建筑、服装、饮食等物质实体上的人的思想特征。班级物质文化主要指渗透在教室设施、环境卫生、墙壁装饰、师生服装、学生饮食等里面的价值观念；制度文化是指规章制度本身以及背后的思想观念和价值取向。班级制度文化是指班规及制定班规的理念；精神文化主要包括价值观念、思维方式、行为准则、伦理道德、宗教信仰、文学艺术、审美情趣、民俗风范等，其中价值观念是核心。班级精神文化主要指集体舆论和班风，尤其是班风。精神文化是整个文化的核心，因此，集体舆论和班风是班级文化的核心。

传统的班级管理注重班主任教师的说教、强迫命令以及督促检查，学生总是处于被动挨管的位置，体验一种不情愿的强迫感，造成师生情绪对立，管理效果不好。现代教育强调学生的主动性和对学生人格的尊重，适应这种人文化理念的陶冶教育倍受教育者青睐。建立并利用良好的班级文化来实现对班级的管理，就是一种为班主任所倡导的陶冶教育，它既体现了人文关怀，又取得了良好的管理效果。

二、班级管理的发展趋势

随着我国社会的不断发展、各种现代思潮的不断冲击。各种文化间交流的不断增加，使得学生的思想复杂化，同时民主平等意识不断增强，学生发展的价值追求日趋多元。社会的发展、学生的变化，必然促使当代的班级管理发生了一些新的变化。

(一) 班级管理理念由"以事为中心"到"以人为本"的转变

随着新课程改革的逐步深入，"以学生为中心"的教育理念逐步确立，以人为本的管理理念不断渗透。顺应时代的潮流，班级管理开始实现由当初的重实务管理转变为重视人的培养和提升。管理的中心放在对教育主体的关注上，实现由重"事"到重"人"的转变，实现由对管理内容的关注到对管理对象的关注的转变。

从孔子时代的"有教无类"，到当代的民主教育，都强调对个体的关注。当代的班级管理者应具有"一切为了学生，为了一切学生"的教育观，关注每一个学生，为每一个学生的发展负责。

(二) 教师影响力由传统的权力性影响向非权力性影响过渡

一般来说，教师对学生的影响可分为权力性影响和非权力性影响。权力性影响是指由于社会赋予教师的权威观念和教师的资历而对学生产生的强制性影响；而非权力性影响则指由于教师的知识、能力及个人品格、情感对学生产生的自然性影响。

随着以"教师为中心"向"以学生为中心"教育理念的转变，在班级管理中，学生对教师的权威与资历的迷信已发生了明显的变化，而越来越喜欢具有高尚的人品、学识和能力的教师。心理学研究表明：如果教师具有渊博的知识、较强的能力、高尚的品格、丰富的情感，那么，在班级中就极易形成民主、平等的人际关系，班级气氛良好，学生学习质量高，道德观念也会有很好的发展。因此，教师对班级的管理，非权力性影响将越来越占有重要的地位。

（三）教师的管理方式由过去的"专制式"、"放任式"向"民主式"管理过渡

从管理方式上看，存在专制式管理和放任式管理两个极端，但是，完全的专制式管理和完全放任式管理是很少见的。从历史上看，传统的班级管理多倾向于专制式的管理，这种专制式管理方式不仅影响了师生之间的正常关系，也使学生的身心发展受到阻碍。而对民主化管理方式的追求，不仅需要教师转变自己的管理观念，还要相应地提高自己的管理能力和水平以适应这种管理的方式。教师的管理方式的转变具体表现为从"家长式"的发号施令到平等对话的转变、从"严看死守"到"民主开放"的转变、从"间谍式"的监视到"公开坦诚"的转变等方面的内容。

（四）从单独管理方式走向合作管理

联合国教科文组织明确提出，21世纪应当是一个"合作的时代"，还提出21世纪的人才要"学会做事，学会做人，学会求知，学会共处"。因此，重新认识教育的合作对象，将教育放在一个开放的系统中，使班级管理走向合作管理，是当代教育管理领域的具有独创性的改革。

在传统班级管理中，大都以单独管理为主，缺乏参与、合作意识。在当代，班级不仅是学生学习的场所，而且要成为一个学习型的组织，教师则是这个组织中的一员。这种观念的变革，使得师生关系发生根本转变，在班级管理中，建立新型的合作管理也就成为一种必然。

1. 建立与科任教师的合作管理

在班级管理过程中，科任教师是班级管理中重要的合作对象。让科任教师参与管理，为班级管理出谋划策，与他们融洽相处，齐抓共管，形成合力，是新形势下建立合作机制的前提。

2. 建立与社区合作式的班级管理

社会本身就是一所广阔的学校，它从物质生活条件、文化背景、社会风气等方面影响着学生的意识。与社区合作式的班级管理要求班级能够与社区共同净化校园周边的环境，同时也要做好周边治安工作，确保学生有个安全、良好的学

习环境；与驻地部队、居委会等共同组织活动多方面挖掘学生潜能。尤其值得重视的是与部队的合作，通过军训，锻炼学生的意志和纪律观念；通过军事参观、讲座，进行爱国主义教育，培养科教兴国意识；通过聘请教官为班级辅导员，直接参与班级管理，培养学生正确的价值观和坚毅的性格。

3. 建立与家庭合作式的班级管理

父母是孩子的第一任老师，也是最直接、最亲切、最可信赖的教育力量。只有将家庭教育和学校教育紧密结合，形成一种"合力"，共同教育管理学生，才能保证孩子健康顺利地成长。

4. 建立与学生，特别是班委会的合作管理

学生是班级构成的主体，班委会是联系班主任与学生的纽带。通过班委会与学生联系，处理好与学生的关系，是搞好班级工作的有效途径。但班委不应被理解为单一的传声筒，而应与班主任共同成为班级管理的主体，进而形成以学生为主体、全体参与，以教师为主导、合作共管的班级管理模式。

（五）重视学生的自我管理

自我管理是班级管理未来发展的必然趋势。传统的"保姆式"、"放羊式"管理方式的最大弊端在于对学生的过分溺爱，导致学生自主、独立生活能力的严重不足。苏联教育家苏霍姆林斯基说过："真正的教育是自我教育。"班主任应该给学生提供一个自主管理、自主教育的机会，让学生自我成长。

学生自我管理是指学生在班级中自己管理自己，发挥自我管理的功能，但不是完全实行自我管理。因为学生的自我意识、自我管理能力毕竟还没有发展到一定的程度，所以应该建立的是以"学生自主管理"为主、班主任总体负责并监督的新型班级管理模式。

学生自我管理既要求班主任敢于放手，让学生真正成为班级事务的管理者，比如班委由学生自主选举产生。但是学生自我管理并不意味着班主任放手不管，也不意味着班主任重要性的减弱，它也要求班主任对班级管理的总体把握和监督。因为，学生在任何时候都离不开班主任的指导与支持，班主任要随时为学生自主管理提供服务和帮助。

（六）班级管理者从传统角色向现代新角色的转换

在不同时期、不同条件下，班主任在班级管理中表现出来的角色也不完全相同。当今社会的新变化，尤其是学校教育的变革与发展，要求班主任在班级管理中必须实现从传统角色向现代新角色的转换。

1. 从班级活动的外在控制者转变为班级活动的共同参与者

在以往的班级管理中，班主任常常是以控制者的角色出现。班主任与班级间处于一种紧张关系中。新的社会背景和教育要求，要求班主任在班级管理中使自己从班级外的控制者走向班级活动中,成为班级活动的共同参与者。在与学生的平等相互作用中实现班级管理的多样性,创建出促进学生发展的宽松的班级环境。

2. 从班级管理中的绝对权威者转变为建议的提倡者

班主任的价值观成为多元价值观中的一种,尽管这是重要的一种,但客观上已不可能再成为绝对的权威。随着班级管理向自我管理的过渡,也必然要求班主任必须从以往的绝对权威角色上逐渐隐退,而逐渐成为班级管理建议的积极提倡者。

3. 从学生评价的独断者转变为学生评价的协商者

在传统的教育中,班主任对班级学生的评价拥有独断地位。随着信息多源和学生活动的多样化,班主任已不可能完全了解学生的情况;学生发展的多样性价值追求,也使班主任失去了独断的价值。只有与学生发展相关的多方面人员进行共同评价,才有可能使对学生的评价比较趋于合理。因此,班主任需要从学生评价的独断者转变为学生评价的组织者和评价结果的协商者。

思考与练习

1. 班级与班级管理的内涵包括哪些?
2. 谈谈班级与班级管理的产生与发展过程。
3. 班级管理有哪些功能及意义?
4. 联系实际谈谈班级管理新理念在班级管理中的体现。
5. 谈谈班级管理的发展趋势。

第十四章　现代中小学班集体的建设与管理

内容提要

本章主要阐述班集体的内涵、特征及功能；介绍良好班集体形成的标志；班集体建设与管理的途径、方法。

学习目标

1. 正确解读班集体的内涵、特征及功能。
2. 理解良好班集体形成的标志。
3. 正确理解和运用班集体建设与管理的途径、方法。
4. 了解班主任如何指导学生开展丰富多彩的班集体活动。

第一节　班集体概述

班集体是创造一个相互欣赏并使每个人的精神得以滋养、生命质量得以提升的民主主体，为更多的个体生命意识的觉醒与生命力的勃发，敞开更多、更系统的成长空间和发展平台。[1]

"只有完善的集体，才能造就完善的人。"个人的成长离不开集体，只有在集体中，个人才能获得全面发展的手段和展示其才华的舞台。班集体是学校组织的基本单位，是学校为达成教育目标有目的地组建的教育集体。建设班集体就成为班主任工作的重要内容。

---

[1] 翟广顺. 班主任专业化与班级建设纵横谈[M]. 中国海洋大学出版社,2005年版.

一、班集体的内涵

班级是学校教育的细胞,是学校教育工作的基本组织形式,是学校教育、教学的基层单位。在学校里每一位学生都有自己固定的班级,从而形成了班群体,但班群体绝不是班集体。本书认为班群体是形成了有一定组织形式的正式群体,它是以行政命令的方式加以指定和组织的。班级和班集体是两个容易混淆的概念,明确这两个概念的区别和联系,有利于更深地理解班主任工作的目的,更好地把握班主任工作的方法。

班集体是按照班级授课制的培养目标和教育规范组织起来的,以共同学习活动和直接性人际交往为特征的社会心理共同体。在本质上,班集体的内涵具有多个层次,具体而言:

第一,班集体是一个以学生亚文化为特征的社会群体,它传导和积淀着班级制度的社会文化基因(教育目标、规范和组织模式)。

第二,班集体又是一个以教学为中介的共同活动体系,它以课堂教学为中介,整合学校、社会、家庭的教育影响。社会化的共同学习活动是班集体形成和发展的主要整合因素。

第三,班集体还是一个以直接交往为特征的人际关系系统。正是交往和人际关系,动态地反映了集体与个体、个体与个体、集体与环境的相互作用,标志着集体形成的过程。

第四,班集体是一个以集体主义价值为导向的社会心理共同体,集体心理的统一性和社会成熟度综合反映了集体主体性的水平。

二、班集体的特征

按照马卡连柯的理论,集体是人的联合,其形成的基础是"具有社会价值的目标;为实现这些目标而进行共同的活动;集体成员之间相互负责的关系;组织起各种自治机构;集体是苏维埃社会的一部分,同一切其他的集体有机地联系着"[①]。班集体除了具备一般班级群体的特征外,还有其自己的特征:

(一) 班集体有共同发展的愿景

所谓共同愿景,是指组织中所有成员共同发自内心的意愿,这种意愿不是一种抽象的东西,而是具体的能够激发所有成员为实现这一愿景而共同为之奋斗、为之奉献的任务、事业或使命。共同愿景能够创造巨大的凝聚力。只有在全班学生中确立其共同的愿景,才能转化为班级学生向上的动力,才可能使全班学生

---

① 马卡连柯.马卡连柯全集(第 5 卷)[M].人民教育出版社,1956 年版,第 93,344 页.

以此为标准,自觉地调整自己的言论与行为,向目标看齐,坚持符合班级目标的正确言行,克服不符合目标要求的缺点。

(二)班集体的目标高于一般班级群体的目标

班集体为自己班级规定的活动目标和意义不再局限于集体内部及其每个学生,而具有学校的整体意义和社会意义。集体目标对于每个集体成员的个人目标来讲,虽然在某些方面可能有些差别,甚至也会出现局部的对立;但从整体上讲,二者基本上是一致的,并且只有集体目标的最终实现,才会为个人目标的实现创造条件和开辟道路,从而更有效地实现个人目标。

(三)班集体有坚强的领导核心

一个班集体,必须拥有一批能团结在班主任周围,并能团结带领全班同学实现共同的奋斗目标的干部和积极分子。由此,形成一个坚强的班级领导核心。班主任应在各种班级活动中注意观察,去发现班级中的积极分子,选择那些品学兼优、关心集体、能发挥模范带头作用、在同学中有一定威信,并有一定工作能力的学生担任班干部。

(四)班集体有共同的价值观念和公认的行为规范

班集体有严格的组织纪律,这是维持班级正常的教学秩序,树立良好的学风和班风的重要保证。班集体的组织纪律是通过班级的规章制度来体现的,张弛有度的班级规章制度能合理地规范和制约全班学生的言行表现,逐渐建立和形成优良的班集体。班集体一旦形成,其成员遵循共同的价值观念和公认的行为规范,具有高度的凝聚力;其学习与活动也会产生高效率,这就保证集体能圆满地完成学校和社会规定的学习任务。

(五)班集体有正确的集体舆论与文化

一个优秀的班集体通常都具有正确的集体舆论。这种正确的集体舆论能扶正压邪、明确施肥、鼓舞士气、凝聚人心,它对学生的言行有极大的约束力,同时又具有无形的导向力和凝聚力,使得班集体成员间的相互作用及影响力高度深化和内化。在班集体中成员间的交往不仅比一般班级群体更为频繁,而且也更为深入,有着显著的情感一致性。班集体的领导核心和众多的积极分子之间,以及他们与同学之间会产生极大的影响力。这种影响力不仅有利于学生的成长,而且会形成一种合力,形成正确的集体舆论与文化,从而推进全班各项工作。

三、班集体的功能

班集体作为社会与学生交互作用的中介系统,既受到社会环境、教师集体及其自身成员等诸多因素的作用和影响,也会对社会和学生发生反作用。本书把班集体在与外部环境和内部成员交互作用中所显现的作用、影响及其后果,称之为班集体的功能。①

(一) 班集体的社会化功能

班集体是一个以学生亚文化为特征的社会群体。它按照一定的社会要求，以教育目标为导向，借助课程、集体规范、交往、人际关系、班级文化等载体，对儿童、青少年学生传授社会文化历史经验，指点社会生活目标，教导社会规范，培养社会角色，从而提高集体成员的社会心理素质。由于班集体是沟通宏观社会与个体的中介，又置身于家庭、社区、校外同辈群体、大众媒介等多重社会化机构之中，因此，班集体作为一个高级形态的社会群体，具有调控社会、家庭、学校多重教育影响的独特功能。

(二) 班集体的组织功能

班集体是为了教育目的而专门组织起来的教育集体。它既是班级授课制的基层教育组织，又是学生集体学习、劳动、游戏等社会活动的基本组织形式。研究表明，班集体在教育过程中的组织功能主要表现在：第一，集体目标在组织共同活动中的指向、激励作用。第二，人际关系在组织共同活动中的沟通和凝聚功能。第三，集体的规范作为统合集体中个体行为的规则和范型，在组织共同活动和校正人际关系中，具有调控功能。它以纪律、舆论、传统、制度等手段，使班级的教学、教育和管理行为，按照一定的模式和秩序循行，保证教育质量的提高。

(三) 班集体的教育功能

班集体，作为有组织的社会化机构和教育过程，蕴含着巨大的教育潜能。班集体作为一个独特的教育影响源，是社会影响和教师影响的折射，它是对集体环境中教育因素的转换器，有利于集体不断开拓新的教育领域。集体有利于促进个体的认识过程和智力发展。只有在集体教育和集体活动的背景中，教师才有可能在更大范围和多种活动中，充分运用多种教育因素，构成教育方法的系统，积极地给学生以深刻的影响。集体对个人的教育影响是通过模仿、感染、暗示、从众、认同等社会心理机制实现的，具有潜移默化的特征。

(四) 班集体的个性化功能

个性的社会心理学意义是指个体中整合起来的社会特征。学生集体对其成员的社会化过程，就是学生的个性形成和发展过程，因此，班集体具有培养和发展学生个性的功能。在集体建设中，学生是活动的主体，是在活动中形成各种社会关系的主体。正是在学生集体自主学习、自我教育、自我管理中，具有参照性的集体目标、价值、规范等转化为集体成员的需要、动机系统；而学生个体在集体人际关系中所处的地位又决定了他们的态度和行为方式，在意识中形成了集体

---

① 资料来源：中国教师网 http://www.zgjsw.com。

主义的思想和情感,以及在集体中自决的能力,形成个性的社会倾向系统。因此,集体的形成过程也就是培养个性的过程。

四、班集体的形成阶段

班集体意识是集体意识的具体表现,是指班级集体或群体、学生群体、学生个体共同产生的对班级集体的目标、信念、价值规范等的认识态度、情感体验与意志行动的总和。[①] 班集体形成的过程,是班集体各要素从量变到质变的过程。健全的班集体不是自发产生的,而是班主任、班级任课教师和全班学生按照一定的教育目的和任务,按照一定的工作计划和要求,齐心协力逐步建设形成的。从班集体的形成过程看,一般来讲,主要经历以下几个阶段:

(一)松散的群体阶段

班级刚组成时,学生之间、师生之间都很陌生。班级共同的价值目标和行为规范尚未形成,自我管理机制尚未建立,处处依赖班主任的决策和指挥,学生自身无自律性的要求。

(二)班集体的初步形成阶段

经过一段时间,通过各种活动,班级成员之间彼此有了了解,涌现出一些热心集体工作的积极分子,通过选举,组建起班干部系统,在班主任的指导下发挥组织管理的作用。虽然初步形成了班级核心,但班级的行为规范尚未变成全班同学的共同需要,集体舆论没有形成,班级奋斗目标尚未成为全班同学的共同追求和行动的动力。

(三)班集体的确定阶段

这时,班级已有了比较稳定的领导核心,班干部各司其职,独立而有计划地开展工作;集体有了共同的奋斗目标,并为全体成员所确认而内化为个人的目标;班内形成了正确的舆论和有特色的班风;班级有严格的组织性和纪律性,人际交往环境良好;学生有较强的集体荣誉感,能主动承担集体交给的任务。

(四)班集体的巩固、发展阶段

班集体一旦形成,班主任就要提出更高的要求,使班集体能创造性地开展丰富多彩的活动;集体的核心、骨干力量不断扩大,涌现出更多的积极分子,乃至人人关心、热爱班集体,使优良的班风逐步得以形成和巩固,使集体真正成为促进全班学生自我教育、健康成长的力量。苏联教育家马卡连柯认为:"集体是活生生的社会有机体,它之所以是一个有机体,就因为那里有机构、有职能、有责任,有各部分之间的相互关系和相互依赖,如果这样的因素一点也没有的话,也就没

---

① 吴旋州.班级管理学[M].陕西人民出版社,1997年版,第144页.

有集体了,所有的只是随随便便的一群人罢了。"一个健全的班集体应具备以下基本特征:第一,有共同的奋斗目标和为达到共同目标而组织的共同活动;第二,有健全的组织机构和强有力的领导核心;第三,有严格的规章制度与组织纪律;第四,有正确的舆论和良好的班风;第五,有团结、友爱、和谐的人际关系。

【阅读资料 14-1】[①]

班主任论坛—任小艾讲座:评选全班之最

每学期期末,全班学习成绩排名一结束,我们班要做的第一件事就是评选全班之最。我不让那些考得最好的学生洋洋自得,也不让考得最差的学生闷闷不乐。评选全班之最,就是让每个孩子昂起头颅,扬起自信的风帆。学生开始评出自己在全班最棒的一项。于是评出总分第一名的、单科第一名的、作业做得最工整的、最乐于助人的、英语口语表达最好的、跳舞跳得最好的、唱歌唱得最好的、拉手风琴拉得最好的、弹钢琴弹得最好的、跳高跳得最高的、跑步跑得最快的、最讲文明礼貌的、最讲卫生的等全班 50 最,评选之后用红纸毛笔写上,写完贴在教室四周的墙上。紧接着开家长会。全体家长步入教室的第一件事就是看班级 50 最。你的孩子考全班第一,别骄傲,有 49 个"之最"他还不具备,还要向别人学习;你的孩子考最末也别自卑,他拥有的一两项"之最"是全班学习的榜样。

第二节　班集体的建设

班集体的发展和形成不是自发的,而是在班主任的教育、管理和指导下,通过自我教育、自我发展形成的。建设班集体,把班级团队与个体成员的发展融合起来,既能促进学生的和谐发展,也能促进班主任个人组织管理水平的提高,最终促进学校的持续发展。

一、良好班集体形成的标志

班集体作为一个不断运动、不断发展变化的有机整体,它由雏形到真正形成

---

① 引自邱淑慧主编.班级管理与班主任工作技能[M].暨南大学出版社,2011 年,第 133 页。

集体必然有可以考察和评判的具体内容和标志。实践证实,良好的班集体对学生的身心发展能产生极大的推动作用。一个良好的班集体应该具有如下四个标志:

(一)有共同的奋斗目标

共同的奋斗目标,是唤起集体内在发展动力和达成共识的重要手段,是良好班集体的重要特征。共同奋斗目标对集体发展具有激励和导向作用,能够把大家吸引到集体中来,充分发挥集体中每个成员的积极性,在逐步实现目标的过程中分享集体的欢乐和幸福,从而形成集体的荣誉感、责任感和强大的班级凝聚力。

(二)有坚强的领导核心和健全的组织机构

班集体中组织设置健全、人员构成合理、岗位分工明确,构成了有层次的工作关系的网络系统。班集体的领导核心——班委会、少先队中队委员会或团支部委员会,具有很强的工作能力,能够很好地履行工作职责、完成工作任务,且班干部之间形成分工合作、民主团结的关系,在同学中有威信,以身作则,能带动全班同学实践共同的奋斗目标。

(三)形成了健康的舆论和优良的班风

集体舆论,就是班级中占优势的、为多数人赞同的言论和意见。它以议论、褒贬等形式肯定或否定集体的动向和集体成员的言行,成为个人和集体发展的一种力量,是学生自我教育的重要手段。马卡连柯说:"儿童集体里的舆论力量,完全是一种物质的、实际上可以感触到的教育因素。"正确舆论的树立与否,是衡量班集体是否形成的重要标志之一。一个班级形成了正确舆论,能使班集体更加团结,更加富有朝气,更能帮助每一个成员健康成长。因此,必须重视集体舆论这一集体成员变化的"晴雨表",保证正确的舆论导向。正确的舆论能使正气发扬,不正之风无立锥之地,以至不能存在,这是形成优秀班风的基础。班风是班集体中长期形成的情绪上、言论上、行动上的共同倾向,是班级特有的一种风气。这种风气一旦被巩固和保持下来,就形成了传统。在优秀的班集体中总会有一种特别的空气,这种空气,就像雨后田野上的春风,清新、温暖、沁人肺腑、令人振奋;那些不守规矩的孩子,一走进教室就情不自禁地有所顾忌和收敛,时间久了,就会被教育和熏陶过来。这种能对集体中每个学生都产生强大影响的力量就是班风。优良的班风要靠正确的集体舆论来支持,正确的集体舆论和优良的班风不是自发产生的,而是相互强化、相互影响的,是班主任正确引导和全班师生共同努力的结果。

(四)建立起和谐的人际关系

班级人际关系主要包括五个方面,即学生和学生之间的关系、学生和老师之间的关系、学生和家长之间的关系、班主任与任课教师之间的关系、教师与家长之间的关系。和谐丰富的人际关系是班集体建设的重要内容,是班集体凝聚力的黏合剂,也是良好班集体的重要特征。良好班集体的和谐人际关系,能够使班集体健康成长,也能使集体中的每个学生茁壮成长。

二、班集体建设的途径与方法

将一个松散的班级建设成良好的班集体需要经历长期的过程,付出艰辛的努力,但班集体的建设过程也是有路径和方法可循的。下面介绍几种可供借鉴的有效途径与方法:

(一)实现班集体的目标管理

共同的发展目标是班集体形成的基本条件和前提。马卡连柯提出集体教育的目标原则,要让集体目标起到激励、凝聚和教育作用,把集体的价值渗透到个人的思想和行为中去。班集体的目标是班集体形成和发展的核心动力,它不但为班级的决策提供重要的参考依据,而且为班级的发展指明了方向。其重要意义在于:第一,班集体目标能满足学生健康的心理需要。第二,班集体目标能激活学生的内驱力。第三,班集体目标能增强集体的凝聚力。[1] 学生聚集在一个班里,如果没有共同目标就不可能形成具有凝聚力的班集体。班集体的目标来源于班级的愿景。愿景是勾勒团队未来的一幅蓝图,它将说明"团队的未来将会怎么样"。从学生个人到班级,乃至学校组织,都需要确立共同的愿景,这是凝聚团队力量的核心。班集体的每个成员只有致力于共同目标的设立和愿景的确立,致力于在集体中承担角色,才能使整个班级获得成功。班集体的目标分类按其性质分为集体目标和个体目标。集体目标体现了班集体教育目标的统一性、教学目标的标准化、管理目标的规范性;个体目标反映了每个学生自身的需要和个性特征,具有强烈的个性化特点。[2]

当班主任在构建班集体目标时,既要充分体现国家方针政策的指导,又要充分考虑每个成员在这种宏观的影响下有着各自的期望目标,这就是集体目标和个体目标的和谐统一。在制定目标的过程中,班主任首先应认识到学生自我独立意识较强的特点,让每个学生充分参与,以增强学生的参与意识和集体责任感。其次,要注意结合本班的特色,融思想性、针对性、可行性和鲜明性于一体。既要树立长远目标,又要有步骤地提出更加贴紧实际的近期努力目标,在此基础上逐步接近长远目标,以增强对长远目标的信念。再次,根据阶段目标设计班级

---

[1] 简恩来.班集体目标的导向与激励功能[J].天津教育,2000年第Z1期.
[2] 金建良.目标管理与班集体建设[J].无锡教育学院学报,2000年第2期.

教育系列活动。比如入学时可开展"我与班集体"系列活动,如"集体是我成长的摇篮"主题班会、"我为班级献一计"演讲赛、"奋斗目标大家谈"主题讨论会等。在制定班集体发展目标时,班主任必须遵循现代管理学关于目标制定的"黄金准则"——SMART 原则,即明确性(Specific)、可衡量性(Measurable)、可接受性(Acceptable)、相关性(Relevant)和时限性(Timed)。"明确性"指的是要用具体的语言清楚地说明要达到的行为标准。"可衡量性"是指应该有一组明确的数据作为衡量目标是否实现的依据。"可接受性"就是指班主任和学生都要认可班级团队目标,而且有信心能够实现目标。"相关性"就是指班级目标与个体目标要能够结合。"时限性",顾名思义,是指目标实现要有时间限制,否则无法对目标进行考核。

(二)建立班集体的核心队伍

班干部是一个班集体的骨干和核心,是班级工作顺利开展的保证。一个优秀的班集体必须有一支素质优良、团结协作、富有活力、能独立工作的干部队伍。可以说,班干部是班级团队中的精英人物。班干部作为班主任的助手和全班学生的带头人,既是联系师生的桥梁和纽带,又是班级各项工作的组织者和执行者。班干部的素质如何、作用发挥得好坏,对整个班集体建设有着举足轻重的作用。所以,选择和培养班干部是班集体建设的重要环节。一个好的班集体,必须有一批积极分子,并由他们组成班集体的核心,来协助班主任完成各项工作。班级管理与建设得好坏,往往与班干部力量的强弱、发挥作用的大小有很大关系。因此,精心选拔和培养班干部是建立良好班集体的基础。班干部必须是班集体成员中的优秀分子。从班干部自身的素质来说,第一,要具备良好的道德素养,例如,班干部要公正无私、以身作则、热情积极、团结协作、具有一定威信;第二,要具备良好的学习品质,这里的学习品质不仅指成绩,也是进取心、勤奋度、学习方法及能力等要素的综合反映;第三,要具备一定的组织、管理能力,班干部要善于并正确处理各种人际关系。只有坚持以上标准,班干部队伍才能在班集体中维持旗帜效应,学生以担任班干部为荣,班干部队伍才会有生命力。

在选择和培养班干部过程中,班主任首先要让大家明确,做班干部的指导思想是"为大家服务,同时锻炼自我能力",杜绝利用班干部的头衔或权力谋取私利的思想。其次,要本着公正、择优、民主的原则,选拔那些德才兼备、乐于助人、深受学生拥护的同学,根据每个人的特长安排适当的工作,要求班干部队伍统一思想、各司其职。第三,加强对班干部的培养教育和评估考核。一方面,通过培养教育改进班干部的工作方法;另一方面,通过评估考核加强班干部的责任心与工作积极性。在班干部的任用上,既要充分信任他们,适当授权使其能发挥主观能动性,又要及时关心指导,引导班干部成为独当一面的"帅才",充分发挥班干队伍在团队建设中的核心作用。①

(三) 建立班集体的正常秩序

班集体的正常秩序是维持和控制学生在校生活的基本条件,是教师开展工作的重要保证。班集体的正常秩序包括必要的规章制度、共同的生活准则以及一定的活动节律。② 班级规章制度是班集体为实现共同的奋斗目标而制定的规则、法则,是班集体按一定程序办事的规矩,是班级管理的准绳,班级管理离不开规章制度。俗话说,"没有规矩,不成方圆",一个良好班集体的形成,必须有一个人人都必须遵守的班级规章制度。健全而科学的班级管理制度是班级工作走向科学化的客观需要,是班集体形成和发展的标志,是做好班级工作的重要保证;健全的班集体规章制度不仅是建设优良班风的有力保障,也是实现班级团队目标的客观要求。为此,班主任必须加强制度建设,以规范班级工作,提高班级工作的透明度,引导班集体的持续健康发展。班级制度包括成文的制度与不成文的制度两个方面。班级组织制度主要指成文的制度,而不成文的制度主要是指班级的传统、舆论、风气、习俗等,实际上属于广泛的文化环境。例如,某班的"每日教育制度",包括"每日一题"、"每日新闻"、"每日格言"、"每日英谚"和每天的值日班长汇报活动。"每日一题"写在后黑板上,数理化每天一题,因为理科是许多学生的薄弱科目。"每日新闻",安排在每天晚修之前,每天一位同学播报当天的重大新闻。"每日新闻"活动深受学生喜爱,学生自豪地跟班主任说:"老师,别的班不知道的事情我们都知道!"通过"每日新闻"活动,可以扩展学生的视野和心胸,了解天下大事,培养世界情怀。"每日英谚"由英语科代表搜集,每天一条写在前面黑板的右角。"每日格言"由每天的值日班长送给大家,抄写在后面黑板上。语文课上,老师会找同学做即席发言,谈对于格言的感想,锻炼了学生的语言表达能力。

班集体的制度建设应遵循严格化和具体化的原则。之所以要建设严格的班级制度,主要是因为严格的制度能对班集体成员起到一定的规范、约束,甚至威慑作用。松松垮垮的制度没有任何的约束力可言,形同虚设。班集体执行严格的规章制度,是班集体公正、公平的表现,这也有利于班集体形成积极向上的精神风貌。具体化是指班集体制度建设应具有细节标准,应具有较强的可识别性。如果一项制度很笼统,粗中无细,那么执行起来就会缺乏可识别或量化的依据,这也将导致制度不"制"。

---

① 汪清蓉.成功塑造优秀的班级团队[J].教学与管理,2006年第1期.
② 教育部人事司.教育学考试大纲[M].北京师范大学出版社,2002年,第181页.

(四) 组织形式多样的教育活动

班集体是在全班同学参加各种教育活动中逐步成长起来的,而各种教育活动又可使每个人都有机会为集体出力并显示自己的才能。设计并开展班级教育活动是班主任的经常性工作之一。班级活动是建设良好班集体的重要组成部分和最重要的内容。班级的共同努力目标要靠班级每个成员参与共同的活动而实现。班集体的形成,需要通过一系列教育活动,而集体活动的有效开展,可促使集体目标的实现、集体纪律的增强、同学友谊的发展,因而也在一定程度上标志着集体的形成、发展、巩固。没有经常的集体活动,集体的生命是孱弱的,整个班级没有生气,导致集体发展停滞以至"窒息死亡"。中小学生喜欢参加各种生动活泼、富有情趣的集体活动,其集体观念,集体的义务感、责任感,集体的荣誉感,为集体服务的能力,在集体活动中得到发展。集体活动增强着集体凝聚力,调动每个成员积极性,形成着健康积极的集体舆论和良好风气。根据班级教育活动的时间分布,集体活动主要由日常性的教育活动与阶段性的教育活动两大部分组成,所涉及的内容主题有教育活动、文艺体育活动、社会公益活动等。[1] 从班级活动内容看,班主任要有整体教育的考虑,要包含德、智、体、美、劳诸方面活动,形成全面的信息网络,使学生得到多方面的教育和发展。

从班级活动的全过程看,整体活动和个别活动是辩证统一的。就一次活动来说,只有从酝酿、设计、准备阶段发动学生全身心地投入进来,活动实施时才会有激情,教育性也就蕴含其中了。[2] 所有的班集体活动都应有其整体性,切忌把活动当成一种目的来开展。

组织班集体活动的常用方法有班级例会和主题班会:

(1) 班级例会是以班为单位召开的会议,是班级组织对学生进行思想品德教育的一种有效形式和重要阵地。其类型可以分为班务会、民主生活会、周会和晨会。要使这类活动产生建设性的教育效果,应注意以下几个方面:第一,使班干部和大多数学生积极参与。只有这样,班会提出的任务和形成的决议,才能为广大同学认同和自觉执行。第二,注意把个人目标、小组目标和班级目标有机地结合起来。防止出现一部分人因为与集体目标不相干而处于旁观地位。第三,班级例会要体现实效性、灵活性、新颖性。实效性是要求班会内容应能帮助学生解除精神上的迷惑、忧虑与不安,给他们力量与榜样,催他们奋发向上;灵活性指班会的形式、时间、场所、范围根据具体内容需要灵活掌握;新颖性是指班级例会活动要鲜明新颖,符合学生的实际情况,使学生感受到集体处在不断的变化发展

---

[1] 教育部人事司.教育学考试大纲[M].北京师范大学出版社,2002年,第181,104页.
[2] 王凯.让班集体焕发出生命的活力[J].江苏教育学院学报(社会科学版),2003年第3期.

之中。

（2）主题班会是在班主任指导下，由班委会组织，针对班级多数学生的实际围绕一定主题开展的一种班级活动。它对良好班风的形成和学生思想的转化起一定的促进作用，是运用班集体对学生进行政治思想教育、科学文化知识教育的一种重要形式，也是对中小学生进行自我教育的有效形式。它包括主题座谈会、主题报告会、主题讨论会、主题系列活动等。主题班会要产生建设性教育效果，应注意以下几个方面：

第一，确定主题内容应具有教育性。主题班会的主要功能是对学生进行思想品德教育。班主任在确定主题班会时，必须明确目的、渗透教育性，才能收到好的教育效果。班主任在开学前制订的班级工作计划中，常根据学校工作的总规划和班级实际情况，对一学期班会的内容做大致的安排。

第二，认真做好组织准备工作，充分发挥学生的主体作用。在组织准备主题班会中应遵循的一个最重要的原则，就是在最大限度内吸收学生积极参加，使教师的指导作用通过学生的主体活动体现出来。在班会准备的全过程，从计划的确定到主题的选择、形式的创造到各项具体任务的承担，都成为学生的参与过程，以加深学生的集体意识、合作关系和相互了解，使学生体验到为共同目标努力的快乐，找到自己在班级中的位置。只有当学生感受到这个班会是集体创造的、是由自己做主取得成功的班会时，班级集体的形象，才会在集体成员的心中存在，甚至成为终身美好回忆。

第三，组织实施，要做到有预见性。主题班会的实施是最关键的环节。在实施中要讲究环境的布置，使大家一到活动场地，就受到气氛的感染、情境的熏陶；要选好活动的主持人，对活动中可能出现的特殊情况或突发性事件要有所预见，有精神准备。

第四，班主任要善于总结。在主题班会中，同学的认识有时不一定是统一的，有积极的也有消极的，有时还会出现分歧、争论。因此，要求班主任在主题班会结束时进行精彩的总结，把教育效果引向深入，这个总结要起到启发、诱导、点拨的作用，帮助同学透过现象看本质，使其认识有提高、行动有准则、前进有方向。

（五）培养正确的舆论和良好的班风

"舆论是自发产生的，带有非理性的成分，它在表达公众意志的同时，也集中了各种短见和偏见。"[1]班级是一个小社会。在班级成员的交往中，某些信息、观念和意见会得到大多数人的认同，从而得以在班级中广泛传播，形成班级舆论。

---

[1] 陈力丹.谈谈当前舆论的特点和引导方式[J].新闻界，1997年第2期，第105页.

一个良好的班集体要形成正确的舆论和良好的班风去影响、制约每个学生的心理,规范每个学生的行为。正确的舆论是一种巨大的教育力量,对班级每个成员都有约束、感染、熏陶、激励的作用。在扶正压邪、奖善罚恶的过程中,舆论具有行政命令和规章制度所不可代替的特殊作用。因此,在班内要注意培养正确的集体舆论,善于引导学生对班级生活中一些现象进行议论、评价,形成"好人好事有人夸,不良现象有人抓"的风气。班主任在班集体的舆论和班风建设方面要注意以下几点:

1. 加强正确舆论和良好班风的制约作用

舆论代表大多数人的意见,它可以对每个人产生一种压力,从而约束每个人的言论和行动。所以,正确的、健康的舆论能够阻止不道德的言论和行为的发生,也能使积极的言行得到弘扬。正确舆论对班级的影响是相当大的,它反映了学生的意见及要求,因此,班主任如果忽视了班级的舆论,会使学生产生反感及冷漠的心理。正确舆论可以战胜不健康的舆论,抑制歪风邪气,使正气抬头,所以在班集体建设中必须建立正确舆论,以抵制不健康的舆论。

2. 加强正确舆论和良好班风的指导作用

学生在生活和学习过程中会遇到许多实际问题,这些问题在正确舆论指导下能很好地得到解决。社会心理学研究认为,"舆论指导者"所进行的宣传、所起的舆论指导作用更大。班主任是学校中最主要的"舆论指导者",由于他们是专业的教育工作者,又有比学生丰富的生活、学习经验,所以他们的宣传更有说服力。对学生怎样学习、怎样工作、怎样认识自己、怎样对待别人,等等,都有指导作用。因此,在形成正确舆论过程中,应充分发挥"舆论指导者"的作用。

3. 加强正确舆论和良好班风的鼓舞作用

正确舆论往往可以成为学生积极行动的先导,只有以正确舆论作导向,才能发展学生的积极行为。形成了"人人要刻苦学习"的舆论,才能产生积极的学习行为;形成了"人人献出一份爱心"的舆论,才能产生资助"希望工程"的行动。所以班主任要积极地营造健康的舆论,鼓励学生为实现自己和班级的目标发奋努力。[1] 健康的班级舆论是形成良好班风、学风的保证,是全体同学正常学习、生活的保证。一个班级若没有健康舆论的引导,就不可能有一个共同的奋斗目标,不可能有融洽和谐的人际关系,因而也就缺乏凝聚力。可以说,没有健康的班级舆论,就没有良好的班集体。

(六)健全班级规章制度

班级规章制度是班集体为实现共同的奋斗目标而制订的规则,它是集体按

---

[1] 王岩. 浅谈班集体建设中的正确舆论[J]. 辽宁教育研究,2000年第7期,第106页.

照一定的程序办事的章程,也是集体中每个成员必须遵守的行为准则。一个班集体为了管理的需要、教育的需要、形成良好班风的需要,必须从本班的实际出发,结合校规校纪,制订出切实可行的规章制度,并要求学生严格遵照执行。

班级规章制度的内容,主要包括学生学习、生活、各项活动的规范。大致有四个方面的内容:第一,学生在校学习、生活的常规制度;第二,为建立班级良好的教学秩序而制订的课堂纪律及评比制度;第三,按照国家的有关规定,帮助学生妥善安排一天时间的学习、活动、睡眠的规定;第四,清洁卫生制度,包括室内、室外环境的保洁。这四种制度都不可缺少。其具体名目有:作息制度、卫生制度、住校生生活制度、课外活动制度、团队生活制度、班级干部责任制、班主任职责、体育锻炼制度、优秀班级标准、奖惩制度、课堂公约、食堂公约、寝室公约,等等。这些制度可以帮助学生有规律地学习和生活,提高学习和生活的效率与质量,使学生德智体等方面的全面发展得到保证。

制订班级规章制度的过程,就是组织学生共同学习讨论、从正面对学生进行组织纪律教育、不断提高学生组织纪律性的过程。在这个过程中,应注意以下几点要求:第一,制订班级规章制度要体现党和国家教育方针政策的要求,要符合学生的特点和班上的实际。要组织学生学习有关规定,并结合班上的实际组织讨论,以提高对所制订的规章制度的认识,达成共识,成为内驱力,使其具有权威性。这些规章制度既不能与学校规章制度相违背,更应有利于学校规章制度的贯彻执行;既要考虑到在本班的有效性,又不能影响其他班级的学习和生活;既要强硬,有惩罚措施,又不能有体罚等不符合教育法规要求的条文。第二,制订班级规章制度要经过全班师生的反复酝酿、认真研究确定。班级规章制度内容要明确具体,要求要科学合理,文字要准确简练。第三,制订班级规章制度要严肃慎重。有关规定要有相对的稳定性,不能朝令夕改,否则会丧失规章制度的权威性,使学生无所适从,以致造成班级秩序混乱。第四,班级规章制度一经制订,就应组织学生反复学习,坚决贯彻执行。使其成为学生的行动指南,并通过检查、督促、评比等措施,使其充分发挥规范学生行为、调节各种关系、形成和巩固班集体的作用。第五,在执行规章制度的过程中,要坚持思想教育为主。绝不以规章制度代替班主任应做的思想品德教育工作。并在执行过程中根据实际情况不断完善规章制度,使其成为既全面又具体,既科学又可行,并能产生实际效果的好规范。

(七)典型引路

典型是一种无形的鞭策力量,有群众基础的、有说服力的典型,能激发学生的竞争精神、能促进学生积极进取、能使整个班级集体朝气蓬勃。班主任在学生中树立典型,有的是属于现实生活中的典型人物,有的是可作为学生具体榜样的

典型人物,有的是英雄和伟人。这些"典型"一般都是活生生的形象,班主任可通过典型人物使学生追求更美好的思想境界,在学生面前展示更复杂的人生道路,给他们以启迪,受英雄和伟人的激励,来寻找和开辟自己的道路。由于学生个人情况不同、志向不同,能使他们受激励的人物也不会完全一样,所以在选择典型时,不要强求一致,不要求必须学谁,而是要让学生在广泛的接触中自己去选择。

在班级集体建设中,更重要的是树立本班集体中涌现出的值得学习的同学,他们当中有的是各方面都健康和谐发展的典型学生;有的是某些方面有特殊表现的学生;有的是在某项活动中表现突出的学生,总之是学生心目中确实"认可"的"典型"。对于学生中的典型,班主任要尽量在他们身上发掘"普通的东西",使其能够触手可及,有普遍的意义,从而能够对全体学生产生积极的教育作用。

在班级管理中,班主任不仅要使用典型,更重要的是要培养学生身边的典型,其具体方法有:① 培养各方面基础较好的学生,使他们更严格地要求自己,被同学拥戴,成为学生学习的楷模;② 在某项活动中培养典型,使他们的突出表现为同学所钦佩,并乐意向他们学习;③ 培养问题学生转化的典型,使他们有较大的转变,并为同学所认可。

(八) 培养集体荣誉感

培养学生的集体荣誉感,就是要培养学生对集体的责任心和为集体尽义务的自觉性。离开对集体的责任和义务,集体荣誉感就是空洞的了。培养集体荣誉感还要培养学生为集体分忧的精神,集体成员为集体在前进中的不足和困难分忧是关心集体、热爱集体的表现,并进而会产生期望集体更加完美的集体荣誉感。班主任培养集体荣誉感,具体要做到以下几个方面:

1. 要抓学生对班级集体的主人翁精神

使学生置身于集体之中,班级内的事情尽量要使每个学生参与,要给他们具体的责任和义务,使学生把集体的一切都看作与个人息息相关。

2. 不能让学生成为集体的旁观者

班主任不能让任何学生置身于集体之外,不能让学生成为集体的旁观者。班主任要使学生在情感上与集体协调,要让学生树立一种与集体融洽的情感,这就要使每个学生感到集体的温暖、集体的成就与自己有密切联系。

3. 要使每个学生都有集体荣誉感

要使每个学生都熟悉集体的成绩,每个同学都能讲出集体的长处。集体荣誉感常常是在不断肯定成绩中形成的,所以班主任要尽量使自己的班级集体受到肯定的评价,使学生积累对集体的荣誉感。

4. 经常提出争取集体荣誉感的新要求

班主任要适时地又经常地提出争取集体荣誉感的新要求。这种要求最好能落实到每个学生。这种目标的达到,是学生集体荣誉感"量"的增加、"质"的提高,会使学生进一步发扬热爱集体的精神,同时又是他们继续前进的动力。

5. 班主任要树立良好的形象和威信

集体荣誉感的形成,与班主任的形象和威信有密切关系。班主任应该是班级集体的灵魂和核心,又是班级集体的代表。班主任自身的表现、领导班级集体所做的工作,对学生集体荣誉感有很大的影响。当一个班级集体事事走在前边,班级活动丰富多彩,学生会以班主任的工作成绩而自豪,因此,班主任抓集体的荣誉感,要以高度的积极性和创造性、以高度的责任心、以很强的自身荣誉感来做好工作。

【案例阅读14-1】

熟悉新班五部曲[①]

一看——看学生档案。一个班级新组建时,新班主任都会拿到班内每个学生的一份档案,档案内容是对学生的一个较全面的介绍。我一般要用三到四个晚上细细地看几次,并对每个学生较突出的情况作适当摘录。

二访——访原学校、原班主任及家长。(1)联系该生原学校的班主任和任课教师,进一步了解原学校的培养方式及该生表现。(2)如果时间紧,联系不方便,还可通过电话,对一些重点需要了解的学生与原班主任交换意见。(3)有重点地进行家访,了解有特殊困难及行为上过失较多的学生的家庭经济状况;了解家长的素质、责任感、家长对孩子的期望值及孩子在家的表现。

三谈——有目的地找每个学生谈一次话。(1)谈话内容:可以根据已掌握的学生情况,有目的地作进一步的了解,如口才、思维、兴趣、爱好、行为习惯等。(2)谈话地点:可以在办公室、教室、走廊,也可以在回家途中。(3)谈话方式:可以是单独一个人,也可以是三五成群。应以闲聊为主,不宜一本正经。

四介绍——老师和学生作自我介绍。以开班会的形式,请全班学生及全体任课教师每个人均进行一次自我介绍。

五建档——建立学生档案。详细整理和记录每个学生的具体情况,给每个学生留六页左右的空白页,记录学生每学期成长、变化的情况。

案例分析:

每当新的一个学年开始,很多老师都会迎来一个新的班级、一批新的学生。

[①] 资料来源:吴立德,彭明才.班主任工作艺术[M].中国文学艺术出版社,2005年版,第78-79页.

老师与学生之间一切从头开始，从不熟悉到熟悉，从不适应到适应，这是一个过程，也是老师和学生都要面临的问题。案例中的这位新班主任通过"一看、二访、三谈、四介绍、五建档"五部曲达到逐个了解学生，逐渐了解班级的目的，这种做法很具有实践意义与操作价值。

如何迎接一个新班？如何将一个来自五湖四海的学生组成的群体逐渐形成一个班集体？这确是每个班主任必须考虑的问题。一般而言，刚接过一个新的班级，班主任对学生往往缺乏一定的了解，而学生也对班主任有一定的距离感。这是班集体的初建阶段，学生只是按照学校的计划，被强制性地组合成一个"群体"，只是一个松散的学生集合，而不能以"班集体"之名冠之。只有当班级学生之间形成了一股向心力，形成一个共同的目标、规范，形成共同的心理倾向和一种整体氛围的团体，才能被称之为"班集体"。因此，要想真正形成一个名副其实的班集体，需要经过一个艰苦的历程。而在这过程之中，教师如何才能尽快地了解学生、建立感情，如何让学生之间能相互了解、使之对新班级产生感情则是班主任的当务之急。

当你初任一个班级的教师，特别是班主任时，下述建议有助于你建设一个良好的班集体。

（1）记住每一位学生的姓名。教师不管是班主任或仅仅是任课教师，都应该在短时间内记住班级每一位学生的姓名，这样才能缩短教师与学生之间的距离。

（2）掌握学生的兴趣与嗜好。教师要能了解班上每一位学生的兴趣或嗜好，针对学生的兴趣和嗜好使其融入班级生活中，并不断鼓励学生发挥自己兴趣和嗜好。除此之外，教师也可以创造条件，给学生提供发挥特长的机会。

（3）多讲正面积极的话。教师应该在班级生活中多讲一些正面鼓励的话，用正向积极的方法处理事务，强调以积极态度帮助学生。

（4）以行动证明对学生的关怀。教师应该以行动代替口头说教，将自己对学生的关怀通过行动表达出来。

（5）设立班级信箱。教师可以在班级设立信箱，让学生有意见时可以通过班级信箱讲出自己的观点和看法，有利于班级形成一种更加民主、自由和平等的班级气氛。

（6）参加学生的各项活动。教师在班级生活中除了正式的课程之外，应该为学生设计各种结合生活的活动，引导学生从活动中学习。

（7）为学生举行生日庆祝会。学生生日庆祝会的举行，不但具有生命教育的意义，同时也可以通过这种活动缩短师生之间的距离。

（8）和学生个别谈话。教师可以在班级生活中和学生约定个别谈话时间，在个别谈话中可以设定各种主题,了解学生的生活经验、家庭生活、未来理想,等等。

(9) 和学生共进午餐。午餐时间是一天当中比较轻松的时间,教师可以在午餐时间播放一些比较轻松的音乐,和学生共进午餐。

(10) 制定班级徽章等。教师可以通过指导学生制作班徽、班歌、班旗、班花等作为一种班级特色,特别是在全校性质的竞赛中也可以作为鼓舞班级士气的参考。

【案例阅读14－2】

快乐的二(3)班[①]

我是胥口中学初二(3)班这个"大家庭"中的一个成员,今天就让我带着大家去看看我们这个班级吧!

一走进教室,你就可以看到雪白墙壁上的"百草园"和"学习园地",像两道美丽的风景线为我们班增添了许多绚丽。你看,上面贴着同学们的作品:有字迹端正的诗篇,有美丽的画,还有精致漂亮的剪纸,似乎每一样作品都透露着温馨。不仅这些作品令人陶醉,连教室后面五彩缤纷的黑板报也引人注目。

我们班教室不但漂亮,而且还有许多荣誉。在黑板报上方的墙上,一连贴着好几张奖状,有知识竞赛得的二等奖,有运动会上得的二等奖,还有优秀班集体这个光荣的奖……这些都是由每个同学通过努力得来的硕果,我们大家都为此感到无比自豪。

团结、互助是每一个优秀班集体所共有的特质,我们班当然也不例外。课间总能看到有那么几个同学凑在一起,可不是在玩,他们是在讨论,是在解难题;运动会上有同学体力不支了,大家就会关切地询问,还有同学买来水,递上毛巾……班上有同学没来上课,班干部就会组织几个同学去看望。种种表现都让我觉得我们二(3)班是最温馨最可爱的班级。窗明几净,书声琅琅,带着老师对我们班的期望,我相信我们二(3)班的每一位同学都会更加努力,我们二(3)班会让我们更值得自豪的!

案例分析:

初二(3)班是一个快乐的"大家庭",不仅有整洁素雅的教室环境、良好的学习氛围,还有团结互助的良好品质、强烈的集体荣誉感……师生之间、学生之间

[①] 资料来源:胥口中学初二(3)班简介 http://www.xkzx—SZ.com/blog/u/137/archives/2006/294.shtml。

浓浓的情义让人感觉到"家"的温馨。这样的一个班级是令人羡慕和称道的，它会激发同学们为之不断努力，向更高的目标前进。

作为一个优秀的班集体，首先要让同学们感到快乐，为自己生活在这样的班级而感到自豪，这就需要老师从生活、学习、人际关系、教室环境等各个方面多角度地开展工作，将物理环境与心理环境都建设得尽善尽美。其次，要有共同的目标和集体荣誉感。可以运用班会、墙报等方式将班级奋斗目标明确地告诉学生。此外，班主任可以将学生的作品、学生为班级争得的荣誉等作为培养学生集体荣誉感的基点，促使每一个学生努力学习、为班级争光。再次，同学间的良好关系是一个优良班集体的最重要的部分。作为教师，应从学生间的小事入手培养学生间的合作互助的风气，在学习中相互合作、生活上相互关心、活动中相互支持，等等。总之，一个优良班集体的建设需要从日常的生活小事入手，抓住每一个教育时机，讲究一定的方法，如此良好的班集体方能形成。

思考与练习

1. 简述班集体的内涵及特征。
2. 根据良好班集体形成的标志，联系实际谈谈如何建设班集体？
3. 培养和教育班干部对班集体的形成有何意义？
4. 班主任如何指导学生开展丰富多彩的班集体活动？
5. 分析案例，回答下列问题：
(1) 你觉得案例2中的初二(3)班是一个怎样的班级？
(2) 班集体的形成有哪些具体标志？
(3) 你认为班集体建设应从哪些方面入手？
(4) 判断良好的班集体的具体标准有哪些？

第十五章 现代中小学班主任工作与队伍建设

内容提要

本章从班主任的由来入手简单介绍了班主任的地位、作用、工作任务及职责,论述了新时期如何了解和研究学生,提出了新时期班主任应具备的素质和班主任的选用、培养的基本方法及工作的评价。

学习目标

1. 理解班主任的地位、作用、任务及职责。
2. 新时期班主任如何了解和研究学生。
3. 新时期班主任的素质和选用的条件。
4. 了解培养班主任的方法和途径。
5. 理解和运用班主任工作的评价方法。

班主任是班级的教育者、组织者和管理者,他们与学生接触最为频繁,对学生的影响作用巨大。当今社会正处于信息化、全球化、后现代的浪潮之中,我国的教育正处于从近代形态的学校教育向现代形态的学校教育转型之中,班主任群体在自身的班级教育工作中面临新的问题和挑战,不仅要求班主任对自己的工作要有更全面、更深刻的认识,而且要求班主任要不断加强自我完善,提高自己的理论修养;更要求在新形势下加强对班主任工作及其队伍建设的研究,以期不断提高班主任队伍的整体素质,促进班主任工作水平的整体提升。

第一节 班主任概述

一、班主任的由来

班主任是随班级授课制的出现而产生和设置的一种学校教育工作岗位的称谓。在我国不同历史时期,班主任作为一个班级直接的教育者、组织者、管理者,在职能基本不变的情况下,其称谓有所不同。1904年清政府公布的《奏定学堂章程》中规定:"小学各年级置本科正教员一人","通教科目","任教授学生之功课,且掌所属之职务"。在学堂设置"学监",负责学生的品行教育工作,后又改为"管理员"、"主任教员",这是我国班主任工作的开始。1932年国民党统治时期,中学设立级任制,1938年以后,又改名为导师制,每一个年级设一名导师或一个班级设一名班导师,负责全年级各班或一个班级的工作。新中国成立以后,我国受苏联班主任制的影响,将中小学原来的级任教师或导师一律改为班主任。

1952年国家颁布的《中学暂行规程(草案)》中明确规定:"中学每班设班主任一人,由校长在各级教员中选聘,在教导主任和副教导主任的领导下,负责联系本班各科教员,指导学生生活和学习。"从此,在我国的普通教育系统中正式确立了班主任制,并且班主任的名称一直沿用至今。由于受西方强调学生自治观念的影响,有的地方曾一度在中小学把班主任改名为辅导员,其职能也有一定的变化;在"文化大革命"时期,有的学校把学生按军队的班、排、连进行编制,把班主任相应改为班长、排长、连长。由于这些做法不符合我国学校教育和学生的实际情况,实行一段时间后又恢复了班主任制度。1988年国家又颁布实施了《中学班主任工作暂行规定》、《小学班主任工作暂行规定》,又强调了中小学班主任工作的重要性,同时也使班主任工作更加规范化,班主任制度得到进一步的巩固和完善。目前全国有中小学班主任500多万,组织、领导、教育着占全国人口近1/5的中、小学生,在学校教育工作中发挥着极其重要的作用。

二、班主任的地位和作用

(一)班主任是学生主动健康成长的教育者

从小学到中学是一个人从幼稚无知走向成熟的过渡阶段,这一阶段可塑性极大,更需要班主任的引导、教诲,而关心和引导学生主动健康成长是每一个教师的职责。学校教育实践证明，教育人、塑造人是一项细致、复杂的工程，要完成育人的宏大工程，需要专门的负责人，这个负责人就是班主任。他们类似于建筑工程项目的"施工员"、"项目经理"，对这一工程项目负具体的责任，进行全面的关心和指导。

（二）班主任是班集体的组织者和领导者

几十个学生编成一个教学班，从形式上看，好像已经是个集体了。但是，要建设成为真正的班集体，还需要教育工作者尤其是班主任付出艰辛的劳动。如：建立和完善班集体的组织机构，指导开展各种活动，形成良好的舆论氛围、良好的班风和团结友爱、奋发向上的班集体等。在班集体的建设中，班主任负有组织者和领导者的责任，应当按照班集体的形成、发展的规律和本班的实际情况深入地做好工作。

（三）班主任是联系任课教师和团队组织的纽带

一个班级中有好几位任课教师，学生的成长进步是多位教师努力的结果。每位教师的教学方法、思想方法不尽相同，对学生的看法和要求也可能有所差异，即使他们都有良好的教育愿望，也不免有用力不一的地方和时候，这就需要班主任主动与任课教师加强联系，搞好教育上的协调配合。在学校教育系统中，团队组织、学生会和其他课外活动组织，对学生的健康成长和素质提高也起着重要的作用。假如没有班主任去协调联系，这些组织活动是难以展开的。

（四）班主任是沟通学校与家庭、学校与社会的桥梁

学校教育应具有开放性的特征，学校教育诸要素要与外部环境进行信息交流，而班主任是处于这种开放、交流的前哨。实际上，我们国家正在采取多种措施，以使学校德育与全社会的精神文明建设一起发展，相互促进。例如，建立社区教育委员会一类的组织，以组织、协调社会各界支持、关心学校工作，优化社会教育环境，开办家长学校等。其中，班主任在学校—家庭、学校—社会这一立体式的教育模式构建中，扮演着重要角色。

三、班主任的工作任务和职责

（一）班主任的工作任务

具体而言，班主任工作的基本任务主要有以下六个方面：

（1）管理班级：① 对学生学习的管理，如上课、课外作业、考试、自学等。② 对学生生活纪律的管理，如考勤、遵纪守规、清洁卫生等。③ 班级组织建设，如班团干部的选拔与培养、班团干部工作的指导等。④ 班级活动的设计组织与实施，如班级工作计划的制订、主题班团活动的设计组织与实施等。⑤ 班级评价，如学生的评价、学期总评、单项活动的评价等。⑥ 偶发事件的处理等。

（2）教育影响学生：对学生进行思想政治、伦理道德、行为规范、身心健康、人际交往、礼仪规范等方面的教育，且真正落实到培养学生立志、修身、成长、进取、创新和适应社会等方面。

（3）协调好任课教师关系。

（4）沟通家长、联系社区。

（5）身体力行，服务学生：关心、体察每个学生的冷暖安康，关心他们学习、生活及成长过程中的每一个环节，关注他们的心理健康，提升学生的个人修养和学习水平。

（6）组织和指导学生参加社会实践活动。

（二）班主任工作的主要职责

（1）对学生进行思想政治教育和德育教育，保护学生的身心健康。教育学生热爱社会主义祖国，逐步树立为人民服务的思想和为实现社会主义现代化而奋斗的志向，培养社会主义道德品质，遵守学生日常行为规范。特别要强调着重培养学生的道德品质和良好的学习习惯、劳动习惯、文明行为习惯。

（2）教育学生努力完成学习任务。会同各科教师，教育、帮助学生明确学习目的，端正学习态度，掌握正确的学习方法，培养学生合作、探究、创新的学习精神，提高学习成绩。

（3）教育指导学生参加学校规定的各种劳动，坚持体育锻炼，养成良好的劳动习惯、生活习惯和卫生习惯。

（4）关心学生的课外生活。指导学生参加各种有益于身心健康的科技、文娱和社会活动；鼓励学生发展正当的兴趣和特长。

（5）进行日常管理。建立班级常规，指导班（队）委会工作，培养学生干部，提高学生的自理能力，把班级建设成为奋发向上、团结友爱的集体。

（6）负责联系和组织本班教师，商讨本班的教育工作，互通情况，协调各种活动和课业负担。

（7）做好本班学生思想评定和有关奖惩工作。

（8）经常与本班学生家长联系和沟通，定期召开不同形式的家长会，争取家长和社会有关方面的配合，共同做好学生教育工作。

第二节 班主任如何了解和研究学生

班主任要做好班级教育与管理工作,必须学会了解与研究学生。它是转变学生思想,调动学生学习积极性和主动性的必要基础,是开展班级教育工作和建设良好班集体的前提条件,是理解学生、建立新型师生关系的关键。班主任如果对班级学生的情况不了解,那么班主任工作就会事倍功半,就要经受挫折,甚至失败。因此,要做好班主任工作,班主任就必须认真了解和研究学生。

一、了解和研究学生的意义

(一)了解和研究学生是教育学生的前提

了解和研究学生是教育好学生的前提。班主任要真正教育好每个学生是不容易的,即使天天与学生在一起,如果事先没有明确的目的要求,没有正确的指导思想,或与学生的关系不融洽,是很难真正了解学生的,更谈不上科学地教育好学生。因此,班主任只有真正全面地了解和研究学生才能调动学生的积极性在班集体中的作用,才能有的放矢地对学生进行有效的教育和管理。

教育即育人,班主任工作千头万绪,其宗旨就是育人。而班主任工作的对象就是班级内几十名朝气蓬勃的青少年学生,他们的兴趣爱好、思想心态、健康状况、生活环境等都不一样,人人各异,复杂多变。班主任只有及时了解学生各方面的情况,才能及时发现学生的不良倾向和错误苗头,防患于未然,或者把问题消灭在萌芽状态。对学生的情况掌握得越清楚,工作就越主动,针对性就越强,教育才能收到实效。班主任如果对班级学生缺乏全面的了解,就将失去教育和转化学生的可靠基础。了解学生、研究学生的过程也是教育学生的过程。了解学生、研究学生不是目的,而是教育手段。因此,班主任要把了解学生、研究学生与教育学生紧密结合起来,在了解学生、研究学生的过程中教育学生,在教育学生的过程中进一步加深对学生的了解与研究。

(二)了解和研究学生是做好班主任工作的先决条件

没有对学生的深入了解和研究,是不可能做好班主任工作的。毛泽东指出:"不论做什么事,不懂得那件事的情形,它的性质,它和它以外的事情的关联,就不知道那件事的规律,就不知道如何去做,就不能做好那件事。"班主任工作也是如此,如果不了解班级的情况,不研究班级学生的特点,就不能掌握班级教育工

作的规律和特点,就不能做好班级教育工作。为了充分发挥学生的潜能,逐步形成班级教育工作的特色,班主任必须本着对学生全面负责的精神,经常及时而全面地了解和研究学生的情况,这样才能从学生的身心发展特点出发做好班主任工作。为更好地了解学生、研究学生,班主任必须注意以下几点:

1. 对学生要充满爱心

要想了解和研究学生,班主任就要热爱学生,这也是教师应遵循的最基本的道德。从学生的心理需要来讲,爱也是他们最渴望得到的东西。学生渴望在充满爱心的环境中成长。班主任如果能以发自内心的爱对待学生,那么学生就会把你作为知心朋友,有什么心事就会向你诉说,你也会从中了解他们的性格特点以及在日常学习、生活中的兴趣、爱好等,从而寻找出最佳的教育方法。

2. 要善于观察学生

在日常的学习和生活中,学生的思想变化必然通过他们的言行表现出来。因此,班主任要洞悉学生的内心世界,就要善于对学生进行长时间的不动声色的观察,并进行多方面的验证。在对学生进行观察时要注意有目的、有计划、有针对性地进行,切忌主观臆断,以免对学生的心灵造成伤害。

3. 要熟悉每个学生

要真正全面而有效地了解学生、研究学生,班主任一定要抽出时间接近学生。如果班主任总是以尊者形象出现在学生面前,那么即使是一个学期、一个学年也难以熟悉自己的学生,更谈不上结合实际对学生进行教育。因此,班主任要利用各种机会,在尽可能短的时间内熟悉每一个学生各方面的情况,把握他们的性格特征、兴趣爱好等,这样就能够顺利地对学生开展各方面的教育工作。

4. 要与学生交心

班主任必须经常深入到学生的学习、生活中去,与学生广泛接触,了解他们的内心世界、思想动态,做他们的知心朋友,帮助他们克服学习生活中的困难。班主任与学生交心要善于选择方式、技巧以及态度,并且营造恰当的气氛,在与学生交心的过程中达到了解学生、研究学生的目的。

5. 要争取家庭和社会的配合

为了更好地了解和研究学生,就不可忽视外界因素对学生的影响。作为班主任就要向家长、任课教师以及社会有关人士做一些调查,及时了解情况,争取各方面的配合,找到恰当的教育学生的方法,以迅速而有效地提高班主任工作水平。

(三)了解和研究学生是建立新型师生关系的关键

了解学生、研究学生有利于建立民主、平等、对话与合作的新型师生关系,为教育学生创造最佳的氛围。教师了解学生越深入,包含关心和理解的信息量越大，学生就越信任和尊敬教师。教育是一种艺术，艺术的魅力在于情感。师生关系密切，情感交融，教育的效果就会更佳。古人云，"亲其师，信其道"，就是这个道理。有经验的班主任都有这样的体会：了解、帮助后进生，需要花费大量的时间和心血，一旦他们取得进步后，师生关系将超乎一般的亲近和信赖，甚至终生不会消失。在改革开放的新形势下，由于各种社会信息和社会思想的影响，当代青年学生在思想意识和行为作风方面形成了一些新的特点。班主任如果不了解学生，不研究学生，习惯于旧的一套观念和做法，往往会加深师生之间的矛盾，影响彼此之间的理解和信任。班主任如果认真了解和研究学生心灵变化的轨迹和趋向，就会理解学生，并积极地引导学生，帮助学生树立正确的人生观、世界观与价值观，从而更容易建立起民主、平等、对话与合作的新型师生关系。

（四）了解和研究学生是班主任自我完善的必要环节

班主任了解和研究学生不仅能更好地教育学生，而且也能使自己不断得到充实和完善。班主任全面了解与研究学生时，总是尽力去寻找学生身上美好的东西。这不仅是培养学生身心健康发展的基础，而且也是班主任接受教育、吸收营养的好机会。现代青少年思维的求异性、创造性，进取向上、刻苦努力的好学精神以及所具有的多方面的知识等，均是值得班主任学习与研究的。当了解到不同学生身上存在的弱点和不足时，班主任一方面可以此对照自我，反省自己的工作，促使自己不断完善；另一方面也可以通过寻找原因，制订计划，有针对性地开展工作，帮助学生扬长避短，并从中看到教育的力量，体验到塑造人的喜悦。班主任倘若做到全班一盘棋，对学生了如指掌，对各项工作的实施做到心中有数，就会增强班主任工作的热情和教育的自信心，提高班主任工作的水平。

二、了解和研究学生的基本要求

（一）全面性

全面性就是班主任要全面地看待学生，既看到学生的优点，也看到学生的不足；既看到学生在校内的表现，也要看到学生在校外的表现。要全面地了解和研究学生，必须注意以下几点：

1. 了解和研究的对象应是全班学生

不但要了解和研究优秀学生、中等学生，同时，也不能忽略后进学生。尽管对他们的了解和研究可以有先有后，但必须力求全面。

2. 了解和研究学生各方面的情况

班主任依照教育目标，对学生在德、智、体、美诸方面都要进行全面的了解与研究。如在德育方面，就要研究学生的爱国主义精神和国际主义精神、遵纪守法的观念、道德品质和日常行为习惯，以及其他方面的情况。

3. 了解和研究学生在校内外的各种表现

班主任不仅要了解和研究学生在学校的表现,而且还要了解和研究学生在家庭和社会上的表现。例如,学生在学校的思想状况、心理特点、学习情况,等等;学生在校外的各种表现,如学生对父母的态度,是否帮助父母做家务,对社会活动和社会工作的热心程度,等等。

(二) 经常性

经常性就是要把了解和研究学生作为班主任的常规工作,充分利用一切场合条件,做到常抓不懈。由于学生正处在生理、心理发展变化相对迅猛的阶段,在德、智、体、美各方面发生的变化是迅速的。因此,班主任对学生的了解和研究就不可能一劳永逸。要做到经常地了解和研究学生,就要有计划性。从内容上讲,先了解和分析什么,后了解和分析什么,要妥善安排,相互有联系地进行;从时间上讲,一个学期、一个阶段应各有侧重地逐步进行;从对象上讲,先了解和分析哪些学生,后了解和分析哪些学生,可以根据不同内容、不同阶段分批进行。

(三) 及时性

及时性是指班主任在了解和研究学生的过程中,必须及时对学生的基本情况进行研究和分析。中小学生的身心发展处于迅速发展阶段,如果不及时了解和研究学生,就可能会失去许多教育机会。"及时"意味着要对所掌握的学生情况迅速进行分析,要善于发现苗头,捕捉到最佳的教育时机。对于一个班级或某一学生个体,对于各个不同的发展阶段或不同的问题都应如此。即先要及时发现并抓住出现的一些苗头,然后加以引导,这样可以防微杜渐,创造或捕捉教育的最佳时机。

(四) 发展性

发展性是指班主任要用发展的观点看待学生,既要看到学生的过去,也要看到学生的今天,还要预见学生的明天。中小学生的世界观尚未形成,可塑性很大。班主任如果总是用静止和片面的观点去看待学生,就不可能发现学生身上的闪光点,看不到学生的真正进步,忽略学生身上的积极因素。这样班主任就可能失去真正了解和研究学生的机会,使班主任工作陷于被动。因此,在了解和研究学生的过程中,班主任应树立发展的观点。比如班主任应看到优秀学生和后进学生都是发展变化的,如果看不到这一点就不能及时地帮助和鼓励后进生,也不能及时发现优秀学生身上存在的问题、防患于未然。

三、了解和研究学生的内容

班主任了解和研究学生的内容应该是多方面的,既要有广度,也要有深度;既有需要一般了解和研究的内容,又要有必须深入了解和研究的深层次的内容。

班主任了解和研究学生的主要内容如下:

(一) 学生班级整体情况

学生班级整体情况主要包括以下内容:

1. 班级学生的基本情况

主要包括:学生总人数、男女学生比例;学生的姓名、性别、年龄、来源情况;学生家庭住址及家长职业、文化程度、学生家庭的结构、学生在家庭中的排行和地位、独生子女比例;家庭的物质条件、平均生活费用,等等。

2. 班级学生的思想品德情况

主要包括:少先队的组织与活动状况;团员比例、团支部思想状况和工作状况;思想品德、行为习惯表现的情况,如爱国主义和国际主义的情感、集体主义精神、劳动态度和习惯以及文明礼貌行为,等等。

3. 班级学生的学习状况

主要包括:学生的学习目的、学习态度、学习方法、学习习惯、学习风气;学业方面的优势和弱点、各科成绩及平均成绩;学生智力和能力发展水平;优秀生、中等生和后进生的情况以及人数比例,等等。

4. 班级学生的身体素质和健康方面的情况

主要包括:学生身体有慢性疾病、体弱多病的、残疾的学生的人数及比例;学生集体成员的卫生习惯;体育锻炼的情况以及体育"达标"的比率;学生心理健康状况,如焦虑、紧张、忧郁、恐惧、消沉、敌对等心理障碍表现情况,等等。

5. 班集体发展的状况

主要包括:学生对班集体目标的确认并为之达成的努力状况;学生干部队伍的状况;学生自己管理班集体的状况;班级中人际关系状况;自然群体及其对班集体影响的情况;班集体规章制度的建立和执行情况;班集体的凝聚力状况,等等。

(二) 学生个人情况

学生个人的情况主要包括以下内容:

1. 学生思想品德情况

主要包括:对祖国、对社会主义的态度和情感,对国内外时事的兴趣;对人的态度(尊重、礼貌、诚实等),在公共场所的文明行为;对劳动、社会活动和社会工作的热心程度;集体观念和遵守纪律的情况,等等。

2. 学生学习情况

主要包括:学生学习目的是否明确,学习时间的安排,学习方法、学习态度、学习习惯以及智力发展的状况;哪门学科最感兴趣或最感头痛;学生分析问题和解决问题能力的培养情况;学习效果、作业完成情况以及学习方面存在的问题,

等等。

3. 学生的身体健康状况

主要包括：身体发育情况，包括体形、心跳血压、肺活量、用脑卫生等内脏机能情况和性发育情况；对体育锻炼的态度和习惯及体育"达标"情况；个人生活卫生习惯，等等。

4. 学生的个性心理特征

主要包括：学生的兴趣爱好或特长，注意的特点、思维的品质、能力发展状况；性格类型特征、气质类型状况；意志力的强弱，等等。

5. 学生的成长经历

班主任不仅要了解学生的现实情况，还要了解学生的成长经历。主要包括：学生从幼儿园、小学、中学不同阶段的成长情况，了解与学生成长密切相关并将继续产生影响的人和事，从中找出促进学生一生健康发展的有利因素。

6. 学生家庭的具体情况

主要包括：家长对孩子最关心的是什么；家长对孩子教育的态度和方法；孩子对家长的关心和对家庭教育的态度；在家里的劳动习惯、餐饮状况和生活习惯；学生与近邻及亲戚的关系，等等。

四、了解和研究学生的方法

卢梭在《爱弥儿》一书中说："你必须在好好地了解了你的学生之后，才能对他说第一句话……"在班主任工作中，作为班主任，了解学生、研究学生是首要问题。因为只有全面了解和研究学生的性格特点、心理状况、兴趣爱好，才能更好地教育学生。为了全面准确地了解和研究学生，可采用以下几种方法：

(一) 观察法

观察法是人们在不加控制的自然状态下，有目的、有计划地对客观对象进行直接感知和观察的一种方法。观察法是班主任了解和研究学生的一种最常用、最基本的方法。运用观察法可以直接了解班集体和学生个体的言论和行为，为教育、管理和培养班集体提供前提。学生的内心世界是很难直接看到的，但班主任在学生学习、劳动和各种活动中可以通过观察学生的实际表现，间接地发现他们的内心活动，从而分析不同性格、各具特点的学生之间的细微差异。

运用观察法的要求：

第一，在教学过程中对学生进行观察。主要了解学生课堂上的真实表现，如是否遵守纪律、积极发言、学科兴趣和注意集中程度、独立作业和预习的习惯、学习能力水平及能否帮助其他同学，等等。

第二，通过班集体组织的各种活动观察学生。在各种班集体活动中，注意观察学生在活动中的表现,从而达到了解学生的目的。如在组织班集体文娱联欢活动中,观察哪些学生的组织能力比较强,哪些学生有文娱方面的特长;通过组织班集体体育活动,可以发现体育活动积极分子和体育尖子;在游戏、散步、参观、小组活动、班会以及团队活动中可以获得学生的许多重要信息,如个人与班集体的关系、各种个性心理品质,以及个人的特长和闪光点,等等。

第三,通过日常生活观察学生。在日常生活中可以观察学生的言语行为表现,了解学生的兴趣爱好、学生的思想品德和活动能力、学生对学习的态度以及自我约束能力、学生的服饰打扮和情绪情感的变化,等等。这些现象看似平常,但常常是发生问题的征兆。班主任要以敏锐的观察力,抓住时机,采取有效的方法及时加以指导和教育。

班主任要进行有效的观察,获得各种观察信息,还必须注意以下几点:

第一,观察要有目的性和计划性。观察者必须制订观察计划,确定观察对象、目的、范围、时间和地点,使观察和有意注意结合起来,以达到观察的目的。

第二,坚持观察的客观性。观察要有实事求是的科学态度,尽量排除一切主观因素的干扰,不带任何成见和偏见,不把主观推测和客观事实相混淆。对观察到的事实材料要如实记录,不遗漏,并注意对观察材料进行验证和分析。

第三,坚持观察的全面性。应通过各种渠道对研究对象进行全面观察和系统分析,包括观察对象的各个方面的情况,不能只见树木,不见森林。

第四,创造良好的新型师生关系。班主任要努力创造一种民主、平等、对话与合作的新型师生关系,以获得准确而全面的观察信息。在观察过程中,当观察对象意识到自己在接受观察时,就可能预先给予观察者一定的反应,可能使观察材料不全面、不准确。在这种情况下,观察者应设法与被观察者建立良好的关系,消除他们对观察者的陌生感和戒备心理,尽量保持被观察对象的常态,排除各种可能的干扰和影响。

(二)谈话法

谈话法是班主任有目的、有计划、有准备地与学生通过问答方式进行直接交谈,对学生进行具体分析并确定教育方案,从中了解学生情况的一种方法。如果说观察法主要是了解学生的外部表现,那么谈话法则是通过与学生的交流与沟通,有意识地、主动地了解和掌握他们的思想动态。班主任只有善于与学生谈话,善于与学生交流与沟通,才能真正了解学生。谈话法往往和观察法配合使用,以便更主动地了解学生的思想活动情况,了解学生的道德观念、理想追求,了解学生的性格特长。

运用谈话法的要求:

第一,谈话前要有准备。班主任找学生谈话,不能心血来潮,随心所欲,毫无准备。谈话前要认真做好调研工作,要对谈话对象的思想、心理、问题的原因以及社会、家庭、学习生活环境等做到心中有数。"知彼知己,百战不殆"。根据"一把钥匙开一把锁"的原理,制订谈话方案,选择最好的谈话方法。

第二,要明确谈话的目的和内容。班主任应针对不同的谈话对象,组织不同的语言,认真考虑谈话的目的、内容和方式方法,提高谈话的针对性,切忌大话、空话、套话。班主任的谈话内容应能唤起学生心理上的亲切感,帮助学生树立自信心,并逐步引导学生追求更高的目标。

第三,要尊重学生的个性差异。班主任应多分析学生的年龄特征和个性特征,找准谈话的心理切入点。依据学生的生活背景、兴趣爱好、思想认识水平,最大限度地引起学生的心理共鸣。如对开朗直率、倔强的学生,坦诚相见,不拐弯抹角;对心胸狭窄、性情孤僻、少言寡语而又要强的学生,从培养情感、换位思考、了解根源着手,采用含蓄的方法,多引导少指责,多激励少批评;对性格粗暴、情绪激动的学生应先避其锋芒,让他诉尽心中"不快",在情绪稳定后,采用迂回战术,加强疏导;对于有特长但自尊心强的学生,则应在肯定优点的同时,抓住关键,分析利害,决不迁就,等等。

第四,谈话要入情入理。唯有入情,方能动人,唯有入理,方能服人。班主任在和学生谈话时,要融理情于言谈之中,用"情"来叩开学生的心灵之窗,用"理"来感化学生的纯真之心。在与学生谈话的过程中,班主任要循循善诱,帮助学生明白道理,使学生真正意识到问题的症结所在,这样才能有的放矢地解决问题。在促使学生知晓道理的基础上,再以情感作为铺垫,用真情去感动学生。如果学生既能够通晓道理,又能受其情的感染,成功的谈话就会出现。

为了增进谈话的有效性,必须注意以下谈话技巧:

第一,尊重信任学生。谈话时一定要平等、诚恳地对待学生,切不可以居高临下的姿态、教训人的面孔出现在学生面前,也不能虚情假意,愚弄学生。班主任只有尊重信任学生,才能赢得学生的尊重,增加自己的影响力。谈话前要认真准备,准备不足是缺乏诚意的表现,也是对学生的不尊重;谈话时要推心置腹,对工作中的失误要勇于自我批评,既不掩盖矛盾也不推卸责任;对学生提出的要求必须做实事求是的分析,提出切实可行的方案,切不可乱拍胸脯、随便许诺,也不可故意推诿、刁难学生。

第二,注意倾听。倾听是谈话获得反馈信息的重要方式,班主任一定要重视倾听技巧,注意聆听学生的意见。倾听可以消除沟通障碍,提高沟通的心理水平。仔细倾听表示对对方的关注和尊重,能激发对方发表意见的愿望并启发对方讲真话。如果对方不愿谈或不讲真话,那么谈话就达不到信息交流的目的。

第三,把握谈话时机。把握谈话时机,要求班主任平时要仔细观察学生的动机、态度、情感、需要、能力、性格等心理特点,准确把握学生的心态。当学生遇到学习和生活上的困难、情绪波动较大时,班主任应及时主动地找学生谈心,诚心诚意地帮助学生解决困难,稳定学生情绪;当学生出现失误时,应及时找学生谈话,以平等诚恳的态度帮助学生分析原因,寻找对策,提出改进方案;当学生有不同意见、出现"不满"情绪时,班主任要适时地召集学生,通过集体讨论,私下访谈,虚心而耐心地听取反面意见,并认真分析。这样不仅可以达到真正了解学生的目的,也有利于提高班主任的威信。

第四,选择谈话地点。同样一句话,在不同的环境中,对人的影响也不一样。人们对情景的认知影响人们的心理及行为反应,因此,谈话必须根据谈话内容选择恰当的地点。例如,内容庄重严肃的谈话宜在正式场合进行,以引起对方的重视;内容亲切的谈话可以在轻松的环境中边散步边谈;有些特殊内容的谈话可以在登门拜访时谈,显示对学生的尊重,有助于发挥班主任工作的主动性。

第五,运用非言语行为。非言语行为包括目光注视、面部表情、身体姿势、声音特质、空间距离、衣着步态等。非言语行为在谈话中有加强言语意义、表达情感、实现反馈等作用。由于非言语行为不仅能对言语内容做修正补充,而且很多时候还能比言语交流更生动、更直接、更准确地表达所谈内容。因此,谈话中必须注意非言语行为的运用。

(三)书面材料分析法

书面材料分析法是指班主任在了解学生、研究学生情况时,借助有关班集体学生的各种书面材料来获取有关学生的信息,从而对学生的思想、学习、品德、生活态度、个人爱好、班集体基本状况进行间接了解的一种方法。该方法是班主任初步认识班集体,了解学生基本情况的最简易的方法。掌握这一方法,不仅表现为善于从文字材料中提炼信息,而且还表现为能够以发展的眼光预见学生未来的发展趋势。学生的书面材料是班主任了解和研究学生的有力凭证,如入学登记表、作业、日记、答卷、笔记、班级日志、体检表、成绩通知单以及记载学生情况的各种表格,都是了解和研究学生的重要书面材料。

研究学生的书面材料要建立在对学生尊重、信赖的基础上。发现问题要认真研究其产生的原因,找出解决问题的办法。对此,班主任可以采用让学生写周记的方法,从学生所反映的情况中及时发现问题,并采取相应的措施处理好问题。另外,通过与学生一段时间的交往和接触,班主任可要求学生用书面的形式谈谈对班主任的看法,包括:对班主任的印象,对班主任的一些意见、建议,等等,从中发现自己平时工作中的一些不足以及有待于改进的地方,为今后的班主任工作起到一定的导向作用。

在了解和分析学生的书面材料时应注意以下几点:

第一,书面材料的适用范围。书面材料记录的是学生过去的情况,只能说明过去。因此,班主任既要注重对书面材料的分析,又不能把书面材料作为了解和研究学生的唯一依据,尤其不能受书面材料的束缚。

第二,要有全面的观点。书面材料所记录的只是学生某些方面的情况,而有些情况,一般书面材料是反映不出来的。因此,书面材料的内容还有待于核实,或有待于做必要的更正和补充。

第三,注意学生书面材料的收集。班主任要做一个有心人,在平时工作中,要不断积累丰富的、有价值的、较全面的书面材料。

第四,要注意与其他方法配合使用。班主任要注意把书面材料分析法与观察法、谈话法、问卷调查法以及其他方法结合起来,以便使获得的信息更全面、更客观、更真实。

(四)问卷调查法

问卷调查法是研究者通过事先设计好的问题来获取有关信息和资料的一种方法。研究者以书面形式给出一系列与所要研究的目的有关的问题,让被调查者做出回答,通过对问题答案的回收、整理、分析,获取有关信息。问卷调查法也是班主任了解学生、研究学生的常用方法。

问卷调查法的优点:

第一,具有客观性。学生有充分考虑的时间,不受别人干扰,并自由地表达意见,其结果较为可靠;问卷调查一般不要求调查对象在问卷上署名,采用报刊和邮寄方式进行问卷调查,更增加了其匿名性。它有利于调查对象无所顾忌地表达自己的真实情况和想法。特别是当问卷内容中涉及一些较为敏感的问题和个人隐私时,在非匿名状态下,调查对象往往不愿意表达自己的真实情况和想法。

第二,具有高效性。问卷调查之所以被广泛使用,最大的优点是它的简便易行,经济节省。收集学生的信息,可不受人数限制,因此,抽样范围较广;在时间、经费方面,也比直接调查访问更为经济。问卷调查无需调查人员逐人或逐户地收集资料,既可采用团体方式进行,又可通过邮寄发放问卷;有的还直接在报刊上登出问卷,这对调查双方来说都省时省力,可以在很短时间内同时调查很多人。因此,问卷调查具有很高的效率。

第三,具有统一性。问卷调查对所有的被调查者都是以同一种问卷的提问、回答的形式和内容进行询问,这样有利于了解某种社会同质性的被调查者的平均趋势与一般情况,又可以对某种社会异质性的被调查者的情况进行比较分析。

第四,具有广泛性。问卷调查不受人数的限制,调查的人数可以较多,因而涉及的范围较大。同时,调查者在访问时不能直接询问,或不容易得到正确回答的事项,皆可从学生的问卷上得到较为满意与可靠的答案。

问卷调查法的局限为:

第一,问卷本身缺乏弹性。问卷中大部分问题的答案由问卷设计者预先划定了有限的范围,缺乏弹性,这使得调查对象的作答受到限制,从而可能遗漏一些更为深层、细致的信息。特别是对于一些较为复杂的问题,靠简单的填答难以获得研究所需要的丰富材料。问卷对设计要求比较高,如果在设计上出了一些问题,调查一旦进行便无法补救。

第二,问卷的可靠性难以保证。所选样本,若不能代表学生集体的意见,其结果将不可靠。如果问题含糊不清,便不能得到准确的回答,使问卷的可靠性降低;有些事情非常复杂,不能用问卷的简单问答来表明,这也影响问卷的可靠性;如果问题设计不理想时,则有关答案会散漫零乱,不易整理,且难以应用统计方法分析和对结果进行科学解释,自然不能保证结果的可靠性;当学生不合作、言不由衷时,所得结果也会不可靠。

第三,问卷的结果容易误解。问卷发放后由调查对象自由作答,调查者为了避免引起调查对象的顾虑,不当场检查被调查者的填答方式是否正确或是否有遗漏,这就不可避免地出现一些被调查者漏答、错答或回避回答一些问题的现象。

第四,问卷的回收率和有效率不高。在问卷调查中,问卷的回收率和有效率必须保证一定的比率,否则,会影响到调查资料的代表性和价值。邮寄发出问卷的寄还,要靠调查对象的自觉和自愿,没有任何约束,所以往往回收率和有效率不高,这就对样本所要求的数量造成一定的影响。

(五) 人际关系测量法

目前,在测量班级人际关系方面,应用较多的方法是美国莫雷诺的社会测量法和苏联心理学家彼得罗夫斯基的参照测量法及心理距离测量法。

1. 社会测量法

社会测量法是20世纪30年代美国精神病学家、社会心理学家J.L.莫雷诺提出的一种测量群体内人际吸引和排斥的方法。莫雷诺所提出的人际关系类型有六种(孤单型、双人型、三角型、链状型、星状型、网状型)。这种测量法的具体步骤是向群体成员提出问题,让他们回答。例如,"请你提出你所在的团体里三个最喜欢同他们在一起工作的人,并按喜欢的程度顺次排列","如果你们单位要派几个人出去学习,你最喜欢和谁一起去,其次喜欢和谁一起去",等等。通过这种提问,群体内每个成员都选出了自己喜欢与之一起从事某种活动的一些人,也选出了自己不喜欢与之一起活动的一些人。对于所得结果,可以采取两种方法进行处理:一种是画出人际关系矩阵表,这是一种根据群体内总人数n而制成的

$n \times n$ 的行列表,表内记入各成员的选择结果,用分数表示喜欢或不喜欢的程度。例如,最喜欢为3分,其次的记2分,第三位的记1分;最不喜欢的记—3分,其次的记—2分,第三位的记—1分。这样,就可以从表上数字相加的结果一目了然地知道该群体内人际关系的情况。它既反映了群体内各个成员之间的吸引或排斥程度,也反映了该群体内谁最受欢迎,谁最不受欢迎。另一种处理结果的方法是画人际关系图。图中每一小圆圈表示一个人,圆圈间的实线箭头表示一方对另一方的肯定关系,虚线箭头表示否定关系。

班主任通过社会测量法对班级内人际关系进行测定,可以了解班级中各种人际关系的基本状况,为做好班主任工作提供重要依据。

2. 参照测量法

彼得罗夫斯基认为,人际关系中最重要的是了解个人之间相互选择的动机。动机才是人际关系中的心理机制。但是如果直接询问人们的动机如何,难以获得真实可靠的材料。他还认为,在群体中,人们最喜欢的人不一定就是群体中最能发挥作用的人。于是他提出了参照测量法,认为可以通过这种方法了解群体中的一些有权威的人物。

这种方法也可以运用于班级人际关系测量中,其运用过程一般可以分为四个步骤:

第一,班主任可以用问卷的方式,要求班级的成员互相进行评价。

第二,为每一个成员准备一个大信封。把其他成员对该同学的全部评价都集中放入大信封内。

第三,让各成员知道别人是如何评价自己的。但不允许本人看信封内全部的评价资料,只允许看其中一部分人对他的评价资料。如果是一个30人到40人的班级,就只允许本人看其中3人到4人对他的评价资料。至于要看哪些人的评价资料,可由每个成员自己选择。于是,每个成员都将要提出他心目中最有威信、最有影响、最有见解和最公正的同学的名字。他们认为这些人对自己的评价才是最重要的。

第四,班主任可以通过每个学生的提名,从中发现在这个班级中哪些人最受尊重和信任,哪些同学在大家的心理上影响最大。被提名的次数最多的同学,一般来说,可能就是这个班级中最有影响的学生。

研究表明,运用社会测量法和参照测量法所揭示出来的、被大家集中选择的对象是不一致的。有些材料发现,用社会测量法所反映出来的被排斥的人,有时恰是用参照测量法所揭示出来的有威信的人物。这些人虽然不被喜爱,但有能力、有见解,很多同学都重视这些人对自己的评价。

参照测量法的巧妙之处在于隐去了真实的目的,人们在不知不觉之中流露出了自己真实的动机,从而使得到的材料比较真实可靠。但是,如果班级人数太多,要求一个人对每个成员都做出评价,费时太多,改进的方法是可以采用多重选择法来进行评价。

3. 心理距离测量法

这种方法采用九等级的心理距离测量量表。根据心理距离的远近,可分别用分数表示对某一同学的关系的好坏。如0分表示彼此关系不好不坏;1分表示彼此有好感,愿意合作;2分表示愿意主动合作,互相帮助;3分表示彼此是好朋友,并能自觉维护他们之间的友情;4分表示彼此心心相印,亲密无间。—1分表示彼此不很满意;—2分表示彼此有对立情绪;—3分表示彼此公开发生冲突;—4分表示彼此积怨很深,甚至可以采取报复手段。

评分之后,把每个同学所得分数进行合计,可以看出各自在班内的人际关系的一般情况,了解各自在班集体中的地位。这种测量方法可以为班主任调节班级人际关系提供一些参考资料,但不能把测量的分数绝对化。

第三节 班主任素质

一、班主任的素质及要求

班主任要能够胜任本职工作,必须在思想政治上立场要坚定,作风要端正;在对待教育工作上,要恪守职业道德,热爱教育,关心学生,严于律己,为人师表,关心集体,团结协作。同时,在知识、能力、心理等素质方面也有较高的要求。班主任工作的成效如何,很大程度上取决于班主任的知识、能力和心理素质的情况。因此,每个班主任都必须重视这些方面的素质的提高。

(一)具有坚定的思想政治素质

班主任坚定的思想政治素质包括:要有正确的政治立场,始终不渝地坚持党的四项基本原则,与时俱进地对学生进行德育;在教育管理学生工作中,要有鲜明正确的思想观点,正确理解并贯彻执行党的教育方针和各项政策,运用科学的观点和方法去分析、解决学生教育中存在的问题;要实事求是,具有民主精神,善于批评与自我批评,坚持公平公正等优良的思想作风等。

(二)能够恪守教师职业道德

教育事业是一项崇高的社会事业,它是通过培养人才来促进社会发展的。

作为班主任,要以一种积极的态度来从事教育劳动,忠诚于人民的教育事业;要有一种强烈的事业心和使命感。

在对待学生方面,班主任要热爱学生,诲人不倦。一要全面了解学生,全面关心学生的成长,做到教书育人,管理育人,服务育人;二要尊重学生,信任学生;三要对学生一视同仁,把爱的阳光洒向每一个学生;四要耐心不烦,循循善诱;五要严格要求学生,做到严出于爱,爱寓于严,严慈相济。

在自我要求方面,做到严于律己,为人师表。首先,班主任必须通过不断学习,积极参加道德实践活动,养成优良的道德品质和行为习惯。其次,要树立优良的学风和教风,做到谦虚谨慎,教学民主,教学相长,自觉遵守校规校纪。第三,语言文明、规范,衣着得体、整洁卫生,姿态自然端庄,待人热情礼貌,作风正派,等等。

在对待集体方面,班主任要具有关心集体、团结协作的精神。班主任要具有集体主义精神,首先要培养强烈的主人翁责任感,关心集体,热爱学校,把集体利益放在第一位,个人利益服从集体利益,为争取和维护学校集体利益与荣誉献计献策,勤奋工作。其次,要克服"文人相轻"、"同行相忌"等错误思想,热爱、尊重和关心同事。

(三) 具有广博的知识

1. 精深的专业知识

专业知识的深浅、多寡直接影响班主任的工作绩效。班主任不仅要在专业知识的外围不断地扩展,形成一定的"横向宽度";对专业知识的前沿也要不断有新的突破,形成一定的"纵向深度",从而使专业知识的容量不断增大,形成一定的"立向高度"。

2. 广博的基础知识

一名合格的班主任必须具有广博的相关科学知识。无论从事何种教学工作的班主任都要尽量做到文理渗透,知识广博。如从事文科教学的班主任要涉猎数、理、化、生物等自然科学知识;从事理科教学的班主任要懂得一些文、史、哲、法律、经济等社会科学知识;从事音、体、美教学的班主任也要懂得一些文理科知识。不仅如此,还要及时汲取当代科学发展的最新知识,及时调整、充实自己的知识结构。

3. 系统的教育科学知识

班主任必须精通班主任工作的理论和操作知识。一是要掌握心理学知识,尤其是关于青少年心理发展方面的知识,从而做到有的放矢地对学生进行卓有成效的教育。二是要掌握教育学的知识,除了掌握一般教学规律外,尤其要精通德育的内容、方法和规律,以及它们与其他教育内容、方法和规律的关系。三是要掌握管理学知识,尤其是有关学生管理工作的理论和应用知识。

(四) 具有一定的教育管理能力

1. 组织管理能力

组织管理好学生集体要求班主任必须具备相应的能力。一要有组建班集体所必需的能力,如挑选班干部、培养积极分子、凝聚全体学生的能力。二要有参与学生活动和指导学生活动的能力。三要有制订班级工作计划,提出班级可行奋斗方向、目标和具体程序的决策能力。四要有贯彻执行学校教育计划的能力和落实、督促检查、总结、评价工作的能力,以及提炼班级工作经验和理论研究的能力。五要有调节班内人际关系和班级关系的能力。六要有协调各种教育力量,疏通各种教育渠道的社交能力,等等。

2. 教育指导能力

现代社会师生关系趋于民主、平等、合作、对话,这要求班主任应具有良好的教育指导能力。这一能力主要体现在如下几方面:一是学习指导。班主任应指导学生掌握科学的学习方法,形成良好的学习习惯,培养学生的创造性学习能力。二是生活指导。班主任对学生的生活指导小至生活琐事,大至人生理想、事业追求,班主任要指导学生学会生活、科学地生活。三是心理指导。由于社会阅历浅、学习负担重、交往面狭窄,中小学生群体存在着较为普遍的心理问题,需要班主任给予青春期性心理、挫折心理、人格发展、人际交往等方面的指导。

3. 因材施教能力

每一个学生所处的环境和自身的因素都不尽相同,这就决定了他们的思想状况、学生成绩、心理品质等也存在着较大差异。班主任只有根据各自的特点做好每一个学生的教育工作,才能保证集体得到健康的发展。班主任因材施教的能力主要体现为:对心理品质不同的学生的施教能力;对学业、品德状况不同的学生加以科学地分类并在分类的基础上施加教育影响的能力;对不同性别学生的施教能力。

4. 工作协调能力

班主任应具有协调各种教育影响的能力,努力协调各任课教师的力量,使各科教师的影响形成一种合力;要善于协调班级团、队组织的力量,帮助他们制订工作计划,使之与班级工作互相配合、协调一致;善于协调学生家长的教育力量,使家庭教育成为学校教育的有力补充;与校外机关、团体、企业等建立经常性联系,以便将学校、家庭、社会各方面的教育力量拧成一股绳,并发挥学校教育的主导作用。

5. 语言表达能力

一个合格的班主任,应具有良好的表达影响能力。这是因为出色的语言表

达不仅是教学所必需的,在开展班主任工作、组织集体活动、对学生进行思想教育工作以及与学生的交往中都是不可缺少的。掌握语言表达的技巧,有助于班主任工作的开展,具体地说,班主任应具备以下三方面的表达影响能力:① 科学、严密、准确并富有感染力的口头表达影响能力。② 规范、通俗、条理清楚、符合逻辑的书面表达影响能力。③ 和谐自然、协调得体、端正大方的体态表达影响能力。

6. 教育应变能力

(1) 遇事要冷静、沉着、慎重。无论是面对发生在眼前的偶发事件,还是在偶发事件发生之后,作为一名班主任,首要一条就是要控制住自己的感情,约束住自己"即时反应"的言行。

【案例阅读 15-1】

上午第一堂课上课铃响过 20 分钟之后,一位从不迟到的学生才气喘吁吁地推门走进教室。这位学生从不迟到,问题出在昨天这个班有两名学生迟到,学校在课间操时间批评了这个班,这位班主任感到很丢面子,于是抓住今天这位学生便问:"你今天怎么迟到了?"这位学生低头回答:"我……吃饭晚了。"班主任说:"你吃饭晚了,你没吃菜碟子吗?"这位学生听了,白眼珠一翻,反问:"老师没吃菜碟子吗?"班主任火了:"你竟敢顶撞教师,我这个班不要你,你给我走!"这位学生白眼珠又一翻:"走就走!"说着,扭头跑出教室。这位班主任见这位学生真的走了,又加了一句,"你走了,就永远别回来!"这位学生听了,连头也没回,拔腿跑出校门。后来,这位学生一周没到校,每天吃早饭照样背着书包走出家门,但他不是去上学,而是到处闲逛,他不敢告诉家长,担心挨打。直到第七天家长才知道这件事,家长领学生找到班主任代孩子向班主任道歉,可这位学生说什么也不想再留在这个班。

面对班级中的偶发事件,班主任如果控制不住自己的感情,抑制不住自己的情绪激动,不约束自己的言行,立即采取批评、训斥、辱骂甚至动手与体罚,不但不会制止偶发事件,而且将会造成师生对立,给偶发事件的解决带来影响。案例中的这位班主任批评学生迟到无疑是正确的,但他没有控制住自己的情绪。可见,作为一名好班主任,加强自己的良好心理素质修养是何等重要,特别是面对偶发事件控制住自己的感情又是何等重要。

(2) 弄清事情真相、情节、根源和影响。学生中的偶发事件的出现总是有原因的,而且有的又比较复杂。班主任如果不做调查了解,不搞清其原因所在及事件发展的过程,就无从正确、妥善地处理,并且常常会出于武断而把事情弄糟,影响今后班主任工作的顺利开展。为此,作为一名班主任,面对偶发事件的第一步反应是控制自己的情绪,不激动、不发火;第二步是使学生冷静下来,不急于评价是非,不批评、不训斥;第三步是认真调查了解事件产生的原因及发展过程……只有做到这一点,才能采取正确的教育方法把事件解决好。

(3) 重教育,启发学生认识错误。在处理学生问题与事件时,班主任应充分考虑教育性原则,对事件处理的目的是要教育该事件的当事者以及集体中的每一个学生,使学生从事件中得到教训和启迪,从而更加完善整个班级工作。

7. 自我调控能力

班主任的自我调控能力是指班主任应具有调控个人心境、激情和情感的能力。班主任在学生面前应该始终处于最佳心理状态,以愉快乐观、奋发向上的精神状态去感染学生。当受到不良的情绪、情感侵袭时,班主任应该约束不良心境的蔓延,控制消极激情的爆发,切不可受情绪的左右而使行为失常,更不可迁怒于班级学生或周围的人。只有这样才能把握班级工作的主动权,并赢得学生的尊敬和信赖。

8. 教育研究能力

班主任工作具有很强的科学性和艺术性,每一个班级中的每一个学生都具有自身的特点,需要班主任进行反复的研究、琢磨,并使之上升到教育理论的高度,从具体的工作经验中抽象出具有普遍性的原理。从另一方面来看,不具有教育研究能力的班主任,其班级工作必然是平淡的、无创造的。因此,教育研究能力的形成,既是班主任自我发展的高层境界,也是搞好班级工作的有力保证。

(五) 具有良好的心理健康素质

1. 认知正常

班主任工作是一项复杂的脑力劳动,只有认知健康发展、智力活动正常的教师才能胜任。如果一个班主任不能进行正常的认知活动,是无法搞好班级工作的;正常的认知活动是从事任何工作的前提。心理健康的班主任,其感知、思维等认知活动应是清晰、快捷、广阔而富有创建的。

2. 情绪稳定

情绪是否稳定是衡量一个班主任心理健康与否的重要因素,某些有心理障碍的班主任往往情绪极不稳定,如过分的焦躁,当班上出现什么问题时,表现为焦躁不安、忧心忡忡、情绪低落,这不利于解决问题和教育学生。再如"失常的愤怒",当遇到某些不良的情境时,往往经不住刺激而大发雷霆,甚至迁怒于事件之外的其他学生,这种不稳定情绪对班级工作同样是有害的。心理健康的班主任应该是情绪稳定而积极的,欢乐有度,悲愤有节,善于驾驭自己的情绪。

3. 人格健全

人格也称个性,是一个人区别于他人的比较稳固的心理特点的综合,某些有心理障碍的班主任往往缺乏健全的人格,其典型表现是"双重人格",认识与行为脱节,言行不一、表里不一,动机与目的不明确,遇事会冲动,这不利于教师形象的树立。心理健康的班主任应有健全的人格,兴趣广泛、稳定而有中心;性格开朗,胸怀坦荡;办事机智而果断,表里如一。

4. 人际关系和谐

班主任整天都要与班级学生、学校教师、领导接触,能否正确处理人际关系是衡量其心理健康与否的重要标准。心理健康的班主任应能与学生保持民主、融洽的师生关系,与其他教师保持团结协作的同伴关系,与家长保持稳固、协调的师亲关系等。

5. 正确的自我意识

心理健康的人不但能正确地对待别人,也能正确地评价自我。某些有心理障碍的班主任往往没有正确的自我观念,或则盲目自尊,目空一切、狂妄自大,或则盲目悲观,自轻自贱、自暴自弃,这有悖于教师的职业与威望。班主任需要有正确的自我意识,正确地认识自我、评价自我、控制自我;尊重而不自傲、自重而不自夸;自尊自爱、自强不息,为学生树立光辉的自我形象。

二、班主任素质修养的基本方法和途径

(一)班主任素质修养的基本方法

在班主任素质体系中,尽管各种素质对班主任所起的作用不一样,而且养成各种素质所需要的条件、环境、时间、方法也有所区别。但是,各种素质成分都是同一个动态发展的素质体系中的不可缺少的部分,它们之间毕竟存在着相互制约的有机联系,其形成与发展必然有相同的途径和环节。如果从系统整体运动过程来考察,各种素质的修养提高,都离不开吸取、内化、体验、升华四个基本环节和实践的根本途径。

1. 吸取

吸取,是指在从事班主任工作的实践过程中刻苦学习,广泛吸取前人和同行创造的智慧成果和工作经验。实践证明,善于向富有班级管理经验的老教师不断学习,善于从丰富的学校教育实践中不断吸取养料的班主任,才能不断进步。

2. 内化

吸取只是迈开了修养的第一步。内化是将从外界吸收的东西,进行分析、加工、消化的过程,是提高素质修养的重要环节。首先,必须坚持理论联系实际的原则,根据立足现实和发展现实的需要,即开展工作、培养人才的需要,对吸收到

的东西进行认真筛选、加工、消化,把其中正确的、合理的部分转化成自己的思想、知识和才能。其次,要注意经常反思,按照优秀班主任的素质标准,反复进行思索、检查,找出差距或不足,并利用他人的经验武装自己,缩短差距,弥补不足。

3. 体验

体验就是运用和实践,就是将吸取的东西、内化的结果,再运用于实际。这既是指导教育实践过程,也是接受教育实践检验,进一步调整、充实自己已有素质的过程。首先,班主任要重视体验,要积极参加教育实践,亲自"下水",与学生一起学习、生活。其次,要有目的、有计划地体验,有计划、有步骤、有目标地开展工作。再次,体验中应该有创新,体验不应该是对前人或同行实践的简单重复,而应该有创造精神,敢于打破常规,进行新的探索和尝试,以开拓认识的新领域和班主任的新路子。

4. 升华

所谓升华,就是经过吸收、内化、体验之后要及时总结,发扬优点,克服缺点,弥补不足,使素质的整体水平上升到一个新的高度。勤于总结是提高素质修养的重要手段,在总结时:一要实事求是,不夸大,不缩小,不自己骗自己;二要虚心听取,认真分析同事和学生的意见;三要既看到成绩和进步,又看到缺点和不足。为了使自己的素质修养真正得到完善和提高,从某种意义讲,应着重纠正自己的失误和弥补不足。

吸取、内化、体验和升华是班主任在教育实践中,进行素质修养的四个基本环节。它们相互联系、相互影响,是使班主任素质不断得到提高的有机锁链,缺一不可。班主任只有坚持实践第一的观点,积极投身于教育工作实践、充分注意在修养的每一个环节上下工夫,才能够提高素质质量,使自己成为合格、优秀的班主任,并不断把班主任工作推向科学化。

(二)班主任素质修养的基本途径

提倡素质修养,并不提倡类似古人所说的"闭门造车",而是以丰富的教育实践作为基础进行自觉的自我锻炼活动。只有投身于活生生的教育实践,才能感受到素质修养的必要性和可能性。为教育实践服务,是班主任素质修养的目的和归宿,一旦脱离教育实践,不仅素质修养会因失去现实基础而无法进行,而且整个修养也会因失去目的和归宿而变得没有存在价值。因此,参加教育实践是班主任提高各种素质修养的根本途径。

第四节 班主任的选用与培养

一、班主任的选用

(一) 班主任选用的方法

1. 委任制

班主任委任制主要是指班主任由于学校领导直接委任,全面负责某一个班级的管理事务。学校在实行班主任委任制时,需要全面了解教师的教育教学能力,尤其是班级教育和管理的能力,做到用人所长,反对任人唯亲。

2. 选任制

班主任选任制就是班主任是由选举产生出来的,而不是学校领导委任的。实行班主任选任制的一般做法是学校通过对教师进行筛选,从中选拔出一批教师担任班主任;有的学校把班主任的选任权下放到年级组长(或级部主任),让他们根据教师的综合表现来选任班主任;也有的学校把班主任的选任权下放到学生层面,由学生选择自己喜欢的班主任。实行班主任选任制,重在建立有效的内部激励机制,真正实现能者上、庸者下,形成富有活力的内部长效激励机制。

3. 聘任制

班主任聘任制度是教师聘任制度中的一种。1993年颁布的《中华人民共和国教师法》中规定,学校和其他教育机构应逐步实行教师聘任制。第十七条第一款规定:"教师的聘任应当遵循双方地位平等的原则,由学校和教师签定聘任合同,明确规定双方的权利、义务和责任。"学校在聘任班主任时,在主要考察应聘者的政治思想、职业道德、管理能力、工作实绩(学业成绩),以及遵纪守法等情况下,按照聘任制的有关要求,在教师群体中聘任班主任。

【案例阅读 15 - 2】

班主任与科任教师到底谁优先[①]

寒假期间,由于高一年级重新编班,语文、数学、英语三科将分别有一位老师

---

① http://sq.k12.com.cn/discuz/thread-300044-1-1.html

不能再任课，需要调整下来到别的岗位去工作。那么如何决定教师的去留呢？我和教务处部主任、负责年级的李主任研究拿出了一个调整方案，准备向校长汇报后再实施。

关于语文和数学两科教师的调整意见得到了校长支持，当即就确定下来。而讨论到英语学科时，则出现了意见的分歧。

具体情况是这样，英语学科五位教师中，有两位老师所教的班级期末考试平均成绩较差，但这两位均是班主任，做班级工作比较得力，所带班级学习和秩序状况都比较好，教务处和年级在管理中既省心又省力；另一位老师所教班级学生考试成绩较好，但却不太适合做班主任工作。是优先考虑班主任人选呢，还是优先考虑科任教师呢？

近年来，由于班主任工作事务繁琐、待遇偏低，许多教师不愿意担任班主任。每到暑假调配教师时，班主任的选用往往会成为年级主任非常头疼的一件事情。鉴于班主任工作对一个班级乃至整个年级工作起着至关重要的作用，而目前班主任选用常常比较棘手，所以部主任、李主任认为，调配教师时应该优先考虑班主任，即能胜任班主任工作者优先选用，不适合班主任工作者恰当安排其他岗位。

但是校长则强调，一个教师如果教学成绩落在后面，班主任工作做得再好又有什么实际意义呢？校长的意见不是没有道理，但如果选不出理想的班主任，将来的班级工作和年级工作必然会受到影响；如果出现一个"乱班"，势必影响全年级整体的管理和教学质量，这个损失可能会更大；一个更为现实的问题是，现在有合适的班主任人选我们不用，其他教师又不太适合担任班主任，这个班级谁来负责呢？

经过一番据理力争，校长也考虑到了目前班主任选拔任用比较困难的现实状况，最后还是同意了我们的调整方案意见，允许我们优先选用班主任了。

（二）班主任选用的要求

班主任的选聘，要坚持公开、公平、公正的原则，因此在选聘班主任过程中，要坚持以下一些要求：

（1）能经常对学生进行坚持四项基本原则和"五爱"教育（"五爱"即爱祖国、爱人民、爱科学、爱劳动、爱社会主义），对学生进行社会主义荣辱观教育和进行"现代公民"教育，使学生树立集体主义精神和社会主义道德风尚，增强公民意识和国家观念。

（2）能经常对学生进行《中小学生守则》、《中小学生行为规范》教育，教育学生遵纪守法，尊敬师长，遵守社会公德。

（3）能够有效地指导班级、团、队和班干部的工作，培养学生干部独立工作

的能力,发挥他们的模范作用。

(4) 能够经常与学生家长及社会有关方面联系,争取各方面的支持,共同做好学生的教育工作。

(5) 能够在对学生全面考察的基础上,做好品德量化工作和操行等级的评定,全面、准确、具体地写好学生的思想品德评语,做好学生的奖惩材料和档案工作。

(6) 能够深入了解和掌握学生各科学习情况,教育学生树立正确的学习目的,端正学习态度,遵守学习纪律,养成勤奋刻苦的好习惯。

(7) 能反映学生对各科教学的意见和要求,协调好师生间、学生间的人际关系,调动学生学习的内在动力,不断提高学生的学习成绩。

(8) 能够及时向校长室或学生工作部门反映学生情况,提出对本班学生的奖励、处分等建议。

(9) 能够科学地创建班集体。班主任要切实抓好班集体建设的五个结构要素,即:制订班级集体目标;培养集体主义性质的人际关系;能实行自我管理的班级组织机构;有强大而健康的班级舆论和自觉的纪律。

(10) 能够对学生进行生活指导。对寄宿生能够经常进行有关寄宿规定的教育,并亲自深入宿舍,了解学生情况,培养学生自我服务、自我管理、自我教育的能力。处理日常班务和偶发事件,管理好学生请假事宜。进行安全教育,提高学生自我保护和安全防范意识。

二、班主任的培养

人才不是现成的,学校必须注重对班主任的帮助、培养、锻炼提高。提高他们的素质,是学校管理者义不容辞的职责。一般而言,班主任的培养可从以下几方面入手:

(一) 组织学习教育理论,是提高班主任素质的基础

学校要经常组织教师学习教育基础理论,举办各种理论讲座,明确班主任工作的意义、任务和职责,班主任的心理品质和威信,工作内容和方法等诸方面的问题,使班主任从理论上懂得自己的任务职责、内容和方法及应具备什么样的心理品质才能胜任班主任工作等。这样,可使班主任在不同程度上对教育理论加深理解,用理论去指导实践,又在实践中进一步验证理论的正确性和重要性。

(二) 班主任之间共同研究青少年的心理特点,是提高班主任素质的关键

现在班主任多数是被动的、执行型的,学校布置的工作,能认真完成,能抓好班级的正常秩序,但不注重研究当代青少年的特点并加以正确引导。因此,学校管理者要经常组织班主任进行共同分析当前青少年的思想状况,按照新时期的要

求,实事求是地判断是非,热情、诚恳、有的放矢地对青少年进行政治思想教育。

(三)对班主任给予具体指导,是提高班主任素质的保证

班主任要有热爱学生的浓厚感情,而科学的方法是当好班主任的主要途径。学校管理者必须在实践中帮助班主任掌握科学的工作方法,对他们的工作给予指导,让他们在实践中锻炼、提高。当然,这绝不是包办代替,而是积极地支持、协助。

(四)以老带新,交流经验,是提高班主任素质的重要环节

以老带新,交流经验,也是一种迅速提高新班主任工作能力的好方法。在配备班主任时,每个学年都要新老搭配,让老班主任在具体活动中,教给新班主任方法。同时要定期召开班主任经验交流会,新老班主任相互总结经验,取长补短,达到互相学习、共同提高的目的。

第五节 班主任工作的评价

一、班主任工作评价的意义和作用

班主任工作评价是指根据我国中小学教育的性质、任务所确立的教育目标,对班主任所实施的各种教育活动的效果进行科学的评定。具体地说,它主要是考虑和评定班主任是否切实有效地履行了工作职责,包括了解研究学生情况、班级教学秩序情况、班集体建设情况、班级工作计划和落实情况、班级团队活动及文体活动开展情况、教育合力形成情况,等等。进行班主任工作评价的意义和作用主要有:

(一)端正班级教育方向

学校通过体现全面发展教育思想的班主任工作评价体系的考核评定,可以发现先进,诊断问题,并由此而采取相应的管理调控措施,引导班主任克服只求分数高、不关心学生的思想和健康,改变只抓尖子生、放弃中差生等存在已久的弊端,促使班主任牢牢把握班级教育的方向,使班级工作沿着健康道路前进。

(二)督促激励班级工作

实践证明,评价对象是评价工作的直接受益者。通过班主任工作评价的反馈环节,使班主任教师对自己的工作能够获得比较清晰完整的认识。通过评价,班主任可以发现工作中还存在什么问题;退步表现在哪里,根源是什么,今后如何改进。通过评价,从而激发不甘落后、争取优先的内在需要和动机。可见,班主任工作评价对班主任教师来讲,既是压力又是动力,它能有效地推动班级管理向前发展。

(三)促进班级管理的提高

班主任的管理是指对班主任教师的任用、培养、考核、奖惩等方面的管理。而考核评价班主任工作正是较为重要的一环。通过对班主任教师职业行为的多方面反馈信息的收集处理,进而对其工作的优劣和称职与否做出客观评价,从而可以作为班主任教师任期、提薪、晋级、进修、奖惩及重新安置的重要参考依据。这样就能做到知人善任,奖惩合理,使班主任管理工作越来越好。

二、班主任工作评价的依据

(一)教育目的

教育目的是学校办学的指南,更是班主任开展班级教育与管理工作的指南。教育目的在学校教育中具体体现为学校的培养目标,以及班级的管理目标。班主任在制订班级的管理目标时,要体现教育目的的内涵与精髓,不能无视甚至篡改国家的教育目的。

(二)教育理论尤其是教育评价理论

在当代,教育理论包括教育评价理论发展迅速,内容日益丰富,对班主任工作开展评价需要有关的教育理论尤其是教育评价理论的指导,这样对班主任工作的评价才能取得较为科学合理的结果。在运用当代教育理论尤其是教育评价理论来指导班主任工作评价时,需要处理好理论与实际的关系,处理好外来的理论和中国学校教育实际的关系,不可随意搬用。

(三)学校有关班主任工作的规章制度

学校有关班主任工作的规章制度是对班主任工作进行考评的重要依据。任何一个学校,为了达到有效的班级管理,都会制订出一系列关于班主任工作的规章制度,用以指导规范班级管理工作,这些规章制度就成为对班主任工作进行考评的依据来源之一。

(四)班主任工作的性质与特点

班主任工作和一般任课教师的工作有很大的不同,这种不同表现在班主任不仅要教好一门课程,还要关注班级学生成长中的种种情况,并需要根据这些情况及时做出相应的教育举措,做到教书育人、管理育人和服务育人三结合。要收到良好的班级管理效果,班主任需要深入研究学生、了解学生,需要不断学习教育科学理论知识,需要向优秀的班主任学习班级管理的宝贵经验,可以说班主任在班级管理和学生教育方面,花费的时间和精力要比普通的教师要多得多。因此,对班主任工作的评价,需要看到班主任工作的艰巨性、复杂性,不能简单化。

三、班主任工作评价的内容及指标体系

(一)班主任工作评价的内容

评价内容可分为以下三个方面:一是评价班主任工作的效果,主要根据预期教育目标考查工作的实际成果,即看所任班级全体学生德、智、体、美、劳诸方面的实际发展水平;二是评价班主任工作效率,主要考查所任班级全体学生在一定时间内思想品德、知识技能的变化情况,即学生进步或后退的人数有多少、幅度有多大。同时,还要考虑班内学生总数,通过它可以比较班主任工作负担的轻重;三是评价班主任其他职责的履行情况,即评价班主任组织班级活动,组建班集体,协调学校、家庭、社会各方面关系的实际水平。通过上述三方面内容评价,可以看出班主任教师的工作绩效、发展趋势以及全面完成各项职责的状况,从而综合评定出班主任工作的实绩。

(二)班主任工作评价的指标体系

设计班主任工作评价的指标体系,要做到既重视班级教育效果,又重视班级管理过程。整个指标体系还要体现德、智、体、美、劳五育并重的素质教育思想。可以量化的评价因素要尽可能量化,难以量化的评价因素可以进行模糊测定,其结构图示如图 15-1:

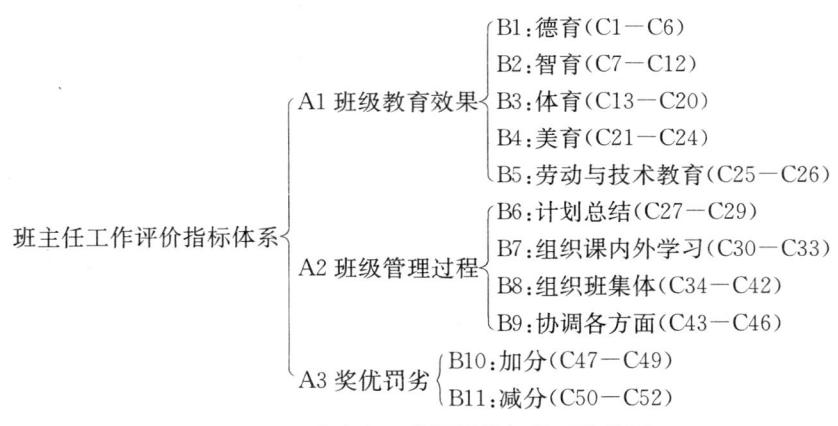

```
                              ┌ B1:德育(C1—C6)
                              │ B2:智育(C7—C12)
                 ┌ A1 班级教育效果 ┤ B3:体育(C13—C20)
                 │             │ B4:美育(C21—C24)
                 │             └ B5:劳动与技术教育(C25—C26)
                 │             ┌ B6:计划总结(C27—C29)
班主任工作评价指标体系 ┤ A2 班级管理过程 │ B7:组织课内外学习(C30—C33)
                 │             │ B8:组织班集体(C34—C42)
                 │             └ B9:协调各方面(C43—C46)
                 │             ┌ B10:加分(C47—C49)
                 └ A3 奖优罚劣  ┤
                               └ B11:减分(C50—C52)
```

图 15-1 班主任工作评价指标体系结构图

班级教育效果反映班主任的工作绩效,共有 26 个三级指标。其中,一部分指标反映全班学生全面发展教育的基本质量效果,如学习成绩巩固率、课程的及格率、体育达标率等。这类指标,可以促使班主任克服错误的教育思想,如重智育、轻德育和体育;重升学要考试的学科,轻升学不考但与人的全面发展关系密

切的学科,以促使班主任对学生的全面发展负责。另一部分指标,反映全班学生变化发展中的教育效果,如思想品德后进生转化率、人均成绩提高率、学习成绩差生转化率、优秀成果率、三好学生率等。这类指标,可以促使班主任对班级全体学生负责,想方设法促进差生转变、中等生进步、优等生更好,做到全班学生各自在原有的基础上都有所进步。既不是只抓尖子生,丢掉中差生,也不是"一锅煮"、"一刀切",真正做到因材施教,分类指导。

  班级管理过程评价共有20个三级指标。它通过考核评定班主任的计划总结、组织课内外学习、组织班集体、协调各方面的关系等项内容,以具体把握班级工作的状态、潜力和发展趋势。这有利于启发被评价的班主任教师分析自身工作成功的经验、失败的教训和存在的问题。

  班主任工作指标体系,体现了对班主任工作质量的全面要求,随着班级评价理论研究的深入,其指标体系也将不断完善。由于各地办学历史、现实条件不尽相同,班级管理水平不可能整齐划一,有的地方普遍高一些,有的地方普遍低一些,必然存在着地方差异,因此不能在任何时期、任何地方的任何学校,都机械地使用同一个班主任工作评价指标体系,应制订适合现实情况的指标体系。制订指标体系的基本要求有三:一是方向性,即体现班主任工作的任务、要求和基本规律,为多出人才、出好人才服务。二是先进性,即有时代精神,参考外地、外校的成功经验。三是可行性,即符合当地班主任工作现实的总体水平,既不能要求过高,也不能低要求。项目要具体化、行为化,便于执行。下面以某市某小学对优秀班主任工作目标考评表为例予以说明(见表15-1)。

表15-1 某市某小学优秀班主任工作目标考评表(试行)

被考评人: 班级: 总分: 年 月 日

考评项目	考评目标	权重系数			评价方法	自评	组评	校评
		1	0.7	0.4				
常规管理 30分	卫生 8分	班级室内外卫生做到"四无"、"四净"、"二齐"、"一洁"。有清洁区的班级做好清洁区打扫、保洁工作。	符合	基本	一般	由各年级辅导员组织学生检查,学期末汇总成绩			
	两操 7分	能按时做广播操,进退场时上下楼梯不拥护,井然有序,做操时能做到队伍整齐,精神饱满,动作规范到位;能按时做眼保健操,做到坐势端正,动作规范,穴位准确。	符合	基本	一般				

(续表)

考评项目	考评目标	权重系数 1	权重系数 0.7	权重系数 0.4	评价方法	自评	组评	校评
路队 8分	路队纪律好,站队时做到"快、静、齐",走路时高举路队牌,做到"三个一"。	符合	基本	一般				
纪律 7分	晨读、午后到校自习秩序井然,无追打吵闹现象,课间活动文明,做到"三不"。	符合	基本	一般				
学生行为 10分	学生能按照《中小学生守则》和《小学生日常行为规范》规范自己的行为。	符合	基本	一般				
活动开展 10分	每学期自主开展有意义,且有一定影响的教育活动至少两次,做到活动开展有计划、有总结,并尽量做到宣传报道工作。	符合	基本	一般	自主开展的活动须事先报年级组、德育处,由德育处组织评价		少于2次的不参评	
任务落实 10分	每次能按时、保质完成学校布置的各项工作。(如:卫生大扫除及时、清洁;所出黑板报主题鲜明、图文并茂等。)	好	较好	一般	由各部门提供有关材料			
安全工作 10分	能按时关锁好门窗,节约水电,按时切断有关电源,发现不安全因素不瞒报、漏报,杜绝校内外责任事故。	符合	基本	一般	总务处、校医室提供数据			
班务手册 5分	按时填写,字迹工整,填齐手册的全部内容。	好	较好	一般	每学期由大队辅导员抽查3次			
家校联系 5分	经常与家长联系,家长来访热情接待,争取家长密切配合,每学期至少一次召开全体学生家长会,还可针对班级情况召开小型家长会。	符合	基本	一般	开小型家长会事先报德育处,并上次发言提纲			

(续表)

考评项目	考评目标	权重系数			评价方法	自评	组评	校评
		1	0.7	0.4				
教育科研 10分	每学期至少有一篇教育论文参加学校的交流评比。	省级以上	市级	校级	多一篇论文,按每类得分六折加分			
参加竞赛 10分	积极参加各种竞赛活动。	市级一等奖以上	校一等奖以上	校一等奖以下	由学校组织或经校同意参加市级以上比赛获奖			

四、班主任工作评价的实施

（一）制订计划

首先,要明确班主任工作评价的具体目标和重要意义,分析评价的要求和结果可能产生的影响,设法扩大积极影响,克服消极影响。其次,建立班主任工作评价指标体系,并要达到上述关于指标体系的三点要求。这是进行班主任工作评价的关键步骤,是整个评价活动的依据。

（二）组织动员

组织工作包括挑选并培训评价人员,使他们明确评价的指导思想、方法以及要达到的目的,提高评价者的能力、思想水平和心理素质。做好评价动员,评价前要开诚布公地向被评价的师生宣讲评价的目的、意义,说明指标体系的整体结构及各级指标的含义价值,征求师生对评价体系的意见,吸取合理化的建议,讲明评价的日程安排,使参加评价的双方心中有数,以期密切合作;还要组织师生共同讨论,统一认识,提高接受评价、参与评价的自觉性。评价过程中,被评价的师生可能出现这样或那样的不适心理,需要在宣传解释评价的问题的过程中,有针对性地加以解决,使评价工作顺利进行。

（三）测定衡量

主评者借助观察、测试、座谈、访问、现场统计等方法,收集考核各种信息及事实依据,如各种竞赛的数据和事例,有关的教学数据和事例,政治思想工作方面的有关数据和事例,纪律与卫生方面的数据和事例,团、队工作及学生干部工作的有关数据和事例等。同时,还要让班主任和班干部、同学也按照班主任工作评价体系的项目提供数据和事例。两者信息一致就可以上统计表,若不一致,主评者还要做调查、校对、考核,得出正确信息后,再完成统计工作。

(四)研究判断

对前阶段获得的各种评价资料进行定性、定量分析,并以此为基础分析原因和进行评价。不仅要得出评价的综合,还要分析、探讨同结论有关的诸种因素,总结经验,并进行问题诊断。

(五)确认报告

评价结果要写成总结。评价的结论和在此基础上提出的工作建议,要以适当的方式告知被评价的班主任。必要时,还要经过双方认真讨论,以取得对评价结论的一致认识。同时,报告应交给上级供决策时参考。此外,在总结阶段对评价工作本身的问题也要认真分析,听取师生意见,以便不断改进、完善,使评价工作逐步科学化。

五、班主任工作评价的方法

班主任工作评价的方法,从不同的分类角度可以分为不同的方法。在日常工作中,可以按照评价主体的不同划分为自我评价和他人评价两种方法。

(一)自我评价法

自我评价法是班主任按照评价体系对自己所做的工作进行的分析和评价,即班主任本身对照评价项目进行自我检查。自我评价是他人评价的基础,其意义在于:班主任自己评价自己的工作,更容易为本人理解、接受,从而受到教育;所提出的改进措施也比较容易贯彻执行;还能提高班主任教师的评价能力。自我评价法的优点是比较容易进行;缺点是缺乏横向比较,容易出现对成绩问题做出过高或过低的估计。因此,评价的客观性稍差一些。

(二)他人评价法

他人评价法指班主任自我评价之外的评价,如教育行政部门、学校领导、其他班主任、科任教师、学生、家长、社会舆论等对班主任的评价。一般地说,他人根据评价体系对班主任工作进行的评价,较为客观、公正,但组织工作较复杂,花费的人力、财力较多。

班主任工作的自我评价和他人评价可以结合进行。评价的目的是为了使班级教育工作按照既定的目标前进,评价过于频繁可能流于形式或产生相反的作用。

思考与练习

1. 在当前,班主任合理的素质结构及其要求有哪些?
2. 请依据班主任工作评价的有关理论,制订一份科学可行的小学(或中学)班主任工作评价方案。

参考文献

著作类

[1] 陈家贵.市场经济与企业经营[M].经济管理出版社,1994年版.
[2] 陈牛则.学校管理原则与方法[M].湖南人民出版社,2003年版.
[3] 陈牛泽.学校管理与方法[M].湖南人民出版社,2003年版.
[4] 陈瑞瑞.德育与班主任[M].高等教育出版社,2004年版.
[5] 陈孝彬主编.教育管理学(修订版)[M].北京师范大学出版社,2004年版.
[6] 程振响,刘吾驹.学校管理新视野.南京师范大学出版社,2001年版.
[7] 范国睿.学校管理的理论与实务[M].华东师范大学出版社,2003年版.
[8] 郭毅.班级管理学[M].人民教育出版社,2000年版.
[9] 胡昌平.管理学基础[M].武汉大学出版社,2002年版.
[10] 黄至成,程晋宽。现代教育管理论[M].上海教育出版社,1998年版.
[11] 江光荣.班级社会生态环境研究[M].华中师范大学出版社,2002年版.
[12] 江月孙,赵敏.学校管理学[M].广东高等教育出版社,2000年版.
[13] 劳凯声.班主任工作实用手册[M].开明出版社,2000年版.
[14] 劳凯声,孙云晓.新焦点——当代中国少年儿童人身伤害研究报告[M].北京师范大学出版社,2002年版.
[15] 林森,陈贺.现代中小学教育管理教程[M].吉林大学出版社,2002年版.
[16] 全国十二所重点师范大学联合编写.教育学基础[M].教育科学出版社,2002年版.
[17] 斯蒂芬·鲍尔.政治与教育政策制定[M].王玉秋,译.华东师范大学出版社,2003版.
[18] 孙灿成.学校管理学概论[M].人民教育出版社,2000年版.
[19] 孙绵涛,等[M].教育政策论——具有中国特色的社会主义教育政策研究[M].华中师范大学出版社,2002年版.
[20] 唐迅.班集体教育实验的理论与方法[M].广东教育出版社,2000年版.
[21] 万玮.班主任兵法[M].华东师范大学出版社,2004年版.

[22] 汪子为,等.校园文化与创造力的培养[M].湖北教育出版社,2002年版.
[23] 王鸿江.现代教育学[M].上海教育出版社,2001年版.
[24] 魏书生.班主任工作漫谈[M].漓江出版社,2002年版.
[25] 吴恒山.学校领导艺术,辽宁师范大学出版社,194年版.
[26] 吴志宏,等.教育政策与教育法规[M].华东师范大学出版社,2003年版.
[27] 吴志宏,冯大鸣,周嘉方主编.新编教育管理学[M].华东师范大学出版社,2000年版.
[28] 萧宗六.学校管理学[M].人民教育出版社,2001年版.
[29] 谢明编.公共政策导论[M].中国人民大学出版社,2002版.
[30] 谢维和.教育活动的社会学分析[M].教育科学出版社,2000年版.
[31] 阎德明.现代学校管理学[M].人民教育出版社,2000年版.
[32] 阎德明.现代学校管理学[M].人民教育出版社,2000年6月第2次印刷本.
[33] 杨小微,李家成."新基础教育"发展性研究专题论文·案例集(上)[M].中国轻工业出版社,2004年版.
[34] 杨颖秀.学校管理学[M].人民教育出版社,2004年版.
[35] 叶澜,郑金洲,朴玉华.教育理论与实践[M].高等教育出版社,2000年版.
[36] 叶澜著."新基础教育"论——当代中国学校变革的探究与认识[M].教育科学出版社,2006年版.
[37] 袁振国.当代教育学[M].教育科学出版社,2002年1月第5次印刷本.
[38] 袁振国.教育政策学[M].江苏教育出版社,2001年版.
[39] 袁振国.中国教育政策评论[M].教育科学出版社,2004年版.
[40] 袁振国.中国教育政策评论[M].教育科学出版社,2001年版.
[41] 张静.学生权利及其司法保护[M].中国检察出版社,2004版.
[42] 赵庆典,等.学校管理中的法律问题[M].北京邮电大学出版社,2005年版.
[43] 郑勇.学校与班级管理[M].人民出版社,2007年版.
[44] 中华人民共和国教育部编写组.素质教育观念学习提要[M].生活·读书·新知三联书店,2001年版.
[45] 卓晴君.学生伤害事故处理典型案例大全[M].新华出版社,2002年版.

论文类

[1] 陈宝金.中小学校长遴选制度创新的基本策略[J].现代中小学教育,2003年12期.
[2] 陈光军.中小学管理发展展望[J].中小学管理,1999年第3期.
[3] 陈牛则.中小学内部管理体制改革浅议[J].中国教育学刊,2000年第5期.

[4] 程晋宽.试析当代美国中学校长的选拔制度[J].苏州大学学报(哲学版),1995年第3期.
[5] 冯大鸣.重构和再造"校长负责制"[J].教育发展研究,2005年第1期.
[6] 甘剑梅.谈班级的"文化自立"[J].教学与管理,2001年第1期.
[7] 黄霓.班主任处理偶发事件的艺术[J].教育学报,1997第25卷第1期.
[8] 李红云.学校发展中的学生文化[J].苏州教育学院学报,2006年第1期.
[9] 李家成.论教育学立场下的"班级"[J].思想理论教育,2003年第10期.
[10] 李信.课堂教学中偶发事件的处理原则[J].教书育人,2006年第9期.
[11] 刘义军.课堂偶发事件的调控对策》[J].中小学教师培训,2000年第8期.
[12] 孙绵涛.关于国家教育政策体系的探讨[J].教育研究,2001年第3期.
[13] 王景华.如何处理课堂上的偶发事件[J].河南教育,2000年第10期.
[14] 王铁军.试论学校管理的运行取向[J].普教研究,1995年第2期.
[15] 王玉梅.资源整合市场组装[J].上海经济,2000年第1期.
[16] 吴恒山.中小学校长选拔与培训的中外比较[J].外国中小学教育,1997年第5期.
[17] 叶澜.更新教育观念,创建面向21世纪的新基础教育[J].中国教育学刊,1998年第2期.
[18] 叶澜.论影响人发展的诸因素及其与发展主体的动态关系[J].中国社会科学,1986年第3期.
[19] 叶澜.时代精神与新教育理想的构建[J].教育研究,1994年第10期.
[20] 袁小平.管理的高境界:以人为本、以情为主、情理交融[J].教学与管理,2001年第6期.
[21] 张宝安.课堂偶发事件处理七法[J].教学与管理,2006年第6期.
[22] 郑勇.论柔性管理在现代学校管理中的应用[J].教育探索,2004第5期.

后　记

《现代中小学管理新编》是从普通高校教师教育类专业本科生课程教学和中小学校长专业化培训需求出发，并结合当代中小学管理实践编写而成的。本书编写过程中力求运用较先进的管理理论研究中小学管理中的现实问题，探讨新课程背景下中小学管理理念、管理内容和管理方法的变革以及教师角色的变化，以期对未来的教育工作者和中小学校长专业化进程起到一定、积极的引导作用，为他们的教育管理实践提供理论支持和借鉴，不断提高当代中小学管理水平和管理效益。

本书由张继华教授、何杰教授负责统稿任务并担任主编。此前，滕明兰教授2004年编写了《现代中小学管理》（由河北人民出版社出版），而十多年后的今天，随着社会转型和教育变革的深入展开，中小学管理所面临的新变化、新情况和新要求已非十年前所比。因而重新编写此书愈发显得意义深远。

本书的编写工作得到了淮阴师范学院教育科学学院领导和相关同仁的关心、支持和帮助，得到了兄弟院校的专家、学者和中小学校长的指导，同时还吸收了有关专著、论文的研究成果，在此一并致谢。

由于时间仓促，学识水平有限，加之中小学管理的实践经验不足，书中缺点、错误难免，恳请学界师友和同仁批评、斧正。

张继华、何杰

2015年6月于淮阴师范学院